AF070047

Kohlhammer

Der Autor

Prof. Dr. phil. Manfred Gerspach lehrte von 1994 bis 2014 Behinderten- und Heilpädagogik am Fachbereich Gesellschaftswissenschaften und Soziale Arbeit der Hochschule Darmstadt. Seit 2015 lehrt er als Seniorprofessor am Institut für Sonderpädagogik der Goethe-Universität Frankfurt/Main.

Manfred Gerspach

Verstehen, was der Fall ist

Vom Nutzen der Psychoanalyse
für die Pädagogik

Verlag W. Kohlhammer

Dieses Werk einschließlich aller seiner Teile ist urheberrechtlich geschützt. Jede Verwendung außerhalb der engen Grenzen des Urheberrechts ist ohne Zustimmung des Verlags unzulässig und strafbar. Das gilt insbesondere für Vervielfältigungen, Übersetzungen, Mikroverfilmunge und für die Einspeicherung und Verarbeitung in elektronischen Systemen.

Die Wiedergabe von Warenbezeichnungen, Handelsnamen und sonstigen Kennzeichen in diesem Buch berechtigt nicht zu der Annahme, dass diese von jedermann frei benutzt werden dürfen. Vielmehr kann es sich auch dann um eingetragene Warenzeichen oder sonstige geschützte Kennzeichen handeln, wenn sie nicht eigens als solche gekennzeichnet sind.

Es konnten nicht alle Rechtsinhaber von Abbildungen ermittelt werden. Sollte dem Verlag gegenüber der Nachweis der Rechtsinhaberschaft geführt werden, wird das branchenübliche Honorar nachträglich gezahlt.

Dieses Werk enthält Hinweise/Links zu externen Websites Dritter, auf deren Inhalt der Verlag keinen Einfluss hat und die der Haftung der jeweiligen Seitenanbieter oder -betreiber unterliegen. Zum Zeitpunkt der Verlinkung wurden die externen Websites auf mögliche Rechtsverstöße überprüft und dabei keine Rechtsverletzung festgestellt. Ohne konkrete Hinweise auf eine solche Rechtsverletzung ist eine permanente inhaltliche Kontrolle der verlinkten Seiten nicht zumutbar. Sollten jedoch Rechtsverletzungen bekannt werden, werden die betroffenen externen Links soweit möglich unverzüglich entfernt.

1. Auflage 2021

Alle Rechte vorbehalten
© W. Kohlhammer GmbH, Stuttgart
Gesamtherstellung: W. Kohlhammer GmbH, Stuttgart

Print:
ISBN 978-3-17-040776-3

E-Book-Formate:
pdf: ISBN 978-3-17-040778-7
epub: ISBN 978-3-17-040778-7
mobi: ISBN 978-3-17-040779-4

Inhaltsverzeichnis

1	**Warum Psychoanalytische Pädagogik?**	**7**
	1.1 Ouvertüre	7
	1.2 Die fruchtbare Verbindung von Psychoanalyse und Pädagogik	16
	1.3 Die »Matrix« der Psychoanalytischen Pädagogik	28
2	**Psychoanalytisch orientierte Beobachtung**	**39**
	2.1 Der kritische Moment	39
	2.2 Reinszenierungen als Merkmal der Fallarbeit	53
	2.3 Das Verhältnis von innerer und äußerer Welt	63
	2.4 Erkenntnisgewinn über Meta-Reflexion	72
	2.5 Selbstverstehen als Medium des Fremdverstehens	85
	2.6 Teilhabe und Teilnahme am Verstehensprozess	97
3	**Tiefenhermeneutik in der Psychoanalytischen Pädagogik**	**104**
	3.1 Forschungsmethodologisches Vorgeplänkel	104
	3.2 Die Objektive Hermeneutik etwas genauer betrachtet	111
	3.3 Zur neueren Debatte	121
	3.4 Das psychoanalytisch-pädagogische Forschungstableau: epistemologische Vorarbeiten	128
	3.5 Das psychoanalytisch-pädagogische Forschungstableau: Versuch einer Systematisierung	141
4	**Tabuthemen in Praxis und Forschung**	**156**
	4.1 Zur Einstimmung	156
	4.2 Das Tabuthema (Sonder-)Pädagogik und Autismus	158
	4.2 Das Tabuthema Sexualität und geistige Behinderung	172
	4.4 Fade out …	183
5	**Literatur**	**188**

1 Warum Psychoanalytische Pädagogik?

1.1 Ouvertüre

Pädagogik ist Fallarbeit. Oder anders gesagt: die Arbeit am Fall strukturiert ihre Praxis. Es entspricht dem verständlichen Wunsch der dort tätigen Pädagog/innen in den verschiedenen Handlungsfeldern, zu wissen, was ›los‹ ist und was sie tun können oder sollen. Auf der einen Seite verheißen objektivierte Fallanalysen an Hand ihrer auf den ersten Blick eindeutigen Diagnose-, Klassifikations- und ergo Handlungsschemata, diesem Wunsch zu entsprechen. Am besten wäre es, wenn sich aus diagnostischen Datensätzen stringente Verhaltensmaßregeln herauslesen ließen. Auf der anderen Seite wissen die Pädagog/innen aber aus Erfahrung, dass eine solch zügige Umsetzung meist nicht gelingen will.

Burkard Müller hält es daher für besser, auf das »scheinbare Immer-Schon-Bescheid-Wissen« zu verzichten, weil das »Immer-Schon-Verstanden-Haben« das wirkliche Verstehen blockiert (vgl. Müller, B. 1994, S. 80 ff.). Erfolgreich wirkende pädagogische Angebote beruhen nicht auf der Umsetzung vorher gefundener Lösungen, sondern sie sind als Erkundungsprozess konzipiert.

> »Es geht nicht darum, dort anzufangen, wo ich den anderen stehen sehe, sondern dort anzufangen, wo der andere *mich* stehen sieht: Bei den Erwartungen, Wünschen, Befürchtungen, die mir mein Gegenüber entgegenbringt, gerade auch bei den Erwartungen, die ich für illusionär halte und weder erfüllen kann, noch will« (vgl. Müller, B. 1994, S. 84).

Unterstellen wir z. B. einem Jugendlichen, noch bevor wir ihn kennen gelernt haben, ein gehöriges Gewaltpotential, so kann diese Vorannahme schnell zu einer sich selbst erfüllenden Prophezeiung werden. In einem solchen Fall kommt es vielmehr darauf an, genau zu registrieren, »was sich bei seinen Konflikten als ›ganz normal‹ erklären lässt«. Aber es wäre genauso fatal, wollte man die Wahrnehmung äußerst problematischer Verhaltensweisen als Alltagskonflikte beschönigen. »Da hilft nur: Aufmerksamer Umgang mit Nichtwissen« (vgl. Müller 1994, S. 87). Noch in den Anfängen der Sozialpädagogik etwa war diese von Müller kritisierte Lesart Standard. Da wusste man sogleich, »wer ›das Problem‹ *hat*: selbstverständlich der oder die KlientIn« (vgl. Müller, B. 1994, S. 89).

Einen Paradigmenwechsel zu vollziehen und das pädagogische Geschehen als intersubjektives zu begreifen, verlangt nach einem anderen Fallverstehen. Verstehen wollen heißt letzten Endes, »den eigenen Zugang zum Fall besser kennenlernen« (vgl. Müller, B. 1994, S. 84). Womöglich geht es mehr um die Selbstreflexion der eigenen Situation als die Reflexion der Situation des Gegenübers, aber immer das Erfassen des wechselseitigen Miteinanders. Ergo: Wer von Reflexion und Selbstreflexion spricht, meint »»Beziehungsarbeit«« (vgl. Müller 1994, S. 14). Unter Aufdeckung der emotionalen und vor allem unbewussten Dimensionen der darin eingeschlossenen Aushandlungsprozesse wird offenbar, dass der Pädagoge/die Pädagogin als »neues Objekt gebraucht« wird (vgl. Treurniet 1996, S. 13). In einem solchen Dialog verändern sich nicht nur die Selbst- und Fremdwahrnehmung, sondern werden auch unsere Vorstellungen von Normalität und Pathologie verfeinert und korrigiert.

So einfach ist das alles nicht. Mit dem Wissen, dass das Verstehen immer kontextabhängig ist, verändert sich unsere Vorstellung der Bedeutung von Gesten, Worten und Verhaltensweisen, die in verschiedenen Situationen ganz Unterschiedliches meinen können (vgl. Wolff 1994, S. 45). Bedeutung zu finden heißt im dialogischen Sinne Bedeutung geben. Und letzten Endes zielt das Arbeitsbündnis zwischen Pädagog/in und Klient/in in seiner charakteristischen nichtsymmetrischen Gestalt auf ein gemeinsames »*Hervorbringen der Bedeutung*« (vgl. Treurniet 1996, S. 27). *Treurniet* hat seine tiefschürfenden Erkenntnisse auf den psychoanalytischen Prozess bezogen, in dem Analytiker/in und Patient/in »*affektiv verstrickt*« sind (vgl. Treurniet 1996, S. 18). *Burkard Müller* hat die Psychoanalyse als Methodologie eines Erkenntnisprozesses und pädagogische Anthropologie kenntlich gemacht und uns in vorbildlicher Weise die Anwendbarkeit ihrer Prinzipien »jenseits der Couch« vorgemacht (vgl. Müller, B. 1989, S. 121). Insofern ist die Nähe der Formulierungen von *Treurniet* und *Müller* nicht eben verblüffend. Auch *Reiser* zeigt sich da als Seelenverwandter, wenn er fordert, dass wir uns zunächst mit dem Kind *ver*wickeln müssen, damit wir uns in einem gemeinsamen Dialog mit ihm aus seinem Störungsmuster heraus *ent*wickeln können (vgl. Reiser 1993, S. 260).

Die Psychoanalyse ermöglicht uns mit ihrer besonderen Methode des Verstehens einen Zugang zum Subjekt, dessen Übernahme der Pädagogik große Dienste zu leisten vermag. Vor allem die Öffnung der Psychoanalyse hin zu einer intersubjektiven Perspektive hat mit der damit möglich gewordenen Fokussierung des Einflusses beziehungsdynamischer Faktoren auf die kindliche Entwicklung einen qualitativen Erkenntnissprung bewirkt, den wir uns jetzt zunutze machen können. Oder anders herum formuliert: Die Psychoanalyse ist da angekommen, wo die Pädagogik schon immer stand. Allerdings kann über die Anreicherung des genuin Pädagogischen mit Anteilen des spezifischen, aufs Sinnverstehen gerichteten Wissens und Könnens der Psychoanalyse ein großer Kompetenzzuwachs verzeichnet werden. Wenn wir Augen, Ohren und Verstand für das Unbewusste und der daran geknüpften Konfliktthemen öffnen, lässt sich eine viel differenziertere Entschlüsselung der Fallgeschichten bewerkstelligen, deren verborgene Seiten wir jetzt besser begreifen können. Das, was wir auf diese Weise verstehen, wirkt aus sich selbst heraus bereits entwicklungsfördernd. Gleichwohl kann die damit gesetzte Selbstverpflichtung, sich über die Eigenbeteiligung am pädagogischen Geschehen zu versichern, auch Ängste und Widerstände aktivieren, die die Hinwendung zur Psychoanalyse erschweren. Insofern kommt es auch darauf an, diese Impulse nicht zu diskreditieren, sondern auf behutsamem Wege Sympathie zu wecken. Wie das gehen mag, sei nachfolgend ausgeführt.

Wenn also Verstehen nicht formalisiert oder operationalisiert in Handeln umsetzbar ist, stellt sich die Frage: Was nun? Jeder Fall ist von Genese und Verlauf her einzigartig. Das Gleiche gilt für die aktuelle professionelle Beziehungsgestaltung. Das Fallverstehen aber folgt in seiner Systematik bestimmten, wenngleich sehr offenen Regeln. Das erscheint im ersten Moment verwirrend und widersprüchlich. Gerade aber, wenn wir die Einmaligkeit des Falles und der ihm innewohnenden Strukturen anerkennen, können wir auf monokausal verkürzte Interventionstechniken verzichten, die uns in Gefahr bringen, dieses Einmalige zu einem »Fall von« zu machen (vgl. Müller 1994, S. 14). Was würde geschehen: Der Dialog bräche ab und führte zum »Schweigen des Subjekts« (vgl. Weber. J. 1988, S. 122). Wir verspielten den Zugang zum Erleben und den ungelösten Konflikten unseres Gegenübers. Wer innere und äußere Bilder verwechselt, ist zu einer »Methodologie des Zuhörens und Sprechens« nicht mehr in der Lage. Kulturelle Phänomene und innersubjektive Zustände treten uns dann wie »Phänomene der äußeren Natur« entgegen, und nicht mehr als solche der menschlichen Geschichte und ihrer Widersprüche (vgl. Warsitz 1997, S. 123 ff.).

Es ist ein wenig wie im Höhlengleichnis von Platon. Darin ist von Gefangenen die Rede, die an Hals und Füßen gefesselt sind und immer nur an die Wand starren können. Hinter ihren Köpfen brennt ein Feuer, das Licht spendet. An der Wand sind nur Schatten von Gegenständen zu sehen, die draußen von schweigenden Gauklern vorbeigetragen werden. »Endlich wird deutlich, dass sie nichts anderes für wahr halten können als eben jene Bilder an der Wand, d. h. die Schatten der Gegenstände, die die Künstler vorbeitragen«. Diese Schatten besitzen den niedrigsten Erkenntniswert, weil sie nicht überprüfbar sind und schlichtweg für die Wahrheit gehalten werden müssen (vgl. Banki 1986, S. 12 f.). Wir sollten also aufpassen, auf sehr konkretistische Weise etwas für bare Münze zu nehmen, was womöglich viel komplizierter und vielschichtiger ist. Mit hyperaktivem Verhalten kann z. B. genauso eine ängstigende depressive Grundstimmung in Schach zu halten gesucht werden, wie es als Notwendigkeit erkannt und verinnerlicht wurde, eine tief traurig, in sich gekehrte Mutter überhaupt auf sich aufmerksam zu machen.

Verhalten und Motiv sind eben nicht identisch. Die Beobachtung eines solchen Verhaltens ist ein Schritt zum Verstehen, aber nicht dieses selbst. Die Bekämpfung des Symptoms befreit nicht vom Anlass. Das Verstehen des Anlasses aber befreit vom Symptom. Dieses Verstehen steht für einen hochkomplexen Vorgang, der aus ganz unterschiedlichen Facetten besteht, die am Ende in einer Art Gesamtschau zusammengefügt werden müssen. Beteiligt sind Empathie, Intuition, urtümliche Affekte und reflektierte Emotionen, Identifikation und Befremdung, Assoziieren, kognitives Begreifen, Wissen und Nicht-Wissen, am Ende Versprachlichung.

Im Folgenden geht es um eine besondere Verstehensmethodik, mit der sich Tiefendimensionen auf eine Weise ausloten lassen, wie es sonst nicht möglich ist. Dazu muss ich jetzt etwas ausholen. Zunächst einmal gehört die Hermeneutik, um deren *eine* prägnante Form es hier geht, zu den zentralen geisteswissenschaftlichen Konzepten des Verstehens, und ihre Anfänge reichen weit in die griechische Antike zurück. Als die Kunst des Auslegens entstand sie zu einer

Zeit, da die Gabe der Weissagungen allseits verehrt wurde. Das Orakel von Delphi gab keine konkreten Anleitungen, verbarg aber den Sinn seiner Antworten auch nicht vollständig. Es begnügte sich damit, »Andeutungen« zu machen. Die Enträtselung oblag den Sterblichen (vgl. Schreiter 1998, S. 411). Der bedachte Umgang mit dem Vagen zeichnet die Hermeneutik noch immer aus. Mit den ihr eigenen Mitteln von Nacherleben und Deutungen wird versucht, sich den im ersten Moment undurchschaubaren Phänomenen der Lebenswirklichkeit anzunähern.

Die Hermeneutik kann nicht mit »genau definierten Zeichen, die in genau definierten Beziehungen stehen« arbeiten, sondern ist genötigt, Unterschiede, Veränderungen und Widersprüche in ihren Erkenntnisvorgang aufzunehmen.

> »Eine Theorie dieser Art steht vor dem Problem, alles Mögliche, zugleich aber auch jedes Einzelne erfassen zu müssen. Das verlangt, vom Einzelfall abzusehen und umgekehrt jeden Einzelfall auf die ihm gebührende Weise zu behandeln. Theorien dieser Art pendeln daher zwischen Generalisierung und Konkretisierung (...)« (vgl. Haubl, Schülein 2016, S. 188 f.).

Ursprünglich war sie, wie angeführt, tatsächlich allein als Textauslegung gedacht. Zur Erläuterung sei vor allem auf die folgende Systematik des Entschlüsselns verwiesen: Der Sinn eines ganzen Satzes setzt sich aus der Bedeutung der einzelnen verwendeten Wörter zusammen, die Bedeutung der einzelnen Wörter aber ist nur im Lichte des Gesamtzusammenhangs dieses einen Satzes zu verstehen. Vor allem, wenn Wörtern mehrere, gänzlich unterschiedliche Bedeutungen beigegeben sind, wird der Anspruch an diese Aufgabe nachvollziehbar. Der wechselseitige Bezug des Ganzen zum Einzelnen und des Einzelnen zum Ganzen ist auch als hermeneutischer Zirkel bekannt, wiewohl das Vorverständnis, das hier aufscheint, vorurteilsbehaftet erscheint und deshalb kein Wahrheitsanspruch einzulösen ist. »Eine philosophische Reflexion wird sich dabei nicht an einer falschen, hermeneutischen Wahrheitsvorstellung orientieren dürfen (...)« (vgl. Grondin 1982, S. 123). Postmoderne Philosophen wiederum ziehen dieses ganze Theoriengebäude in Zweifel, weil Bedeutungssysteme niemals abgeschlossene Systeme seien und es mithin keine eindeutige Signifikanz geben könne (vgl. Wæver 1996, S. 171). *Habermas* wiederum verteidigt den hermeneutischen Zirkel, weil er nicht auf »Bestandteile einer reinen, durch metasprachliche Konstitutionsregeln vollständig definierten Sprache zurückzuführen« sei – sofern er die eigentümliche Integration von Sprache und praktischem gesellschaftlichem Lebensbezug berücksichtige (vgl. Habermas 1973, S. 217 f.).

Noch präziser geht *Lorenzer* in seiner Verteidigung des hermeneutischen Zirkels vor. Er nimmt die Szene aus einer psychoanalytischen Behandlung her, in der ein Patient seinem Psychoanalytiker erzählt, er habe am Vorabend einen Streit mit seiner Frau gehabt. Im Laufe der Stunde wird klar, wodurch der Streit entstanden war. Der Patient erwähnt nämlich, dass seine Frau ihm zuvor mitgeteilt hatte, dass sie ihre Menstruation bekommen habe. Der Psychoanalytiker deutet dem Patienten, dass er böse geworden sei, und zwar aus Enttäuschung, dass seine Frau wieder nicht schwanger geworden war. Diese Interpretation beruht auf einem Schluss des Analytikers, der einen gewissen Wahrheitsanspruch erhebt. »Es ist nicht eine Mitteilung des Patienten, deren Stichhaltigkeit zu prüfen wäre (…)« (vgl. Lorenzer 1977, S. 111 f.).

Allerdings dreht es sich nicht um willkürliche Verknüpfungen oder Unterstellungen oder »Aussagen über allgemeine menschliche Verhaltensgesetzlichkeiten«, die im Beweis zu sichern gesucht werden. Das Verhalten wird »vielmehr in seiner lebensgeschichtlich-individuellen Eigenart (und davon ausgehend in seiner gruppentypischen bis epochenübergreifenden typischen Eigenart) identifiziert (…) Die Bedeutung der Einzelszenen verdeutlicht sich zugleich mit der Erfassung des Sinnganzen *dieses* Individuums« (vgl. Lorenzer 1977, S. 113). Vor allem tut sich mit der Berücksichtigung auch nicht-sprachlicher Manifestationen ein fundamentaler Unterschied zur klassischen Hermeneutik auf (vgl. Haubl, Schülein 2016, S. 195).

Damit will ich es bewenden lassen, um nicht zu weit abzuschweifen. Aber es wird zumindest jetzt schon deutlich, dass seit geraumer Zeit alle erkenntnistheoretischen Versuche, die Welt und sich selbst darin zu begreifen, auf dem Prüfstand stehen.

Besonders die Psychoanalyse als die Referenztheorie der hier behandelten Lesart von Pädagogik geriet ins Fadenkreuz einer harschen Kritik. Sie gilt als antiquiert, heißt es, an normativ gesetzten, um nicht zu sagen patriarchalischen Konstrukten orientiert und liefere für eine evidenzbasierte praktische Intervention ebenso wenig handfeste Grundlagen wie ihre Forschungsperspektive mit der naturalistischen Fokussierung des Einzelfalls ohne Aussagekraft und ihr am Unbewussten ausgerichtetes Verhältnis zum Forschungsgegenstand spekulativ, unsauber und also nicht zu gebrauchen sei.

Auf der Grundlage eines äußerst restringierten Wissenschaftsverständnisses wird die evidenzbasierte Forschung auf ein rein technisches und utilitaristisches Instrumentarium zurückgeschnitten. Die Kenntnis über das »What works« zielt allein noch auf überschaubare lineare Ursache-Wirkungs-Zusammenhänge, was ausschließlich über experimentelle Forschungsdesigns sichergestellt werden soll. *Buchholz* bemängelt, dass das empirische Paradigma nur ein Teil wissenschaftlicher Bemühungen sei, sich »aber manchmal zur Illusion aufschwinge, über alles letzte Schiedsinstanz zu sein. Es steht jedoch nicht *über*, sondern *neben* anderen Paradigmen« (vgl. Buchholz 2006, S. 427).

Bei *Lanwerd* ist die Kritik so formuliert: Die englische Wendung »*evidence-based* zeigt den Wunsch nach der Vermessung des Beweisbaren«, während das Lateinische die Qualität dessen benennt, »was sich im Gegensatz zum logischen Beweis an das Unbeweisbare hält (…)« (vgl. Lanwerd 2019, S. 122). Damit fällt eine mit diesem Ansatz nicht kompatibel erscheinende forscherische Methodik per se aus der metaanalytischen Betrachtung heraus und kann dementsprechend auch nicht in die »Destillierung von Evidenz« Eingang finden (vgl. Koch 2016, S. 13. ff.). Das von der pädagogischen Wirklichkeit gezeichnete Bild »beruht auf Annäherungen und Vereinfachungen«, und was soll die Praxis überhaupt mit diesem Wissen anfangen (vgl. ebd., S. 19)? Im pädagogischen Feld ist über experimentelle, randomisierte kontrollierte Studien, womit der »goldene Standard« der Evidenzbasierung sichergestellt werden soll, die Qualität einer Aussage keineswegs zu garantieren (vgl. ebd., S. 14).

1 Warum Psychoanalytische Pädagogik?

Instrumentelles Wissen ist sicherlich von sachdienlichem Gewicht, pädagogische Praxis muss aber zwingend noch aus weiteren Perspektiven beleuchtet werden. Anders als für die medizinische Überprüfung von Evidenz formuliert – und was auch dort immer wieder bloß eingeschränkte Erkenntnis erzeugt – treten in der Pädagogik mehrere Erschwernisse auf, die ein solches Unterfangen völlig ins Leere laufen lassen: »die Macht des komplexen Kontextes und seiner Einflüsse, die Allgegenwart von Interaktionen und die geringe ›Halbwertzeit‹ der Befunde (…)« (vgl. Koch 2016, S. 18). Weil sich die Erziehungswirklichkeit beständig ändert, verträgt sie eine derartige szientistische Amputation nicht (vgl. ebd., S. 13 ff.; Gerspach 2016b).

Mit der Unterscheidung in eine (sozialwissenschaftlich) sinnstrukturierte und eine (naturwissenschaftlich) nicht-sinnstrukturierte Welt belegt *Hechler*, dass die vom Menschen hervorgebrachte, durch Unbestimmtheit charakterisierte Veränderlichkeit ihm beständig Entscheidungen abverlangt.

> »Diese Welt unterstellt menschlichem Erleben und Handeln grundlegende Sinnhaftigkeit. Der Mensch hat die Wahl und ist gezwungen zu wählen (…) und jeder Wahl laufen (…) Entscheidungsprozesse voraus, die sich eben nicht durch standardisierte Muster zu Wege bringen lassen (vgl. Hechler 2016, S. 45).

Hier setzt die »Erziehungskunst« ein, die sich durchaus auf empirische Befunde stützt, aber von einem Empirieverständnis gestützt wird, das sich keiner Evidenzbasierung unterordnen will. Indessen benötigen wir eine Fähigkeit, »in ungewissen erzieherischen Situationen eine grundlegende Situationssicherheit herzustellen« (vgl. ebd., S. 68).

»Die entwicklungspädagogischen Wissensbestände ermöglichen eben nicht nur ein pädagogisches Fallverstehen, sondern geben auch Hinweise auf die einzusetzenden erzieherischen Mittel (…)« (vgl. Hechler 2016, S. 46 ff.). Mit Bezug auf *Freud*, der sich fragte, ob »die Beschäftigung mit den uns vorgetragenen Wissenschaften oder die mit den Persönlichkeiten unserer Lehrer« dereinst stärker war (vgl. Freud, S. 1914f, S. 204), konstatiert *Hechler*, dass die »Person des Pädagogen (…) das wirksamste und am häufigsten verwendete Erziehungsmittel in der pädagogischen Praxis« ist (vgl. ebd., S. 71 f.). Damit biegt er auf die Zielgerade ein und thematisiert »die Bedeutung der Übertragung und Gegenübertragung im psychoanalytischen Verständnis« für die Ausgestaltung des »professionellen pädagogischen Wollens« (vgl. S. 74).

Somit sind wir wieder beim hermeneutischen Sinnverstehen, oder jetzt genauer: beim in der Psychoanalyse verwendeten Topos der Tiefenhermeneutik. Dieser Begriff geht auf *Jürgen Habermas* und *Alfred Lorenzer* zurück (vgl. Haubl, Schülein 2016, S. 194). Sie prägten ihn, um sich von einer eher philologisch ausgerichteten Hermeneutik abzugrenzen. »Die *Tiefenhermeneutik* (…) bezieht sich auf Texte, die *Selbsttäuschungen des Autors* anzeigen«, befindet *Habermas* (vgl. Habermas 1973b, S. 267). Und er sagt klipp und klar: »Die Psychoanalyse ist für uns als das einzige greifbare Beispiel einer methodisch Selbstreflexion in Anspruch nehmenden Wissenschaft relevant« (S. 262). *Lorenzer* wiederum spricht von der »Radikalisierung der Hermeneutikthese« durch die Psychoanalyse (vgl. Lorenzer 1974, S. 153), die sich selbst ihrer »vom Widerspruch bestimmten Eigenständigkeit« zu versichern habe. Der psychoanalytischen Kulturanalyse »als einer ›tiefenhermeneutischen‹« geht es um die Anerkennung einer eigenständigen Sinnebene unterhalb der bedeutungsgenerierenden Sinnebene sprachlicher Symbolik« (vgl. Lorenzer 1988a, S. 16 ff.).

Allerdings mag man noch so voller Enthusiasmus beteuern, dass die Psychoanalyse »auch im 21. Jahrhundert nichts von ihrer Bedeutung und Faszination verloren« habe (vgl. Benecke u. a. 2016, S. 5). Oder gar einräumen, dass aus heutiger Sicht vieles, was dereinst geschrieben wurde, »ziemlich daneben liegt und erratisch wirkt« (vgl. Haubl, Schülein 2016, S. 188). All das zerstreut nicht die Bedenken, dass die Psychoanalyse von ihren Vertreter/innen gleichsam wie ein festes Gefüge von Glaubenssätzen idealisiert werde. Einmal abgesehen von dem affektgetränkten Duktus, mit dem diese Vorbehalte geäußert werden – was mich ein wenig stutzen lässt –, will mich auch der rationale Kern dieser Darlegung nicht überzeugen. Eine Disziplin, die sich dem Unbewussten nähert, wohl wissend, dass sie es nie wird *à fond* ergründen können, kennt den Zweifel als oberstes Grundprinzip. Ein Dogma aber ist doch genau dadurch gekennzeichnet, dass der Zweifel daraus kategorisch exkommuniziert ist.

Weil das Unbewusste an sämtlichen menschlichen Regungen beteiligt ist, fällt es der Psychoanalyse nicht schwer, ihren »disziplinären und professionellen Zugriff auf alle Ausdrucksgestalten der sinnstrukturierten Welt auszudehnen – es gibt sozusagen nichts, was nicht auf die Couch gelegt werden kann«. Überdies haben ihre theoretische Undurchdringbarkeit und »die Intimität ihrer Praxis« häufig zu verzerrten Vorstellungen Anlass gegeben (vgl. Hechler 219, S. 253 f.). Das ist aber kein Freibrief für eine kategorische Entrechtlichung der Psychoanalyse. Der Medizin-Nobelpreisträger *Eric Kandel* stellt einfach nur fest, dass »die Psychoanalyse immer noch die kohärenteste und intellektuell befriedigendste Sicht des Geistes darstellt« (vgl. Kandel 2006, S. 20; Hechler 2019, S. 247).

Wie dem auch sei. Jedenfalls hat es die Psychoanalytische Pädagogik jetzt doppelt schwer. Zum einen fristete sie schon immer ein eher randständiges Dasein im Kanon der Erziehungswissenschaften. Gemäß der neueren sozialwissenschaftlichen »Diskursanalyse« (vgl. Gardt 2007) repräsentiert sie als illegitimes Kind der Psychoanalyse eines jener in sich geschlossenen Theoreme, die den zeitgemäßen wissenschaftlichen Standards der Überprüfbarkeit nicht mehr genügen.

In seiner ernüchternden Bilanz der historischen Begegnung von Psychoanalyse und Pädagogik – die man im Sinne *Martin Bubers* eher als »Vergegnung« bezeichnen sollte (vgl. Buber 1986, S. 9) – gelangt *Wininger* am Ende zur Überzeugung, dass bis in die jüngste Zeit hinein psychoanalytische Theorien in »pädagogischen Veröffentlichungen teilweise eklektisch, enzyklopädisch und fragmentarisch rezipiert werden« (vgl. Wininger 2011, S. 273). Noch deutlicher wird das beim Durchblättern der Beiträge zum 26. Kongress der Deutschen Gesellschaft für Erziehungswissenschaft (vgl. van Ackeren u. a. 2020). In diesem über 600 Seiten umfassenden Reader musste ich lange suchen, bis ich auf psychoanalytische Perspektiven stieß (vgl. Rauh u. a. 2020). Und zu einem zweiten Text von *Bühler*, den es zu nennen gilt und der in seiner deutlichen Pointierung durchaus sympathisch daherkommt, würden mir zumindest einige kritische Anmerkungen einfallen. Seine Einschätzung der 1968er Jahre ist sehr auf »Nähe und Wärme« und die »steigenden therapeutischen Temperaturen der Pädagogik« fokussiert, das kritische Moment der Psychoanalyse bleibt dagegen eher blass (vgl. Bühler 2020, S. 605 ff.). Ansonsten wollte mir in ähnlicher Richtung nur noch *Barbara Rendtorff* begegnen, die in ihrem gemeinsamen Text mit *Eva Breitenbach* über Frauenbewegungen, Bildung und Erziehung aber eher mittelbar auf Psychoanalyse Bezug nimmt (vgl. Rendtorff, Breitenbach 2020). Allerdings hat sie sie sich an anderer Stelle dezidiert zum Verhältnis von Psychoanalyse, Geschlecht und Pädagogik geäußert (vgl. Rendtorff 2018).

Jedenfalls möchte ich nun sine ira et studio belegen, dass die Psychoanalytische Pädagogik gerade für das Verstehen einer Praxis, die viele verwirrende Erfahrungen bereit hält, im Vergleich zu anderen Spielarten der Erziehungswissenschaften ein Mehr an Erkenntnis zu liefern imstande ist. Hierzu nehme ich ein altes Beispiel von 1932 her, das aus einem von *Siegfried Bernfeld* ins Leben gerufenen Berliner Seminar für Pädagog/innen stammt: Eine Lehrerin und angehende Psychoanalytikerin berichtet dort von einem zehnjährigen Schüler in einer 5. Klasse, der dann zu kaspern anfängt, wenn von ihm etwas verlangt wird. Er beginnt, steif umher zu stolzieren und zu quäken. In der Reflexion dieser Szene wird eine Verbindung zu der vor kurzem behandelten Geschichte vom »Zäpfel Kern« sichtbar, die gewisse Ähnlichkeiten mit der Lebensgeschichte des Jungen, der erst vor kurzem eine kleine Schwester bekommen hat, aufweist. Die Lehrerin versteht nun das Kaspern als ein »Stück des Konkurrenzkampfes gegen die kleine Schwester und seines Kampfes um Liebe bei der Mutter« und teilt dies dem Jungen mit. Daraufhin hört sein Kasperlespiel auf und macht einem »betont vernünftigen Verhalten Platz«. Wichtig ist noch zu erwähnen, dass die Klasse bald darauf ein richtiges Kasperlespiel in Gang bringt – das Kasperlegebaren wird zu einem »gemeinsamen Spiel der Klasse«, worauf ich verschiedentlich zurückkommen werde (vgl. Datler, W. 2019, S. 66 f.; Marseille 2013, S. 307).

Zu verstehen, was der Fall ist, führt dann zu einer entspannenden Veränderung der Situation, wenn darin die Hinwendung zu den unbewussten Motiven eines als störend empfundenen Verhaltens aufbewahrt wird. Hier erleben wir einen recht simplen und doch so erfolgreichen Zusammenhang zwischen dem Zeigen eines auffälligen Gebarens und schließlich dem Verzicht auf eben jenes, nachdem sich ein Kind verstanden fühlt. Diese Episode ist schon vor 90 Jahren niedergeschrieben worden. Wir müssen also eingehender darüber nachdenken, welcher innere Widerstand – und welche irrationale Angst vor der Begegnung mit dem (eigenen) Unbewussten – dazu führen, sie geflissentlich nicht zur Kenntnis genommen zu haben.

Die gleiche Aufgabe stellt sich, wenn wir uns dem Gebiet der pädagogischen Forschung zuwenden. Auch hier treffen wir auf Selbstmitteilungen, die zunächst unzusammenhängend und verstörend erscheinen mögen, und dennoch folgen sie einer inneren Logik. Was machen wir mit dem Material und vor allem: was macht das Material mit uns? Indessen sei einschränkend vorweggeschickt, dass, anders als in der Praxis, die unmittelbare Einflussnahme auf das Gegenüber in einem hoch durchstrukturierten Forschungssetting beinahe vollständig suspendiert ist, schließlich gibt es keinen direkten Arbeitszusammenhang, in dem sich Dinge verändern ließen. Aber der Forschungsdialog lebt auch von affektiven Abstimmungen zwischen den daran Beteiligten, selbst wenn dies auf den ersten Blick nicht sogleich sichtbar werden will. Auch hier geht es darum, dass bzw. *ob* sich der/die Beforschte vom Forscher/von der Forscherin verstanden fühlt, damit überhaupt aussagekräftige Ergebnisse zustande kommen. Es geht also hier um keine direkte, sondern um eine mittelbare Einflussnahme, die durchaus – als Aufforderung und Einladung zum weiteren Nachdenken über sich selbst – wirksam zu werden vermag.

Im Gegensatz zu den in sich geschlossenen und vorgeblich widerspruchsfrei konzipierten Wissenschaftstheorien basiert das psychoanalytische Vorgehen »nicht ausschließlich auf logischen Schlussfolgerungen, auf Deskriptionen und Ergebnissen empirischer Untersuchungen« (vgl. Leber 1977, S. 83) und ist daher mit deren reduzierten Dechiffrierungsmöglichkeiten auch gar nicht zu fassen. Es mag zunächst verwirrend erscheinen, dass die Psychoanalyse ihre Aussagen nicht an Ereignissen festmachen kann. Indem sie sich ausschließlich im Bereich subjektiver Erlebensfiguren bewegt, liefert sie keine kausalanalytischen Beweise (vgl. Lorenzer 1974, S. 196).

Dieser Einwand wird dadurch entkräftet, dass der qualitative Sprung vom äußerlich bleibenden Erklären ins Verstehen niemals über objektive Datenoperationen hinter dem Rücken der Subjekte führen kann. Ohne die Reflexion dieses Subjektiven ist Erkenntnis nichts wert (vgl. Lorenzer 1974, S. 58). *Lorenzer* schlussfolgert: »Als Hermeneutik ist Psychoanalyse allenfalls ein hermeneutisches Verfahren zum Zweck der Entfaltung von Selbstreflexion. Geschichte bleibt ihr äußerlich« (ebd., S. 79). Gleichwohl betont er, dass die Erfahrung der strukturellen Beschädigung einer unpolitischen Form von Selbstreflexion entzogen bleibt, sofern sie auf die Frage nach deren objektiven Ursachen fragt. Die seelische Deformation ist als objektiv verursachte zu denken, die in die subjektiven Strukturen einfließt (ebd., S. 198 ff.).

Eine tiefenhermeneutische Systematik gilt es zu entwickeln, die sich hinsichtlich des angestrebten Erkenntnisgewinns als verlässliches Instrument erweist. Indessen müssen auch die bereits angedeuteten elementaren Unterschiede zwischen Fallarbeit und Forschung ausbuchstabiert werden. Im Handlungsfeld gilt es zunächst, Nähe herzustellen, um dann im Interesse der Adressat/innen über Reflexion wieder Distanz zu gewinnen. Das Verstehen wirkt ins Feld des dialogischen Arbeitens zurück. Das Forschungssetting will solches nicht immer mit gleicher Gründlichkeit zulassen, schließlich wird das Untersuchungsfeld nicht in den Prozess der Resultatgewinnung miteinbezogen. Diese Divergenz in der methodischen Systematik gilt es zu benennen und eingehend zu reflektieren, um die Aussagekraft einer psychoanalytisch-pädagogischen Perspektive nicht zu halbieren oder gar von vornherein zu diskeditieren. Denn die Basis des Verstehens bleibt gleich: Es ist die Annäherung an das unbewusst motivierte Fremde (im Eigenen).

Dieses Dilemma von Erkenntnis und Wirkung gilt übrigens, wenngleich kaum eingestanden, für *jede* Form von Praxis und Forschung, es wird aber gemeinhin nicht problematisier Mit Hilfe der psychoanalytisch-pädagogischen Methode lassen sich indessen die qua Verstehen gebildeten *vorläufigen* Annahmen mit Aussicht auf Erfolg probeweise einsetzen. Die Praxis spiegelt zurück, ob sie zutreffend sind. Im Forschungssetting ist dies kaum oder nur bedingt möglich. Aber über das Mitdenken der Tiefendimension des Erlebens wird der Erkenntnisgewinn reicher. Und eben über diese vorsichtige und nicht auf *Erklärungs*wissen beharrende Vorgehensweise lässt sich die Analogie von Fall und Forschung legitimieren – was sich nicht zuletzt am Umgang mit den Tabuthemen Sexualität und geistige Behinderung sowie einem psychodynamisch begriffenen Autismus bewahrheitet, die abschließend zur Debatte stehen.

1.2 Die fruchtbare Verbindung von Psychoanalyse und Pädagogik

Ein triftiger Grund für das Entstehen der großen Ideenvielfalt in der Psychoanalyse mag sein, dass sich das Unbewusste grundsätzlich der unmittelbaren Beobachtung entzieht und nur indirekt erschließbar ist. Damit auch ist eine eindeutige wissenschaftliche Festlegung erschwert, und es bedarf also mehrerer »theoretischer Sprachen«, um sich ihm anzunähern. So »kann der psychoanalytische Blick auf das Unbewusste gerade in seiner Heterogenität als ein fortgesetzter Versuch verstanden werden, dieses flüchtigen Gegenstandes habhaft zu werden« (vgl. Rohde-Dachser 2019, S. 2). *Bion* etwa geht gar nicht von einem prinzipiell immer schon existierenden Unterschied von Bewusstem und Unbewusstem aus, sondern er erachtet deren Trennung als Ergebnis des ständigen Austauschs zwischen Mutter und Kind (vgl. Bion 1995, S. 231).

Dieses Bild taucht in jüngeren Konzepten der klinischen Psychoanalyse wieder auf – als ein intersubjektives Wechselspiel zwischen »zwei Subjektivitäten« – denen von Analytiker/in und Patient/in (vgl. Orange u. a. 1997, S. 11). Vertreter/innen verschiedener psychoanalytischer Schulen heben hervor, dass ein Analytiker/eine Analytikerin seine/ihre eigenen emotionalen Reaktionen auf seinen Patienten/ihre Patientin niemals restlos zugunsten einer ›objektiven‹ dynamischen und genetischen Erklärung auszuschalten vermag. Erst seine/ihre aktive Reaktion auf dessen/deren freien Assoziationen »setzt den therapeutischen Dialog in Gang« (vgl. Ornstein, Ornstein 2001, S. 14 f.). Das empathische Verständnis schließt eine Antwort unbedingt ein.»Patienten beschweren sich zu Recht, dass wir sie nicht verstehen, wenn wir nicht empathisch antworten«. Andersherum erwächst aus dem Verstehen eine intersubjektive psychoanalytische Verständigung (vgl. Orange 2004, S. 39 f.). Daher steht in der relationalen Psychoanalyse das »*Konzept des Anderen*« im Mittelpunkt der Überlegungen, wird das Unbewusste zur »*Präsenz der Interaktion*« (vgl. Buchholz 2005, S. 633 f.). Nach dieser Lesart »greifen reale Erfahrungen und deren phantasmatische Ausarbeitung ineinander, beeinflussen sich gegenseitig und führen zu immer neuen Konstellationen der Relationalität« (vgl. Potthoff 2019, S. 16). Demzufolge bildet sich in der Begegnung mit dem realen Anderen – also in einem wechselseitigen Austausch von subjektivem Erleben – das »*implizite Beziehungswissen*« heraus (vgl. The Boston Change Process Study Group 2004. S. 936; Rohde-Dachser 2019, S. 3 ff.). Ich werde später darauf zurückkommen.

Die Psychoanalyse ist vor allem auf Grund ihrer klinischen Erfolge bei der Behandlung neurotischer Störungen allgemein längst anerkannt, auch wenn etwa bei uns hinsichtlich der Richtlinienpolitik im Rahmen der Krankenversicherung Kritik zu äußern ist (vgl. Pollak 2020, S. 403). Ihr Markenkennzeichen ist, sich auf naturalistischem Wege dem einzelnen Subjekt anzunehmen, um präzise verstehen zu lernen, worunter und vor allem warum es zu leiden hat. Diese Logik liegt ein wenig quer zu einer empirisch bedingten Aufsummierung von großen Kohorten, die quasi zu einem Prototyp verdampft werden. Hinter dem allgemeinen Maßstab droht das singuläre Individuum zu verschwinden. *Langer* bringt es auf den Punkt:

> »Der vermeintliche Goldstandard experimentell-quantitative angelegter Studien unter kontrollierbaren Laborbedingungen kann die Komplexität diffuser, historisch und kulturell bestimmter Konfliktdynamiken *in the real world out there* nicht systematisch erfassen, sodass diese aus dem Bereich des sinnvoll Erforschbaren ausgeklammert werden müssen« (vgl. Langer 2019, S. 81).

Übrigens spricht auch genau dieser Umstand gegen eine allgemein greifende Neurosen-Prophylaxe, weil ihr Instrumentarium viel zu grobkörnig wäre. Bei aller anthropologisch begründeten Gemeinsamkeit der in Gang gesetzten innerpsychischen Mechanismen bleibt jedes Schicksal doch einzigartig. Es gilt das Paradox anzuerkennen, das menschliche Subjekte »gleich und zugleich verschieden sind« (vgl. Crain 2005, S. 196).

Ein weiteres kommt hinzu, was die Vorbehalte gegenüber der Anwendbarkeit der Psychoanalyse auf dem Gebiet der Pädagogik anbelangt. Die Klärung des Verhältnisses von psychoanalytischer Therapie und Psychoanalytischer Pädagogik nahm nämlich viel Zeit in Anspruch, und bis heute haben sich zuweilen gewisse Zweifel erhalten, ob dieser Schritt inzwischen hinreichend vollzogen wurde. Das hat vielleicht auch damit zu tun, dass mitunter von externer psychoanalytischer Seite, ohne die im erziehungswissenschaftlichen Kontext nötigen Modifikation der psychoanalytischen Technik vorzunehmen, eher »unerbetene Deutungen« für bestimmte Situationen angeboten wurden, nicht aber eine interne Anreicherung der genuin pädagogischen Handlungsvollzüge mit psychoanalytischen Verstehens erfolgte (vgl. Reiser 2006, S. 20; Bittner 1985, S. 38).

In der zweiten Hälfte des 20. Jahrhunderts wandten sich alle Spielarten der Humanwissenschaften verstärkt der positivistischen Wissenschaftstheorie zu. Mit deren Verheißung, über exakte empirische Verfahren zu verfügen, schien die Hoffnung auf, in den Adelsstand einer *echten* Naturwissenschaft erhoben zu werden. Nur das *Positive*, also unzweifelhaft beobacht- und beschreibbare Existente, war fortan noch kreditwürdig, und damit schien man dem spekulativen Sinnieren über etwas so Unfassbares wie die Seele entkommen zu können. Mehrheitlich entschied man sich für eine technologische Ausrichtung, die auf Kontrolle und Überprüfbarkeit setzt, und der selbstverständlich die Psychoanalyse als erstes zum Opfer fiel. Zudem machte diese wissenschaftstheoretische Rolle rückwärts beileibe nicht Halt vor den Psychoanalytiker/innen selbst. Einige unter ihnen schlossen sich dem positivistischen Denken an, weil sie die Psychoanalyse für unwissenschaftlich hielten. Offensichtlich hatten sie den besonderen Charakter des intersubjektiven Feldes ihrer eigenen Profession gründlich missverstanden.

Winnicott ist der Überzeugung, dass manche Menschen »so tief in der objektiv wahrnehmbaren Realität verwurzelt sind, dass sie (…) den Kontakt zur subjektiven Welt und die kreative Haltung gegenüber den Dingen verloren haben« (vgl. Winnicott 1993, S. 79 f.). Umgekehrt gibt es natürlich auch solche, die die äußere Realität »nur aus ihrer inneren Perspektive wahrzunehmen vermögen« (vgl. Crain 2005, S. 113). Bei *Orange* heißt es: »Selbst die besten Fallstudien können nur andeutungsweise versuchen, die Atmosphäre, die ein spezifisches intersubjektives Feld erzeugt, (…) zu erfassen« (vgl. Orange u. a. 2001, S. 13).

Die theoretische und konzeptionelle Verengung hat es lange Zeit schwer gemacht, Psychoanalyse für den nichtklinischen Bereich zu reklamieren, und die Frage, welche methodischen Änderungen damit verknüpft sein müssten, harrte lange einer zufriedenstellenden Beantwortung. Mit seiner klaren Aussage, Psychoanalytische Pädagogik in Theorie und Praxis als »*Teil der Psychoanalyse*« zu begreifen, hat *Hans-Georg Trescher* diesbezüglich eine wichtige Diskussion angestoßen (vgl. Trescher, H.-G. 1985a, S. 65). Vor nicht allzu langer Zeit hat *Perner* eine ähnliche Definition eingebracht: »Die psychoanalytische Sozialarbeit ist eine spezifische Form der Psychoanalyse (…)« (vgl. Perner 2010, S. 62).

Nach psychoanalytischer Auffassung hinterlässt das, was ein Kind in seinen frühen Interaktionen erlebt hat, einen Niederschlag, der in seine psychische Struktur und in seinen Körper eingeschrieben wird (vgl. Quindeau 2008, S. 17). Da dem Körper der Charakter von etwas Unverfügbarem innewohnt und er sich folglich nicht auf die »Eigenschaft einer objektivierbaren raum-zeitlichen, physikalischen Größe« reduzieren lässt, erscheint es geboten, eher von Leib und Leiblichkeit zu sprechen. »Der Leib erscheint uns in einer doppelten Weise gegeben: in einem präreflexiven Zugang zur Welt und in einer materialen Beschaffenheit als potentielle Begrenzung der gelebten Selbstverständlichkeit« (vgl. Mattner 1987, S. 36 ff.). Die beseelte Leiblichkeit entspringt dem Körper.

In diesem Sinne lässt *Lorenzer*s Analyse beschädigter individueller Struktur die begrenzten Möglichkeiten von beobachtungswissenschaftlich-erklärenden Erkenntnisfiguren hinter sich. In seinem Topos von der »Hermeneutik des Leibes« werden die beiden Antipoden – der »homo cultura« und der »homo natura« – dergestalt miteinander verbunden, dass der »›Leib‹ als ›Sinnzusammenhang‹« aufscheint: »Damit deutet sich ein Verhältnis zwischen Psyche und Körper an, das nicht der alten Trennung in sinn-lose Natur einerseits und sinnstiftendes Bewusstsein andererseits entspricht (…)«. Dieses nichtsprachlich einsozialisierte Sinnsystem bildet die »›Grammatik‹ des Körpers« (vgl. Lorenzer 1988b, S. 842 ff.).

Der Körper ist das vorgängige, bereits sozial hergestellte Reservoir jeglicher Symbolbildung. In *Regina Klein*s Auseinandersetzung mit der Position *Lorenzer*s stellt der Körper »als subversives Elementarteilchen im Gefüge der symbolischen Ordnung« ein eigenständiges, unbewusst wirkendes Gegensystem zum bestehenden Diskurs dar (vgl. Klein, R. 2004, S. 633). Denn schon bei *Lorenzer* ist »eine restlose Verknüpfung aller Interaktionsformen mit Sprachzeichen (…) prinzipiell nicht möglich« (vgl. Lorenzer 1984a, S. 93). Insofern erscheint es konsequent, eine nach zwei Seiten hin relativierende Position einzunehmen: Zum einen wird die Biologie auf ihre soziale Einbettung verwiesen, zum andern die Hermeneutik wiederum an ihre Verstehensgrenze durch das biologisch-organische Fundament des Erlebens und Verstehens erinnert (vgl. Görlich 2003, S. 31). Der Körper ist also Ausgangs- und Bezugspunkt jeglicher Symbolbildung – im wirklichen Leben *und* in der wissenschaftlichen Forschung (vgl. Klein, R. 2004, S. 633).

Setzt noch die klassische psychoanalytische Methodik an einer sprachregulierten Konfliktfähigkeit an, so werden hier die vorsprachlichen Interaktionsformen aufgewertet. In Ergänzung seines ursprünglichen Konzepts spricht *Lorenzer* von einer symbolbildenden, unmittelbaren Sinnlichkeit, die »unabhängig von der Einführung von Sprache« existiert. Die sinnlich-symbolischen Interaktionsformen, wie sie uns z. B. in der Musik begegnen, bezeichnet er als erste Schritte menschlicher Subjektivität (vgl. Lorenzer 1983, S. 106; Lorenzer 1984a, S. 31 ff.). Jenseits der Sprache existiert eine »präsentative Symbolik«, die Erlebnisse zum Ausdruck bringt, welche der diskursiven Sprache unzugänglich sind, in der aber eine größere Nähe zu den Affekten deutlich wird (vgl. Lorenzer 1973, S. 110). In die präsentativen Symbole fließen noch sehr viel körper- und erlebnisnähere Empfindungen ein. Sie entsprechen jenen affektgetragenen Beziehungsformen, die *vor* der Einführung von Sprache handlungsleitend sind. Zwar wird der sprachlich organisierten Interaktion eine entscheidende Bedeutung eingeräumt. Gleichzeitig gilt es aber zu akzeptieren, dass neben der sprachlichen Kommunikation eine dieser entwicklungspsychologisch gesehen gleichgestellte existiert. *Klein* hat es so gefasst: »*Leibsymbolische Interaktionsformen* stehen für das körperlich verankerte und mit dem Bewusstsein nicht zu erreichende Andere im Menschen selbst« (vgl. Klein, R. 2004, S. 625).

Für die Psychoanalyse bleibt die dialektische Falle zurück, dass eine Verklammerung an ungeschichtlich-triebtheoretische Vorstellungen das Subjekt von seinen gesellschaftlich einsozialisierten Persönlichkeitsstrukturen abspaltet, aber umgekehrt durch eine Öffnung hin zum Sozialen und damit Abkehr vom Triebbegriff »das je spezifische Libido-Schicksal (historisch und individuell)« nicht mehr fassbar wird (vgl. Kleinspehn 1991, S. 409).

Was viele human- und sozialwissenschaftliche Konzepte vermissen lassen: Es gibt eine enge Verknüpfung von körperlich/leiblichen sowie seelischen Vorgängen, und kein vom Körper losgelöstes Empfinden oder Denken. In diesem Sinne sind alle seelischen und geistigen Prozesse »embodied«, also *verleiblicht* (vgl. Leuzinger-Bohleber 2009, S. 165). Wobei ich kurz einschieben möchte, dass das Konzept des Embodiment aus der Kognitionspsychologie herrührt, was einen gewissen Erklärungsbedarf erzeugt. *Leuzinger-Bohleber* beschreibt die Eingangsszene einer psychoanalytischen Behandlung:

> »Bevor ich die Tür richtig öffnen kann, stürmt Frau M. in den Flur. Sie greift stürmisch nach meiner Hand, nimmt sie in einer merkwürdig sexuell stimulierenden Weise zwischen ihre eigenen Hände und tritt mir dabei sehr nahe, meine normale Intimdistanz überschreitend: ›Hallöchen … Ich bin froh, dass ich mit Ihnen sprechen kann.‹ Ich trete intuitiv zwei Schritte zurück und beobachte sogleich eine intensive negative emotionale Reaktion, verbunden mit aversiven Körperreaktionen: Was für eine überwältigende Frau! Das ist mir zu viel. Sie rückt mir zu sehr auf die Pelle … Warum habe ich Ihr ei-

nen Termin angeboten? Werde ich sie je wieder wegschicken können? Sie scheint mir so bedürftig ...« (vgl. Leuzinger-Bohleber 2014, S. 925).

Erst nach drei Jahren der Behandlung kann das nach wie vor anhaltende, extrem intrusive Verhalten der Patientin ihrer Analytikerin gegenüber allmählich mit einer von Gewalt geprägten sexuellen Missbrauchserfahrung mit einem nahen Verwandten in Verbindung gebracht werden, den sie als Jugendliche öfter besuchte. Frau M. muss zur Toilette gehen und sich übergeben. Als begleitende körperliche Regungen des Traumas brechen Ekel, Abscheu und Widerwillen hervor (vgl. ebd., S. 941).

Leuzinger-Bohleber betont den engen Zusammenhang zwischen Biologie und sozialer Erfahrung, der bis in die früheste Kindheit zurückzuverfolgen ist. Das auffallende Interaktionsverhalten der Patientin ist durch »embodied memories« ausgelöst worden, die »bisher nicht repräsentiertem seelischem Material« entsprechen und in ihren eigenen »›embodied‹ Gegenübertragungsreaktionen« aufscheinen. Die ersten Beziehungserfahrungen erhalten sich im Sinne sensomotorischer Koordinationen im Körper: »in den frühesten Beziehungen wird wie bei einer Stradivari der Klangkörper des seelischen Instruments gebaut, der in späteren Beziehungen zum Schwingen gebracht wird« (vgl. S. 925 ff.). Wenn wir also Gedächtnis als ein »Produkt komplexer, dynamischer, rekategorisierender und interaktiver Prozesse, die ›embodied‹ sind« (vgl. S. 928), verstehen, wird die Embodied Cognitive Science in meinem Sinne in Richtung Psychoanalyse ausgeweitet. Und gerade die letzte Aussage von *Leuzinger-Bohleber* ist doch dezidiert auch auf Vorgänge in Praxis und Forschung anzuwenden, was aber ohne Bezug zur Dimension von Leiblichkeit nicht aufzufinden sein wird.

Der Aufbau der psychischen Struktur beginnt auf der sensomotorischen Ebene über die Empfindung, wie einfühlsam sich die Pflegperson in die Beziehung einbringt. In seinem impliziten Gedächtnis bewahrt das Kind auf, wie es getragen oder auf dem Arm gehalten wurde. Hier werden die aneinandergereihten frühen Interaktionserfahrungen in Form von Bildern oder Bildfragmenten abgelegt. Diese so entstehenden Prototypen affektiv getönter Interaktionsmuster sind der Sprache nicht zugänglich, beeinflussen unbewusste die spätere Beziehungsgestaltung (vgl. Stemmer-Lück 2009, S. 44 ff.; Sandler und Sandler 1985, S. 804).

Allmählich werden dann die erlebten episodischen Sequenzen mit Bedeutung gefüllt. Die nichtsprachliche Interaktionsform enthält somit einen Namen und wird zur »symbolischen Interaktionsform« (vgl. Lorenzer 1977, S. 48). Wesentlich ist – und da nimmt *Lorenzer* einen modernen Diskurs vorweg –, dass sich an diesem Punkt ein enger Zusammenhang zwischen dem impliziten Gedächtnis und dem Unbewussten auftut. Das Unbewusste wird von »nicht-sprachlichen Praxiselementen« gebildet und ist mithin »*ein Resultat sozialer Prozesse*«. Damit wendet sich Lorenzer nicht nur gegen eine biologistische Gesellschaftsblindheit, sondern auch gegen eine kulturelle Verflachung von Persönlichkeitsentwicklung zur bloßen Milieuabhängigkeit (vgl. Lorenzer 1977, S. 42).

Die hier anschließende, neuere Sicht auf die wechselseitigen Interaktionsprozesse wird von *Daniel Stern* im Begriff der Affektabstimmung (*attunement*) komprimiert, und sie stellt für ihn den »Sprung in die intersubjektive Bezogenheit« (vgl. Stern, D. 1992, S. 191) dar. Das Empfinden des Kindes, über ein subjektives

Selbst zu verfügen, ist an die Erfahrung gebunden, dass seine inneren Zustände ein Echo auslösen und von seinem primären Objekt widergespiegelt werden. Die darauf einsetzende Affektabstimmung erfolgt »überwiegend unbewusst und beinahe automatisch« und verhilft dem Kind dazu, mit »seiner eigenen Affektivität und seinem Selbstempfinden besser vertraut zu werden« (vgl. ebd., S. 206 f.). Es entsteht ein gemeinsamer Affektzustand – eine »Inter-Affektivität« (vgl. ebd., S. 198) –, wobei das Teilen dieses Zustandes mit dem Anderen etwas ganz anderes darstellt, als würde eine Verhaltensäußerung bloß exakt imitiert: »Das Verhalten, mit dem wir unsere Reaktionen auf Affekte zum Ausdruck bringen, sähe dann lächerlich aus; vielleicht hätten wir dann Ähnlichkeit mit einem Roboter« (vgl. ebd., S. 203).

Nach Auffassung von *Arfelli Galli* benutzt *Stern* den Terminus »*affect attunement (Affektabstimmung)*«, um deutlich zu machen, dass die Mutter ihre Aufmerksamkeit nicht primär auf das manifeste Verhalten des Kindes richtet, »sondern die *Gefühle* in den Mittelpunkt ihrer Aufmerksamkeit stellt: einerseits die Gefühle des Kindes, so wie sie sie interpretiert, andererseits auch die in ihren Antworten in verschiedenen Modalitäten ausgedrückten Gefühle«. Wie aus Befragungen von Müttern hervorgeht, ist es ein Prozess »mit geringer oder ohne Beteiligung kognitiver Prozesse« (vgl. Arfelli Galli 2017, S. 58; Stern, Hofer, Haft & Dore, 1984).

Beziehe ich diese fundamentalen Erkenntnisse auf die professionelle Begegnung mit Adressat/innen in Praxis und Forschung, so wird doch eines klar: Wir greifen alle unbewusst auf diese implizit bewahrten Muster zurück, um die Signale des/der Anderen zu dechiffrieren – und er/sie tut das Gleiche.

Dem emotionalen Gedächtnis, in dem dieses frühe Wissen hinterlegt ist, kommt bei der Beurteilung einer aktuellen Situation eine außerordentliche Bedeutsamkeit zu. Weil in ihm alle Beziehungserfahrungen episodenhaft aufbewahrt sind, kann es als Kern unseres Erkennens angesehen werden. Ohne die Beteiligung der entsprechend aktivierten Gefühle wären »rationale Entscheidungen und lebenspraktische Denkvorgänge« unmöglich (vgl. Schmid Noerr 2003, S. 115). Zwar mangelt es dem emotionalen Gedächtnis an Kognitionen, dafür ist es eher sensomotorisch aufgebaut und besteht aus »prä-repräsentativen Verschlüsselungen relationaler Erfahrung«. Als Kern unseres Erkennens kommt ihm ein völlig eigenständiges Gewicht zu, ist es weit mehr als ein Vorläufer symbolischer Kognition (vgl. Orange 2004, S. 151 f.).

Jede Beschränkung auf bewusst zu steuernde Anweisungen im methodischen Handeln muss zwangsläufig den tatsächlich ablaufenden Beziehungsablauf verfälschen. Vor allem wird das Moment der Leiblichkeit weit unterschätzt oder gar ganz aus den klassischen Konzeptionalisierungen eliminiert. Um sich gegen ein Wiederaufleben von schmerzlichen Erfahrungen – das Adjektiv *schmerzlich* verdeutlicht ja diese Nähe von körperlichen und psychischen Vorgängen – zu wappnen, werden psychische Abwehrmechanismen aktiviert, die dafür sorgen sollen, dass die Erinnerung verdrängt bleibt. Zudem kann es zu Aufspaltungen in gute und böse Objektanteile kommen, wobei die bösen Aspekte auf andere projiziert werden, um das eigene ›gute‹ Selbst zu schützen. Diese Abwehr versieht durchaus eine lebensnotwendige Bewältigungsfunktion, um uns vor einer Überflutung mit bedrohlichen Affektstürmen zu bewahren. Nur wenn sie eine übermäßig rigide Form annehmen, die unsere psychische Flexibilität über Gebühr einschränkt, neurotische und andere, etwa psychosomatische Symptomatiken hervorbringt und die Realitätswahrnehmung massiv eintrübt, müssen wir von einer pathologischen Krise sprechen.

Innere, durch Angst ausgelöste Widerstände sorgen also dafür, dass die schmerzlichen Erinnerungen an frühe, in jeder Hinsicht unzureichende Beziehungserfahrungen nicht ins Bewusstsein aufgenommen oder aus diesem wieder ausgeschlossen werden. Allerdings bleiben diese Reminiszenzen unbewusst wirksam. In den Fällen, um die es mir hier geht, ist die Verfügungsgewalt über die früh erlebten Traumen verloren gegangen. Es existiert keine Sprache, um sich mitzuteilen oder zu erklären. Alles, was an Reaktionen geblieben ist, sind sprachlos agierte, oft exzessive Verhaltensweisen, ohne dass aber dem Betroffenen diese Zusammenhänge gegenwärtig wären. Im Rahmen einer neuen professionellen pädagogischen Beziehung, die nicht retraumatisierend wirkt, wird es jedoch möglich gemacht, die Erinnerungen wie die Widerstände erlebbar und damit einer nachträglichen Bearbeitung zugänglich machen, so dass sie in Wahrnehmung, Fühlen, Denken und Handeln wieder berücksichtigt werden können. Damit dies gelingt, muss diese Beziehung von einer empathischen Haltung und einem darauf fußenden Verstehen der psychodynamischen und zum großen Teil unbewussten Prozesse getragen sein (vgl. Leber 1985, S. 152 f.).

Indessen sei vor einem gewissen ideologischen verengten Elitarismus gewarnt, den *Göppel* wie folgt persifliert:

> »Ich glaube an Sigmund Freud, den genialen Schöpfer der Theorie und Praxis der Psychoanalyse, und an seine Tochter Anna Freud, sowie an seine eingeschworenen Schüler August Aichhorn, Siegfried Bernfeld und Hans Zulliger, die Begründer der Psychoanalytischen Pädagogik. (...) Ich glaube an die Macht des Triebes, die Wichtigkeit der Kindheit, Übertragung und Widerstand, Wiederkehr des Verdrängten, Kraft der Bewusstmachung und das unbewusste Seelenleben. Amen« (vgl. Göppel 2015, S. 59 f.).

Mit Blick auf den bedrohten Status der Psychoanalytischen Pädagogik im Rahmen der erziehungswissenschaftlichen Forschung wie pädagogischen Praxis verlangen *Zimmermann* u. a. deshalb danach, die durchaus divergenten Forschungszugriffe und oft nur punktuellen Anknüpfungspunkte an die psychoanalytische Theoriebildung intern wertzuschätzen und dies entsprechend nach außen zu vertreten (vgl. Zimmermann u. a. 2019, S. 13). Die Psychoanalytische Pädagogik ist zu einer wissenschaftlichen Disziplin geworden, und sie hat ihren Platz im Wissenschaftssystem gefunden. Die Suche nach ihrer Identität, d. h. vor allem nach einem angemessenen Verhältnis von Psychoanalyse und Pädagogik, bleibt indessen ihre Daueraufgabe (vgl. Hierdeis 2016, S. 110).

Vor allem muss in diesem Zusammenhang die psychoanalytische Grundregel der *gleichschwebenden Aufmerksamkeit* bedacht werden. Diesem Prinzip folgend soll auf die eigene Zensur verzichtet und keine vorab wertende Auswahl wahrgenommener Eindrücke vorgenommen werden, und so lässt sich auch und gerade in der Pädagogik ein »durch Routine eingespielter Horizont« transzendieren (vgl. Hirblinger 2011, S. 51).

Das Zuhören- und ein Gespräch-führen-Können gewinnen durch die psychoanalytische Grundregel der gleichschwebenden Aufmerksamkeit an Gewicht. Diese eher unkonventionelle Haltung dem Anderen gegenüber, ohne vorschnell ein Gespräch strukturieren zu müssen, bietet den Vorteil, sich vor der Anstrengung einer fokussierenden Aufmerksamkeit zu schützen, »die man doch nicht durch viele Stunden täglich festhalten könnte«. Man sollte die eigene unbewusste Aktivität so frei wie möglich funktionieren lassen und dem »gebenden Unbewussten« des Gegenübers »sein eigenes Unbewusstes als empfangendes Organ zuwenden« (vgl. Freud, S. 1912e, 376 ff.). An anderer Stelle heißt es: »(…) jeder Mensch besitzt in seinem eigenen Unbewussten ein Instrument, mit dem er die Äußerungen des Unbewussten beim Anderen zu deuten vermag« (vgl. Freud, S. 1913i, S. 445). *Reik* sprach diesbezüglich vom »Hören mit dem dritten Ohr«: »Es stimmt nicht, dass man schreien muss, um verstanden zu werden. Wenn man gehört werden will, dann flüstert man« (vgl. Reik 1990, S. 165). Ohne die Beachtung der eigenen Gegenübertragungsreaktionen kann dieses Instrument aber kaum sinnvoll genutzt werden. Ich werde später auf Forschungssituationen bezogen noch einige Erwägungen zur gleichschwebenden Aufmerksamkeit aufnehmen (▶ Kap. 3.1).

Wir sollten jetzt sogar noch einen Schritt weiter gehen. Seit geraumer Zeit richtet sich das Interesse an der entwicklungsbestimmenden Kraft von Objektbeziehungen bereits auf die pränatale Zeit. Vorgeburtliche Erfahrungen hinterlassen nämlich Spuren, wie zahlreiche Übersichtarbeiten zeigen. Die Wechselseitigkeit einer gegenseitigen Abstimmung (*attunement*) entwickelt sich bereits in der Fetalzeit, lange bevor dieser Prozess bewusst wahrgenommen werden kann. Die Maxima der fetalen Bewegung wechseln sich zum Beispiel mit Traumphasen der Mutter in einem rhythmischen Muster ab (vgl. von Lüpke 2007, S. 118 ff.). Darüber hinaus befindet *von Lüpke*: »Wird pränatale Entwicklung unter dem Aspekt der Beziehung gesehen, so ist das Kind immer schon ein Gegenüber, ein anderer Mensch, der seinen Anteil am Zusammenspiel und damit an Chancen oder Risiken für die weitere Entwicklung beisteuert«. Es gibt also eine Kontinuität über die Geburt hinaus (vgl. von Lüpke 2003, S. 134 ff.). Vor allem wird auf diese Weise in unseren Vorstellungen das Repertoire von Kommunikationskanälen und -formen auf ganzheitlich-amodale, rhythmische sowie nichtsprachlich-mimische Dimensionen hin ausgeweitet (vgl. von Lüpke 2018, S. 34 f.).

Kratz und *Ruth* bezeichnen das Es, »das sich im Wechselspiel zwischen Embryo und Mutter ausformt«, als die Grundstruktur der Persönlichkeit (vgl. Kratz, Ruth 2016, S. 245). Der ›späte‹ *Lorenzer* wird noch deutlicher, wenn er sagt:

> »Das Fundament der Persönlichkeit bilden soziale Erfahrungen, die in einem quasi anthropoiden, nämlich intrauterinen vorsprachlichen Status erworben werden. Vorsprachlich, ja nichtsprachlich insofern, als diese Erfahrungen ein eigenes, von späteren sprachorientierten Phasen abweichendes Sinnsystem bilden. Unbewusst im buchstäblichen Sinn, d. h.: vor jeder bewussten Erinnerung gebildet. Dennoch aber als soziale Erfahrung gewonnen und in bewussten Lebensentwürfen wirksam« (vgl. Lorenzer 2006, S. 142).

Die implizite Kommunikation – jetzt sehr real genommen – beginnt im eingeschlossenen Raum der Bauchhöhle als Beziehung von austragender Mutter und Fötus, also im »Beziehungsraum Mutterleib« (vgl. Vonholdt 2017). *Hüther* und

Krens weisen darauf hin, dass der Fötus über die Nabelschnur »auch an das emotionale Erleben der Mutter angeschlossen« ist (vgl. Hüther, Krens 2010, S. 111). Wir beginnen also zu einem ausgesprochen frühen Zeitpunkt damit, unsere Wahrnehmungs- und Interaktionsfähigkeiten differenziert auszubauen. Dieser Erfahrungsschatz fließt in alle späteren Beziehungen ein, ganz gleich ob sie privater oder professioneller Natur sind. Ja schon bevor eine solche Beziehung zustande kommt, werden bestimmte Erwartungshaltungen, die aus diesem Fundus stammen, aktiviert. Die Art und Weise dieser Disposition ist von der impliziten frühen Erinnerung eingefärbt, was bedeutet, dass wir mit Offenheit oder mit Misstrauen gegenüber anderen Menschen auftreten, je nachdem wie diese ersten Interaktionen beschaffen waren. Ich möchte beileibe keinem Determinismus das Wort reden, aber nur über eine eingehende Selbstreflexion können wir einer möglicherweise unzureichenden Eintrübung aktueller Beziehungen, die auf einer verfälschten Wahrnehmung aufruht, vorbeugen.

Das Subjekt der Psychoanalyse ist eben nicht bis ins letzte bestimmbar, »da das Unbewusste etwas ist, was man wirklich nicht weiß« (vgl. Langnickel, Link 2018, S. 126). Immer wieder wird darauf hingewiesen, dass es – gerade in der Begegnung mit neuen Patienten – vor allem darum geht, das »›Nicht-Wissen‹ auszuhalten« und ihm mit einer Grundhaltung von Anfängergeist und Expertengeist zu begegnen (vgl. Leuzinger-Bohleber 2007, S. 968). »Im Verstehen, Halten, auch Containen wird die Bedingung geschaffen, die es dem Analysanden ermöglicht, sein dynamisches Unbewusstes zu lösen und zu entfalten«.

Dabei führt die interpersonale, »tief unbewusst verbundene zweite Psyche« jene Differenzen ein, die den Patienten nötigen, »Unbekanntes zu entdecken und Bekanntes als Unbekanntes erneut zu denken« (vgl. Nissen 2009, S. 373). Immer wieder bin ich erstaunt über die große Nähe der beiden Disziplinen Psychoanalyse und Pädagogik, die genau an diesem Punkt einer professionellen, dialogisch begriffenen Beziehung aufscheint. Hier hat man sich – ungewollt und vielleicht noch unverstanden – aufeinander zubewegt.

Vor allem begegnen mir hier Formulierungen über das Unbekannte und Nicht-Gewusste, die mittlerweile geradezu irritierend ›unwissenschaftlich‹ klingen und die sich bruchlos in ein psychoanalytisch-pädagogisches Konzept einpassen lassen

> »Was heute fast ausschließlich zählt, sind harte Daten, durch möglichst wenig theoretische Komplikationen verstellte Befunde (…) Übersehen wird dabei allerdings leicht, dass die evidenzbasierte Forschung häufig Komplexitätsreduktionen vornimmt, die von einem erheblichen Mut zur Vergröberung zeugen« (vgl. Ahrbeck 2007, S. 38 f.; Gerspach 2009, S. 58 f.).

Diese Haltung des vorsichtigen Herantastens an das noch Unverstandene liefert auch und gerade der Pädagogik eine ausgezeichnete Basis für ein beziehungsgestütztes Arbeitsbündnis. Alle darauf aufruhenden Forschungsaktivitäten und Theoriedebatten haben die Psychoanalytische Pädagogik in den letzten Jahren und Jahrzehnten entscheidend vorangebracht und stabilisiert.

Vor allem Siegfried Bernfelds weitreichende Erkenntnis vom »sozialen Ort«, der gänzlich unterschiedliche Auswirkungen auf die Entwicklung von Neurose und Verwahrlosung nimmt, muss hier mitgedacht werden. Das seelische Geschehen ist gerahmt von den gesellschaftlichen Lebensbedingungen, und die »Triebe selbst mitsamt ihren Eigenschaften und Zielen sind der Niederschlag« dieses historischen Geschehens. Deshalb gilt: »Die ›Schwere‹ einer Erkrankung ist oft geradezu von ihrem sozialen Ort abhängig« (vgl. Bernfeld 1970, S. 198 f.).

Jüngst haben *Brunner* u. a. diese Perspektive noch einmal aufgegriffen. Sie betonen, dass es nur eine eingehende »Reflexion auf die klassen- und milieuspezifische Lage der Individuen« ermöglicht, sowohl das Hervorbringen innerpsychischer Konflikte als auch die Reduktion oder Kanalisation spezifischer Konfliktlösungsstrategien zu verstehen und damit unterscheiden zu können, ob »ein Verhalten als ›pathologisch‹ eingeschätzt oder eine Sublimierung als ›gelungen‹ wahrgenommen wird« (vgl. Brunner u. a. 2012, S. 23). Ob unbewusste Wünsche und Phantasien innerpsychische Konflikte hervorbringen, ist davon abhängig, »was innerhalb des sozialen Ortes als verpönt« gilt. Damit ist auch apodiktisch festgelegt, dass Forscher/innen den sozialen Ort ihrer Forschungssubjekte zur Kenntnis nehmen und reflektieren müssen (vgl. Thoen-McGeehan 2020, S. 44).

Bernfeld war also sehr weitsichtig. Mit einem sozusagen professionstheoretischen Blick auf fundamentale Unterschiede lautet seine Conclusio, der Psychoanalytiker sei imstande, dem sozialen Ort gegenüber neutral zu sein, »der Pädagoge kann diese grundsätzliche Toleranz nicht üben« (vgl. Bernfeld 1970, S. 203; Fickler-Stang 2019, S. 132).

Die sich hier abzeichnende frühe Ausdifferenzierung in Psychoanalytische Pädagogik und Psychoanalytischer Sozialarbeit bringt aber nur vordergründig Unterschiede hervor, die wohl vor allem dem der tendenziellen Andersartigkeit der Arbeitsfelder geschuldet sind. Das ›Kerngeschäft‹ der Pädagogik sind noch immer primär Erziehung und Bildung von Kindern und Jugendlichen, und da ist selbstverständlich Nähe zur Psychoanalyse als einer Sozialisationstheorie einerseits und einem Therapieverfahren zur Behandlung des in diesem Kontext entstandenen seelischen Leidens andererseits quasi naturgegeben. Das Aufgabengebiet der Sozialarbeit ist viel heterogener beschaffen, und oftmals scheint der sozialisatorische Aspekt nur mittelbar durch. Vielleicht ist der Arbeitsauftrag der Psychoanalytischen Sozialarbeit sogar noch um einiges diffuser als jener der Psychoanalytischen Pädagogik. *Perner* jedenfalls sieht diese Schwierigkeit:

> »Wenn er [der psychoanalytische Sozialarbeiter; M.G.] sich auf die unaufdringliche, passive, abwartende und rezeptive Haltung des Analytikers beschränken würde, könnte er ewig warten und hätte nichts zu tun, weil seine Klienten oft gar nicht kämen oder nach wenigen Sitzungen wegbleiben würden. Er kann darum die Entwicklung einer positiven und tragfähigen Übertragung nicht ruhig und gelassen abwarten sondern muss aktiv für ihre Herstellung sorgen (…)« (vgl. Perner 2010, S. 68).

Erziehung und Bildung auf der einen Seite weisen eine gewisse Verzahnung auf, verbunden mit einem eher klaren Auftrag zur allgemeinen Wissensvermittlung. Die Aufgabenzuteilung der Sozialen Arbeit auf der anderen Seite erfolgt in der Regel durch das Aktivwerden von Jugend- und Sozialämtern, wenn sich vor Ort überdeutlich Problemlagen artikulieren. Das bringt die Zielgruppen, die zumeist den randständigen Milieus angehören, auf doppelte Weise in eine defensive Position. Die Umgebung – nicht zuletzt die Schule – wird aufmerksam und verlangt nach staatlicher Intervention. Die Beschämung auf Seiten der Betroffenen wird somit potenziert und erschwert den Aufbau eines soliden Arbeits- und Entwicklungsbündnisses. Dass das professionelle Scheitern bei Sozialarbeiter/innen damit quasi vorprogrammiert ist – und also das Beschämungsstigma am Ende auf sie zurückfällt –, macht eine jüngst erschienene Publikation überdeutlich sichtbar. Sie zeigt aber auch auf, wie und unter welchen Bedingungen helfende Beziehungen erfolgreich und nachhaltige Wirkungen bei den »Fällen« generierend verlaufen können (vgl. Fischer u. a. 2019). Überdies ist einzuräumen, dass auf dem Feld der Pädagogik wie der Sozialarbeit der gern verwendete Begriff der »Beziehungsarbeit« von einem nicht unbedeutenden diffusen Anteil mitgeprägt wird (vgl. Pollak 2002, S. 81 f.).

Spätestens über die auch auf dem Gebiet der Sozialarbeit virulent werdenden Prozesse von Übertragung und Gegenübertragung und die Einsatzmöglichkeiten des szenischen Verstehens, das ich sogleich noch eingehender behandeln will, wird die Unterschiedlichkeit also wieder vernachlässigbar. Von viel größerem Interesse sind die großen Gemeinsamkeiten, und es machen sich auch nur wenige inhaltliche oder methodische Divergenzen bemerkbar (vgl. Günter, Bruns 2010, S. 36 ff.).

Zudem springt ins Auge, dass es eine Reihe von Schnittmengen zwischen den beiden Arbeitsfeldern gibt. So verwundert es nicht, dass gerade die Kinder und Jugendlichen, die mit den normativ-mittelständisch gewirkten Anforderungen der Regelschule nicht ohne weiteres zurechtkommen und in den Fokus besonderer pädagogischer Bemühungen geraten, mehrheitlich aus sozialen Randlagen stammen. Meist stoßen wir auf von massiven seelischen Erschütterungen bedrohte Lebenswelten der jeweiligen Adressat/innen, und dies verlangt zwingend nach einer gesellschaftlichen Verortung unseres Tuns, um der erlebten – aber nicht verstandenen – Entfremdung unserer Adressat/innen nicht noch eine weitere Unterwerfungsgeste zuzumuten.

In beiden Professionen ist zudem Aufklärung zu leisten über ihre institutionelle Rahmung. Gesellschaftliche Institutionen neigen zur Idealisierung ihrer eigenen Vorstellungen und verteidigen sie gegen Angriffe (vgl. Ludin 2013, S. 127). Ein Wissen über diese im Innern wirkende Dynamik wird eher aus Gründen des Selbstschutzes massiv abgewehrt. Die Institution und ihre Repräsentant/innen fürchten um Prestige- und Machverlust, die Mitarbeiter/innen fürchten die ihren Narzissmus kränkende Gewissheit, in ihrer untergeordneten Rolle depotenziert zu sein. Hier kommt der *Latenzschutz* zum Tragen. Zum ersten gibt es den »Strukturschutz durch Latenz«: Institutionen schützen ihre Strukturen und damit ihre Stabilität, indem sie alles, was diese Strukturen unkontrolliert verändern könnte, latent zu halten suchen. Zum zweiten den »Schutz der Latenz« selber: Institutionen versuchen zu verhindern, dass die Latenz als solche überhaupt aufgedeckt und zur Sprache gebracht wird (vgl. Haubl 2011, S. 202; Gerspach 2020a, S. 31).

Ähnliches gilt für Vorgänge in sozialen Gruppen. Dem Sog der Gemeinschaft, sich auf eine Idee zu verpflichten, haftet ein regressives Element an, welches das Reflexionsvermögen infiltriert. Die Individuen sehen sich genötigt, ihren Wunsch nach autonomem Denken und Handeln einzuschränken oder ganz aufzugeben. So unterwerfen sie sich der allgemein geteilten Ideologie aus Angst, Liebe und Schutz der Gemeinschaft zu verlieren, oder sie tun es gar freiwillig, ganz im Dienste der »Identifikation mit dem Aggressor« (Freud, A. 1980, S. 298). Diese Vorgänge verhindern die (Selbst-)Aufklärung. *Eggert-Schmid Noerr* hat aufgezeigt, dass Reflexion am geeignetsten auf der Basis psychoanalytischer Theorie erfolgt (vgl. Eggert-Schmid Noerr 2010, S. 27). Dabei gilt: »Keine psychoanalytische Zeitdiagnose kommt ohne Gesellschaftstheorie aus; die Annahme, das bräuchte man nicht, ist im Übrigen auch eine Gesellschaftstheorie, wenn auch keine elaborierte.« Die »Deutungsangebote«, die sie parat hält, weisen der Realität einen bestimmten Sinn zu, sind daher nur reflexiv zugänglich und zwangsläufig von einer gewissen Befangenheit begleitet (vgl. Kirchhoff 2019, S. 31; Brede 1997, S. 876).

Vielleicht kommt hier ein gewisser Neid ins Spiel. Gewinnen die Gefühle von Kränkung und Ohnmacht die Oberhand, weil man weiß oder mutmaßt, im Vergleich mit anderen etwas nicht zu können, wird die Phantasie vom grandiosen Selbst beschädigt. Dann entstehen lähmende Gemütsregungen von Scham und Zorn, und man empfindet Neid auf die anderen, die es scheinbar viel besser können. Zudem steht Neid mit dem vitalen Bedürfnis nach narzisstischem Wohlbefinden in enger Beziehung, nicht zuletzt dann, wenn man sich zurückgesetzt zu fühlen beginnt.

Ich meine konkret den Neid auf die Psychoanalytischen Pädagog/innen. Auf der manifesten Ebene zeigt sich bei ihnen eine eifersüchtig belauerte Fähigkeit, Belastungen eher auszuhalten und mit »Problemkindern« besser umgehen zu können. Auf der latenten Ebene kennen sie offenbar keine Angst davor, mit dem, was sie »Unbewusstes« nennen, in Berührung zu kommen. Wenn dagegen Angst und Neid vor sich und anderen nicht eingestanden werden dürfen, werden sie in einem Akt der Gegenbesetzung erbittert diskreditiert.

Seit dem Abgesang auf die ›großen Erzählungen‹ – humanistische, strukturalistische, marxistische usw. *Weltformeln* –, die als Hilfs-Ich dienten, ist die Flucht in eine sichere Theorie obsolet geworden ist (vgl. Lyotard 2012). Aber die Folgen sind doch unterschiedlich. In Verbindung mit dem Untergang des sowjetischen Imperiums führte dieser akademische Kollaps vor allem für die politisch dogmatischen Strömungen innerhalb der Wissenschaftsgemeinde zu einer enormen emotionalen Labilisierung. Diejenigen, denen dadurch ihr stärkendes externalisiertes Über-Ich verloren ging, fanden so einen Grund, auf alle neidisch zu sein, die ihre – von Skepsis und Ambiguitätstoleranz, Spannungen auszuhalten, gleichermaßen getragene – Sicherheit aus dem Mut schöpften, nicht nur die gesellschaftlichen Verhältnisse, sondern auch und zuallererst das Eigene in Frage zu stellen. Fortan wurde deren Gedankengebäude umso schärfer zuerst ignoriert, und wenn das nichts mehr half, attackiert. Wollte man ihnen vielleicht etwas wegnehmen, was man selbst nicht besaß? Bei aller Ehrfurcht vor dem hohen Gut akademischer Diskurse müssen solche Fragen an den unbewussten psychodynamischen Kern erlaubt sein, der solche Diskurse anstößt und trägt. Aber ich will nicht selbstgerecht sein.

Im Alten Testament steht zu lesen, dass Jakob seinen Sohn Joseph mehr als seine anderen elf Söhne liebt und ihm ein schönes, buntes Kleid schenkt. Daraufhin ziehen sie ihm in einem unbeobachteten Moment das Kleid aus und werfen ihn in einen trockenen Brunnen. *Diepold* macht darauf aufmerksam, dass Joseph sich sehr wohl seiner Bevorzugung durch den Vater und des Neids seiner Geschwister bewusst war, er narzisstische Züge entwickelte und »seine Überlegenheit bei allen möglichen Gelegenheiten« demonstrierte (vgl. Diepold 1990, S. 275). Joseph ist also nicht nur Erleider, sondern auch Verursacher von Neidgefühlen. Der Neid gilt deshalb auch als moralisch verwerflich, weil wir Angst vor dem Neid der anderen haben und zugleich Lust, sie neidisch zu machen (vgl. Haubl 2009, S. 170; Gerspach 2021). Und da sind *wir* Psychoanalytischen Pädagog/innen ganz ordentlich gefährdet.

Mein persönliches Problem im Kleinen – und das der Psychoanalytischen Pädagogik im Großen – sind jetzt, dass durch die Aufdeckung solcher möglichen Motive im Dienste einer inneren Abwehr der Widerstand womöglich nur noch größer wird. Dabei muss ich aufpassen, dass meine Gedanken nicht als schnöde Beschimpfung oder aus reiner Kränkung geboren daher kommen. Mir geht es primär darum zu verstehen, warum die Psychoanalyse beinahe vollständig aus der Pädagogik verschwunden ist und dass ich umgekehrt weiß und sichtbar machen möchte, dass durch ein Bearbeiten der eigenen Widerstände ein Mehr an Erkenntnis erreicht wird. Das betrifft sowohl die Theoriedebatte, die zu lebende Praxis und die erfolgreich zu gestaltende Forschung. Es gilt, ganz neu für die Psychoanalytische Pädagogik zu entflammen.

1.3 Die »Matrix« der Psychoanalytischen Pädagogik

Ich komme jetzt auf die allgemeine Bedeutung von pädagogischen Gruppenprozessen zu sprechen, die gerne aus dem Auge verloren wird. Angelehnt an *Foulkes* verweist *Naumann* auf das Gewicht der Gruppenmatrix, die er noch einmal unterteilt. Die Grundlagenmatrix ist jenes »übergeordnete gesellschaftliche Netzwerk, in dem jede Gruppe mit ihrer dynamischen Matrix stattfindet und in dem die Menschen miteinander vernetzte Knotenpunkte bilden« (vgl. Naumann 2014a, S. 53 f.). In der dynamischen Matrix wiederum wirken die verinnerlichten Beziehungen, die Beziehungen innerhalb der Gruppe und der Beziehungen, in die ihre Mitglieder außerhalb eingebunden sind, zusammen. »In der Gruppe wird die innere Matrix wiederbelebt, die Einzelnen bevölkern die Gruppe gleichsam mit ihren inneren Beziehungsobjekten (…)« (vgl. ebd., S. 60).

In das Konzept des szenischen Verstehens sollte unbedingt eine gruppenanalytische Perspektive integriert werden, so wie es *Naumann* tut, um die Bedeutung der Gruppe für die Entwicklung der Einzelnen – wie auch die Bedeutung der pädagogischen Institution für die Gruppe angemessen zu würdigen. Unter günstigen Ausgangsbedingungen, wenn die Gruppengrenzen genügend gut geschützt sind, kann etwa eine Kindergruppe zum »Übergangsraum für Selbstbildungsprozess, in dem spielerisch auch ernste Themen, etwa im Hinblick auf Familie, Geschlecht und Kultur«, Aufnahme finden. Zudem erhält hier jedes Kind Antworten von der Gruppe (vgl. ebd., S. 112 ff.). Das folgende Beispiel von *Brandes* mag dies veranschaulichen:

Der vierjährige Franz erscheint eines Morgens in seinem Kindergarten mit einem Xylophon. Auf der Frage seiner Erzieherin, ob er ein Konzert geben möchte, stimmt er freudig zu. Die Eltern von Franz sind professionelle Orchestermusiker, indessen ihrem Kind gegenüber sehr einfühlsam und überfordern es nicht.

Die anderen Kinder sind von dieser Idee begeistert und setzen sich kreisförmig um Franz und sein Xylophon herum. Franz beginnt aber nicht zu spielen, sondern kratzt sich nur mit den Schlägern am Kopf. Die anderen beginnen miteinander zu reden oder begutachten neugierig das Instrument mitsamt den Buchstaben auf den Metallplättchen. Buchstaben können sie schon unterscheiden und die Erzieherin erklärt, dass es die »Noten« sind, damit der Musiker weiß, worauf er schlagen muss. Nun ist die Aufmerksamkeit wieder ganz bei Franz. Alle erwarten den Beginn seines Konzertes, aber wieder spielt er nicht, sondern schaut sich nur um. Diese unklare Wartesituation wird schließlich von der Erzieherin unterbrochen, indem sie fragt, ob er jetzt anfangen wolle. Franz schüttelt den Kopf. Einige Kinder stehen auf, um ein noch fehlendes Kind zu holen, das aber nicht will.

Nun soll es endlich losgehen und alle sind erwartungsvoll, aber Franz beginnt immer noch nicht, sondern schaut etwas unsicher um sich. Die Erzieherin versucht, die lähmende Pause zu überbrücken, indem sie die Kinder zum Beifall-Klatschen auffordert, das bräuchten Musiker am Anfang. Immer begeisterter beginnen die Kinder zu klatschen. Franz lächelt zwar, aber beginnt trotzdem nicht. So geht es noch eine ganze Zeit weiter. Die Kinder werden unruhiger, beschäftigen sich untereinander oder gehen in den Nebenraum. Das Konzert droht zu scheitern.

Dann steht Peter, der Freund von Franz, auf, fragt, ob er etwas pfeifen dürfe, und beginnt »Alle meine Entchen« zu intonieren. Die Erzieherin nimmt den Vorschlag auf und sagt: »Wunderbar, jetzt haben wir ein Pfeifkonzert.« Sie schickt Peter los, um die verloren Gegangenen zu holen, und einige von ihnen kommen mit ihm zurück. Es beginnt ein Pfeifkonzert, an dem nicht nur Peter beteiligt ist, sondern in das immer mehr Kinder einfallen. Selbst ein weinendes Mädchen, das sich im Nebenraum gestoßen hatte, wird einbezogen und kann getröstet werden. Franz steht jetzt nicht mehr so im Mittelpunkt, so dass er seine Zurückhaltung aufzugeben und sich in das jetzt gemeinschaftliche Konzert immer wieder durch kurze Schläge auf sein Xylophon einzubringen vermag.

In seiner Interpretation geht Brandes von der Reinszenierung eines zentralen Identitätsdilemmas von Franz aus. Er möchte gerne ein Konzertmusiker wie seine Eltern sein, indessen kann er noch gar nicht richtig Xylophon spielen. In ähnlichen Situationen behilft er sich dadurch, auf später, wenn er ›groß‹ ist, zu verweisen, und dann Cello zu spielen. In diesem Moment aber inszeniert er seine ganze Ambivalenz und strapaziert damit die Geduld der Erzieherin und der anderen Kinder. Allerdings wird in der Kindergruppe die »Umarbeitung eines solchen inszenierten Selbstbildproblems« geleistet. Peter ist der Initiator, das ursprüngliche ›Solokonzert‹ in eine kollektive musikalische Darbietung zu verwandeln. Das stellt für Franz offensichtlich eine akzeptable Lösung dar: Jedenfalls zeigt er sich in einer späteren Szene des Tages mit seinem Xylophon unterm Arm »entspannt und zufrieden« (vgl. Brandes 2008, S. 9 f.).

Es ist aber auch möglich, dass ganz andere Themen einer Gruppe durch einzelne zur Sprache gebracht werden. So mag ein spezifischer Moment in der Dynamik des Gruppengeschehens, der eine belastende Erinnerung an seine frühe Lebenszeit wachzurufen droht, für ein bestimmtes Kind zum Auslösereiz werden, höchst auffällig zu reagieren. Das wäre sein persönlicher Anteil an der Eskalation. Aber dieses Verhalten repräsentiert unter Umständen auch einen gruppentypischen Aspekt. Dann brächte dieses Kind einen latent schwelenden Konflikt zum Ausdruck – es ›erledigt‹ etwas für die Gruppe, was anders nicht zur Sprache käme. So ließe sich die nach einer Vielzahl von Zurückweisungen abrupt ausbrechende Aggression eines Jungen als der Ärger *aller* Jungen der Gruppe verstehen, dass die Mädchen von den Erzieherinnen wegen ihres angepassten weiblichen Verhaltens bevorzugt werden (vgl. Finger-Trescher 2012, S. 25 f.). Gehen wir noch eine Stufe ›höher‹, so erkennen wir ein deutliches Wechselspiel von Psychostruktur und Institution (vgl. Schallehn-Melchert 1998, S. 57). Die Institution ist die »Bühne, auf der die Dramen der Kindheit reinszeniert werden« (vgl. Hilleke 1998, S. 26). So sind alle Mitglieder einer Institution in eine »dynamische Matrix wechselseitiger Bemächtigungsversuche eingebunden«, die sich insgesamt zu einer Pyramide von Machtverhältnissen aufschichten. Die Rekonstruktion dieser »Macht-Matrix« landet am Ende beim Individuum, das zwar für sich existiert, aber durch die erlebten Interaktionen mit anderen Individuen vorgezeichnet ist: »Seine individuelle Psyche ist die individualisierte (mentale) Matrix dieser Beziehungen« (vgl. Haubl 2005, S. 55 ff.).

Abschließend sei daher noch einmal Wert gelegt auf die Betonung der institutionellen Rahmung einer entwicklungsunterstützenden Psychoanalytischen Pädagogik, ohne die das Ziel, Pädagogik jenseits normativ gewirkter Übergriffe im Sinne einer leeren Anpassungs- und Erziehungstechnologie zu gestalten, kaum gelingen wird. Dabei sind mehrere Variablen zu beachten: die durchaus sehr unterschiedlichen Klient/innen, das vom Pädagogen/von der Pädagogin zu sichernde Setting, die Person des Pädagogen/der Pädagogin selbst sowie die je spezifischen Arbeitsziele innerhalb der Institution. *Hansjörg Becker* hat es so auf den Punkt gebracht: »*Das Objekt der Übertragung ist die Organisation*« (vgl. Becker, H. 1998, S. 94, Gerspach 2018, S. 199 ff.; Gerspach 2020a).

Auch *Regina Clos* veranschaulicht den Nutzen eines gruppenbezogenen psychoanalytischen Verstehens (vgl. Clos 1991, S. 62 ff.).

In ihrer neuen Klasse einer stationären Sonderschule mit dem Förderschwerpunkt Lernen (zum damaligen Zeitpunkt noch Lernbehindertenschule genannt) sind Kinder im Alter zwischen 8 und 10 Jahren versammelt, die allesamt erhebliche Probleme aufweisen. Sie versucht, mit den Kindern affektiv »mitzuschwingen« und sich in das einzufühlen, was gerade »los« ist. Aber all diese Versuche werden von ihnen anfangs komplett torpediert. Die Kinder sind noch nicht soweit, ihren subjektiven Schutz aufgeben zu können, veranstalten nur ein unbeschreibliches Chaos. In solchen Fällen scheitert selbst der stupideste Unterricht »an der Vehemenz ihrer Aggressionen«. Zwar spüren sie, dass es sich um eine einfühlsame Lehrerin handelt, aber gerade weil Hoffnung aufkommt, werden auch die Ängste wieder wach. An dieser Stelle bezieht sich *Clos* auf *Winnicott*, wonach sich ein Kind mit »antisozialen Tendenzen« sogar gegen diese Hoffnung wappnen muss, weil er aus Erfahrung weiß, dass der Schmerz, wenn es diese Hoffnung wieder aufgeben muss, unerträglich ist (vgl. Clos 1991, S. 61; Winnicott 1984, S. 269 ff.; Winnicott 2009, S. 100 ff.).

Dass und wie sich dieser tote Punkt überwinden lässt und ein Dialog einsetzen kann, wird im Fortgang der Geschichte erzählt. Auf dem Schulgelände befand sich ein kleiner Teich, der auf die Kinder eine magische Anziehungskraft ausübte. In jeder Pause trafen sich die Kinder ihrer Klasse dort, turnten im Winter auf dem Eis herum und holten sich trotz Eis und Kälte immer wieder nasse Füße. Zahlreiche Verbote und Ermahnungen vermochten all das nicht zu verhindern.

Nun siedelten sich im Frühjahr dort einige Stockenten an. Natürlich wollten die Kinder sie haben, da sie sich aber nicht fangen ließen, warfen sie in einem unbeobachteten Moment mit Stöcken nach ihnen und trafen eine der Enten, die sich stark blutend ins nahe Gestrüpp rettete. Sie berichteten ihrer Lehrerin davon, und auch die aufsichtführenden Kolleg/innen hatten den Vorfall inzwischen mitbekommen. Entsetzt nahmen sie alle zur Kenntnis, dass die Kinder nicht in der Lage waren, artgerecht mit diesen Tieren umzugehen. Dass man sie nicht wie einen Hund streicheln und auf den Arm nehmen konnte, machte sie so wütend, dass sie sie mit Stöcken bewarfen. Alle eindringlichen und moralischen Appelle stießen bei den Kindern auf taube Ohren. Sie hatten nur sehr geringe oder gar Hemmungen, einem Lebewesen wehzutun.

> »Den Kindern fehlte das, was Winnicott die ›Fähigkeit zur Besorgnis‹ nennt, eine schon im ersten Lebensjahr entstehende Basis für die Entwicklung von Vor- und Rücksicht, von der Fähigkeit, Bedenken zu haben, strukturierte Schuldgefühle zu entwickeln oder einen Schaden wieder gut zu machen, kurz, für das eigene Handeln Verantwortung zu übernehmen« (vgl. Clos 1991, S. 63).

Zunächst brachte *Clos* ihnen Materialien über Stockenten und ihre Lebensweise mit, aber vergebens. Offenbar hatten sie so mächtige archaische Schuldgefühle ausgebildet, dass die Konfrontation mit der Untat ihr Selbstgefühl zu stark bedroht hätte. Trotzdem fragten sie in den folgenden Tagen immer wieder nach, wo denn die verletzte Ente nun sei, ob man sie gefunden und zum Tierarzt gebracht hätte oder ob sie gar gestorben sei. Zum ersten Mal hatte ihre Lehrerin den Eindruck, dass sie über die Folgen ihres Handelns wirklich erschrocken waren. »Die Gruppe schien an einem wichtigen Entwicklungsschritt angelangt. Die Kinder begannen, ihre Umgebung und die Folgen ihres Handelns als solche wahrzunehmen«. *Clos* versuchte, das so gewachsene Interesse für Tiere wachzuhalten, wobei sie die Verbindung zu ihren massiven Neid- und Rivalitätsgefühlen sowie Versorgungswünschen sicherstellen wollte. »Sie selbst waren noch nicht aus ihrer ›Eischale‹ herausgeschlüpft. Sie erlebten sich noch als Mittelpunkt der Welt und glaubten, über alles und jeden gemäß ihrer spontanen Wünsche auf magische Weise verfügen zu können« (vgl. S. 64). Die Kehrseite dieser Größenphantasie ist die Erfahrung von absoluter Ohnmacht, Hilflosigkeit, unbändiger Wut und unvorstellbarere Angst, und diese Erfahrung erklärt ihren massiven und lang anhaltenden Widerstand, sich auf die Angebote der Lehrerin einzulassen. Wieder mit Blick auf *Winnicott* befindet *Clos*, dass die gezeigte Destruktivität ein Zeichen von Hoffnung ist, etwas wiederzufinden, das ihnen verloren gegangen ist – »die Zuverlässigkeit und Berechenbarkeit ihrer Umwelt« (vgl. Clos 1991, S. 66; Winnicott 1990, S. 269 ff.).

Kurze Zeit später erzählt Thomas, einer der Jungen aus der Klasse, dass sein Freund und er Vogelnester ausgenommen hätten. Mit halb entsetztem, halb lustvollen Gesichtsausdruck berichtet er, der Freund habe die Küken mit dem Fuß gekickt, bis sie tot gewesen seien. Auch die andern lauschten fasziniert dem Bericht. Vor kurzem hatten sie dasselbe angerichtet, aber was ein anderer tut, ist mit weniger archaischen Schuldgefühlen belastet. In den nächsten Tagen brachte die Lehrerin Bilder, Filme und Bücher über Vögel mit, holte Vogelnester und ausgestopfte Vögel aus der Lehrmittelsammlung und stelle Material zum eigenständigen Bearbeiten zur Verfügung. Mit den entsprechenden Verhaltensmaßregeln versehen beobachtete sie zusammen mit der Klasse Amseln, Spatzen und Krähen auf dem Schulhof. Die Kinder begannen von Nestern zu berichten, die sie nachmittags entdeckt hatten und verfolgten interessiert das Brüten, Füttern und schließlich das Flüggewerden der Jungen. In der Schule bastelten sie Papiervögel, die ihren Schnabel auf- und zusperren konnten, wenn man an einem verborgenen Faden zog. *Clos* fütterte sie immer wieder mit Schokoladentalern, worüber die Kinder begeistert waren.

> »In unserem Spiel mit den Papiervögelchen konnten sie sich wechselweise mit den Jungen und mit den Vogeleltern identifizieren. Sie waren nun in der Lage, das im Spiel auszudrücken, was sie offenbar sehr beschäftigte – das Füttern, das Bemuttern, das Schützern, das Bedrohtsein, das Kleinsein und Großwerden« (vgl. Clos 1991, S, 70).

Viel Zeit verbrachten die Kinder damit, mit ihren Vögelchen zu spielen und sie sich gegenseitig hacken und beißen zu lassen. Und obwohl die Papierfiguren ziemlich instabil waren, hielten sie eine ganze Weile. Auf einer unbewussten Ebene, so *Clos*, spiegelten die zu fütternden Jungen ihren eigenen Entwicklungsstand. Dabei war bedeutsam, dass die Kinder ihre Gier, ihren Neid und ihre Versorgungswünsche nicht in ständigen Prügeleien, sondern zum ersten Mal im Spiel ausdrückten, und ihre Aggressionen waren deutlicher geringer geworden.

> »Sie selbst waren auf der sinnbildlichen Ebene noch sehr verletzliche, gerade aus dem Ei geschlüpfte Wesen. Vielleicht waren sie auch von ihren Eltern so brutal aus dem Nest geworfen worden und getreten worden, wie es Thomas' Freund mit den kleinen Vögelchen getan hatte« (vgl. ebd., S. 70).

Hinter ihrer Brutalität und Gefühllosigkeit im Umgang mit Mitschüler/innen, Lehrer/innen und Tieren hatten sie ihre Verletzlichkeit und ihre Wut über die ständigen Enttäuschungen ihrer geheimen Sehnsüchte zu verstecken gesucht. Über das Verstehen ihrer Befindlichkeit fand die Lehrerin einen Weg zu ihnen – und dies handelnd und nicht deutend. Sie bastelte ihnen kleine Vögel, die sie (stellvertretend) fütterte. Moralisches Zureden hatte nichts gebracht, die Enten konnten so nicht geschützt werden.

Erst als der eigentliche Grund der Aggressionen der Kinder durch ein spielerisches Angebot zum Gegenstand des Unterrichts gemacht wurde, kam bei ihnen eine reifere Entwicklung in Gang. Voraussetzung dafür war, dass die Verschiebung ihres psychischen Dilemmas auf ein harmloseres Terrain das Maß an Bedrohlichkeit entscheidend verringerte. Bis dahin waren ihre Wünsche nach »bedingungsloser Liebe, Versorgung, Schutz und Sicherheit« hinter einer »Fassade der antisozialen Abwehr« verschüttet gewesen. Nun entstand auf einer sinnlich-symbolischen Ebene ein Dialog, der ihre Wünsche und das Verständnis der Lehrerin darstellbar machte. Selbstverständlich ließen sich ihr narzisstischer Hunger und die dazu gehörigen Omnipotenzphantasien, alles zu vermögen, nicht real befriedigen, aber er konnte – über die Vögel-Metapher – zum Thema gemacht werden, so dass sie sich damit versöhnen konnten, »dass die Allmacht eben eine Illusion ist« (vgl. ebd., S. 71).

Clos stellte fast alle anderen Unterrichtsvorhaben zurück und konzentrierte sich auf das begonnene Thema. So behandelte sie das Leben der Mäuse, die Art ihres Nestbaus, die Aufzucht ihrer Jungen und ihre Vorratshaltung. Die Kinder entwickelten eine ungeahnte Ausdauer und ein Interesse, das sie zuvor nicht hatte beobachten können. Um den Kindern ein »greifbares Symbol« zu geben, nähte sie mit den Kindern aus Filz kleine graue Mäuse, die mit Reis gefüllt wurden. Auch hier blitzten ein bis dato unbekannter Eifer und eine Ausdauer auf. Ein Körbchen wurde bereitgestellt, das zum Mäusenest wurde, und auch zwei Elternmäuse wurden gebastelt. Jeden Morgen stürzten sich die Kinder auf das Nest, um möglichst viele der kleinen Mäuse zu ergattern und stritten sich darum. Zwar herrschte also kein Frieden in der Klasse und die Kinder drückten ihre gegenseitige Rivalität im Kampf um die Mäuse aus. »Aber insgesamt wurde es friedlicher, weniger anstrengend und konstruktiver.« Am Ende des Schultages wurde genau gezählt, das kein Mäuschen fehlte, sie wanderten zurück ins Körbchen, und die Elternmäuse wurden darüber gesetzt, damit sie nicht frieren mussten. »Ganz fürsorglich kümmerten sich die Kinder um diese Mäusefamilie.« *Clos* unterstreicht noch einmal, dass es nicht das Angebot des »richtigen« Spielzeugs an sich war, das die Wünsche der Kinder kommunizierbar machte, »sondern sie konnten dies nur nützen, weil und wenn sie sich verstanden und aufgehoben fühlten (…) Aber nun hatte in dieser Gruppe eine gemeinsame Zeit begonnen« (vgl. ebd., S. 73 ff.).

Was in diesem Beispiel als methodische Herangehensweise sichtbar wird, lässt sich mit dem bereits mehrfach angeführten Terminus des »szenischen Verstehens« umschreiben.

Lorenzer nahm Freuds Fallgeschichte vom kleinen Hans als Vorlage für sein Konzept vom szenischen Verstehen (vgl. Freud, S. 1909b). Ein befreundeter Kollege berichtete ihm von der Angst seines Sohnes, ein Pferd werde ihn beißen. Hans war einst Augenzeuge, wie ein Pferd stürzte, und er glaubte, es sei tot. *Freud* erkannte in dieser Phantasie sowohl eine Verdichtung wie auch eine Verschiebung und ging davon aus, dass Hans seinen ödipalen Wunsch, den Vater zu töten, mit diesem Erlebnis assoziativ in Verbindung brachte. Gleichzeitig fürchtete sich der Junge davor, vom Vater für diesen Wunsch kastriert zu werden, und so setzte er unbewusst Pferd und Vater in eins und entwickelte daraus eine Pferdephobie. »(...) beide Objekte, das beißende wie das fallende Pferd, sind der Vater, der ihn strafen wird, weil er so böse Wünsche gegen ihn hegt« (vgl. Lorenzer 1973, S. 127 ff.). Die ursprüngliche Bedeutung der Wörter ging verloren und wurde durch ein »Klischee« ersetzt (vgl. ebd., S. 113), und nach *Lorenzer* steht diese Desymbolisierung für eine Auftrennung von Sprache und Praxis. Sprache ist damit zur Privatsprache geworden, und die Gleichung lautet nun: Pferd = Vater. Die Angst vor dem strafenden Vater ist zur Angst vor dem Pferd geworden.

Aufgabe des Psychoanalytikers ist es, dazu beizutragen, dass diese Sprachverfälschung wieder aufgehoben werden kann. Indem über die Deutungsarbeit Wut und Angst dem Vater gegenüber bewusst erlebbar werden dürfen, können die alten Wortbedeutungen wieder in ihre Rechte eingesetzt werden. Fortan bedeuten also erneut Pferd = Pferd und Vater = Vater (vgl. ebd., S. 127 ff.).

Damit aber zurück zum Entenbeispiel. *Clos* verstand den Zusammenhang zwischen dem affektiven, lebensgeschichtlich gezeichneten Hintergrund der Kinder und ihren manifest gezeigten Aggressionen gegen die Enten. Hier kam es unbewusst wie auf einer Bühne zur Reinszenierung eines ungelösten Problems. Zudem wurde ihr ihre eigene Verstrickung deutlich, die sich in der Entrüstung über das unethische Gebaren als Widerstand gegen das Zulassen der Identifikation mit den verschlingenden narzisstischen Bedürfnissen der Kinder äußerte. Auf diese Weise ließ sich ein Weg zur symbolischen, spielerisch gestalteten Bearbeitung der Problematik finden.

Lorenzer hat die Szene als Kern der Entstehung der individuellen Persönlichkeit ausgemacht (vgl. Lorenzer 1977, S. 89). *Leber* (1979) führte dieses Konzept in die Pädagogik ein, und vor allem *Trescher* hat es für die Pädagogik systematisch weiterentwickelt (vgl. Trescher, H.-G. 1985b, S. 134). Hierbei geht es um eine besondere Konfliktdynamik, die zwischen dem Kind und seinen primären Objekten wie Mutter und Vater entsteht. Wenn diese frühen Erfahrungen mit den zunächst übermächtig erlebten Objekten zu schmerzlich sind, wird ihnen langfristig der Zugang zum Bewusstsein versperrt. Das Kind weiß nicht mehr, was ihm angetan wurde. Auch weiterhin wird eine starke psychische Abwehr in neuen Situationen, die von ihrer Ähnlichkeit her an die alten Wunden erinnern, innere Widerstände aktivieren, um dieses Wissen fern zu halten. In diesem Fall sind weder Vorstellungskraft noch Sprache verfügbar, um sich zu erinnern und diese Erinnerungen artikulieren zu können. »Wo Sprache und Denken als ›Probehandeln‹ ausfallen, wird blind ›agiert‹« (vgl. Leber 1972, S. 23). An die Stelle einer reflektierten Mitteilung über das Selbsterleben treten sprachlose Inszenierungen als unbewusste Wiederholung des einst erlittenen Traumas. Wie die obige Konstellation illustriert, ist der pädagogische Alltag voll davon. Glücklicherweise vermochte die Lehrerin die Dramatik, die durch die anstehende Trennung ausgelöst wurde, zu verstehen und den Kindern einen symbolischen Weg anzubieten, sich davon zu befreien.

So können bestimmte Situationen, die für das ungeübte Auge völlig harmlos erscheinen, plötzlich in eine wechselseitige Eskalation einmünden. Über eine assoziative Verknüpfung an das frühere konflikthafte und noch immer unverarbeitete seelische Dilemma wird ihnen unvermittelt ein spezifischer szenischer Auslösereiz beigemessen, was dazu führt, dass unsere Adressat/innen in ein mehr oder minder heftiges Agieren geraten. Aus Scham verhindert der innere Widerstand, dass das Verhalten der Reflexion zugänglich wird. Alte und dem Bewusstsein entzogene Erinnerungsspuren gemahnen an das Erleben von Kränkungen und Ohnmacht. Damit wird eine narzisstische Verletzung reaktiviert, was dazu führt, die aktuelle Situation wie jene vergangene misszuverstehen und aus Selbstschutz mit Angst, Wut, Rückzug oder Angriff auf diese vermeintliche Gefahr zu reagieren. Das Wissen um diese Zusammenhänge würde zunächst ebenfalls als Rückkehr der Bedrohung missdeutet werden. Erst ein neuer, professioneller Beziehungszusammenhang, in dem diese Assoziationen möglichst angst- und vorwurfsfrei erlebt werden können, wird ein allmähliches Verblassen der frühen Traumen bewirken. Insofern gilt es zu berücksichtigen, dass eine von Selbstreflexion getragene neue Einsicht zunächst nur gegen die eigene Bereitschaft und mit beträchtlichem psychischem Aufwand zu erreichen sein wird. Allerdings sei hervorgehoben, dass in den außerklinischen Praxisfeldern von Pädagogik und Sozialer Arbeit die Befassung mit der frühen Lebensgeschichte nur marginal ist. Viel wichtiger ist die Herstellung eines Beziehungsarrangements im Hier und Jetzt, welches im Sinne *Alexanders* (1949) neue, korrigierende emotionale Erfahrungen zulässt.

Dazu bedarf es auf Seiten der Pädagog/innen einer Stärkung ihrer Verstehensfähigkeit, um die bewussten wie besonders nicht-bewussten Beziehungsfallen zu erkennen. So wird es möglich, mit Übertragungs- und Gegenübertragungsprozessen reflektiert umzugehen und sich aus affektiven Verstrickungen befreien zu können und dem jeweiligen Gegenüber zu einer gedeihlichen Entwicklung zu verhelfen. Methodisch geschieht dies vor allem über die Aneignung tiefenhermeneutischen Wissens, wobei dem szenischen Verstehen eine zentrale Rolle zukommt. Es bedeutet, das metaphorisch zur Darstellung gebrachte Leid hinter dem Agieren zu verstehen (vgl. Leber 1979, S. 75).

Vor allem gilt es zu bedenken, dass das Besondere an einem derartigen Fallverstehen in der langfristigen Arbeit »mit der Beziehung und den Emotionen sowohl der Klienten wie der Betreuer« liegt (vgl. Günter, Bruns 2010, S. 25). Für diese anspruchsvolle Form des Verstehens müssen daher bestimmte Voraussetzungen erfüllt sein. Vor allem ist das Fallverstehen nicht getrennt von der Beziehungsarbeit zu betrachten. Hier eine Arbeitsatmosphäre aus »Offenheit, Geduld, Verstehen, Akzeptieren« herzustellen, wird oft erst nach längerer Zeit erreicht. Um die verwickelten Interaktionen im Arbeitsfeld zu verstehen, ist daher Supervision dringend anzuempfehlen, in deren Rahmen auch Momente der »Selbsterforschung« ihren Platz finden sollte (vgl. Günter, Bruns 2010, S. 29).

Nach *Burkard Müller* lehrt Psychoanalyse die Pädagog/innen »den verstehenden Umgang mit dem Fremden, das ihnen in ihren Klienten und deren Lebensverhältnissen entgegentritt (...)« (vgl. Müller 1990, S. 40). Hierbei muss die reflektierte Anleitung zu Introspektion und Empathie ergänzt werden um konzeptionelles Wissen über Konflikt, Abwehr und Widerstand, die Wechselwirkung von Übertragung und Gegenübertragung, wobei am Ende Psychoanalyse als Gesellschaftskritik nicht fehlen darf. Der Einfluss der eigenen Persönlichkeit ist als tragendes Moment des professionellen Arbeits- und Entwicklungsbündnisses unabdingbar in den Blick zu nehmen. Alter, Geschlecht, Schichtzugehörigkeit und Ausbildung kommt dabei eine ähnlich große Bedeutung zu wie die eigene Lebenspraxis und Lebenssituation. Es macht zudem einen Unterschied, ob man vom »Vorbild des barmherzigen Samariters geprägt ist, oder im Sinne einer modernen Ethik der Meinung ist, dass der andere für sich selber verantwortlich ist und dass allenfalls staatliche Organisationen und professionelle angestellte Helfer für die Not des anderen zuständig sind«. Umgekehrt erleben die Klienten ihr Gegenüber »unbewusst wie eine Person, mit der sie in der Vergangenheit schlechte Erfahrungen gemacht haben. Sie übertragen auf uns Gefühle, die nicht uns gelten, sondern einer früheren Bezugsperson«. Zur Unterstützung des reflektierten Umgangs mit diesen erlebensnahen Dimensionen jenseits theoretischer und methodischer Unterweisung sind »gruppendynamische Laboratorien mit Selbsterfahrungsgruppen (…) hilfreich, nicht zu vergessen Selbsthilfegruppen« (vgl. Kutter 1990, S. 45 ff.).

Die Vertreter/innen der Psychoanalytischen Pädagogik bewegen sich in einem »geteilten intersubjektiven Raum«, sind von einer gemeinsamen Phantasie und Idee umwoben, die ich die *Matrix der Psychoanalytischen Pädagogik* nennen möchte. Wenn man so will, bilden sie eine (unstrukturierte) Großgruppe, die – wie *Wilke* mit Bezug auf *Foulkes'* Sozialisationstheorie (vgl. Foulkes 2007) anmerkt – »Werte und Normen erarbeitet, von denen jedes Mitglied individuell abweicht«. Und es ist Auftrag an diese spezielle *scientific community*, die »Interdependenz einer Ich- und Wir-Identität zwischen ihm und der Gruppe zu tolerieren« (vgl. Wilke 2005, S. 141 f.). Vor dem Hintergrund der ewigen Spaltungen innerhalb der verfassten Psychoanalyse ist das mitnichten ein leichtes Unterfangen.

An dieser Stelle möchte ich noch einen interessanten Nebenaspekt zur Sprache bringen. Als eine der namhaftesten Gruppierungen sei einmal mehr der Frankfurter Arbeitskreis für Psychoanalytische Pädagogik (FAPP) genannt. Seine langjährige Erste Vorsitzende war *Annelinde Eggert-Schmid Noerr*. Leider ist sie am 9. September 2017 verstorben. *Annelinde Eggert-Schmid Noerr* war Professorin für Sozialpädagogik an der Katholischen Fachhochschule Mainz, zudem war sie ebenso leidenschaftliche Gruppenanalytikerin und als solche im Vorstand des Instituts für Gruppenanalyse Heidelberg e. V. (IGA) engagiert. Beide Institutionen veranstalteten ihr zum Gedenken am 16. November 2019 eine Tagung unter dem Titel »Gruppenanalyse und Psychoanalytische Pädagogik«. Trotz der aktiven Mitarbeit von *Annelinde Eggert-Schmid Noerr* in Frankfurt wie in Heidelberg hatte es vorher kaum Berührungspunkte gegeben, war dies die erste gemeinsame Veranstaltung. Mir selbst wurde die Ehre zuteil, einen Vortrag mit dem Titel »Zum Verständnis von Gruppe und institutioneller Abwehr in der Psychoanalytischen Pädagogik« zu halten. Alle Beiträge, einschließlich der bewegenden Worte zum Eingang von ihrem Ehemann *Gunzelin Schmid Noerr* sind in der Zeitschrift Gruppenanalyse nachzulesen (vgl. Gruppenanalyse 1. 2020).

Zum Abschluss traf man sich in der Großgruppe. Und auf diese Begegnung möchte ich hinaus. Nicht allein ein verbindendes Trauern über den Verlust einer so wunderbaren Frau und Kollegin wie *Annelinde Eggert-Schmid Noerr* wurde sichtbar, sondern es wurde immer wieder der Wunsch einer vertiefteren Kooperation artikuliert. Beide Institutionen waren zu diesem Zeitpunkt von nicht unerheblichen Existenzsorgen geplagt – die Psychoanalyse ist ja schon länger sowohl in der pädagogischen Praxis wie dem psychotherapeutischen Feld eher zum

Randphänomen geworden – und so stand dieses allgemeine Bekenntnis für ein, wenn man so will, engeres Zusammenrücken in schwierigen Zeiten.

Und jetzt kommt meine Assoziation ins Spiel, die mir in diesem Moment einfiel. Der Gruppenanalytiker *Wilfred Bion* hat drei Grundannahmen einer Gruppe formuliert:

- Abhängigkeit
- Paarbildung
- Kampf-Flucht (vgl. Bion 1991, S. 106 ff.).

Mit diesen Grundannahmen verbinden sich Affekte von Angst, Furcht, Hass, Liebe usw., aber jeweils anders gefärbt. »Angst in der abhängigen Gruppe hat einen anderen Charakter als Angst in der Paarbildungsgruppe, und das gilt entsprechend für andere Gefühle« (vgl. ebd., S. 113).

In der Phase der Abhängigkeit sehnt sich die Gruppe danach, von einem Führer betreut zu werden, der ihr Schutz und Nahrung schafft. So mögen Gruppenmitglieder dem Gedanken anhängen, sie seien zusammengekommen, um »irgendeine Behandlung zu empfangen« (vgl. S. 107). Hier scheint der Wunsch der Gruppe auf, »von einem Individuum, von dem sie abhängt, Sicherheit zu erlangen« (vgl. ebd., S. 48).

In der Phase der Paarbildung entsteht die (durchaus sexualisierte) Phantasie, zwei Mitglieder würden einen neuen Führer zeugen. *Bion* stellt hier eine Verbindung zum Ausagieren der Urszene her, in der ein Kind die Eltern zum ersten Mal beim Koitus belauscht hat. Mit dieser Grundannahme der Paarbildung verknüpfen sich Gefühle von Hoffnung auf das Weiterleben der Gruppe, die aber nur dadurch aufrechtzuerhalten sind, dass der Führer noch ungeboren ist. »Es ist ein Mensch oder ein Gedanke, der die Gruppe eines Tages retten wird – und zwar vor den Hass-, Destruktivitäts- und Verzweiflungsgefühlen der eigenen oder einer anderen Gruppe« (vgl. ebd., S. 109 f.).

Die dritte Grundannahme besagt, dass »die Gruppe sich zusammengefunden habe, um gegen etwas zu kämpfen oder davor zu fliehen«. Die werden dadurch massiv behindert, dass sich »emotionelle Unterstützung für Vorschläge mobilisieren lässt, die entweder Hass auf alle psychologischen Schwierigkeiten ausdrücken oder aber Mittel zu ihrer Umgehung darstellen« (vgl. ebd., S. 111 f.).

Dass die wirkmächtigen Themen Abhängigkeit oder auch Kampf und Flucht zu einem bestimmten Zeitpunkt die Phasen eines Gruppenprozesses bestimmen, leuchtete mir immer ein. Allerdings neigte ich dazu, die Paarbildungs-Grundannahme *Bion*s für mich eher als zu spekulativ zurückzuweisen. *Bion* hatte während des Zweiten Weltkriegs in einem Militärlazarett mit englischen Soldaten gruppenanalytisch gearbeitet. »Dort war die Annahme entweder, dass wir Soldaten fronttauglich machen wollten, oder aber, dass wir einem Haufen von Drückebergern helfen wollten, sich weiterhin zudrücken« (vgl. S. 47).

Nicht nur war er selbst seit grässlichen Erlebnissen im Ersten Weltkrieg kriegstraumatisiert, sondern es ging darum, dass die Soldaten mit Hilfe seiner psychotherapeutischen Gruppensitzungen wieder an die Front zurückkehren sollten. Ich dachte, dass die phantasierte Paarbildung dazu diene, das Überleben der Gruppe zu sichern, sie also von der realen Angst vor dem nahen Tod ausgelöst worden war. Das Festhalten an dieser kleinen Illusion entsprang dem Wunsch, die Gruppe – und damit ein Teil von einem selbst – möge durch die Paarbildung fortexistieren. Aber das war doch im Krieg gewesen…

Jetzt aber in der Großgruppe Heidelberg hatte ich auf einmal das Gefühl, dass hier genau das Gleiche passierte, *Bion* mit seiner These also Recht hatte. Durch die Vereinigung beider Institutionen zu einem virtuellen Ganzen konnte das Überleben garantiert werden. Ich hatte diese gruppenanalytisch gerahmte Mutmaßung sogar geäußert, aber erstaunlicherweise keine Resonanz erhalten. Vielleicht war der Verlust für beide Kollektive noch zu frisch, und das Eingeständnis, sich alleingelassen zu fühlen, zu bedrohlich. Die Hoffnung war, so denke ich heute, durch die Vereinigung der beiden psychoanalytischen Matrices weiter bestehen und womöglich wirkungsreicher sein zu können.

Psychoanalytisch gewendet ist jede bewusste erzieherische Handlungsabsicht – im Grunde das Primat des Handelns selbst – radikal in Frage zu stellen. Auf diese Weise wird die Trennung von Erzieher und Zögling in ein dialogisches Beziehungsmodell transformiert, das sich der Selbstreflexion des eigenen Parts verpflichtet zeigt. Die Betrachtung dieser Beziehungsdynamik verlangt danach, dass erst »zu verstehen sei, bevor zu handeln ist«, ja offenbart, dass »Verstehen zugleich Handeln« ist (vgl. Trescher, H.-G. 1985b, S. 185 f.). *Leber* u. a. formulieren pointiert, dass »Verstehen nicht nur Voraussetzung für sinnvolles pädagogisches Handeln ist, sondern selbst schon als solches begriffen werden kann« (vgl. Leber u. a. 1989, S. 31). Die pädagogische Zielstellung ist folglich nur zu retten, wenn die »jeweils aktuelle Problematik des Seelenlebens« der Zöglinge sorgsam berücksichtigt wird, sich »Lehrer und Erzieher aber auch um ihren eigenen psychischen Besitz kümmern« (vgl. Datler, W. 1983, S. 146 f.).

2 Psychoanalytisch orientierte Beobachtung

2.1 Der kritische Moment

Was ist der »Fall«? Oder genauer: »Wann ist der Fall ein Fall« (vgl. Bimschas, Schröder 2003, S. 71)?

In dieser Frage von *Bimschas* und *Schröder* klingt an, dass eine professionelle Situationsbeschreibung erst durch die Betrachtung des Kontextes, der sie rahmt und ihr Bedeutung verleiht, zu einem Fall wird. Es ist also nicht der Einzelne als Fall zu betrachten, Fälle können auch eine Gruppe oder eine Organisation behandeln, ja die Lebenswelt der Klient/innen selbst kann zum Fall werden. Auch »Erziehungsversuche und Projekte« fließen in Fallschilderungen ein (vgl. Braun u. a. 2011, S. 12 f.). Immer geht es hauptsächlich um »das Ereignis, das unter bestimmten Bedingungen zu einem ›Fall‹ wird« (vgl. ebd., S. 71). So sagt *Eggert-Schmid Noerr*:

> »Fallgeschichten sind Erzählungen aus professionellen Kontexten. Sie beschreiben besondere, signifikante Prozesse, die sich innerhalb einer fachlichen Rahmung abspielen und mit Hilfe entsprechender fachlich-allgemeiner Begrifflichkeiten expliziert werden«.

Sie betont, dass sie keine objektive Abbildung der Wirklichkeit darstellen, »da Form und Inhalt schon auf einem mehr oder weniger expliziten Vorverständnis aufbauen« (vgl. Eggert-Schmid Noerr 2010, S. 27).

Aktuell haben *Hummrich* u. a. die gleiche Frage »Was ist der Fall?« noch einmal gestellt (vgl. Hummrich u. a. 2016a). Sie thematisieren die »außerwissenschaftliche Realität, die einen »*behandlungsbedürftigen* oder *behandlungswürdigen* lebenspraktischen Sachverhalt« kreiert. Danach steht Fallarbeit zwischen »empirisch-deskriptivem Forschungswissen und praktisch-normativem Professionswissen« (vgl. Hummrich u. a. 2016b, S. 1 ff.). Die Übersetzung von Wissen in Können wird demgemäß in dem Spannungsfeld verortet, sich an »wissenschaftlich begründeter Rationalität« auszurichten und gleichzeitig Bezug zu nehmen auf die »gesellschaftliche Ordnung im Sinne von Gerechtigkeit und die Bearbeitung von Geltungsfragen von Weltbildern, Werten und Normalitätsentwürfen (…)« (vgl. ebd., S. 16 f.). Unter professionstheoretischen Gesichtspunkten wird allerdings dieser Transfer als nicht unmittelbar herstellbar erachtet, so dass ein »*Differenzverhältnis*« nachbleibt (vgl. Kunze 2016, S. 98). Und selbstredend ist zu klären, was zum »Fall« wird: »der Klient oder die Klientin, die Beziehung zwischen Klient_in und Professionellem oder Professioneller, das Fallverstehen des Professionellen oder der Professionellen usw.« (vgl. Graßhoff 2016, S. 277).

Dann aber scheiden sich leider wieder die Geister. Da, wo es anfängt, spannend zu werden, bricht der Diskurs ab. *Graßhoff* betont, dass es hinsichtlich der Reflexion der Fallarbeit in der Gruppe unumgänglich ist, »die eigenen (biographischen) Anteile im professionellen Handeln sichtbar zu machen und eine Möglichkeit der Konfrontation und Auseinandersetzung mit sich selbst« zu finden. In diesem Sinne nimmt Fallarbeit supervisorische Züge an. Das eher pessimistische Ende ist aber in die nachfolgende Form gegossen: »Fraglich ist aber, ob die Lehrenden dieser Rolle von ihren Kompetenzen gerecht werden können, aber auch, ob ein Seminar an der Universität, das möglicherweise noch mit einer Prüfungsleistung versehen ist, ein struktureller Ort supervisorischer Praxis sein kann« (vgl. Graßhoff 2016, S. 285 f.).

Im gesamten Buch spielen tiefenhermeneutische Zugänge oder solche aus der Psychoanalytischen Pädagogik keine Rolle, wenn man, wie bei *Graßhoff*, von der gelegentlichen Erwähnung *Burkhard Müller*s einmal absieht. Auf diesen *meinen* Feldern wird aber seit langem die Bedeutung eines außerklinischen und nichttherapeutisierenden Herantastens an den Fall eingehend durchdekliniert. Der Kompetenztransfer von Wissensbeständen aus dem ursprünglich psychotherapeutischen Kontext in die Aus- und Fortbildungen von Pädagog/innen ist ohne weiteres zu bewerkstelligen, er muss allerdings tatsächlich supervisorisch begleitet werden. So sollte der Umgang mit mentalisierungsbasierten Konzepten z. B. »Teil der Lehramtsausbildung sein, um Lehrkräfte bestmöglich darauf vorzubereiten, eine mentalisierende Haltung gegenüber ihren Schülern einnehmen zu können und diese bewusst und gezielt zur Regulierung von Affekten nutzen zu können, sowie den Schülern die Möglichkeit zu geben, das eigene affektive Erleben differenzierter wahrzunehmen und zu erforschen« (vgl. Ramberg 2018, S. 115 f.).

Ein, wie ich finde, gutes Beispiel für eine solche Herangehensweise ist unser Sammelband »Psychoanalyse lehren und lernen an der Hochschule. Theorie, Selbstreflexion, Praxis« (vgl. Gerspach u. a. 2014a). *Thilo Naumann* hat darin exemplarisch dargelegt, wie sich Seminararbeit, Praxisreflexion und Anteile von Selbsterfahrung so zusammenbinden lassen, dass im Sinne der Angstmilderung Selbsterfahrungswünsche wie Regressionsneigungen klar begrenzt werden und auch die Entkoppelung von Prüfungsleistung und Teilnahme am Seminar über eine wechselseitige Übernahme dieser Aufgabe durch Kolleg/innen möglich wird. Er folgert, dass »der Gruppenleiter gemeinsam mit der Gruppe das in Szene gesetzte Gruppengeschehen erforscht, und zwar im Hinblick auf die Interaktionen im Hier und Jetzt der Gruppe, auf wiederbelebte verinnerlichte Gruppenerfahrungen sowie auf den institutionellen Rahmen der Hochschule. Auf diese Weise können die Empfindungs- und Handlungsmöglichkeiten der Einzelnen und der Gruppe wachsen« (vgl. Naumann 2014b, S. 66 ff.). Fachintern werden also große Dissonanzen sichtbar.

Im angesprochenen Text wird Fallarbeit als »Narrativ« erfahrener Pädagog/innen kenntlich gemacht (vgl. Hummrich 2016, S. 27). Es geht dabei um eine sinnhafte Erzählung, in der die kulturspezifische Wahrnehmung der Lebenswelt widerscheint und sich Identitätskonstrukte abbilden (vgl. Keupp u. a. 2008, S. 219). Was aber fange ich mit dem in den aktuellen Fachdiskursen immer wieder bemühten Begriff des Narrativs an, dem das Unbewusste bis auf wenige Ausnahmen nicht bekannt ist und der demgemäß eher eindimensional daherkommt? Allein in *Frommer*s Geleitwort zu *Brigitte Boothe*s Buch fand ich die nachfolgende, sich wohltuend abhebende Erläuterung:

> »Ansatz und Ausgangspunkt ist ein modernes hermeneutisch informiertes Verständnis von Psychoanalyse, welches Unbewusstes und Konflikt nicht außerhalb des Sprachlichen verortet, sondern im Interaktionsprozess und seinen verbalen Ausdrucksformen und Inhalten auch da aufspürt, wo es dem Sprecher selbst verborgen bleibt. Erzählungen dienen so gesehen nichts anderem als der Entfaltung psychodynamischen Wunsch- und Konfliktgeschehens im erzähldynamischen Erwartungs- und Erfüllungsraum« (vgl. Frommer 2011, S. V; Boothe 2011).

Auf der Suche nach Argumentationshilfen für meine psychoanalytisch-pädagogische Auslegungsweise bin ich also wieder einmal nicht fündig geworden. Offenbar ist das Faszinosum der Selbsterfahrung aus den 1970er Jahren im Gleichschritt mit der rigiden Inobhutnahme des Subjekts durch neoliberale Vermarktungszwänge zur Angst davor mutiert. Viel näher sind mir da *von Freyberg* und *Wolff*. Sie grenzen das Fallverstehen so ein: »Die Geschichte schwieriger Kinder ist immer auch die Geschichte schwieriger, gestörter Institutionen« (vgl. von Freyberg, Wolff 2005, S. 28). In den Erziehungswissenschaften gab es immer schon zwei Gegenströmungen. Zum einen wurde das »Allgemeine im Sinne des Allgemeingültigen« angestrebt, zum andern geht man schon viel länger von »konkreten Fällen des Erziehungsgeschehens« aus, um über diese Geschichten zu »allgemeinen und allgemeingültigen Einsichten« zu gelangen (vgl. Fatke 1997, S. 56). Noch immer bildet die Betrachtung von »Einzelepisoden des pädagogischen Alltags« das Kernstück von Fallstudien innerhalb der Psychoanalytischen Pädagogik, und diese Tradition reicht zurück bis zu *Aichhorn*, *Zulliger*, *Bernfeld* oder *Redl* (vgl. Schmid 1997, S. 179 ff.). Diesbezüglich unterscheidet *Schmid* in vier historische Typen von Fallstudien (vgl. S. 186):

- Fallstudien, in denen das zugrundeliegende Material ohne psychoanalytische Orientierung erhoben wurde (vgl. Rose 1991),
- Fallstudien, deren Material bereits unter psychoanalytischer Orientierung gewonnen wurde (vgl. Diem-Wille 1992; Hirblinger 1991),
- Fallstudien mit zusätzlicher Heranziehung projektiver Testverfahren (vgl. Leuzinger-Bohleber, Garlichs 1993; Figdor 1991),
- Fallstudien, die sich auf die Analyse von Gruppenprozessen richten (vgl. Bosse 1991; Hofmann 1993).

Dieser Vorschlag zur Kategorisierung stellt auch heute noch eine überzeugende systematische Annäherung an den Fall dar. Auf diese Weise lassen sich Zusammenhänge aufweisen, die »im unmittelbaren Erleben des Betroffenen so nicht gegeben sind«. Allerdings müssen wir aufpassen, mit Hilfe einer psychoanalytischen Interpretation klüger sein zu wollen als der Text. Die Alternative wäre eine »Hermeneutik der Geschichten, die (…) sich nicht ›über‹ den Text stellt, sondern versucht, in seine spezifische ›Poetik‹ hineinzukommen« (vgl. Bittner 2004, S. 45). Auf dem Wege der hermeneutischen Annäherung an den Text würde dieser uns gleichsam in eine Richtung verändern, die er unbewusst vorgibt.

Die Bezeichnung einer Geschichte als Fall verweist nach *Müller* immer auf »einen Handlungszusammenhang, in den sie einzuordnen ist«. Damit ist sogleich die Einschränkung verbunden, dass jede Kasuistik vor dem Problem betroffen ist, dass offen und diffus bleibt, »auf *wessen* Handeln und *welchen* Handlungstypus« sie sich eigentlich bezieht (vgl. Müller, B. 1994, S. 25). Zur Klärung dieser epistemologischen Grundsatzfrage schlägt *Müller* eine multiperspektivische Dreiteilung vor:

1. der Fall *von* als Ausdruck eines bürokratischen »Verwaltungshandelns« (z. B. eines Falles von Eingliederungshilfe als einer Sozialleistung nach dem SGB XII);
2. der Fall *für* eine bestimmte Instanz oder Profession (z. B. ein Fall für die Polizei oder einen diagnostizierenden Arzt);
3. der Fall *mit* (die eigentliche pädagogische Dimension: »Was mache ich nun, wenn jene anderen Fragen geklärt sind, *mit* meinem Fall, dem straffällig gewordenen Jugendlichen, dem behinderten Kind?«) (vgl. Müller, B. 1994, S. 31; Braun u. a. 2011, S. 38 ff.).

In gewisser Weise sind diese drei Spielarten eines Falles auf hierarchische Weise miteinander verknüpft. So werden Eingliederungshilfen – jetzt als Akt des Verwaltungshandelns gelesen – nicht ohne ärztliche Diagnose gewährt. Kinderschutzambulanzen werden erst auf Initiative von Jugendamt bzw. Jugendhilfe aktiv. Das eigentliche, pädagogisch dimensionierte Format mit seiner Nähe zum Subjekt kommt dabei oft zuletzt an die Reihe.

Müller u. a. konzentrieren sich bei der Interpretation von Fallstudien nicht auf das »zum Objekt gemeinsamer Reflexion gewordene emotionsgeladene Einzelereignis, (…), sondern eher eine spezifische *Ereigniskette*«. Diese Abfolge von krisenhaften Konflikten ist angefüllt mit Gefühlen, Brüchen des Handlungsrahmens und heftigen Reaktionen. Weil deren Hervortreten aber Angst auslöst, werden sie nicht als pädagogische Chance, sondern eher als Betriebsunfall behandelt, »den man möglichst schnell beseitigen sollte« (vgl. Müller u. a. 2005, S. 103 f.). Damit zielen sie auf das über Selbstreflexion zustande zu bringende Aushalten-Können von großen emotionalen Belastungen und thematisieren also ein sehr wirkmächtiges Tabuthema. Unter anderem kann es auf diesem Wege gelingen, Gewalt weniger wörtlich zu nehmen, sondern eher als »›virtuelle Realität‹, als ›Spiel‹ erfahrbar zu machen (…)« (vgl. Müller u. a. 2005, S. 150 f.). Zum einen ließe sich hier *Dornes* ergänzend erwähnen, der davon spricht, das Spiel sei »die Externalisierung eines Gefühlszustandes und dessen Verankerung in einer Spielfigur, mit der das Kind sich identifiziert. Dieser Vorgang wirkt schon als solcher ein Stück weit beruhigend« (vgl. Dornes 2000, S. 204). Zum andern machen *Müller* u. a. deutlich, dass sie den Begriff des Virtuellen nicht im Sinne einer medialen Dimension hernehmen, sondern ihn mit »potentiell« gleichsetzen (vgl. Müller u. a. 2005, S. 43). Und da tut sich natürlich die Parallele zu *Winnicott*s potentiellem Raum auf.

Nach *Winnicott* macht das Kind seine ersten intensiven Erfahrungen in diesem Raum »zwischen subjektivem Objekt und objektiv wahrgenommenem Objekt, zwischen Ich und ›Nicht-Ich‹«. In die gleiche Richtung weist seine andere Bezeichnung vom intermediären Raum, auf die ich bereits bezogen habe. Immer geht es um die halluzinatorische Verschmolzenheit des Kleinkindes mit seinem Objekt, das es subjektiv wahrnimmt, und die Mutter ist darauf eingestellt, ihm das anzubieten, was es »zu finden bereit ist«. Es ist ein stetes »Hin und Her«. Einmal ist die Mutter das, was das Kind anzunehmen imstande ist, dann wieder wartet sie, angenommen zu werden.

Dieser Spannungsbereich von potentiellem/intermediärem Raum entsteht also aus der Wechselwirkung zwischen dem ausschließlichen Erleben des eigenen Ich – »es gibt nichts außer mir« – und dem Erleben von Objekten und Phänomenen außerhalb des »Selbst und dessen omnipotenter Kontrolle« (vgl. Winnicott 1993, S. 116). *Winnicott* spricht auch davon, dass bereits für das kleine Kind der potentielle Raum mit Symbolen des kulturellen Erlebens erfüllt wird. Kultur stellt in seinem Sinne einen Fundus an allgemein Menschlichem dar, »aus dem wir alle schöpfen können, *wenn wir das, was wir darin vorfinden, auch unterbringen können*« (vgl. Winnicott 1993, S. 115 ff.). Müller u. a. erweitern dieses Bild zu einem des »interkulturellen Erlebens«, verbunden mit einem Gefühl des Vertrauens, das dem Kind die Möglichkeit eröffnet, aus der Sphäre des absoluten Schutzes und den Phantasien omnipotenter Kontrolle herauszutreten und in einer von ihm nicht kontrollierbaren Welt auf Entdeckungsfahrt zu gehen (vgl. Müller u. a. 2005, S. 157). Demnach repräsentiert der potentielle Raum zugleich die innere psychische Realität und die wirkliche, äußere Welt, es ist also ein Kraftfeld, in dem Potenzen zu wachsen vermögen.

Nun macht *Kratz* darauf aufmerksam, dass die *Winnicott*sche Topik des intermediären – identisch mit potentiellen – Raums als einem dritten Areal sehr bedeutsam ist (vgl. Kratz 2020, S. 58). In meinen Worten stellt dies eine wichtige Weiterentwicklung des interaktiven und vor allem phantasmatischen Geschehens zwischen dem Kind und seinem primären Objekt dar. Dann aber bemängelt *Kratz*, dass *Winnicott*s damit verbundenes binäres Denken zu kurz greife, wonach es im intermediären Raum zu einer Transmission zwischen einer inneren und einer äußeren Welt komme.

Ich bin da etwas versöhnlicher und habe *Winnicott*s sehr komplexe Sicht auf die Dinge immer ausnehmend geschätzt, was ich an drei Vignetten veranschaulichen möchte. *Winnicott*s bereits bemühte Aussage »There's no such a thing as a baby« (vgl. Winnicott 1990, S. 50) steht für seine große Vorstellungskraft jenseits jeglichen konkretistischen Dafürhaltens. Dann ist da die Idee, dass der Säugling sein Objekt in der Phantasie zerstört. Das Objekt ›überlebt‹ diesen Angriff in der Realität, und das Kind beginnt zu erkennen und zu akzeptieren, dass das Objekt seiner Kontrolle nicht unterworfen ist. Nun sagt das kindliche Subjekt zum Objekt: »Ich habe dich zerstört.« Das Objekt nimmt diese Aussage an, so dass das Subjekt jetzt sagen kann: »Hallo, Objekt! Ich habe dich zerstört! Ich liebe dich! Du bist für mich wertvoll, weil du überlebt hast, obwohl ich dich zerstört habe! Obwohl ich dich liebe, zerstöre ich dich in meiner (unbewussten Phantasie).« Fortan vermag das Subjekt das Objekt, das überlebt hat, »*verwenden*« (vgl. Winnicott 1993, S. 105; Leuzinger-Bohleber 2009, S. 87). Auch das ist für mich ein Beispiel von hoher Dichte und Intensität.

Schließlich der Stellenwert des Übergangsobjektes zwischen etwa dem vierten und zwölften Lebensmonat, wenn der Zipfel einer Decke, an den das Kind sich kuschelt, das Einschlafen erleichtert. Er ist nicht, aber *bedeutet* die Brust der Mutter (vgl. Winnicott 1993, S. 15 ff.). Dieses Übergangsobjekt ist das erste *Nicht-Ich-Objekt* (vgl. Winnicott 1990, S. 126) und wird vom Kind nicht gefunden, sondern erschaffen. Nach *Winnicott* handelt es sich hier um ein Paradoxon *und* die Annahme dieses Paradoxon: »Das Kleinkind erschafft das Objekt, aber das Objekt war bereits vorher da (…)« (vgl. Winnicott 1993, S. 19 ff.; Ludwig-Körner 2014, S. 89 ff.).

Ich bin noch anderweitig fündig geworden. Ein ganzes Psyche-Heft widmete sich Winnicotts »Psychologie der Verrücktheit« (vgl. Psyche 4. 2018; Winnicott 2018). Diesbezüglich weist *Picht* auf die Tatsache hin, dass »Winnicotts Sprache von besonderer Qualität« sei, was immer wieder bemerkt werde. »In der Tat erlebt der Leser eine außerordentliche, oft überraschende Wendigkeit des sprachlichen Duktus und der Gedankenführung, die jedoch stets mit großer Sicherheit und Konzentration auf die Sache bezogen bleibt«. Gleichwohl lasse sich »die Bedeutung seiner Begriffe (…) nicht in Definitionen festlegen. (…) Es muss hinzugesetzt werden, dass Winnicott seine Worte durchaus sorgfältig wählt, worüber die scheinbare Leichtigkeit seines Stils hinwegtäuschen kann« (vgl. Picht 2018, S. 268 f.). So etwa, wenn er davon spricht, »dass Verrücktheit, die gefürchtet wird, bereits erfahren wurde« (vgl. Winnicott 2018, S. 259). Ähnlich sieht es *Press*, der klarstellt, dass sich *Winnicott*s Werk »weniger als jedes andere (…) für eine didaktische und lehrsatzhafte Darstellung« eigne. Zwar könne man seine großen Themen – »die Schaffung des intermediären Raums und die damit verbundene Zone von Illusionen, der Objektgebrauch, dieser ganze Komplex, der zur Bildung eines integrierten ›self‹ führt, wobei das Scheitern dieses Werdegangs umgekehrt durch die das Leben beherrschende Drohung eines Zusammenbruchs gekennzeichnet ist« – ohne weiteres in wenigen Zeilen zusammenfassen. Aber dann gehe der Reichtum seines Denkens verloren: »seine Fluidität, der paradoxe Aspekt vieler Formulierungen (…); seine Unabgeschlossenheit, die manchmal hinter der scheinbaren Einfachheit seiner Formulierungen den Eindruck von Unklarheit vermitteln kann« (vgl. Press 2018, S. 279).

Der Übergangsbereich zwischen der Verschmolzenheit unter den interpersonalen Beziehungen ist dadurch charakterisiert, dass er sowohl zur Mutter, die ihr Baby körperlich hält, als auch zum Baby gehört, und *Winnicott* stellt eine Analogie zur physischen Situation kurz vor der Geburt her, wenn sich zwischen der Mutter und dem Embryo die Fruchtblase, die Plazenta und das Endometrium befinden. Zwischen der Mutter und dem Baby sind also Gewebeschichten gelagert, »die absolut notwendig sind, bis sich ihre Trennung vollzieht«. Sogar zu diesem pränatalen Zeitpunkt gibt es keine vollkommene Verschmolzenheit, so dass »im Tiefsten jedes Individuum für immer und ewig isoliert bleibt« (vgl. Winnicott 1994, S. 218).

Gleichzeitig ist aber für *Winnicott* die Vorstellung eines isolierten Individuums ebenfalls eine Illusion, weil »das individuelle Selbst ein in Beziehung eingebettetes Wesen ist, das von Anbeginn an durch andere seine Subjektivität entwickelt«, wie *Kögler* in seiner Auseinandersetzung mit *Winnicott*s Bild von Mütterlichkeit anmerkt (vgl. Kögler 2019, S. 81 f.). »Wahrscheinlich gibt es zwischen Menschen niemals eine Trennung; eine Trennung kann wohl stets nur drohen« (vgl. Winnicott 1993, S. 125). Beides ist also, wie selbst in *Winnicott*s widersprüchlichen Aussagen zu erkennen ist, untrennbar ineinander verwoben. Das passt haargenau zu meinen Einlassungen bezüglich der These von *Kratz* über *Winnicott*s binäres Denken. Insbesondere, weil *Winnicott* frei zu sprechen pflegte und seine Texte erst danach verfasste, war er nie so eindeutig.

Dass all diese Überlegungen, wonach die individuelle Entwicklung auf Wechselseitigkeit aufruht, überaus anschlussfähig an meine eigenen hier dar gelegten Gedanken sind, möchte ich im Folgenden aufzeigen. Übrigens ist interessant, dass der Untertitel des Bandes von *Müller* u. a. wie folgt lautet: »Macht und Emotion in der pädagogischen Praxis«. Später hat *Margit Datler* über »Die Macht der Emotion im Unterricht« geschrieben. Sie weist daraufhin, dass die Berufsgruppe der Lehrer/innen von ihrem Belastungsprofil her zu den »Burnout-Gefährdeten« zählt, aber ihr Erleben in den pädagogischen Publikationen kaum behandelt wird« (vgl. Datler, M. 2012, S. 15). In einer folgenreichen Perspektivverengung wird die Wechselseitigkeit des Unterrichtsgeschehens ihres affektiven Grundes beraubt und auf eine rein kognitiv ausgerichtete Wissensvermittlung reduziert.

Sich eingehender mit pädagogischer Kasuistik zu befassen ist das Ergebnis einer intensiven Theorie-Praxis-Debatte in den späten 1960er Jahren (vgl. Braun 2011, S. 16). Indessen zeigt sich hier ein bestimmtes Grundverständnis, das mir in gewisser Weise lückenhaft erscheint. »Sozialpädagogische Fälle lassen sich als eine Entwicklungsgeschichte aufweisende, sich verändernde, kontextabhängige soziale Einheiten in konkreten Lebensverhältnissen fassen, zu denen sich Individuen verhalten und verhalten müssen« (vgl. Braun u. a. 2011, S. 31). Mit der alleinigen Fokussierung auf die Verhaltensebene bleibt man bei der Betrachtung der beobachtbaren Oberfläche stehen. Affektive oder gar unbewusste Einschlüsse in diese Anpassungsprozesse kommen nicht vor.

Daher nehme ich jetzt den Begriff vom »kritischen Moment« auf, mit denen bei der Fallarbeit die »spontanen, nicht intendierten, gefühls- statt sachbezogenen Aspekte« betont werden müssen. Diese kritischen Momente sind Teil eines emotionsbezogenen Lernens, und pädagogische Situationen sind eben nie emotional neutral. *Müller* u. a. lehnen sich dabei an die sozialwissenschaftliche Organisations- und Evaluationsforschung an, die mit der Analyse von »critical incidents« aufwartet (vgl. Müller u. a. 2005, S. 35 f.; Query, Kreps 1993).

Ihr Anfang wurzelt in einer emotionalen Erregung in einem Augenblick, da man sich berührt, bedrängt oder auch beleidigt fühlt. Der »gewohnte Fluss der Ereignisse« wird unterbrochen, die Rahmung der Situation gestört. Das ist etwas, was in pädagogischen Situationen wohl eher die Regel denn die Ausnahme ist, aber es kommt jetzt auf ihre Wertung an: Geht es um die Verdrängung dieser Erregung bzw. ihre Unterdrückung mittels rigider Selbstkontrolle bzw. eine Intervention von außen? Das würde das Erfassen des Gesamtzusammenhangs verhindern. Oder geht es um eine Dimension der Verstehbarkeit, also die »Wahrnehmbarkeit *als* Gefühl in irgend einer (nicht notwendig sprachlich, gegebenenfalls sinnlich) Form, die den bloßen Affekt *symbolisiert*«. An diesem Punkt wird eine Überleitung zum Konzept des szenischen Verstehens eingeführt, weil sich »solche emotions- und/oder gewaltträchtigen ›kritischen Momente‹ im affektiven Erleben (wie in der Verarbeitung solchen Erlebens) immer mit lebensgeschichtlich früheren Szenen vermischen und diese reaktivieren«. Es geht um die Fähigkeit, den aufkommenden Affekt nicht zu überspielen, zu rationalisieren oder zu verdrängen, sondern ihn mit einer zunächst intuitiv erspürten Szene zunehmend bewusst in Zusammenhang zu bringen (vgl. Müller u. a. 2005, S. 37 ff.).

Es handelt sich also um eine heftige emotionale Erregung, ein Sich-gegenseitig-Hochschaukeln, das sich in keiner Art von verstehbarer Sprache symbolisieren lässt. Auch wenn der vom Adressaten/von der Adressatin agierte Bruch der Rahmung der Situation gewaltsam zu eskalieren droht, kommt darin doch auf verschleierte Weise ein Beziehungswunsch zum Ausdruck, der »persönlich beantwortet« werden muss (vgl. Körner 1992, S. 77). Aus meiner eigenen oftmals leidvollen, mich gerade als Neuling anfangs emotional völlig überfordernden Praxis in einem sozialen Brennpunkt oder einem Heim sind mir diese Situationen sehr gut vertraut. Diese kritischen Momente möchte ich als den *turning point* der gemeinsamen Arbeit bezeichnen, wenn man sich verzweifelt fühlt und den Eindruck hat, dass gar nichts mehr gehe und dieses institutionelle Setting als Hilfemaßnahme nicht tauglich sei. Darin steckt oft ein letztes Aufbäumen des Widerstands, und wenn es hier zu keinem endgültigen Beziehungsabbruch oder gewaltförmigen, re-traumatisierenden Reaktionen von Seiten der Pädagog/innen kommt, segelt das Schiff in ruhigere Fahrwasser mit dem Ausblick auf eine entwicklungsförderliche Weiterarbeit. Die Voraussetzung ist aber, sich im Sinne Bubers nicht durch ein »Phantom« vertreten zu lassen. Erst die Präsenz des Erziehers/der Erzieherin mit seiner persönlichen Antwort stiftet »Wirklichkeit *zwischen* beiden« (vgl. Buber 1925, S. 39; Reiser 1987, S. 187).

Das Verarbeiten eines kritischen Moments wird zum »Ausgangspunkt und Motor eines geänderten Umgangs mit neuen Ereignissen«, sofern es den beiden Beziehungspartnern gelingt, sich emotional überraschen zu lassen, und sei es entweder auf positiv erheiternde oder negativ frustrierende Weise. Hier wird noch einmal deutlich, dass die Grundvoraussetzung eines solchen Entwicklungsprozesses auf der Fähigkeit der Pädagog/innen aufruht, ihr eigenes subjektives Erleben solcher Momente mit einzubeziehen. Allerdings müssen wir einrechnen, dass der Groschen oft erst mit Verzögerung fällt: die neue Rahmung stell sich nur schrittweise ein; zum Beispiel, wenn Jugendliche in pädagogischen Konflikten phasenweise alles abblocken, was ihnen Erwachsene sagen, aber ein paar Jahre später selbst erstaunt sind, wie viel sie dabei gelernt haben« (vgl. Müller u. a. 2005, S. 43 ff.). Und die Autor/innen fahren mit ihrer Argumentation auf eine Weise fort, die wiederum zum Assoziieren einlädt:

> »Die in der Gegenwart geweckte Neugier – statt der Abwehr oder Banalisierung oder Rationalisierung des damit verbundenen Gefühls – ist allerdings die Voraussetzung dafür, dass der ›Groschen‹ nachträglich auch fallen kann, jenes ›erlebt haben werden‹ Gegenwart werden kann« (vgl. Müller u. a. 2005, S. 43).

So komme ich beinahe zwangsläufig auf *Daniel Stern* zu sprechen. Zunächst hebt er hervor, dass uns das »Nachdenken über die Intersubjektivität als Matrix einer Zwei-Personen-Psychologie« zum Konzept eines »intersubjektiven Bewusstseins« führen kann. Da sind wir also schon beinahe wieder auf der Gruppenebene. Er fährt fort: »Diese Form der Reflexivität entsteht, wenn wir uns der Inhalte dessen, was wir gerade denken und fühlen, bewusst werden, weil sie uns gleichzeitig durch die Psyche eines Individuums widergespiegelt werden« (vgl. Stern, D. 2005, S. 17). Und so bewegen wir uns ganz nah bei den gerade entwickelten Vorstellungen von *Müller* u. a.

Stern geht hier von Prozessen aus, die nicht sofort verstehbar sind, sondern einfach geschehen, und er nennt diese »Gegenwartsmomente« (vgl. Stern, D. 2005, S. 34). Sie sind von kurzer Dauer und dabei unglaublich reichhaltig sind. Das subjektive Erleben vollzieht sich »gerade jetzt«. Diese Momente stellen »ein vollständiges Geschehen, eine Gestalt« dar. Die wahrgenommenen Gefühle bilden dabei »Vitalitätsaffekte« aus, welche das Erleben zeitlich konturieren. »Der Gegenwartsmoment ist all das, was mir *jetzt* durch den Kopf geht, gleichgültig, ob es sich dabei um reale oder virtuelle Dinge handelt« (vgl. Stern, D. 2005, S. 34; Gerspach 2009, S. 172 f.).

An anderer Stelle wird noch eine kleine nuancierte Unterscheidung zu einem »now moment« eingeführt, der darin liegt, dass in einem bestimmten Augenblick der professionellen Beziehung etwas geschieht, das den beiden Interakteuren »unvertraut ist und in seiner spezifischen Form und seinem zeitlichen Auftreten nicht zu erwarten war«. Es ist so verwirrend, dass beide Beteiligte nicht genau wissen, was gerade passiert oder was sie tun sollen (vgl. Stern u. a. 2012, S. 36).

Auf seiner Suche nach der Systematisierung von Gegenwartsmomenten listet *Stern* sehr akribisch auf, wie er von Menschen etwas über solche Episoden in Erfahrung bringt. Meist sind es banale Anlässe wie: »Was haben Sie heute Morgen beim Frühstück erlebt?« Nach einem zunächst hingeworfenen »Hm, nichts Besonderes« werden dann aber Details ausgegraben, die sich immer weiter verzweigen, bis hin zu Erinnerungen an Ereignisse am Vorabend. Es sind meist nicht mehr als fünf Sekunden, in der diese »Jetztheit« im Erleben vonstattengeht. Auf einem Zeitstrahl werden dann diese Reihungen angeordnet. »Die Zeit dehnt sich auf der horizontalen Achse aus, während Intensität, Kraft und Fülle des Vorgangs/des Gefühls/der Sensation/des Gedankens/des Affekts/der Handlung auf der vertikalen Achse festgehalten werden.« Es sind also eigentlich zwei Gegenwartsmomente im Spiel, befindet *Stern*, erst der ursprüngliche, nicht narrrativ gelebte und dann jener, in dem ihm berichtet wird (vgl. Stern, D. 2005, S. 26 ff.).

Und hier tut sich eine weitere Querverbindung auf. *Bernasconi* und *Böing* verorten die Reflexion als Grundlage pädagogische-professionellen Handelns und führen dabei den nachfolgenden Unterschied auf:

- Reflexion-in-der-Handlung
- Reflexion-über-die-Handlung.

Erstere steht für das Nachdenken über eine überraschende Situation während des Handlungsvollzugs, letztere für die nachträgliche, situationsabgelöste Reflexion (vgl. Bernasconi, Böing 2015, S. 128 f.). Hier zitieren sie zunächst *Altrichter*: »Über der primären Handlung wird gleichsam eine sekundäre etabliert, die die primäre reflektiert« (vgl. Altrichter 2002, S. 209). Damit eröffnen sich unter anderem neue Möglichkeiten zur Analyse und zur Reorganisation der Handlung. Dann bringen sie *Schütz* ins Spiel, wonach den Pädagog/innen die Welt nicht mehr in einer typisierten Form als »seiende« und »fraglos gegebene« erscheint, sondern als eine in »jedem Jetzt neu werdende und vergehende Welt« (vgl. Schütz 1981, S. 87). Dreimal also stoße ich hier auf den gleichen Topos. Ein konkretes Beispiel soll dies alles veranschaulichen:

Ein Therapeut pflegte seinen Patienten die Hand zu reichen, wenn sie ins Behandlungszimmer eintraten. Auch am Ende schüttelte er ihnen die Hand. Nun geschah es, dass einer seiner Patienten sehr bewegende Ereignisse schilderte und von Trauer beinahe überwältigt wurde. Als sie sich am Ende der Stunde die Hand reichten, umfasste der Therapeut die Rechte des Patienten mit beiden Händen, und sie blickten einander schweigend an. »Die Episode dauerte mehrere Sekunden und kam in den folgenden Sitzungen nicht mehr zur Sprache. Dennoch hatte sich die Beziehung um ihre eigene Achse gedreht. Alles, was beide Beteiligte in der Sitzung gesagt hatten, war um etwas Entscheidendes bereichert worden – um etwas so Entscheidendes, dass es die gesamte Sitzung veränderte.«

Würde man einen solchen Patienten nach Jahren fragen, was der ausschlaggebende Moment in seiner Therapie gewesen sei, würde er womöglich antworten: »Der Händedruck, als wir uns an einem bestimmten Tag voneinander verabschiedeten.«

An dieser Stelle taucht also das implizite Wissen auf. Das, was im Augenblick des Händedrucks geschah, wurde von beiden Interakteuren verstanden und musste nicht in Sprache gefasst werden. »Das Geschehen erweiterte ihr implizites Wissen über die Beziehung« (vgl. Stern, D. 2005, S. 38). Die kognitive Theorie spricht von einem »low-level-thinking«, wenn Gedanken aufkommen, die beständig unser Handeln begleiten, die »bewusst teilweise gar nicht als solche wahrgenommen werden, die jedoch durchaus bewusstseinsfähig sind« und von der Psychoanalyse dem Vorbewussten zugeordnet werden (vgl. Crain 2005, S. 22; Beck 1999).

Folglich dreht es sich nicht um ein explizites Wissen darüber, was gerade geschieht, sondern um ein prozedurales »*implizites Beziehungswissen*«, worauf ich bereits hingewiesen hatte (vgl. The Boston Change Process Study Group 2004. S. 936; Rohde-Dachser 2019, S. 3 ff.), und das im Gegensatz zum expliziten Wissen nicht-symbolisch repräsentiert ist. Schon Säuglinge interagieren mit ihren Betreuungspersonen auf dieser Basis, »zeigen Antizipationen und Erwartungen und geben, wenn das Erwartete nicht eintrifft, Überraschung oder Beunruhigung zu erkennen« (vgl. Stern u. a. 2012, S. 21). Jetzt folgt ein Abschnitt, der die Analogie im Verstehen sehr deutlich macht. Da heißt es nämlich: »Der ›Moment‹ als Konzept erfasst das subjektive Erleben einer plötzlichen Veränderung im impliziten Beziehungswissen des Analytikers wie auch des Patienten« (vgl. ebd., S. 25).

In diesen »Begegnungsmomenten« kommt es zu einer wechselseitigen Anerkennung der Motive, Wünsche und Ziele. Diese gegenseitige Regulierung stellt ein Gleichgewicht her, das es den Interakteuren ermöglicht, sich voneinander zu lösen. Der Analytiker erkennt intuitiv, dass sich eine Gelegenheit zur Reorganisation auftut – natürlich auch die Gefahr einer Entgleisung des Prozesses nicht ausgeschlossen –, »während dem Patienten unter Umständen klar wird, dass er an einer Wasserscheide in der therapeutischen Beziehung angelangt ist«. Er vermag jetzt ein bestimmtes Ereignis zu identifizieren und sofort erkennen, »dass sich die intersubjektive Umwelt soeben verändert hat (vgl. ebd., S. 27 ff.).

Damit dies möglich wird, sind der Psychoanalytiker und sein Patient gehalten, auf einer persönlichen Ebene jenseits – oder vielleicht besser – diesseits des professionellen Arrangements miteinander zu kommunizieren.

> »Der Therapeut muss einen spezifischen Aspekt seiner Individualität einbringen, dem er seinen persönlichen Stempel aufprägt. Die beiden begegnen einander in diesem Augenblick als Personen relativ ungeschützt durch ihre gewohnten therapeutischen Rollen« (vgl. ebd., S. 39).

Das nachfolgende Beispiel aus einer Beobachtungsstudie zeigt, wie ein Moment der Begegnung eine schwierige Beziehung zu verändert vermag. Die Studie lehnt sich an die Bindungsforschung an, die die Strategien von Kindern zur Aushandlung beruhigender Kontakte mit Bezugspersonen untersucht und dabei viele Erkenntnisse über das niemals in Sprache gefasste Beziehungswissens der ersten beiden Lebensjahre zutage gefördert hat.

Eine Mutter und ihre achtzehn Monate alte Tochter Tracy erhalten seit neun Monaten therapeutische Hausbesuche, die der jungen Frau helfen sollen, ihre Lebenssituation zu stabilisieren und für ihr Kind emotional verfügbarer zu sein. Der Bericht beschreibt die subtile Veränderung zwischen beiden, die sich in einem bestimmten Begegnungsmoment einstellte, »der uns alle überraschte« (vgl. Stern u. a. 2012, S. 57 ff.). Mutter und Tochter befinden sich zusammen mit der Forschungsassistentin im Spielzimmer. Als die Mutter das erste Mal den Raum verlässt, zeigt Tracy keinerlei Beunruhigung und beschäftigt sich weiter mit ihren Spielsachen. Als die Mutter zurückkehrt, wendet das Mädchen den Blick ab und kehrt ihr den Rücken zu. Die Mutter sagt »Hey!« und bleibt ein Stück weit entfernt von ihr stehen. Mit der Frage »Was machst du?« geht sie ihr dann entgegen und lässt sich in der Hocke nieder. Mit leerem Blick bleibt Tracy zuerst neben ihr stehen, macht dann einen Bogen um sie herum und versucht mit aller Kraft, die Tür zu öffnen, um hinaus zu kommen. Energisch holt sie die Mutter zurück und macht ihr ein Spielangebot, was Tracy aber brüsk ablehnt.

Als die Mutter abermals das Zimmer verlässt, reagiert sie sehr bekümmert, von ihrem anfangs vermeidenden und ambivalenten Verhalten ist nicht mehr zu spüren. Auch die hereinkommende Assistentin vermag sie nicht zu trösten. Als die Mutter zurückkommt, ruft sie, von einem freudigen Quietschen begleitet, »Mami!« Statt jedoch ähnlich entzückt zu reagieren, fragt die Mutter bloß, was sie gemacht habe. Tracy reckt beide Arme empor, und die Mutter umfasst sie, als wolle sie sie hochheben, drückt sie aber nur kurz und setzt sie mit der Frage »Hast du mich vermisst?« wieder ab. Tracy blickt ernüchtert drein und beginnt wieder zu quengeln. Die Mutter nimmt sie auf den Arm und geht mit ihr zu den Spielsachen hinüber. Teilnahmslos blickt Tracy auf die Spielsachen und bleibt unbeweglich auf dem Knie der Mutter sitzen. Dann lässt sie sich vom

Knie herabgleiten, bleibt direkt vor der Mutter stehen und streckt ihr erneut die Arme entgegen. Die Mutter breitet jetzt ebenfalls die Arme aus. Eine Minute lang blicken sie einander schweigend, aber mit weit geöffneten Armen an. Dann lässt Tracy ein kurzes Lachen der Erleichterung hören, sinkt der Mutter in die Arme und lässt den Oberkörper ganz entspannt auf ihrer Schulter ruhen. Diesmal antwortet die Mutter mit einem offenen, erfreuten Lächeln, hält ihre Tochter fest an sich gedrückt und schaukelt sie hin und her. »Dann wurde ihr dieser Moment – ein Moment der Begegnung – als ein ganz besonderer Augenblick bewusst, und sie bestätigte ihn, indem sie ihrer Tochter zuflüsterte: ›Ich weiß, ich weiß‹, und sie weiterhin in ihrem Arm wiegte.« Nach Auffassung von *Stern* u. a. hatten Mutter und Tochter gemeinsam eine bessere Weise des Zusammenseins ausgehandelt und in einem »Begegnungsmoment und einem dyadischen Bewusstseinszustand zueinander« gefunden (vgl. Stern u. a. 2012, S. 60).

Mit Blick auf den gemeinsamen Gegenwartsmoment zweier Menschen sprechen *Stern* u. a. von einem »intersubjektiven Bewusstsein«: Zu ihrer eigene Erfahrung kommt die Erfahrung des anderen, die sich an »seinen Augen, seiner Körperhaltung, seinem Tonfall usw.« ablesen lassen (vgl. ebd., S. 135).

Damit noch einmal zurück zu *Müller* u. a., die an zwei Fallbeispielen ihre Theorie explizieren. Im ersten Beispiel geht es um eine Erziehungshelferin, die für zwei Monate in einem Kinder- und Jugenddorf arbeitet, in dem zehn Jungen und Mädchen im Alter von fünf bis vierzehn Jahren leben. Zu Beginn ihrer Tätigkeit wird sie mit den üblichen Fragen »*Wie weit dürfen wir gehen? Was ist erlaubt? Was wird verboten*« getestet, und am Ende bekommt sie die Rückmeldung, streng, aber gütig zu sein.

Dann wird ihre Güte jäh auf eine Probe gestellt. Eines der Kinder, das während seines »Dienstes« Altglas entsorgen sollte, verschränkt die Arme und weigert sich auf mehrmaliges Auffordern hin standhaft, worauf die Pädagogin völlig außer sich gerät und ein Glas durch die Küche schleudert. Über diesen Wutausbruch ist sie am Ende sehr erschrocken – ihre Angst ist, sie hätte auch ein Kind nehmen können (vgl. Müller u. a. 2005, S. 104 f.).

Auch hier finden wir den kritischen Moment einer emotional eskalierenden Situation, wenngleich ein tieferes Verstehen der Verstrickung – mit reflektierter Rückwirkung in die Praxis – unterbleibt. Dieses Ereignis könnte sich zu einem solchen kritischen Moment entwickeln, es wird aber nicht expliziert (vgl. ebd., S. 107). Interessant wäre es doch, diesem Impuls weiter nachzugehen. Resultiert er aus der heftigen Übertragung des Kindes, wo sind die eigenen Übertragungsanteile der Erwachsenen *vor* jenen der Gegenübertragung, geht es bei ihr um ein Schuldgefühl und Wut auf den eigenen Kontrollverlust?

Im zweiten Beispiel wird ein längerer Prozess geschildert, und er taugt deutlich besser zur Illustration allmählich eintretender Veränderungen und illustriert auch das Entstehen des intersubjektiven Bewusstseins sehr plastisch. Hier werden jetzt all die Einsichten von *Stern*, die er in seinem psychoanalytischen Setting gewonnen hat, in der pädagogischen Praxis bestätigt.

Es handelt sich um die sozialpädagogische Betreuung einer jungen türkischstämmigen Frau, die ins Frauenhaus geflüchtet war, weil ihr Mann sie misshandelt hatte, jetzt getrennt von ihm lebt, aber weiterhin offenbar ungeklärte Abhängigkeiten von ihm als auch seiner Familie bestehen. Geschieden sind sie zudem nicht. Die junge Frau hat Probleme, allein zu leben und muss zudem ihre zwei Kinder versorgen, von denen eines blind ist.

Die zentrale Schwierigkeit in dem Fall ist, dass die Sozialpädagogin nicht weiß, ob sich ihre Klienten trotz leidenschaftlicher Beteuerungen, dass es nicht so sei, wieder in eine Abhängigkeit von ihrem gewalttätigen Mann begeben hat. Die Irritation hat eine persönliche Seite – die heimliche Komplizenschaft mit dem ›bösen‹ Mann stellt die Frauensolidarität in Frage – und eine professionelle Seite – die Widersprüche verwirren die Auftragslage und die Handlungsoptionen. Zudem handelt es sich um kein institutionell arrangiertes Beratungs-Setting, sondern um eine »Geh-Struktur«, weil die Treffen in der Wohnung der Klientin stattfinden. Allerdings ist jedes Mal sehr sauber aufgeräumt, was signalisiert, dass die Klientin die »offizielle Seite der Beziehung als Arbeitsbeziehung anerkennt«. Es kommt zu einer sachten Annäherung, gleichzeitig werden jedoch die mangelnden erzieherischen Kompetenzen der jungen Mutter offenbar: Die Kinder tanzen ihr auf dem Kopf herum. Daraufhin engagiert sich die Pädagogin in der Betreuung der Kinder, wobei sie sich insbesondere um das behinderte Kind kümmert, und die Klientin einiges von ihr übernimmt. Das führt zu einer neuen Ebene der Beziehung, so dass auch eine vorsichtige Annäherung an die traumatische Vorgeschichte mit dem Ehemann möglich wird. Hinzu kommt eine aktuelle Bedrohung, weil die junge Frau nur eine Duldung genießt und jederzeit abgeschoben werden kann. Der pädagogische Erfolg mit dem blinden Kind ist allerdings noch nicht der Wendepunkt in der Fallgeschichte. Dann wird der Verdacht laut, dass es wieder einen uneingestandenen Kontakt zum Ehemann gibt. Zum einen stellt sich nun heraus, dass er in der Wohnung war, aber die Klientin davon tatsächlich nichts wusste. Zum andern stellt sich aber heraus, dass sie zu einem anderen Mann eine kurzfristige Beziehung hatte und es infolgedessen zu einer Abtreibung kam.

Die Pädagogin betrachtet dieses Verschweigen als Vertrauensbruch, das die weitere Arbeitsbeziehung auf unerträgliche Weise belastet. Sie entschließt sich, ihre eigenen verletzten Gefühle ins Spiel zu bringen und das Ganze eskalieren zu lassen. Damit konfrontiert gibt die Klientin unumwunden zu, dass sie sich schämt. Die Sozialpädagogin wiederum nimmt das zum Anlass, ihr eine nonverbale Brücke zu bauen und sie nicht zu verurteilen.

Der kritische Moment ist hier der Übergang vom Zusammenprall der Gefühle beider Beteiligten – Zorn und das Risiko des Abbruchs hier, sich schämen da – zu einer daraus entstehenden neuen Ebene der Verständigung, die emotionsgeladene positive Verknüpfungen schafft. Das ist der eigentliche Wendepunkt. Die Pädagogin sagt: »Also, das trenne ich genau von Dir, ja, das macht nichts an unserer Beziehung, weil Du bist verwachsen, und wenn Sie glauben, Sie müssen das machen, dann brauche ich das nicht gut zu finden, das hat aber mit unserer Beziehung nichts zu tun.« Interessant an dieser Stelle ist der bruchlose Wechsel vom ›Du‹ zum ›Sie‹, das die intuitiv klare gezogene Trennung von persönlicher und professioneller Ebene symbolisiert. Die Pädagogin sieht die Lösung des Konflikts als »überraschendes« Ereignis für beide Seiten an. Die junge Türkin geht davon aus, dass sie jetzt verachtet wird, weil das in ihrer Kultur so der Fall wäre, ihre Furcht sich aber als gegenstandslos erweist. Die Sozialpädagogin dagegen muss diese kulturell bedingte Erfahrungsdiskrepanz zwischen zwei Frauen aus unterschiedlichen Kulturen auch erst einmal in ihrem Gefühl nachzuvollziehen lernen.

Hier treffen wir auf eine Stufenfolge von Änderungen. Aus einer »oberflächlichen Behandlung« wird eine pädagogische, schließlich gar eine tragfähige Beziehung, wobei verschiedene kritische Momente ein Kontinuum bilden, was sich aber erst im Rückblick verstehen lässt. Nicht zuletzt vor dem Hintergrund der ungeklärten politischen Statusfrage mischen sich am Ende Skepsis und Hoffen (vgl. Müller u. a. 2005, S. 108 ff.).

Für mich ist die Ähnlichkeit beider Konzepte verblüffend. Auch im Beispiel von *Müller* u. a. tritt ein, was *Stern* so umschreibt: »Damit eine andere Person eine Resonanz in uns finden kann, müssen wir unbewusst mit ihr synchronisiert sein« (vgl. Stern, D. 2005, S. 93). An anderer Stelle ist unter Berücksichtigung der Dimension des impliziten Beziehungswissens die Rede davon, dass die »meisten Patienten ›besondere Momente‹ einer authentischen, sehr persönlichen Verbundenheit mit ihren Therapeuten in Erinnerung behalten, die ihre Beziehung zu ihm und dadurch auch ihre Selbstwahrnehmung veränderten«. Diese Kenntnisse sind sowohl affektiv wie interaktiv und kognitiv und beruhen auf einem nicht-symbolisch gestützten Repräsentationssystem (vgl. Stern u. a. 2012, S. 53). Es sind zwei Ebenen angesprochen, die zum einen möglichst sauber getrennt werden sollten und die dennoch unverbrüchlich zusammenwirken: die professionelle und die private Beziehung. Das soeben angeführte Beispiel von *Müller* u. a. legt ja davon explizit beredt Zeugnis ab. Ohne persönlich involviert zu sein, kann die professionelle Beziehung kaum funktionieren. Man muss sich in die Geschichte des Anderen verstricken lassen, aber auch wieder herausfinden und ihm seine Lösung selbst überlassen.

Zur genaueren Erläuterung nehme ich jetzt das Spiralmodell von *Milani Comparetti* und *Roser* her (vgl. Milani Copmparetti 1996, S. 25; Milani Comparetti, Roser 1987, S. 5). Danach ist eine gelingende professionelle Beziehung nicht wie ein kausales, eindimensionales Reiz-Reaktions-Schema strukturiert, sondern sie basiert auf dem dialogischen Wechselspiel von Vorschlag und Gegenvorschlag. Der eine, in der Regel der Pädagoge/die Pädagogin, macht einen Vorschlag und der andere, der Adressat/die Adressatin, antwortet mit seinem/ihrem Gegenvorschlag. Er/sie nimmt also den Vorschlag auf und im besten Falle an, und daraus entsteht etwas Neues, Weiterentwickeltes, das die Beziehung und die Selbstwahrnehmung verändert – genau so, wie auch oben beschrieben. Wird der ursprüngliche Vorschlag als unpassend zurückgewiesen, muss eben ein neuer her und das Spiel beginnt von vorne.

Um diese Verbindung von professioneller und persönlicher Ebene zu gestalten, zu nutzen und am Ende wieder zu lösen, ohne dass dies zu einem endgültigen Bruch führen müsste, benötigen wir ein selbstreflexives Moratorium, ganz, wie es uns *Stern* vorschlägt: Den ursprünglichen Gegenwartsmoment in seinen detaillierten Erscheinungsweisen zu erfassen und im Nachgang die verschiedenen Bedeutungsschattierungen zu verstehen.

2.2 Reinszenierungen als Merkmal der Fallarbeit

Doch vielleicht zunächst wieder ein paar Schritte zurück. Mit welcher Haltung nähern wir uns eigentlich dem Fall?

Interpretatives Fallverstehen soll von Fach- und Fallkompetenz getragen sein und die Fähigkeit wie Bereitschaft zur kritischen Selbstreflexion im Umgang mit der Berufsrolle beinhalten (vgl. Schumann 1994, S. 44 ff.). Allerdings stehen einschneidende Veränderungen im professionellen Selbstverständnis diesem Anspruch im Wege. Durch die von der OECD seit Beginn der 2000er Jahre aufgelegten internationalen Vergleich des schulischen Outputs auf nationaler und regionaler Ebene entstand der Zwang zu Bildungsreformen, um in diesem – im letzten von wirtschaftlichen Interessen bestimmten – globalen Wettbewerb mithalten zu können. Das war die Geburtsstunde der Bildungswissenschaften: »Das indirekte Diktat der OECD und seine nationale Übersetzung« kreierten die »Lernwissenschaft«. Die Erziehungswissenschaft läuft seitdem Gefahr, zum Zulieferbetrieb für die Schule zurückgestuft zu werden, um pragmatische Konzepte zur »Erhebung von Lernstörungen und Lernhindernissen« zu entwickeln. Die Bezugnahme auf »konkret vorhandene ›Fälle‹ – seien es nun Personen, Situationen oder Problemkonstellationen« – droht in einen positivistisch verkürzten Anpassungsritus zur Kompetenzvermittlung einzumünden. Damit würde die angestammte professionstheoretische Einheit von »wissenschaftlichem Wissen und hermeneutischer Fallinterpretation« verloren gehen. Insofern verwundert es nicht, dass so der Ruf nach der »Entkopplung von Lehrerbildung und Erziehungswissenschaft« laut geworden ist (vgl. Casale u. a. 2010, S. 48 ff.).

Der Blick auf die konkrete Fallarbeit konkurriert fortan mit dem professionstheoretischen Format der Betrachtung des Unterrichtsgeschehens als einem sozialen, nicht länger personenbezogenen Geschehen. Verkürzt gesprochen: das Lehr-Lernarrangement als Angebots-Nutzungs-Modell versus Unterricht als relational und konditional verfasster sozialer, d. h. interaktions- und situationsgebundener Praxis (vgl. Kunze 2020, S. 28 ff.).

Für problematisch halte ich die strikte Trennung in einen Persönlichkeitsansatz und die Erschließung der »bildungssoziologisch und erziehungstheoretisch rekonstruierten Strukturmerkmale von Schule und Unterrichtsprozessen« (vgl. Meseth, Proske 2018, S. 22). Dass es hier eine dialektische Verzahnung zwischen Subjektgenese und gesellschaftlichen bzw. jetzt heruntergebrochenen institutionellen Strukturen gibt, steht doch außer Frage. Aber es ist doch allein die Psychoanalyse, die die Tiefsphäre dieses Wechselspiel aufs Genaueste ausleuchtet.

Für *Adorno* bedeutete die Trennung von Gesellschaft und Psyche im Sinne falschen Bewusstseins die kategoriale Entzweiung des Subjekts und der über ihm waltenden und doch von ihm herrührenden Objektivität. Als Ergebnis dieses Entfremdungsprozesses vermögen sich die Menschen in der Gesellschaft nicht selbst wiederzuerkennen und diese nicht in sich. Seine Folgerung lautete: »(…) so sehr die Individuen Produkte des gesellschaftlichen Ganzen sind, so sehr treten sie als solche Produkte notwendig zum Ganzen in Widerspruch« (vgl. Adorno 1990a, S. 49). In Analogie zu dieser sehr harschen Zweiteilung *Adornos* in eine soziologische und eine psychologische Betrachtungsweise haben wir es also auch auf pädagogischem Terrain mit zwei getrennten Systemen zu tun, die folgerichtig getrennt zu untersuchen wären. Bis hierhin scheint die inkriminierte erziehungswissenschaftliche Auftrennung nicht nur berechtigt zu sein, sondern sie wehrte zudem einem falsch verstandenen Psychologismus wie einer Art Meisterlehre praktischen Handelns.

In seinem »Postscriptum« hat *Adorno* indessen diese kompromisslose Lesart wieder abgeschwächt. Die Trennung von Psychologie und Soziologie ist demnach kein Absolutes, die Psychoanalyse sei nicht zu soziologisieren, und die Vergesellschaftung des Subjekts stoße da an ihre Grenze, wo das Subjekt dem gesellschaftlichen Bann mit Kräften aus jenen Schichten opponiere, die sich gegen den Zivilisationsprozess zu behaupten wüssten (vgl. Adorno 1990b, S. 88 ff.). *Brede* hat diese zuletzt doch noch formulierte Vernetzung von Individuum und Gesellschaft noch einmal aufgegriffen und betont es Auftrag einer nicht-biologischen Psychoanalyse sei, diesen Gedanken weiter zu verfolgen. Und es folgt eine Bemerkung, die ein solches Projekt weitab jeden psychologistischen Verdachts stellt: »Im Leitmotiv des Leidens und des verborgenen, ohnmächtigen Widerstands gegen die falschen gesellschaftlichen Verhältnisse ist die Orientierung an einer hermeneutisch fundierten Forschungspraxis legitimiert« (vgl. Brede, 1995, S. 272 f.; Gerspach 2018b, S. 250).

Wenn Fallarbeit auf eine »handlungsentlastende, gedankliche Auseinandersetzung« reduziert wird, scheint allein die alltagstheoretische Vorstellung auf, die pädagogische Arbeit sei per se schwierig. Der Druck wird aber nur als vom Adressaten/von der Adressatin kommend imaginiert. Wohin sind da sämtliche seelischen Nöte und Entwicklungsbedürfnisse verschwunden? Aus der Perspektive der rekonstruktiven Kasuistik werden »strukturtheoretische, anerkennungs- und subjektivationstheoretisch fundierte Entwürfe zur Beschreibung der Spezifik und Struktur von Lehrerinnen- und Lehrerhandeln« aufgeführt. Ist diese Aufzählung angesichts der nachfolgenden Aussage von Marschall vollständig: »Unbewusst nehmen Lehrkräfte, Sozialarbeiter/innen und andere professionelle Akteure Rollen eines Dramas (im Sinne einer Reinszenierung) ein. Massive Übertragungs- und Gegenübertragungsmechanismen bedingen eine Verstrickung in biographische Konflikte« (vgl. Marschall 2020, S. 38)?

Was also ist mit dem Erleben vor bzw. hinter dem Handeln? Und reduziert sich Beschreibung nicht auf die Außenperspektive? Am Schluss wird zwar in gewisser Weise die »handlungsentlastende Einübung« der Wissensanwendung als zu nah an einer praktischen Qualifikation gerügt. Aber umgekehrt das reflexive Wissen als Basis für »selbstverantwortliche Urteilsbildungsprozesse« zu bemühen, bleibt solange gefährlich nahe an der Oberfläche, wie der Begriff des Verstehens zwar benannt, aber nicht genauer spezifiziert wird (vgl. Kunze 2020, S. 27) ff.).

An anderer Stelle führt *Kunze* aus, was sie unter kasuistischen Arbeitsformen versteht. Sie fasst zunächst zusammen: »Strukturell unterstellt jede Rede von einem Fall immer schon eine Krisenhaftigkeit. Erst wenn sich überhaupt die Frage ›Was geht hier eigentlich vor?‹ stellt, wenn also ein Vorgang keine völlige Selbstverständlichkeit genießt, sprechen wir von einem ›Fall‹« (vgl. Kunze 2014, S. 48 ff.). Soweit, so gut.

Dann aber wird es ernst: »Demgegenüber impliziert die Bezeichnung ›Vorfall‹ eine *Neutralisierungsbewegung*: Ein als Vorfall eingeführter Fall wird gerade nicht unter dem Aspekt seiner Auffälligkeit thematisiert, sondern in einem *veräußerlichenden*, dass Geschehen in der routinierten Logik bürokratischer Erfassung fokussierendem Zugriff« (vgl. ebd., S. 50). Es geht um die Situation in einem Hauptseminar der Lehrer/innen-Ausbildung, deren »Anfangsteil der spontanen Thematisierung von Erfahrungen und Problemen aus der eigenen beruflichen Praxis an der Ausbildungsschule gewidmet ist« (vgl. ebd., S. 50). Eine Seminarteilnehmerin, Frau Roth, gibt mit den Worten »ich habe noch« zu erkennen, dass sie etwas einbringen möchte. Hier deutet sich eine persönliche Erfahrung an, verknüpft mit der Möglichkeit, dass es zu einer »Selbstthematisierung« kommen könnte – was ja vom Titel der Veranstaltung her nichts Außergewöhnliches wäre. *Kunze* indessen meldet Bedenken an, da sie das Risiko sieht, es könnten persönliche Grenzen berührt oder gar überschritten werden, »die es in der Sozialform des Studienseminars zu wahren gilt« (vgl. S. 50).

Wir stehen hier vor der Situation, dass eine Schülerin sich komplett weigerte, bei der Gruppenarbeit mitzuwirken. Jeder Motivationsversuch der Seminarteilnehmerin verpufft ergebnislos, und am Ende eskaliert das Ganze. Sehr gut erkennt Kunze bis zu diesem Punkt ihre Angst vorm Scheitern und die erlittene Kränkung. Dann berichtet Frau Roth: »(...) naja, dann hat sie mich beleidigt, aber ich hab das jetzt nicht gehört also sie hats ganz leise gesagt an dem-in den gruppentisch geworfen und hat zu mir schlampe gesagt, und jetzt is für mich so find ich ganz schwierig jetzt darauf zu reagieren ich habe in dem moment nich drauf reagiert weil es wär sonst total eskaliert weil die auch ganz cholerisch is die schülerin, und ich würd aber gerne irgendwie noch auswerten also es hat mich jetzt ganz doll beschäftigt dass sie mich eben so beleidigt hat« (vgl. ebd., S. 51).

Was jetzt folgt, hat mich beim Lesen sehr irritiert. Hier wird eine aufgeheizte Affektlage geschildert, angefüllt mit Unsicherheit, Kränkung, Wut und Angst, zudem noch verschärft durch den destabilisierenden institutionellen Zwang der »Autoritätsdurchsetzung« innerhalb einer Ausbildungsphase. Wäre es nicht erste Aufgabe, diese Affekte zu containen, damit die Kandidatin ihre Selbstsicherheit wiedererlangen kann? Oder passt das nicht in die ›Sozialform des Seminars‹? Welche Szene hat sich hier abgespielt, warum muss die Schülerin so bedrohlich und depotenzierend auftreten? Was hat die Bemerkung über ihre cholerische Seite zu bedeuten? Zu guter Letzt: Was erwartet/erhofft sich Frau Roth von der Seminarleiterin?

Stattdessen stoße ich auf eine kleinteilig gewirkte, intellektualisierte Affektisolierung, gekleidet in einen eloquent formulierten Fachjargon. Es ist von handlungspraktischer Entscheidung, pädagogischer Problemlösungsstrategie, ungerichteter Entgrenzungshandlung, Maßgabe sozialer Reziprozitätsregeln usw. die Rede.

Dass sich die Protagonistin tief gekränkt zeigt und es gerne sähe, wenn der Vorfall für die Schülerin ein Nachspiel hätte, liegt auf der Hand. Ihr daraus aber einen Strick zu drehen, weil damit die Fallkonstruktion das Vorliegen eines »*Rehabilitierungs- und Vergeltungsmotivs*« (vgl. ebd., S. 52) indiziere, was den Blick auf die pädagogische Situation verstelle, eher nicht. Dies zeigt auch die Einschätzung: »Indem ein Gekränktheitszustand eine empathisch-beratende Bezugnahme nahelegt, entzieht er sich der Tendenz nach einer rational-argumentativen Bearbeitung« (vgl. ebd., S. 53).

Auch wenn im Anschluss die Referendarin gegen Kritik aus dem Kreis der Seminarteilnehmer/innen, sie habe nach der Stunde auf eine Auswertung verzichtet, in Schutz genommen wird, so bleiben doch viele Rätsel nach. Sie können aber deshalb nicht gelöst werden, weil dafür das methodische Repertoire – allem voran das szenische Verstehen – nicht zur Verfügung steht. Im Sinne einer konkordanten Identifikation in der Gegenübertragung mit einem Selbstanteil der Schülerin ließe sich das aufgetauchte Gefühl tiefer narzisstischer Kränkung als Moment einer von ihr ausgehenden Projektion verstehen. Die Angst vor einem cholerischen Wutanfall spräche wiederum für eine komplementäre Identifikation mit einem ihrer verfolgenden bösen Objektanteile. Bei alledem spielt für ein selbst instabiles junges Mädchen die schwache Position einer Referendarin in der Hierarchie der Schule sicher auch eine Rolle, sie despektierlich anzugehen.

Falls wir so vorgehen, ist es nicht mehr wichtig, ob es um ein rational nicht fassbares Gekränktsein oder einen Racheimpuls geht. Dann müsste die Kandidatin solche Affektanflutungen auch nicht mehr verschämt verbergen, sondern sie könnte lernen, sie als Teil ihrer beider (noch unverstandenen) Beziehung zu begreifen. Glücklicherweise heißt es am Ende: »Was genau wie und unter welchen (bewussten oder unbewussten) Motivlagen zum Fall gemacht wird, ist offen und nicht zuletzt von den unterschiedlichen Haltungen und Zugängen der Beteiligten sowie ihren Möglichkeiten abhängig, sich verbindlich auf den Fall und dessen Mehrdimensionalität einzulassen und dabei Irritationen riskieren und mit Fraglichkeiten leben zu können« (vgl. Kunze 2014, S. 56). Wenn das wirklich geschieht, bin ich wieder dabei.

Gleichwohl wird die Psychoanalytische Pädagogik nicht wirklich zur Palette der erziehungswissenschaftlichen Paradigmen gezählt. Im Band von *Braun* u. a. über Fallarbeit wird sie anfangs noch auf- und sogar ausgeführt. Allerdings bleiben ihre Wesenselemente im Fortgang der Darlegungen seltsam unberücksichtigt, wird zum Beispiel der Kern des kasuistischen Arbeitens zu Fallbeobachtung, -beschreibung und -analyse verdichtet (vgl. Braun u. a. 2011, S. 19). Andere namhafte Publikationen verzichten schon immer gänzlich auf diesen expliziten Bezug (vgl. exemplarisch Galuske 1999, Heiner u. a. 1995; Braches-Chyrek 2019).

Die Eigentümlichkeit der psychoanalytisch-pädagogischen Betrachtung zentriert sich um den Topos, dass in der Fallarbeit (mindestens) zwei Lebensgeschichten aufeinandertreffen. Vor allem von Seiten unserer Adressat/innen kommt es dabei zu einer Reinszenierung jener Anteile der Lebensgeschichte, die problematisch waren und im Erleben nachwirken. Das Agieren von Traumen infolge herber Trennungen evoziert Erinnerungen an die selbst erfahrenen Verluste, was heftige Widerstände zu mobilisieren mag – womöglich begleitet von der Verleugnung von Schmerzen und Schuldgefühlen – und die Einfühlungsfähigkeit beschädigt.

Dies sei an einem Beispiel expliziert. Es geht um die Eingewöhnungsgeschichte eines zweijährigen Mädchens in die Krippe (vgl. Schaich 2012, S. 522 ff.). Stellt schon der Übergang aus der Familie in die Tagesbetreuung für Kleinst- und

Kleinkinder allgemein eine komplexe und schmerzhafte Herausforderung dar, so haben wir es hier mit weiteren unvorhergesehenen Komplikationen zu tun, insbesondere weil eine spezifische Migrationsthematik sowie auch traumatische prämigratorische Faktoren auf Seiten der Eltern mitschwingen. Die Mutter war nach ihrer Heirat im Alter von 17 Jahren nach Deutschland emigriert, der Vater lange davor, als er neun Jahre alt war, auf Grund des Krieges im ehemaligen Jugoslawien aus Bosnien vertrieben.

Der Eintritt der kleinen Una in die Tagesstätte war von Anfang an durch eine Reihe plötzlicher Zwischenfälle bestimmt. Außer für den ersten Tag hatten die Eltern keine Zeit für die Eingewöhnung eingeplant, sondern dafür eine Babysitterin engagiert, die dann aber unvermittelt absagte. Zudem gab es ein Missverständnis über die Zeit des Bringens am ersten Tag, und die Familie erschien eineinhalb Stunden zu früh. Da bekam das Mädchen auch noch mit, wie zwei andere Kinder, die ebenfalls erst seit wenigen Tagen die Einrichtung besuchten, beim Abschied von ihren Eltern bitterlich weinten. Indessen zeigte sich, dass Vater und Mutter sehr bemüht waren, ihre Tochter mit der neuen Umgebung vertraut zu machen, und auch Una selbst erschien offen und interessiert. In der Folgezeit wurde sie, da die Eltern früh zur Arbeit mussten, von verschiedenen Familienmitgliedern und Nachbarn gebracht. Einmal schob sie ihr Onkel drei Kilometer weit durch den Regen, so dass sie völlig durchnässt ankam, komplett umgezogen werden musste und sich kaum beruhigen lassen wollte.

Glücklicherweise entstand ein guter Kontakt zur Bezugsbetreuerin, aber die Stabilisierung blieb störanfällig und nur an deren Person gebunden. Dann aber erkrankte die Großmutter in ihrer Heimat Montenegro, die Mutter reiste mit Una augenblicklich dorthin und blieb dort für zwei Wochen. Das Team der Erzieherinnen reagierte verärgert, weil es nicht hinreichend informiert worden war. Nach der Rückkehr entstand zudem sogleich eine angespannte Situation, weil ein anderes Kind auf dem Schoß der Bezugsbetreuerin saß und Una von ihr abgewiesen wurde.

Unas Bedürftigkeit war groß, was aber weder von ihren Eltern noch den Erzieherinnen angemessen gewürdigt wurde. »Ihre Trennungsängste sowie Verlassenheits- und Fremdheitsgefühle« wurden nicht wirklich wahrgenommen, so dass Una zwar einige progressive Anpassungsleistungen zeigte, aber vor allem »einige sehr besorgniserregende Anteile der Trennungsbewältigung« (vgl. Schaich 2012, S. 533). In der Einrichtung wie auch zu Hause kam es zu Momenten, da sie abrupt ihr Spiel unterbrach, wie benommen wirkte und regungslos verharrte. Dies war Anlass für eine diagnostische Abklärung in der Klinik, allerdings ohne Befund. Die Eltern hatten große Mühe, die Eingewöhnungsprobleme ihres Kindes zu realisieren. Una selbst zeigte beim morgendlichen Abschied von der Mutter wenig Trennungsschmerz, was als Anpassung an den Wunsch der Mutter verstanden werden kann, »sie möge nicht leiden, um die Mutter zu schonen« (vgl. S. 534).

Der Vater berichtete, dass er auf Grund einer starken Arbeitsbelastung im ersten Lebensjahr von Una so gut wie keinen Kontakt zu ihr hatte. »Anzunehmen ist, dass er die Tochter nicht wahrnahm und dass *er* nicht in Beziehung zu *ihr* trat« (vgl. ebd., S. 535). Er selbst hatte seinen Vater, der an einem Herzinfarkt starb, verloren, als er sieben Jahre alt war. Zwei Jahre danach musste seine Mutter während des Jugoslawienkrieges mit ihren beiden Söhnen Hals über Kopf fliehen, weil die Nachbarn gedroht hatten, ihren Kindern etwas anzutun. Es sei ein komisches Gefühl zu sein, berichtete er, Jahre später bei einem Besuch in der alten Heimat zu erleben, dass jetzt fremde Personen in ihrem Haus wohnten. Der plötzliche Tod des Vaters, dann die Vertreibung und die Flucht stellten sicher einen traumatischen Einschnitt dar. Da aber Ohnmacht und Trauer abgewehrt werden mussten, um nicht davon überflutet zu werden, blieb es dem Vater auch versagt, Zugang zur frühkindlichen Bedürftigkeit von Una zu finden. So kam es, dass die »von den Eltern nicht betrauerten, sondern abgewehrten Selbstanteile« als innerer Konflikt des Kindes wiederauftauchten (vgl. ebd., S. 537).

Womöglich setzt sich diese ›Erblindung‹ sogar aus mehreren Faktoren zusammen. Beim Vater springt der traumatische Hintergrund seiner eigenen Geschichte ins Auge. Bei der Mutter liegt die Situation etwas anders und auf den ersten Blick nicht ganz so dramatisch, auch wenn sie ebenfalls recht früh ihre Heimat verlassen hatte, und ihre plötzliche Heimreise zur erkrankten eigenen Mutter verweist darauf, dass auch sie den Abschied von zu Hause als überfallartig erlebt haben könnte. Aber hier spielt noch etwas eine Rolle: Die Mutter zeigte mehrfach, dass sie sich den Gepflogenheiten der ›fremden‹ Einrichtung anzupassen suchte und ihre Tochter bei mehreren Gelegenheiten – dem Spiel mit einem Besen oder einem Wellholz zum Kuchenbacken – dazu anhielt, sich »ordentlich« zu benehmen. Gleichzeitig verhielt sie sich selbst sehr passiv, was aber offenbar keinem Desinteresse geschuldet war, sondern kulturell zu deuten war, weil sie es als unhöflich empfunden hätte, sich in den Verantwortungsbereich der Erzieherinnen einzumischen (vgl. S. 328 f.). Ihre Tochter sollte also keine Probleme machen, und die Mutter litt sicherlich unter einem Schuldgefühl zu spüren, dass es ihr nicht durchgehend gut ging, sah sich aber außerstande, ihr zu helfen oder die Erzieherinnen an diesem Dilemma teilhaben zu lassen.

Soweit zu den Eltern. Aber was ist mit den Erzieherinnen und deren blinden Flecken? Die emotional äußerst belastenden Umstände führten zu einer tendenziellen Dekompensation auf Seiten der kleinen und bedürftigen Una. Um aber der Begegnung mit ihrer Krise zu entgehen, konzentrierte man sich auf ihre (auch vorhandenen) starken und kompetenten Seiten. Ihre Not aber – und auch die der überlasteten Eltern – wurde geflissentlich übergehen. Weder wollte man sich mit der Zwangslage der Eltern auseinanderzusetzen, sich auf Grund schlechter ökonomischer Voraussetzungen am Arbeitsplatz ohnmächtig zu fühlen und nicht genügend Zeit für den Übergang aus der Familie in die Institution zu finden. Noch gab es eine ausgeprägte innere Bereitschaft, das Wiederauftauchen traumatischer Trennungserfahrungen auf Seiten der Eltern mit der erzwungenen Erfahrung Unas in der ›Fremde‹ in Verbindung zu bringen. Zurück blieb vornehmlich der Ärger über fehlende Kooperationsbereitschaft und Erziehungsinkompetenz – was wiederum bei den Eltern ein Gefühl von Beschämung und den darauf folgenden weiteren Rückzug nur verstärken musste (vgl. Schaich 2012, S. 537 ff.).

Das ist vielleicht leichter gesagt, als getan. Als ich das Beispiel vor nicht allzu langer Zeit in einem Seminar zur Fallarbeit einbrachte, wurde der Vorbehalt laut, dass der Fokus zu sehr auf den Migrationshintergrund gelegt würde, dass

Eltern ihre eigenen Ängste nicht auf ihre Kinder übertragen und stattdessen ihre traumatischen Erlebnisse professionell aufarbeiten sollten. Offenbar wiederholte sich hier unbewusst der im Text thematisierte Abwehrprozess. Befördert wird diese Haltung zusätzlich dadurch, dass in den aktuellen akademischen Diskursen die Betonung des Migrationsthemas als unzulässigen Rekurs auf eine dominante kulturspezifisch-europäische Konstruktion aufscheint.

In der Erörterung des Beispiels von *Eggert-Schmid Noerr* über »Zwangsvermütterlichung« (vgl. Eggert-Schmid Noerr 2010, S. 27 ff.) in der nämlichen Veranstaltung taucht das gleiche Muster auf.

Es ging um die Begleitung einer alleinerziehenden Mutter von drei Kindern im Rahmen einer Sozialpädagogischen Familienhilfe (SPFH). Frau A stammte aus Marokko, sie war Hausfrau und hatte zwei Töchter und einen Sohn. Ihr Mann stammte ebenfalls von dort, er war aber schon kurz nach seiner Geburt nach Deutschland gekommen. Die Frau wurde mit 16 Jahren in ihrem Heimatland mit ihm zwangsverheiratet und kam dann kurz danach nach Deutschland. Alle Kinder waren hier geboren. Das Paar war nicht geschieden, lebte aber getrennt, nachdem Frau A ihren Mann wegen Körperverletzung angezeigt hatte. Herr A wiederum rief beim kommunalen Allgemeinen Sozialen Dienst (ASD) an und beklagte sich, dass seine Frau nach Marokko geflogen sei und ihre Kinder allein zurückgelassen habe. Die Frau dagegen erklärte auf Nachfrage, sie sei lediglich in eine andere deutsche Stadt zum Einkaufen gefahren und habe ihre Kinder bei einer Freundin untergebracht. In der Folgezeit erhält der ASD zunehmend Hinweise auf Auffälligkeiten der Kinder von Seiten der Kindertagesstätte des Jungen und der Schulen der Mädchen. Schließlich wird vom Jugendamt ein Träger für ambulante Hilfen zur Erziehung beauftragt, den Fall zu übernehmen.

Auch hier treffen wir wieder auf ähnliche Verwerfungen wie im zuvor geschilderten Fall. Der Erstkontakt der Familienhelferin Frau C mit der Mutter scheiterte an einem terminlichen Missverständnis, dessen Hintergründe weitestgehend unaufgeklärt blieben. Danach stabilisierte sich die Zusammenarbeit, wobei Frau C in erster Linie dazu beitrug, die finanziell bedrohliche Situation der Familie zu regulieren, was Frau A dankbar registrierte, während sie jeden Einfluss auf die aus dem Ruder laufende Erziehungssituation verweigerte. Ein Grund dafür war sicher, dass Frau C in ihrer mütterlichen Gegenübertragung versuchte, »Frau A zu einer guten Mutter zu erziehen« (vgl. ebd., S. 38), was diese gekränkt zurückwies. »Frau A erhält keine Anerkennung als Mutter und gewährt auch keine.« Sie depotenzierte Frau C, die nun wiederum in einer neuerlichen Wendung der Gegenübertragung auf Frau A am eigenen Leib die narzisstische Kränkung erfuhr, »nichts zu verstehen und zu können« (vgl. S. 47 f.).

Auf Grund der vorhandenen Sprachbarrieren wurde ein marokkanischer Sozialarbeiter, Herr H, hinzugezogen, die Triangulierung zwischen den beiden jetzt professionell Tätigen und Frau A wollte aber nicht gelingen. Frau C fühlte sich ausgegrenzt, wenn die anderen marokkanisch miteinander sprachen, Herr H wiederum sah sich als neu Hinzugekommener in seinem Status verunsichert und reagierte zudem auf die Kritik seiner Kollegin, er sein unzuverlässig, äußerst gekränkt und wütend. Am Ende wurde die Maßnahme abgebrochen und der Sohn der Familie in eine Pflegefamilie gegeben.

An dieser Stelle möchte ich nicht weiter erörtern, warum es zum Scheitern dieser Maßnahme kam. Soviel sei angeführt, dass es den beiden Fachkräften nicht gelang, ihre wechselseitige Verstrickung von einer »exzentrischen Position« aus zu betrachten und damit zu vermeiden, in ihrem Binnenverhältnis nur mehr die Beziehungskonflikte von Familie A selbst auszuagieren (vgl. ebd, S. 46). Auch der Streit von Geschlechtern und Kulturen tauchte in mancherlei Gestalt auf. Frau A fühlte sich fremd und als alleinerziehende Mutter überfordert, Herr H erging es tendenziell nicht besser und er zog sich auf eine sehr männlich-dominante Haltung zurück. Frau C schließlich war durchaus bemüht, Frau A im Sinne ihrer eigenen kulturellen Vorstellungen hin zu einer Mutter mit der Kompetenz eines demokratischen Erziehungsstils zu verändern.

Diskriminierung findet in der Außenwelt statt, »aber sie bewirkt tiefgreifende Folgen im Innern«, so dass wir davon auszugehen haben, dass »Rassismus in *beidem* existiert, in der Außenwelt *und* im Kopf« (vgl. Davids 2019, S. 28 f.). Das ist insofern für meine Fragestellung relevant, als sich in den unterschiedlichen Betrachtungsweisen solcher aktuellen Phänomene – die, wie wir sehen, die praktische Arbeit kontaminieren – schon immer Aufspaltungen auftun, die dem Sachverhalt jeweils nicht gerecht werden. »Während Sozialwissenschaftler dazu tendierten, Rassismus als aus der Außenwelt stammend zu sehen, tendierten Kliniker dazu, ihn auf psychologische Themen zu reduzieren, die als primär erachtet wurden« (vgl. ebd., S. 30). Der diskrete Rassismus in unseren inneren Konzeptionalisierungen ist also sehr wohl selbstkritisch in den Blick zu nehmen.

Ich möchte aber auf etwas anderes hinaus. Die Beschreibung der marokkanischen Klientin als »attraktive und modisch gekleidet« durch die Familienhelferin Frau C in ihrem Fallbericht stößt bei Student/innen auf Kritik (vgl. Eggert-Schmid Noerr 2010, S. 31). Warum das nicht neutraler ginge? Zweifellos ist das eine sehr persönliche Bemerkung, aber würde sie zuvor zensiert, könnte deren mögliche Bedeutung nicht aufgeklärt werden. In den Schilderungen der Vertreterin des Jugendamtes erschien Frau A nicht wie eine erwachsene Frau, »sondern eher wie eine 17-jährige« (vgl. ebd., S. 30). Frau C wurde also vorab ein Bild vermittelt, das bei ihr bestimmte Phantasien und Stereotypien über eine inkompetente ausländische Mutter aktiviert haben mag. Insofern spiegelt der Hinweis auf ihre Attraktivität eine Überraschung, was ja durchaus als positiv zu bewerten ist. Zugleich aber entstand im Fortgang des Geschehens, etwa durch die Beobachtung, dass Frau A dem schicken Sportwagen eines Bekannten entstieg, die Vermutung wechselnder Männerbekanntschaften, also eines unsoliden Lebenswandels, vielleicht sogar hin bis zum Verdacht der Prostitution. Weil aber von der Familienhelferin ein Übergriff auf die Privatsphäre befürchtet wurde, sollte sie diese Spekulationen äußern, unterließ sie es.

Diese Assoziationen bildeten aber doch einen eingeschlossenen Teil der Interaktion zwischen beiden, und bestimmt nicht den unwichtigsten. In der Supervision ist es nicht nur legitim, sondern geradezu notwendig, solche tabuierten Gedanken zu artikulieren. Sie können den kontextuellen Hintergrund erhellen, auf ihre Stichhaltigkeit hin überprüft werden und somit einen – dem Unbewussten entrissenen – reflektierten professionellen Umgang damit ermöglichen. Auf diese

Weise lassen sich auch verfahrene Situationen besser bewältigen und der Abbruch einer fragil gewordenen Zusammenarbeit leichter abwenden.

Mit Blick auf den latenten Rassismus deutscher Pädagog/innen strahlten die Anfragen meiner Student/innen also durchaus eine gewisse Berechtigung aus. Aber mit Bezug auf *Davids* gibt es kein dichotomes Entweder-Oder zwischen innen und außen. Die »Attraktivität« der Klientin entsprang einer persönlichen Regung, die in einer ganz bestimmten Situation entstand und auch nur darauf bezogen eine ganz spezifische Bedeutung atmete – vor allem wenn man diese Regung als Ausdruck einer spezifischen Gegenübertragung nimmt, in der nicht zuletzt Sexualität als geheimes bzw. *ver*heimlichtes Thema aufscheint. Selbstredend gibt es ein kulturspezifisches Übermalen, d. h. das Befremdet-Sein durch die unverstandene eigene Sexualität wird durch eine befremdet erlebte bzw. phantasierte Lebenswelt ein weiteres Mal affektiv aufgeladen. Deshalb den Verzicht auf das lautmalerische Attribuieren der Schönheit einer Marokkanerin einzufordern, weil es ihm an der gebotenen Neutralität mangle, steht für eine moralische Zensur. Das Motiv für das Überschreiten dieser Grenze lässt sich aber nur über eine Form der Reflexion aufdecken, die auch diejenigen unbewussten Anteile ins Kalkül nimmt, die innerhalb der Betreuerin-Klientin-Beziehung tabuiert sind. Auf diesem Wege wird die rassistische Komponente gleichsam mit aufgeklärt und entschärft.

Das emotionale Angerührtwerden vor Ort ist doch integraler Teil der professionellen Arbeit und liefert uns erst die Aufschlüsse, die wir von außen wahrzunehmen nicht in der Lage sind. Der Praxis kann man nicht entrinnen, denn sie beschert eine unmittelbar konkrete Erfahrung. Theorie dagegen ist abstrakt, sie bietet eine externe Position an, von der aus sich die Praxis betrachten und ihre Auslegung bestimmten Lehrmeinungen zuordnen lässt. Deren Prämissen zu hinterfragen gehört zu dieser ›Dienstleistung‹ dazu. Der Topos des Dekonstruktivismus gerät aber zum Dogma, wenn ihm die sinnliche Dimension abhandenkommt und er uns beispielsweise untersagt, eine marokkanische Klientin anmutig zu finden. Er verengt eher die Perspektive, als dass er sie erweiterte.

Ausbildung und Lehre sind voller Tabus der Sinnlichkeit, dort aber einfach nicht vorgesehen. In der pädagogischen Praxis vor Ort – von der Krippe über die Begleitung von Menschen mit multiplen Behinderungen bis hin zu Altenarbeit – kommen wir, jetzt im doppelten Wortsinn gesprochen, mit den menschlichen Ausscheidungen in Berührung, was Gefühle von Ekel und Scham heraufbeschwören mag. Werden die jungen Leute auf solche Situationen vorbereitet? Dürfen sie sich unwohl fühlen oder gar verweigern? Das ist *auch* ein Aspekt von Fallarbeit. Auf der einen Seite, und das habe ich im Laufe meiner langjährigen beruflichen Erfahrungen verstanden, muss es erlaubt sein, seinen Ekel zu artikulieren und bestimmter Arbeiten nicht verrichten zu wollen, ohne dass dies sogleich in den Geruch des Unprofessionellen kommt. Auf der anderen Seite sind hier Wandlungsprozesse möglich.

Vor vielen Jahren habe ich einmal die Zusammenführung einer Kindertagesstätte mit einer benachbarten Sondereinrichtung begleitet. Auf Seiten der ›Regel‹-Erzieherinnen gab es einen starken Widerstand. »Wenn ich mit behinderten Kindern hätte arbeiten wollen, hätte ich in meiner Ausbildung diesen Schwerpunkt gewählt«, hieß es da. Es zeigte sich ein Abscheu gegenüber der Vorstellung, mit verschleimten und einkotenden Kindern mit schweren Behinderungen konfrontiert zu werden. Wohlgemerkt waren das alles Phantasien, ohne einen praktischen erfahrenen Hintergrund. Diese Empfindungen mussten zugelassen werden, waren sie doch legitim. Allein dadurch, dass keine rigiden moralischen Ansprüche formuliert wurden, ließ sich freier damit umgehen. Einige Zeit nach dieser »Zwangsvereinigung«, die im Übrigen sehr viel geschmeidiger verlief, als manche gedacht hatten, beobachtete ich eine Erzieherin, die ein stark beeinträchtigtes Kind sehr liebevoll auf ihrem Arm hielt. Ihm lief gelber Rotz aus der Nase, aber es machte ihr offensichtlich nicht viel aus. Sie hatte über die Beziehung zu diesem Kind, die entstanden war, auch ihre Gefühle von Abwehr und Ekel verändern gelernt. Indessen ist hier eine kleine Anmerkung vonnöten: In Zeiten von Corona werden diese Empfindungen ganz neu gerahmt und es lassen sich, bei aller berechtigten Vorsicht, jetzt trefflich Rationalisierungen für den eigenen Ekel finden.

Und gerade dieser aktuelle Aspekt liefert gewichtige Argumente für die Notwendigkeit, den verstehenden Ansatz der Psychoanalytischen Pädagogik an prominenter Stelle zu berücksichtigen. Gescheiterte professionelle Maßnahmen in der Jugendhilfe nehmen oft da ihren Ausgang, wo die Auseinandersetzung mit den eigenen Erinnerungsresten gescheut wird. Damit eine Intervention gelingen kann, muss sich folglich das Selbstbild des Adressat/der Adressatin zunächst stabil im Kopf des Pädagogen/der Pädagogin verankert haben. »Wie also das Kind sich selbst in den Gedanken der Mutter finden muss, so muss die Klientin sich in den Vorstellungen des Helfers finden, damit die Hilfe gelingen kann« (vgl. Gumbinger 2019, S. 156).

Nicht selten müssen wir Pädagog/innen jedoch in uns selbst Gefühlskrisen abwenden, wenn wir uns in der Berührung mit dem Leiden der Kinder mit unserem eigenen Leiden konfrontiert sehen und zugleich die strukturellen Mängel der Institution am eigenen Leib zu spüren bekommen: »Die dreifache Belastung, die Begegnung mit den Traumata draußen, die dadurch erwirkte Begegnung mit den Wunden der eigenen Sozialisation und die Wahrnehmung der Handlungsunfähigkeit macht Abwehr als psychohygienische Maßnahme erforderlich« (vgl. Ettl 1983, S. 46).

Die Arbeit am Fall bzw. eigentlich der Fälle strukturiert die Praxis. Aber jeder Fall ist einzigartig, so dass sich ein deduktives Gesetzeswissen, was man ›macht‹, von selbst verbietet. Ohne Annäherung über meine subjektive Verstehensleistung, die sich an eine empathische Grundfähigkeit haftet, wird er mir äußerlich und fremd bleiben und keinen Weg für eine förderliche Kooperation aufzeigen.

2.3 Das Verhältnis von innerer und äußerer Welt

Für ein Verstehen tieferer, und das heißt auch und vor allem: unbewusster Zusammenhänge sowohl bei der Fallarbeit wie auch im Forschungssetting stellt sich das zentrale Problem, wie wir hier zu validen Erkenntnissen gelangen wollen. Selbstredend wird der erste Zugang über Beobachtung gelegt, aber sie kann niemals ›objektiv‹ sein. So schreibt *Nick*:

> »Der Beobachter beobachtet und erkennt, was ihm objektiv gegeben zu sein scheint. Trotzdem kann es passieren, dass jemand die Straße betritt und angefahren wird. Anschließend stellt er für sich fest, dass er den Verkehr beachtete, das Auto aber nicht sah« (Nick 2001, S. 145).

Obgleich Beobachtungsdaten also selektiv sind oder Gegebenheiten und Äußerungen unterschiedlich interpretiert werden, halten die empirischen Wissenschaften Beobachtung für die quasi nicht kontaminierte Basis von Datenerhebung und Datensammlung.

Diese ursprünglich der Physik zugehörige Lesart, wonach Ergebnisse gegenüber ihrem Beobachter invariant seien und wir von scheinbar unumstößlichen Vorannahmen auszugehen hätten, die den objektiven Beobachtungsrahmen konstituierten, wurde zwar durch *Einsteins* spezielle Relativitätstheorie in ihrer Eindeutigkeit entkräftet, weil Zeit und Raum keine absoluten Größen sind (vgl. Nick 2001, S. 145 ff). Im Fortgang der Debatte wurden bald von *Maturana* und *Varela* über *Luhmann* bis *Schütz* die referentiellen Relationen beim Beobachten ausbuchstabiert – »Das Referens ist der Beobachter selbst, das Relatum ist das Beobachtete« (Nick 2011, S. 160).

In seiner systemtheoretischen Auffassung von der »Beobachtung zweiter Ordnung« thematisiert *Luhmann* die Beobachtung der Beobachtung, die dem blinden Fleck des Beobachters gilt und den Zwang zu »Rückschlüssen auf sich selbst« hervorbringt. Aber er verbleibt doch auf der Ebene kognitiv wahrgenommener Unterschiede, auch wenn er von einem erweiterten Begriff der Kognition ausgeht: Beobachten ist gleichbedeutend mit Unterscheiden und Bezeichnen (vgl. Luhmann 1990, S. 7 ff.; Luhmann 1988, S. 15 f.; Luhmann 1994, S. 82; Allefeld 1999, S. 63). In ähnlicher Absicht entwirft *Maturana* eine »Biologie der Kognition« (vgl. Maturana 1985; Allefeld 1999, S. 19). Mit Blick auf den Umstand, dass Lebewesen eine autopoietische Einheit bilden, innerhalb derer sie selbst das einzige Produkt ihrer Organisation sind, führen *Maturana* und *Varela* gegen eine positivistische Verkürzung von Erkenntnis ins Felde: »*Es gibt keine Trennung zwischen Erzeuger und Erzeugnis*« (vgl. Maturana, Varela 1987, S. 56). Aber am Ende steht bei ihnen Beobachtung doch bloß wieder für Beschreibung und Repräsentation: »(…) der kognitive Bereich eines autopoietischen Systems ist der Bereich all der Beschreibungen, die es zu machen imstande ist« (vgl. Maturana, Varela 1985, S. 221; Allefeld 1999, S. 19).

Der interaktive Moment, dass eine Rückbezüglichkeit entsteht, weil der Beobachter den ihn beobachtenden Beobachteten auch wieder beobachtet – was im Grunde eine Endlosschleife produziert –, wird hier nicht weiter untersucht. Jedes

Kind, das zur Überprüfung einer wie auch immer gearteten Verdachtsdiagnose getestet wird, beobachtet misstrauisch, was mit ihm geschieht, weil es ahnt, dass es anders werden soll, weil es anders ist. Dieser Umstand geht indessen noch über die Klassifizierung in Beobachtung erster Ordnung (ein Beobachter beobachtet einen Nicht-Beobachter), zweiter Ordnung (ein Beobachter beobachtet einen Beobachter) oder dritter Ordnung (die reflexionstheoretische Reflexion der Beobachtung zweiter Ordnung) hinaus (vgl. Luhmann 1990, S. 8; Esposito 2011, S. 136).

In ihrer von Positionen des Radikalen Konstruktivismus getragenen Betrachtungsweise legen *Maturana* und *Varela* Wert auf die Feststellung, dass die persönliche Wahrnehmung keinesfalls als bloße Abbildung der Wirklichkeit, sondern die Wirklichkeit vielmehr als deren Ergebnis zu nehmen ist: »Die Erfahrung von jedem Ding ›da draußen‹ wird auf eine spezifische Weise durch die menschliche Struktur konfiguriert, welche ›das Ding‹, das in der Beschreibung entsteht, erst möglich macht«. Danach bringt der »Akt des Erkennens« eine Welt hervor (vgl. Maturana, Varela 1987, S. 31). Soweit kann ich mitgehen. Dann aber verengt sich die Perspektive wieder auf eine eher eindimensionale Weise: nur mehr die Tatsache interessiert, dass »der Beobachter beim Beobachten eines jeden Lebewesens in dessen Milieu Verhalten« sieht (vgl. S. 151). Indessen hat *von Glasersfeld*, der als Begründer des Radikalen Konstruktivismus gilt, Wahrnehmung auf die Verarbeitung eines Sinnesreizes im Nervensystem reduziert, was ja streng genommen selbst wieder eine Konstruktion darstellt (vgl. von Glasersfeld 1992, S. 12).

Im letzten wird die Bedeutung des Subjekts in Konstruktivismus und Systemtheorie zu gering geschätzt. Während nach *Nöth* die Selbstreferenz – wenngleich über Gebühr auf »Kognition und Kommunikation« eingeengt – dazu dient, die eigene Autonomie gegenüber einer Umwelt zu gewährleisten, sagt *Luhmann* deutlich: »Sozialen Systemen liegt nicht ›das Subjekt‹, sondern die Umwelt ›zu Grunde‹ (…)« (vgl. Nöth [2019], S. 1 ff.; Luhmann 1993, S. 244; Wenzel 1997, S. 4). *Horn* hat an einem solchen Stilisieren der Subjekte zu »*Gruppenwesen*« kritisiert, damit werde das »Denkmodell Individuum-Gesellschaft aber nicht nur im Hinblick auf die Subjektseite (die Lebensgeschichte) aufgegeben; es wird, per Konzept, zugleich die gesamtgesellschaftliche Vermittlung des Subjekts aus den Augen verloren« (vgl. Horn 1990, S. 64 f.).

Noch präziser liest es sich bei *Plänkers*. Er hat früh Bedenken gegenüber den Grundpfeilern der Systemtheorie angemeldet und beklagt, dass sie ihr Denken auf der »Ebene primärer Natur« ansiedelt. Damit geht der »*Bruch zwischen Natur und Kultur verloren*« (vgl. Plänkers 1995, S. 133 f.) Das, was in *Freud*s Theorie als Triebnatur aufscheint und nicht hinter der kulturellen Bearbeitung verschwindet – und letzten Endes den Menschen vom Tier unterscheidet – verlangt nach einer präzisen Unterscheidung, die die Systemtheorie aber nicht leistet. Ja, sie vermag dies gar nicht zu leisten, weil es im gleichen Augenblick nötig wird, das Moment seiner (natürlichen) Sinnlichkeit im Kontext der frühen leiblich-affektiven Erfahrungen mit den primären Bezugspersonen zu betrachten. Es ist allein dieser Kontext, der über die Verinnerlichung von Selbst- und Objektrepräsentanzen der Sinnlichkeit ihre Bedeutung zuerkennt. Über *externe* Beobachtung finden wir dahinein keinen Zugang.

In seiner Auseinandersetzung mit dem Realitätsbegriff der Psychoanalyse, die sich parallel zur »nachpositivistischen Entwicklung in den Sozialwissenschaften« von einem »objektivistischen Innen-Außen-Dualismus der Anfänge zu einem konstruktivistischen oder kommunikativen Relativismus hin entwickelt« habe, fällt indessen *Reiche*s Kritik an *Foucault*, der das Subjekt »*dezentriert*« habe, und vor allem *Luhmann*, der es gänzlich abschaffe und »nur noch Systeme mit sich selbst kommunizieren« lasse, noch deutlich herber aus (vgl. Reiche 1995, S. 235; Zepf 2000, S. 692).

Selbst in der phänomenologischen Herangehensweise ans Beobachten, die, wie etwa bei *Schütz*, auf das Wesen hinter den Erscheinungen abzielt, bleiben Zweifel. Ihm ging es um Sinnsetzungs- und Verstehensprozesse der Handelnden in einer sozialen Welt. Das subjektive Handeln wollte er mithin zurückbeugen auf objektive Sinngehalte, wohl wissend, dass »subjektiver und objektiver Sinn nicht identisch« sind. Zwei Handlungen, die dem Beobachter vollkommen gleich erscheinen, können ganz verschiedene subjektive Beweggründe innewohnen. Der objektive Sinn ergibt sich aus den allgemeingültigen Deutungsmustern einer soziokulturellen Gemeinschaft, was nahelegt, einem beobachteten Handlungsablauf ein typisches Motiv zuordnen zu wollen. Indessen lautet der Einwand: »Was ein Handeln zur Einheit macht, das ist einzig und allein vom subjektiven Sinn her verstehbar, nämlich von der Spannweite des Entwurfs, der für den Handelnden Motiv seines Handelns ist. Diese Spannweite des Entwurfes ist freilich stets eine Funktion der gesamten Interessenlage des Handelnden« (vgl. Schütz 1936, S. 7225 ff.; Eberle 1988, S. 75 ff.). Anders als viele andere Soziolog/innen nimmt *Schütz* einen weiten Anlauf, aber springt nicht weit genug – die *Interessenlage des Handelnden* vereitelt mehr Erkenntnis.

Den genannten Erkenntnisschulen sei zugute gehalten, dass sie den umweltlichen Kontext thematisieren, der die Wahrnehmung und Beurteilung des gewonnenen Materials als präformierende Größe markiert. Der mainstream der aktuellen empirischen (Human-)Wissenschaften – allen voran die Medizin – weigert sich indessen beharrlich, diese Wendung inhaltlich mitzuvollziehen. Zwar wird die Aussagekraft von Einzelfallstudien angezweifelt und man fasst viele Einzelfälle zu großen Kohorten zusammen, um diesem (vermeintlichen) Fehler abzuhelfen. Aber letzten Endes bleibt trotzdem nur ein individualistisches Konzept nach. So werden etwa beobachtete Verhaltensauffälligkeiten als biologische Eigenheiten von Einzelpersonen inkriminiert und einer medizinischen Behandlung anempfohlen, ohne das die gesellschaftliche Einflussnahme oder die Erkenntnisblindheit eines positivistisch verkürzten Beobachtens – denen beiden eine nicht unbeträchtliche Wirkung für das Zustandekommen solcher Störungspotentialen zukommt – gesehen werden.

Die systemisch-konstruktivistische Lesart hat uns dafür sensibilisiert, dass all diese Verhaltensphänomene ihrem Charakter nach relational und referentiell sind. Deren sozialer Stellenwert erwächst im jeweiligen Beziehungsgefüge der Umgebung, das zugleich für ihr Entstehen verantwortlich ist. Wenn es aber nach wie vor nicht vorgesehen ist, beim Interpretieren in die Tiefen des Unbewussten vorzustoßen, ist doch alle Liebesmüh' umsonst.

In diesem Sinne ist und bleibt Beobachtung identisch mit der Außensicht auf das Verhalten eines anderen Menschen. So kommen wir auf diesem Wege womöglich zu der Überzeugung, dass eine junge Frau mit der Diagnose Autismus-Spektrum-Störung (ASS) sich nicht beschäftigt, ihr keine feinmotorischen Handlungen gelingen wollen und sie nicht spricht. Daraus schließen wir nun umstandslos, dass diesen Verhaltensweisen bestimmte innere psychische und physische Strukturen zugrunde liegen. Ergo: Sie ist hochgradig geistig behindert – was sich am Ende als gewaltiger Irrtum herausstellen mag. Wie wir einen anderen Menschen einschätzen und sein Verhalten bewerten, hängt von unseren impliziten Erfahrungen sowie »Beobachtungs-, Denk- und Interpretationsmustern« ab (vgl. Sautter 2012, S. 20). Zum einen sind wir auf diese Muster angewiesen, um im alltäglichen Geschehen nicht heillos überfordert zu sein. Zum andern verführen uns diese Gewohnheiten auch leicht dazu, die uns umgebende Wirklichkeit nicht so zu erfassen und zu deuten, wie es ihrer tatsächlichen Beschaffenheit entspräche.

Sautter verweist auf ein Experiment von *Schuster* (2007), bei dem einer Gruppe von Versuchspersonen Videoaufnahmen eines Basketballspiels gezeigt wurden. Die Proband/innen sollten zählen, wie viele Körbe geworfen wurden. Während des Spiels lief eine Frau im Kostüm eines Gorillas durchs Bild und schaute in die Kamera. Die Hälfte der Versuchspersonen war nicht imstande, sich im Nachhinein auf Nachfrage an sie zu erinnern – ganz auf die gestellte Aufgabe konzentriert konnte sie die unerwartete Abweichung nicht wahrnehmen. Das ist ein Beispiel dafür, wie »unsere erfahrungsbasierten Konzepte eine adäquate Wahrnehmung und Interpretation der Realität behindern oder sogar verhindern (…)« (vgl. Sautter 2012, S. 20 f.).

Am Ende dieser Kettenreaktion steht die schleichende Verbannung vor allem psychoanalytischer Konzepte aus dem Kanon nomologischer Erfahrungswissenschaften vom Seelischen, weil damit am wenigsten messbare allgemeine Gesetzesaussagen zu formulieren sind (vgl. Lorenzer 1974, S. 85 ff.). *Lorenzer* hat diesen szientistischen Irrtum als ein großes Selbstmissverständnis offen gelegt. Das reine Faktenprüfen ist an Stelle der Strukturanalyse subjektiver Lebensgeschichte getreten, und folglich ist es nicht mehr möglich, die darin aufgehobene Bearbeitung der je eigenen Erfahrung zu entziffern. Sein Modell der Psychoanalyse als einem tiefenhermeneutisch-sinnverstehenden Verfahren offenbart die arge Begrenztheit einer derartigen Beobachtungs- und Erklärungswissenschaft. Nach *Lorenzer* geht es aber nicht um das Abfragen von Aussagen über allgemeine menschliche Verhaltensgesetzlichkeiten. Vielmehr muss das Verhalten in seiner lebensgeschichtlich-individuellen Eigenart identifiziert werden. Er schließt: »Psychoanalyse ist ›hermeneutisch verfahrende‹ Naturwissenschaft und zugleich Sozialwissenschaft« (vgl. Lorenzer 1977, S. 108 ff.).

Mit dem Rekurs auf rein technokratische Konzepte, die vornehmlich auf das Antrainieren kognitiver und sozialer Funktionsfähigkeiten abzielen, wird uns die grundsätzlich unter der Oberfläche waltende Kraft unbewältigter Lebensthemen entgehen. An Hand der Arbeit von Studierenden mit schwer geistig behinderten Kindern und Jugendlichen lässt sich aufzeigen, wie die erste Begegnung mit deren fremdartigen und abstoßenden Verhaltensweisen Hilflosigkeit, Erschrecken,

Ablehnung, ja Ekel und Abscheu auslösen. Irritierende Fragen nach dem Menschen und den Sinn des Lebens stellen sich plötzlich. Um wieder festen Boden unter die Füße zu bekommen, stürzt man sich auf Diagnosen sowie ausgearbeitete Therapie- und Förderpläne. Mit dem Erfolg, dass die Kinder nicht in der gewünschten Weise reagieren. Vielfach verstärken sich Stereotypien und Autoaggressionen. »Der gesuchte ›feste‹ Boden erwies sich als wenig tragfähig und brach ein. (…) Der entscheidende Schritt (…) begann mit der Hinwendung der Teilnehmer/innen zu sich selbst« (vgl. Häußler 2000, S. 248 f.).

Eine reflektierte Form der wissenschaftlichen Annäherung an den Anderen belegt, dass sich unsere Erkenntnis nicht allein auf rein kognitivem Wege gewinnen lässt. Glauben und Wissen werden immer einen unauflösbaren Rest abgeben, wie *Dornes* bereits für die Säuglingsforschung formuliert hat (vgl. Dornes 1994, S. 1171). In seiner Metaanalyse bekannter psychometrischen Tests und Verfahren kommt *Jantzen* zum Schluss, dass wir noch immer mit einem pädagogischen bzw. psychologischen Grundverständnis operieren, das sich am ›Normalfall‹ des westeuropäischen oder nordamerikanischen Menschen männlichen Geschlechts, weißer Hautfarbe, mittleren Alters und guter Ausbildung orientiert (vgl. Jantzen 2003, S. 88 f.).

In der Begrenzung auf quantitative Messmethoden, die vorgeblich Objektivität sichern, liegt das diagnostische Problem begründet. Es ist allerdings nicht möglich, über präzise und neutrale Messungen wirklich objektive Situationen bei der Untersuchung menschlichen Handelns und dessen Bewertung zu entwickeln (vgl. Eggert 1998, S. 26). Ein instrumentell-technisches Grundverständnis kann auf die menschliche Entwicklung kaum Anwendung findet. Diagnostik enthält vier Komponenten: Beobachten, Wahrnehmen, Deuten und Verstehen (vgl. Sautter 2000, S. 84). Vor allem die beiden letztgenannten Aspekte offenbaren, wie stark die eigene Beurteilung desjenigen mitwirkt, der diagnostiziert. Die gängige Theorie wie Praxis setzen allerdings unbeirrt auf sterile Objektivität und halten den Rekurs auf Subjektivität für einen unprofessionellen Kunstfehler. Für *Karl König* gipfelt Diagnostik dagegen in der Einsicht, »dass ich ja als Mensch gar nicht die Möglichkeit habe, von mir so abzusehen, dass ich einen Anderen sozusagen objektiv beurteilen kann« (vgl. König, K. 1977, S. 10; zit. n. Sautter 2000, S. 87; Gerspach 2009, S. 139 f.). Indem das Erleben zum Kernstück eines subjektzentrierten Menschenbildes wird, ist Erfahrungnicht länger auf Wahrnehmung zu reduzieren (vgl. Kerz-Rühling 1998, S. 179).

Damit ist Tatsachenforschung immer als Interpretationsforschung ausgewiesen (vgl. Seewald 1998, S. 43). Eine verstehende ist eine biographische Diagnostik, die das Besondere der einzelnen Subjektgenese betrachtet. Verhalten erscheint so als eine subjektiv sinnvolle, wenngleich – etwa in der Störung – womöglich metaphorisch verfremdete Ausdrucksmöglichkeit. Dieses Handeln liefert sozusagen einen lückenhaften Text, dessen Leerstellen interpretativ-verstehend zu füllen sind. Ohne die Fähigkeit zur Einfühlung bleibt uns ein genaues Verstehen dieses lückenhaften Textes verschlossen: »Wenn wir in uns selbst nicht irgendetwas finden können, das dem, was im anderen vor sich geht, gleicht, können wir ihn nicht einfühlsam verstehen« (vgl. Bettelheim 1975, 313; zit. n. Kautter 1998, S. 87).

Demnach bahnen wir uns den Zugang zur fremden Psyche nur über die Resonanzen, die im eigenen Erleben ausgelöst werden. Um auszuschließen, dass wir uns dabei hauptsächlich auf Projektionen verlassen, die das Beobachtete durch unsere Wahrnehmungsverzerrungen eintrüben, muss also ein Korrektiv eingebaut werden. Die Vorstellung wie Erörterung der gemachten Beobachtungen und sich daran anschließenden Interpretationen in einem Gruppenzusammenhang wird über die dort angestoßenen Assoziationen quasi ›gegengelesen‹, und dieser Prozess gemeinsamer Reflexion vermag die tatsächlichen Zusammenhänge erhellen.

Für die Praxis bieten sich dafür vor allem Supervisionsgruppen und ergänzend kollegiale Fallkonferenzen an. Es geht darum, die Dynamik der Beziehungen zwischen Kindern und Jugendlichen sowie deren Familien auf der einen Seite und den Professionellen in Schule und Jugendhilfe auf der anderen Seite zu verstehen und als »Werkzeug des Fallverstehens« nutzbar zu machen (vgl. von Freyberg, Wolff 2006, S. 168).

In der psychoanalytisch ausgerichteten Forschung haben sich tiefenhermeneutischen Interpretationsgruppen etabliert, die als Resonanzraum dienen, um herauszudestillieren, wie sich ein latenter Sinn in den »manifesten Gehalt« des gewonnenen Materials eingeschlichen hat (vgl. Berg u. a. 2020, S. 2). So wird auf dem Wege der interpretativen Annäherung in der Regel entweder mit der Gesamtheit transkribierter Interviews oder mit einzelnen Sequenzen gearbeitet, ohne allerdings den zu Forschungsprozess selbst zu vernachlässigen (vgl. Haubl, Lohl 2017, S. 7). Ich komme noch einmal darauf zurück.

Im Folgenden möchte ich eine etwas andere Schwerpunktsetzung vornehmen und mich dem Thema der Direktbeobachtung zuwenden. Gerade die darauf basierenden Erkenntnisse der Säuglingsforschung haben unser Wissen über die frühe Entwicklungszeit des Menschen immens erweitert. Indessen habe ich ja schon ausführlich vor allzuviel Naivität gewarnt, so als ob das Beobachtete für sich selbst spräche. Zunächst gilt: Wenn man einen Säugling »mit den Augen eines Klinikers« betrachtet, so lässt sich eine mögliche »Pathologie so gut wie nicht beobachten, es sei denn, man hätte es mit einer vorselektierten Risiko-Gruppe zu tun« (vgl. Stern, D. 1992, S. 261).

Stern berichtet, dass regelmäßig gemachte Videoaufzeichnungen eines Mutter-Kind-Paares – wobei das Kind anfangs zwei, am Ende sechsunddreißig Monate alt war – den Eindruck vermittelten, dass »das Paar sich mit denselben Themen immer wieder beschäftigt, und zwar immer in ungefähr gleicher Form, wenn auch mit unterschiedlichen Verhaltensweisen auf den verschiedenen Altersstufen«. Da jedoch das Kind »als soziale Person zu jedem Zeitpunkt anders organisiert« zu sein schien, konnte man sich nicht auf dieses erste In-Augenschein-nehmen verlassen. Deshalb war es unerlässlich, die Aufmerksamkeit von den Entwicklungsaufgaben hin zum Selbstempfinden zu verlagern, um die »Konsolidierung der Strukturen des Selbsterlebens« verstehen zu lernen (vgl. Stern, D. 1992, S. 262). Der Anspruch wurde aufgegeben, über ›reine‹ Beobachtung allein zu Erkenntnissen über die kindliche Entwicklung zu gelangen. Folgerichtig wurde damit die Qualität der Beobachtung vollkommen verändert. Nicht länger schauen wir von der Warte eines Außenstehenden aus, sondern versuchen und in die Innenperspektive einzufühlen.

Gerade am Beispiel der Autismus-Spektrum-Störung wird die Notwendigkeit dieses Paradigmenwechsels offenbar: die Außensicht legt defizitäre Zuschreibungen nahe, bis hinein in den Formenkreis einer geistigen Behinderung. Die Innensicht Betroffener weicht davon aber vollkommen ab, wie deren Selbstbeschreibungen belegen. *Katja Rohde* galt als schwer geistig behindert und wurde bis zu ihrem Schulabschluss auf einer stationären Sonderschule für Geistigbehinderte (heute Förderschule mit dem Förderschwerpunkt geistige Entwicklung) mit über 20 Jahren beschult. Sie selbst schreibt: »Jedes nutzbringende Arbeiten war schwer durch die falsche Einschätzung meiner geistigen Möglichkeiten« (vgl. Rohde 1999, S. 62). Ihre Innensicht steht der Außensicht »diametral gegenüber« (vgl. Sautter 2012, S. 19).

Allerdings ist es meines Erachtens nicht so einfach, wie *Sautter* schlussfolgert. Für ihn heißt Verstehen, »dass meine Interpretation des Verhaltens und der Handlungen des anderen, also die *Außensicht*, möglichst kongruent ist mit dem, was seine Beweggründe, Vorstellungen und Zielsetzungen für sein Handeln sind, also mit seiner *Innensicht*« (vgl. Sautter 2012, S. 17). Sautter beschränkt sich auf die bewusst steuerbare Wahrnehmungsebene von Verhalten und Handeln. Die Innensicht ist aber doch vor allem von Erleben und Selbstempfinden geprägt, eingebunden in spezifische soziale Beziehungserfahrungen, und es sind darin implizite Inhalte enthalten, zu denen es keinen ›vernünftigen‹ Zugang gibt. Vice versa gilt das für denjenigen, der von außen schaut. Der Fokus liegt jetzt hauptsächlich auf dem Selbstempfinden. Die reflektierte Beobachtung beleuchtet demnach die »innere Welt«, die gleichsam ein ebenso realer Ort ist wie die äußere Welt (vgl. Hinshelwood 2004, S. 455; zit. n. Diem-Wille 2012a, S. 28).

Eingeführt wurde dieses Konzept von *Melanie Klein*, die sich Gedanken machte über »eine verwickelte Objektwelt, die vom Individuum in den tiefen Schichten des Unbewussten konkret in seinem Innern empfunden wird« (vgl. Klein, M. 1972, S. 120; Grosskurth 1996, S. 320; Bittner 2016, S. 212).

Diese innere Welt entsteht auf der Folie der Interaktion zwischen dem ganz jungen Kind und seinen Eltern. Darin eingeschlossen sind sehr archaische und primitive Gefühle, deren Bedeutung sich in diesem rudimentären Kommunikationsrahmen allmählich herauskristallisiert. Auch wenn sich im Laufe der weiteren Entwicklung Ausdifferenzierungen einstellen und die archaischen Affekte und Empfindungen allmählich in reflektierbare Gefühle transponiert werden, so bleibt doch ihre große wirkmächtige Kraft erhalten. Der Mensch wird niemals frei davon, von starken Ängsten und Wünsche überflutet zu werden. All das gilt nicht nur für die Situation unseres Gegenübers in einer spezifischen pädagogisch-professionellen Situation, sondern gleichermaßen für uns selbst auch. Gerade für das Eintauchen in die emotionsgeladenen Untiefen der Praxis gilt es, einen Kurs zwischen »jenem zu wenig und jenem zu viel an eigener Betroffenheit« zu finden und zu halten (vgl. Müller u. a. 2005, S. 150 f.). Der Zugang zum unbewussten Erleben jenseits bewusstseinsnaher Inhalte ermöglicht ein viel besseres Verstehen der professionellen Beziehungsprozesse (vgl. Datler, M. 2012, S. 187 ff.). Das macht es zum Beispiel einfacher, Beziehungsfallen zu erkennen und mit der eigenen aggressiven Gegenübertragung *gekonnter* umzugehen, wie ich es in Anlehnung an *Mitscherlich* formulieren möchte (vgl. Mitscherlich 1969, S. 75; Gerspach 2014, S. 183 ff.).

Der Versuch, solche Bedeutung, wie sie sich als unbewusstes Beziehungsarrangement entfaltet, zu erhaschen, setzt voraus, sich selbst als kommunikativen Teil an der in Gang kommenden Szene zu begreifen. Um uns womöglich vor dem eigenen Erschrecken schützen zu wollen, greifen wir indessen ganz rasch auf unbewusste Widerstände zurück: Wir verdrängen oder verleugnen, was wir bemerken, oder wir neigen dazu, das Geschehen zu rationalisieren, also mittels ›vernünftig‹ klingender Erklärungen zu verklausulieren, um Abstand davon zu erzielen. Was also wäre für eine gelingende Professionalisierung besser, als über die Beobachtung von Eltern-Säuglings-Interaktionen eine Sensibilisierung für die dort ablaufenden feinen Prozesse zu erreichen? Das heißt nämlich auch und vor allem, eine Sensibilisierung für die eigene Geschichte zu erlangen, ohne davor erschrecken zu müssen.

Ohne Wenn und Aber haben wir davon auszugehen, dass die Art und Weise, wie ein Mensch sich selbst, die ihn umgebende Welt und die anderen Menschen erlebt, von seinen unbewussten Wünschen und den sie begleitenden Phantasien sowie Abwehrformen geprägt ist – sie bestimmen das »psychische Grundmuster« (vgl. Diem-Wille 2012a, S. 28).

Der Aufbau der Persönlichkeitsstrukturen oszilliert zwischen den realen Erfahrungen mit den primären Objekten und den aus diesen Erfahrungen resultierenden Phantasien. *Anna Freud* entwarf ihr Bild vom ganz jungen Kind vor allem mit Hilfe der von ihr gemachten Beobachtungen und was sie daran zu deuten wusste (vgl. Seiffge-Krenke 2009, S. 7 f.; Ludwig-Körner 2014, S. 86 f.).

> »Da die Kinder dem Diagnostiker gewöhnlich wenig Hilfe leisten, sind wir auf ›Beobachtung‹ angewiesen und basieren unsere Meinungen auf eine Menge von manifesten Erscheinungen, von denen einige sich unmittelbar übersetzen lassen« (vgl. Freud, A. 1957, S. 1706).

In der inneren Welt kommt es nach und nach zu einer engen Verknüpfung von Fühlen und Denken. *Bion* hat das Entstehen dieser »inneren Welt« als einem Ort emotionalen Denkens sehr genau beschrieben. Dezidiert hält er fest: »Die Vorläufer der Gedanken aber sind die emotionalen Erfahrungen« (vgl. Bion 1962, S. 13). Gefühle in Sprache zu übersetzen bedeutet: »sie mentalisieren; analog hierzu gilt generell die Transformation von Sinneseindrücken oder ›rohen Erfahrungswerten‹ (›*raw sense-data*‹, Bion) als Mentalisierungsleistung« (vgl. Herthneck 2003, S. 71).

Es ist das große Verdienst psychoanalytischen Denkens, erkannt zu haben, dass Phantasien, die nicht auf realen Ereignissen beruhen, dieselbe Wirkung auf unser Erleben haben können wie reale Erinnerungen. Mein Onkel hatte im Zweiten Weltkrieg ein Bein verloren, und ich war mir als Kind sicher, dass er und seine Frau keine Kinder hatten, weil ich ihn deshalb für zeugungsunfähig – also kastriert – hielt.

Diese Phantasien sind zum großen Teil dem Bewusstsein nicht zugänglich, stellen indessen einen Großteil unseres psychischen Innenlebens dar. Ihre Herkunft wurzelt in den frühen Eindrücken, die die primären Objekte hinterlassen haben und auf Grund sich wiederholender Interaktionsverläufe als Muster verinnerlicht wurden. Nach *Stern* werden diese frühe Beziehungserfahrungen im episodischen Gedächtnis gespeichert und münden in Repräsentationen generalisierter Interaktionen oder RIGs (Representations of Interactions that have been Generalized) ein (vgl. Stemmer-Lück 2009, S. 58 ff.; Stern, D. 1992, S. 160).

Auch wenn es wahrscheinlich unmöglich ist, die Genese dieser Muster des Zusammenseins präzise nachzuzeichnen, so bleibt auf alle Fälle festzuhalten, dass das sehr junge Kind fast vollständig von seiner psychischen Realität beherrscht wird. In dieser Phase sind seine Affekte noch unkontrollierbar. Beständig droht die Gefahr, davon überflutet zu werden. Ängste, Liebe und Hass bilden ein noch unentwirrbares Konglomerat, aus dem sich mit Hilfe der primären Objekte, die bei der Affektregulierung behutsam mitwirken, nach und nach eine komplexe innere Matrix herauskristallisiert, aus der sich das mentale und emotionale Leben zu entwickeln beginnt (vgl. Caper 2000, S. 158; zit. n. Diem-Wille 2012a, S. 29). Weil dies alles zentraler Teil unserer eigenen Geschichte ist, wir aber daran kaum bewusste Erinnerungen zurückbehalten haben, erscheint es überaus lehrreich, sich der realen Beobachtung der Interaktion von Babys und ihren Müttern zuzuwenden.

»Beim Beobachten im Kindergarten oder in der Familie werden unsere eigenen kindlichen Gefühle aktiviert und ermöglichen uns ein Verständnis unserer eigenen kindlichen Anteile, die auch ein besseres Verstehen der Kinder, die ihre Gefühle noch nicht differenziert sprachlich ausdrücken können« (Diem-Wille 2012a, S. 38).

Es gilt also unbedingt zu berücksichtigen, wie wirkmächtig die eigenen angestoßenen Assoziationen und Phantasien bei der Babybeobachtung sein können und wie leicht wir eigene Erinnerungsspuren über das explizit Beobachtete legen und es also verfälschen. Hierbei handelt es sich vor allem um implizite Reminiszenzen, denen wir nur bruchstückhaft habhaft zu werden vermögen. Das gewonnene Material muss folglich systematisch in einer regelmäßigen Supervisions- oder Interpretationsgruppe ausgewertet werden, nicht zuletzt, um die starken Übertragungs- und Gegenübertragungsreaktionen der Forscher/innen zu reflektieren, die aus »unterschiedlichen soziokulturellen und individuellen Sichtweisen der Beteiligten« herrühren können (vgl. Schaich 2012, S. 526). *Bimschas* und *Schröder* bezeichnen die Supervision sogar als »Ort zur Datenerhebung« (vgl. Bimschas, Schröder 2003, S. 62).

Uns allen haften noch stets wirkmächtige Reminiszenzen an die archaischen Spaltungsvorgänge an, die besonders in Momenten der Gefahr aktiviert werden können. Gerade die Begegnung mit dem ›hilflosen‹ Baby in der Beobachtungssituation kann unbewusst dementsprechende Assoziationen ans eigene Kleinsein auslösen. Und dennoch – oder gerade deshalb – erscheint es notwendig, sich selbstbezüglich den eigenen Resonanzen zuzuwenden.

Es macht einen gravierenden Unterschied für unser eigenes Erleben, ob wir erfahren, wie Eltern ihrem Baby mit liebevoller Aufmerksamkeit begegnen, oder wir bemerken, dass sie mit Ärger oder Enttäuschung nicht gut umgehen können. Sind sie in der Lage, ihre eigenen Gefühle zu erkennen und so einen inneren psychischen Raum zur Verfügung zu haben, die projizierten primitiven Gefühle ihres Kindes zu containen.

Gelingt dieser Prozess, wird dem Kind ein emotionaler Denkprozess angeboten, der ihm ein Modell liefert, selbst einen inneren seelischen Raum zu entfalten. Um Gedanken denken und Gefühle fühlen zu können, ist das Baby auf ein denkendes Subjekt angewiesen, dass seine Sinneswahrnehmungen zu denkbaren Vorstellungen transformiert. Hierbei spielt die Fähigkeit der Mutter, eine intuitive Ahnung zu entfalten, mit deren Hilfe sie sich von den Gefühlen des Kindes berühren lässt. »Geht etwa eine Mutter zu einem durchdringend weinenden Baby, das ›wie am Spieß schreit‹ – in dieser Metapher ist die Todesangst des Babys gut eingefangen –, so kann sie es aufnehmen und sagen: Was ist denn mit dir? Du weinst ja, als ob du sterben müsstest. Hast du vielleicht Hunger, oder willst du nur aufgenommen werden?« (vgl. Diem-Wille 2012a, S. 29 ff.). Umgekehrt wird jetzt plausibel, wie Lernstörungen in die Welt kommen, wenn ein solcher potentieller Raum zum Denken nicht genügend verfügbar ist. Dieser Mangel hinterlässt eine große Leerstelle im Innern des Kindes und vergällt ihm jede Neugier auf Neues.

Ob Mutter oder Vater in der Lage sind, die noch rohen und undifferenzierten Regungen ihres Babys zu containen und ihm damit allmählich die Fähigkeit übereignen, seine Affektzustände eigenaktiv zu regulieren, hängt von der Güte ihrer eigenen inneren Objekte ab, die sich in der Zeit herausbildeten, als sie selbst ein Baby waren. Es ist immer entscheidend, was in den ersten zwölf Monaten, in denen sich die Grundstrukturen der Psyche entwickeln, geschieht. Dabei sind die verinnerlichten Bilder der Eltern niemals identisch mit diesen realen Personen, sondern erhalten ihr charakteristisches Gepräge durch die Wünsche, Ängste und Phantasien des Kindes. Keiner dieser Eindrücke geht je verloren, und so verfügt jeder Mensch über ganz unterschiedliche positive und negative Imagines, die den verschiedenen Lebensphasen entstammen und sich aufgeschichtet haben. All diese frühen Erfahrungen werden im Gedächtnis gespeichert und weiter aktualisiert, auch wenn uns dies nicht bewusst wird (vgl. Damasio 2004). Selbst sehr negativ getönte Bilder können unter dem Einfluss neuer emotionaler Erfahrungen – etwa im Rahmen einer psychoanalytischen Behandlung – freundlichere Züge annehmen.

2.4 Erkenntnisgewinn über Meta-Reflexion

Wenn wir uns also der psychoanalytischen Säuglingsbeobachtung zuwenden, so gilt es zu berücksichtigen, dass das Registrieren selbst winziger Details der alltäglichen Handlungen von Bedeutung sein kann. Es geht vor allem darum, die emotionale Wahrheit des Interaktionsgeschehens zu erfassen. Das ist etwas fundamental Anderes als in soziologischen Beobachtungskontexten intendiert. Dort gilt die Regel, als Beobachter/in möglichst neutral zu bleiben und seine eigenen

Gefühle zu kontrollieren, um einer objektiven Wahrheit möglichst nahe zu kommen. Die psychoanalytische Beobachtung dagegen zielt auf die Ermöglichung einer tiefen emotionalen Erfahrung. Der Beobachter/die Beobachterin soll die detailreichen Interaktionsprozesse aufnehmen, ohne sie zu bewerten oder zu kommentieren, aber zugleich offen bleiben für die primitiven Gefühle des Babys wie für die angeregten eigenen Gefühle, die dadurch evoziert werden. Er/sie soll Anteil nehmen an diesen urtümlichen Prozessen und selbst auf diese turbulenten Szenen emotional reagieren.

Indessen sind ein paar methodologische Einschränkungen zu benennen. Die Mehrzahl der unter zunächst quasi experimentellen Bedingungen durchgeführten Studien mit Säuglingen und Kleinkindern haben durchaus beeindruckende Ergebnisse erbracht. Diese aber gewährten keinen Einblick in das tagtägliche Zusammenleben eines Säuglings mit Vater und Mutter. Oftmals wurden zudem Kinder beobachtet, die ein Jahr oder älter sind, was »allenfalls *Rückschlüsse* auf das frühe Beziehungsgeschehen in Alltagssituationen« erlaubt. Oder es werden Schlussfolgerungen präsentiert, »ohne dass man Einblicke in die Beobachtungsmaterialien erhält« (vgl. Datler u. a. 2010, S. 161). Deshalb griff man auf Forschungsstrategien aus, die es erlauben, »das Alltagsleben selbst in den Blick zu nehmen« (vgl. S. 177).

Aber selbst die zu Hause gesammelten »Daten« beruhen auf einem Arrangement, bei dem ein/e Beobachter/in lediglich »auf Zeit eine lokale Lebenswelt« besucht (vgl. Zinnecker 2000, S. 382). Da liegt es auf der Hand, den Zugang zu beobachteten Phänomenen über »bereits vertraute Erklärungsmuster« zu finden. Nicht-Wissen und Nicht-Verstehen einen Raum zu geben, um Neues zu entdecken und zu erforschen, erscheint viel schwieriger (vgl. Amann, Hirschauer 1997, S. 11 f.; Datler u. a. 2010, S. 165 f.).

Nichtsdestotrotz führen die Akzeptanz und Reflexion dieser Schwierigkeiten durchaus zu vertieften Einsichten. Wie schon in den von *Daniel Stern* (2005) sowie *Müller* u. a. (2005) beschriebenen dichten Momenten der Begegnung in einer Praxis- oder Forschungssituation geht es auch bei der häuslichen Beobachtung um die konzentrierte Aufnahme der kleinsten körperlichen Reaktionen des Babys und um jede mimische und akustische Aktion oder Reaktion. Unter dem Druck der anspruchsvollen Aufgabe der Babybeobachtung gerät der Beobachter/die Beobachterin selbst in heftige Turbulenzen, und seine/ihre die Quellen der Angst ergeben sich aus der Begegnung mit primitiven Ängsten, die aus der Teilhabe an der engen Beziehung zwischen Mutter und Baby resultieren. Ohne eine beständig mitlaufende Reflexion der in Gang kommenden Übertragungs- und Gegenübertragungsprozesse könnte ein Verstehen des Wahrgenommenen wie vor allem des Unterschieds zum Eigenen, das womöglich als verfälschende Projektion in die Auswertung der Ergebnisse einflösse, gar nicht adäquat gelingen (vgl. Diem-Wille 2012a, S. 33).

Nach der Beobachtungsphase bringt der Beobachter/die Beobachterin detailliert die Interaktionsvorgänge innerhalb der Familie zu Papier. Hierbei zählen insbesondere eine genaue Beschreibung der Handlungsabläufe, die atmosphärischen Stimmungen, die körperlichen Ausdrucksformen und Erzählungen.

> »Es geht nicht um Interpretationen oder theoretische Erläuterungen, sondern die Erfahrungen während der Beobachtung sollen frisch und nachvollziehbar in Worte gefasst werden (...). Das Zentrum ist das Baby und alles, was das Baby betrifft« (Diem-Wille 2012a, S. 34 f.).

Auch mögliche Umwelteinwirkungen sind zu berücksichtigen. Eine berufliche Veränderung des Vaters oder der Krankheits- oder Todesfall eines/r nahem Verwandten können die Stimmung der Eltern beeinflussen, und es ist wichtig zu sehen, an welchen Verhaltensweisen des Babys zu erkennen ist, dass es darauf reagiert. Gerade in solchen Momenten wird offensichtlich, dass eine wertfreie Beschreibung nicht möglich ist, da gewissen Worten, die dabei gesprochen werden, bereits eine positive oder negative Konnotation innewohnt. Insofern kommt es darauf an, zu belegen, an welchen Feinheiten zum Beispiel eine traurige Stimmung festgemacht wir, was nur gelingt, wenn man genau auf das Baby und die Handlungen der Mutter achtet.

Eine wichtige Datenquelle für das Verstehen des Geschehens sind also die im Beobachter/in der Beobachterin wachgerufenen Empfindungen und Gefühle. »Unbewusste Kommunikation zwischen Familien und Beobachter sind oftmals an der vermittelten Stimmung zu erkennen« (Diem-Wille 2012a, S. 35). Der Wert der Seminargruppe, in der die Aufzeichnungen vorgestellt werden, liegt darin, für den Beobachter einen Container darzustellen. Die Notizen werden besprochen, und es kommt zu vorsichtig formulierten Vermutungen und Deutungen über die Entwicklung der inneren Welt des Babys, die nun gemeinsam diskutiert werden. Durch die Reaktionen der Gruppe auf seine/ihrer Ausführungen erfährt der Beobachter/die Beobachterin, was sie in den anderen auslösen. Einzelne Teilnehmer/innen identifizieren sich mit einer der Personen, z.B. der Mutter oder dem Baby, oder Teilaspekten davon. Auf diese Weise wird, ähnlich wie in Supervisionsstunden, wo Fälle und die eigenen Verstrickungen darin vorgetragen werden, das emotionale Befinden in einer bestimmten Situation – hier der Sequenz einer Mutter-Kind-Beziehung – wiedergespiegelt, als befinde man sich in diesem Moment selbst dabei. Diese Resonanzphänomene geben wichtige Hinweise auf die beobachteten familialen Interaktionen und verhelfen dem Beobachter/der Beobachterin dazu, seine/ihre unbewusste Haltung der gestellten Aufgabe wie der Familie gegenüber zu reflektieren.

Zum Erfassen dieser Tiefendimension dient mithin die Bearbeitung des gewonnenen Materials in der Seminargruppe, die die Erkenntnisse des Beobachters/der Beobachterin quasi als Korrektiv ›gegenliest‹.

> »Die Seminargruppe hat die Aufgabe, auf der Basis des vorhandenen Beobachtungsmaterials das emotionale Geschehen zwischen Säugling und Mutter sowie anderen während der Beobachtungen anwesenden Familienmitgliedern zu untersuchen« (Rustin 2012, S. 13).

So erscheint es in diesem Kontext wichtig, zwischen den Ängsten der häufig noch unerfahrenen Beobachter/innen und jenen, mit denen Mutter und Kind in den ersten gemeinsamen Wochen konfrontiert sind, unterscheiden zu lernen. Die Beobachter/innen sind nicht bloß Zaungäste, sondern werden in die Privatsphäre der Familie eingeladen und sie dürfen aus nächster Nähe die Versorgung des winzigen Säuglings verfolgen. Sie sind unmittelbar mit der Intimität von

Mutter und Kind in Kontakt, und der Mutter beim Stillen, Baden und Halten zuzusehen und all ihre Reaktionen aufzunehmen evoziert in ihnen die gleiche Verletzlichkeit, die die Mutter in diesen Situationen erlebt. Das kann ein schamhaftes Gefühl von Sich-Eindrängen auslösen. Diese Angst kann sich in der Seminargruppe in Form einer vorwurfsvollen Kritik an der Arbeitsweise äußern, da die Gruppe fürchtet, Verbündete einer aggressiven voyeuristischen Haltung zu sein. Hier obliegt es der Seminarleitung, die Ängste zu beschreiben, die durch das Zusehen wachgerufen werden, damit die Anwesenden lernen, zwischen den Anforderungen an eine Beobachtung und den aufkommenden Befürchtungen zu unterscheiden.

> »Im Kontext der Beobachtungen kann es leicht zum Agieren kommen, wenn nicht sehr viel sorgfältige Reflexion stattfindet, da die Beobachtung eines Mutter-Kind-Paares das eigene kindliche Selbst nur allzu spürbar macht. Innere Konflikte können auf vielfältige Weise geweckt werden« (vgl. Rustin 2012, S. 16).

Ich selbst habe in einem kleinen Forschungsprojekt an der Hochschule Darmstadt ähnliche Prozesse erlebt. Es ging um eine Befragung von erwachsenen Menschen mit einer geistigen Behinderung über ihre Wünsche, wie und wo sie leben wollten (vgl. Gerspach 2004a, S. 53 ff.). Die beteiligten Student/innen führten Interviews mit ausgewählten Dialogpartner/innen durch, transkribierten die Gespräche und waren zudem gebeten, sich kurze Notizen über ihre eigenen Gefühle, Einfälle und Assoziationen, die mit dem Setting und dem Verlauf des Interviews in Zusammenhang standen, zu machen. Unsere Auswertungsgruppe wurde dann zum Raum für die Darstellung und Reflexion dieser Gefühle, Gedanken und Interpretationen.

Unser Fokus wurde auf möglichst unzensierte Selbstmitteilungen der Befragten gelegt, und um den Gesprächsfluss nicht zu behindern, gab es kaum Vorgaben für die Interviewführung. Dabei waren wir uns durchaus der mit dem Projekt verbundenen methodischen Probleme bewusst, zumal Menschen mit einer geistigen Behinderung auf Grund von realen oder vermeintlichen Problemen ihrer »Selbstartikulation« in den gängigen Forschungs-Settings kaum berücksichtigt werden, obwohl basale Kompetenzen zum »rudimentären subjektiven Theoretisieren« nachweisbar sind (vgl. Giese u. a. 2002, S. 183 ff.).

Hier zeigt sich wieder einmal die Wirkungskraft von expliziten und mehr noch impliziten Beurteilungsmaßstäben, was selbstredend auch vor den Student/innen, die an der Befragung beteiligt waren, nicht Halt macht. Also mussten sie dafür sensibilisiert werden, das Andere bzw. Fremde, das ihnen da offenbar begegnete, nicht an definierten Kriterien zu messen, sondern verstehen zu wollen – und zwar als Ausdruck des Eigenen. »Was als Fremdes abstößt, ist nur allzu vertraut«, formulieren *Horkheimer* und *Adorno* mit Bezug auf *Freud* (vgl. Horkheimer, Adorno 1969, S. 191). Nach *Freud* ist das, was uns unheimlich vorkommt, »etwas dem Seelenleben von alters her Vertrautes, das ihm durch den Prozess der Verdrängung entfremdet worden ist« (vgl. Freud, S. 1919h, S. 254).

Wir grenzen uns also ab, indem wir dieses Unheimliche heimlich in einen Begriff wie *Behinderung* stecken. In Anlehnung an Devereux weist Hofmann auf die mannigfaltigen professionellen Abwehrstrategien hin, die die Funktion erfüllen, das Fremde zu bannen (vgl. Hofmann 1998, S. 10; Devereux 1992, S. 109). Gerade in der Forschung treffen wir auf den Umstand, dass die gewonnenen Daten Ängste erregen können, »die durch eine von der Gegenübertragung inspirierte Pseudomethodologie abgewehrt werden« (vgl. Devereux 1992, S. 18). Ein Großteil ihres erschreckenden affektiven Inhalts muss dann »entgiftet«, also mittels Verleugnung abgewehrt werden (vgl. S. 109). Es liegt auf der Hand, dass die Begegnung mit geistig behinderten Menschen eine besondere affektive Neigung zur Abgrenzung hervorbringen kann und dadurch wichtige Informationen, die in den Interviews zum Vorschein kommen konnten, verloren zu gehen drohten.

Folglich bestand meine vordringliche Aufgabe darin, diese Ängste und Projektionsneigungen zu containen und zur (Selbst-)Aufklärung über ihre psychische Funktion beizutragen. Erst jetzt wurde es möglich zu erkennen, mit Entsetzen festzustellen, wie wenig die befragten Menschen es sich zu erlauben wagten, ihre eigenen Sehnsüchte und Träume zu empfinden, geschweige denn sie zu artikulieren. Dabei traten keine offensichtlichen Denkverbote zutage. Die Selbstzwänge erschlossen sich uns nicht auf den ersten Blick, eher stießen wir auf eine über lange Jahre der Abhängigkeit »ankonditionierte« Gefühllosigkeit gegenüber den eigenen Bedürfnissen. Sie waren es nicht gewohnt, ernsthaft gefragt zu werden. So wurde aus der Forschungsfrage: »Was wünschen Sie sich« sogleich die Befürchtung: »Was habt Ihr vor mit mir?«. Und als Ergebnis kam dabei eine eher devote Unterwerfungsgeste heraus: »Was wünscht Du, dass ich mir wünsche?«

Auf der manifesten Oberfläche war das natürlich nicht deutlich markiert, sondern es schimmerte eher diskret durch. Damit tritt ein Erkenntnisproblem auf: Wer gibt mir die Erlaubnis zu vermuten, dass mein Gegenüber nicht offen sagt, was es denkt, wenn das Material solches nicht explizit hergibt?

Katzenbach und *Uphoff* beschrieben die Situation beim Abendessen auf einer stationären Wohngruppe für Menschen mit geistiger Behinderung. Eine Bewohnerin wird von einem Mitarbeiter gefragt, ob sie lieber Wurst oder Käse wolle. Etwas schwer verständlich antwortet sie: »Wurst«. Der Mitarbeiter fragt noch einmal freundlich nach, ob sie nicht doch lieber Käse wolle. Daraufhin antwortet sie: »Käse«. Sie müsse sich entscheiden, kommt zurück: »Wurst oder Käse«, worauf sie »Käse Wurst« grummelt.

> »In dieser alltäglichen, fast banal wirkenden Situation wird deutlich, wie sich die wohlgemeinte Intension des Mitarbeiters, Selbstbestimmung durch das Eröffnen von Wahlmöglichkeiten zu realisieren, in ihr Gegenteil verkehrt. Gegen die Absicht des Mitarbeiters entsteht eine Situation, in der nicht Handlungsspielräume entstehen, sondern im Gegenteil unter der Hand ein Druckszenario im Sinne von ›Nun-entscheide-sich-endlich-mal‹ aufgebaut wird, also letztlich Gehorsam beziehungsweise Unterordnung verlangt wird« (vgl. Katzenbach, Uphoff 2008, S. 70 f.).

Sehr schnell verführt diese Szene zur Feststellung, dass dies ein Beispiel dafür sei, wie eine geistige Behinderung Unselbständigkeit erzeuge und die davon betroffenen Menschen gar nicht imstande seien, sich selbst zu versorgen. Der lebenslang erfahrene soziale und institutionelle Rahmen, der gar nicht anderes zulassen will, wird aus Selbstschutz glattweg ausgeblendet.

Aber wenn wir auf der Ebene des manifest Geäußerten verbleiben, erscheint eine solche Interpretation doch schlüssig und legitim. Ich halte dies dennoch für einen methodischen Kardinalfehler und möchte meinen Vorbehalt an einem weiteren Beispiel explizieren.

In dem Text über eine Eingewöhnung in die Krippe von *Schaich* beschreibt der Vater seine Situation als Kind. Sein Vater starb, als er sieben Jahre alt war. Kurz darauf folgte mit Mutter und Bruder die Flucht aus dem Kriegsgebiet im ehemaligen Jugoslawien. Er sagt: »(…) ich hab gewusst, dass mein Vater tot ist, das war ganz klar, aber sagen wir, dass ich jetzt eine männliche Person unbedingt gebraucht hätte in meiner Kindheit, nein, überhaupt nicht. Das war, meine Mutter und mein Bruder, also wir drei …« (vgl. Schaich 2012, S. 536). Man könnte diese Äußerung nehmen als deutlichen Ausdruck einer bewältigten Situation. Man kann sie aber auch nehmen als Abwehr des Wunsches nach dem verlorenen Vater. In der Praxis ist diese knifflige Frage eher lässlich. Hier bin ich imstande, meine durch die Gegenübertragung ausgelösten Assoziationen zurückspielen und zu sehen, ob sie zutreffend sind. Da kann ich mit der Mitteilung des Vaters ganz anders umgehen und ihm bedeuten, dass ich seinen Verlust verstehe und er das Recht hat, darüber traurig zu sein, dass ihm der Vater fehlte, ohne es darüber rationalisieren zu müssen, auch wenn es im ersten Moment weh tun mag.

Wie sicher ich die Richtigkeit meiner Einschätzung ab, wo doch falsche Einschätzungen ständig möglich sind? Schon *Bowlby* (1975) hat in seinen ersten Formulierungen zur Bindungstheorie übersehen, dass es Kinder, die bei der Trennung von der Mutter *nicht* protestieren, keineswegs gut gehen muss. Sie geraten in Stress, vermeiden aber ihn zu zeigen, um der Mutter damit Schmerz zu ersparen, weil sie befürchten, sie könne das nicht ertragen und das Problem fiele am Ende doch wieder auf sie selber zurück. Dieses Erblinden ist noch heute geläufig. So erkennen gut ausgebildete Fachkräfte, dass sie sich geschmeichelt fühlen, wenn ein solches Kind zu ihnen eine gute Beziehung aufbaut, während es zur Mutter relativ distanziert bleibt. Allerdings nutzen sie diese Wahrnehmung nicht dazu, den eigenen Selbstwert zu erhöhen, sondern bemühen sich, eine stabile und belastbare Beziehung aufzubauen. Nicht so gut ausgebildete Fachkräfte halten das gezeigte Verhalten des Kindes irrtümlich für eine geglückte Überleitung in die Fremdbetreuung und sehen nicht die strategische Absicht dahinter, die eigene Beängstigung zu bannen (vgl. Zach 2012, S. 66 ff.; Gerspach 2018, S. 59).

Solange ich vom Kontext absehe, in dem bestimmte Äußerungen fallen, begebe ich mich eines wesentlichen Zugangs zum Material. Und damit stoße ich wieder auf die prinzipielle Unterschiedlichkeit von Praxis und Forschung. Dies gilt sowohl für das Verstehen wie auch für die Einflussmöglichkeiten. Für beide Felder gilt indessen, dass die Frage von richtiger oder falscher Interpretation ohne die Einbeziehung der intersubjektiven Dimensionen des Unbewussten gar nicht valide zu beantworten ist. Hier treten nämlich die beiden Akteure über den Fundus ihres *impliziten* Wissens in einen Austausch, den es zu *explizieren* gilt.

Ich komme noch einmal auf die Infant Observation zurück. *Bick* macht auf den Unterschied zur Forschung aufmerksam, wenn sie schreibt:

> »Da die Säuglingsbeobachtung mehr als Ergänzung der psychoanalytischen und kinderpsychotherapeutischen Ausbildung denn als Forschungsinstrument gedacht war, hielt man es für wichtig, dass der Beobachter sich selbst so weit als Teil der Familie erlebte, dass er die emotionalen Eindrücke wahrnehmen konnte, sich jedoch nicht verpflichtet

fühlte, die ihm auferlegten Rollenangebote zu erfüllen, wie beispielsweise Ratschläge zu erteilen (…)« (Bick 2009, S. 20).

An dieser Stelle sind zahlreiche Verwicklungen denkbar. So mag eine alleinstehende Mutter versuchen, den männlichen Beobachter in die Rolle des Ersatzvaters zu bringen. Eine unsichere Mutter mag den Beobachter/die Beobachterin als ›Babysitter‹ zu funktionalisieren suchen, der auf ihr Kind aufpasst. Oder die postpartale Depression der Mutter nimmt die Gruppe derart in Beschlag, dass dem Baby selbst kaum Raum gewährt wird. Es ist also von großem Wert für das Verstehen, wenn es gelingt, sich der wachgerufenen Gefühle bewusst zu werden und dieses Wissen Eingang in die eigene innere Welt findet. »Dabei ist es wichtig, emotional in Distanz gehen und reflektieren zu können, dabei aber emotional erreichbar zu bleiben und die Gefühle des Babys containen zu können« (vgl. Diem-Wille 2012a, S. 36; Rustin 2012, S. 17).).

Man muss sich also verwickeln lassen, damit Entwicklung möglich wird. Danach aber kommt es darauf an, wieder die nötige Distanz herzustellen. Nähe und Distanz müssen also ausgependelt werden. Das ist womöglich leichter gesagt als getan.

Das Wissen über und der gekonnte Umgang mit Reflexion und Selbstreflexion schwinden, wo die Erfahrung fehlt, dass selbige nötig sind (vgl. Gerspach 2012, S. 70 f.). Ein psychoanalytisch inspiriertes Verstehen wird keine eindeutigen Lösungen anbieten, und das wird heute als Manko gesehen, das kaum auszuhalten ist. Wo einstmals Entrüstung aufkam über *politisch unkorrekte* Reaktionen von Sozialarbeiter/innen: »Wie kann man nur solche Gefühle haben?«, richtet sich heutzutage die Entrüstung eher gegen die Adressat/innen: »Das ist aber auch eine schreckliche Familie!« Diese veränderte Haltung hat mehrerer Ursachen. Zunächst zeitigt der Verzicht des Fachdiskurses auf eine Form von Fallarbeit, die unter Berücksichtigung szenischer Arrangements die Pendelbewegung von Nähe und Distanz noch fokussierte, Wirkung. Als professionell gilt eher, Ansprüche aus Richtung der Adressat/innen sofort zurückzuweisen und vorab Distanz zu wahren.

Hinzu kommt – und das ist *auch* ein Motiv für die eben beleuchtete Verstehenslücke –, dass die Konfrontation mit der großen emotionalen Bedürftigkeit des Gegenübers Angst macht. Ich bin mir ziemlich sicher, dass hinter dem provokanten Verhalten der Schülerin im Mathematikunterricht, und zwar über das übliche adoleszente Aufbegehren hinaus, ein heimlicher Beziehungswunsch verborgen war, von dem sie aber selbst nichts wusste.

So blieb bei der Referendarin eine diffuse Angst vor Überflutung und das Erleben von Ohnmacht zurück, was aber nicht aufzulösen gesucht wurde. Ihr Beleidigt-Sein wurde eher als professioneller Fehler angesehen, und ihr wurde geradezu die Legitimation abgesprochen. Zugleich wurde dieser sehr persönlichen Reaktion der interaktionelle Kontext abgeschnitten. Sie wurde nicht als eine zur Szene passende Fasson von Gegenübertragung verstanden, zu der es bei der Schülerin ein Pendant gab.

Der Erkenntnisprozess beginnt aber beim Zulassen von Affekten sowohl beim Gegenüber wie auch bei einem selbst. Hinzu tritt bzw. gibt die Voraussetzung für dieses Zulassen ab, dass wir zur empathischen Einfühlung imstande sind. Gleichermaßen wichtig wäre das Aufspüren der unbewussten Motive, falls wir bemerken, wie Widerstände gegen die nötige Feinfühligkeit mobilisieren werden. Was lösen etwa die Reaktionen des Gegenübers bei mir an projektiven Schutzmaßnahmen aus? In einem nächsten Schritt kommt das Verstehen hinzu, das im letzten eine kognitiv organisierte Zusammenschau der inszenierten Dramaturgie, in die wir hineingezogen werden, ermöglicht. Diese Verstandesleistung darf nicht abgekoppelt vom affektiven Mitagieren betrachtet werden, aber sie erst ermöglicht uns die Reflexion auf einer Metaebene: Das Nachdenken übers Erleben und Denken sichert den Erkenntnisgewinn ab. Wir sind also in jedem Fall als Beteiligte/r involviert.

Dass es deshalb gilt, auch die persönliche Einfärbung beim Protokollieren in den Blick zu nehmen, zeigt das nachfolgende Beispiel. Eine Beobachterin nimmt sich einmal in der Woche in einer Kindertagesstätte des kleinen dreijährigen Maximilians an. Sie hat sich gerade ihn ausgesucht, weil er »so a Lausbub« ist (vgl. Diem-Wille 2012a, S. 41 ff.). So heißt es an einer Stelle ihres Protokolls geradezu bewundernd: »Wenn Maximilian geht, dann marschiert er.« Beginnt er wagemutig am Fenster herumzuklettern – und dabei sucht er Blickkontakt zu ihr –, findet das ihre Sympathie, und gleichzeitig hat sie Angst um ihn, meint aber still sitzen bleiben zu müssen, weil sie ja »nur« die Beobachterin ist. Unabhängig vom Folgenden tut sich hier doch die forschungsethische Frage auf, ob man gegebenenfalls im Dienste des ›Auftrags‹ ein Kind opfern darf. Sie ist aber auch stolz, dass er so ein guter Kletterer ist. Zwischen beiden geschieht viel mehr, als eine trockene Beschreibung wiedergeben könnte. Im Gegenteil ist der Bericht voller lautmalerischer Formulierungen »Immer wieder gelingt es ihm, heftige Gefühle in der Beobachterin hervorzurufen«, und später im Seminar gibt sie preis: »Er gefällt mir, ich hätte gerne so ein Kind wie er« (vgl. Diem-Wille 2012a, S. 43).

Werden also in den Aufzeichnungen wie mündlichen Berichten die eigenen Resonanzen zu diesem Kind deutlich sichtbar und es bleibt hernach keine kalte ›objektive‹ Wiedergabe, so wird doch erst darin ein Zugang zu seinem Erleben sichtbar, das in der Gruppe belebt wird und Anlass zu Reflexion bietet. Im andern Fall würden wir vielleicht gleich im Beobachtungsprotokoll notieren, dass der Junge ›unangemessen‹ reagiert. Eine ›Versachlichung‹ würde eben die persönliche Seite der Interaktion zensieren und dem Verstehen unzugänglich machen. Zugleich erkennen wir Projektionen auf das lebhafte Kind wie auf die Betreuerin, die ob ihres unsicheren Auftretens gerügt wird und in der Beobachterin Gefühle von Ohnmacht auslöst. Und eben dies muss auch gehörig durchgearbeitet werden.

Später erfahren wir, dass Maximilian zu Hause von einem kleinen Bruder entthront wurde und daran zu knapsen hat. Und genau hier zeigt sich sehr oft, dass die in diesem Zusammenhang bei uns selbst ausgelösten Gefühle und Assoziationen zu einer gravierenden Verstehensbarriere führen können. Die Beobachterin führt in ihrem Bericht eine Szene aus, in der dieses Thema metaphorisch zur Sprache kommt.

Im Laufe des protokollierten Geschehens tritt ein weiteres Kind, Lea, auf. Lea wird von ihrer Mutter gebracht und hat offenbar Probleme, sich von dieser zu verabschieden. Aus dem zunächst wilden und waghalsigen Maximilian wird auf einmal ein weicher und fürsorglicher Junge, der sich Lea annimmt. Lea hat einen kleinen Eisbären dabei, und beide begeben sich in die Kuschelecke und spielen mit ihm. Nach einer Weile holt Lea einen Puppenwagen und legt den Eisbären hinein. Maximilian folgt ihr, und mit den Worten, zu Hause dürfe er den Wagen schon alleine schieben, will er dies auch hier tun. Sie schieben den Wagen ein Stück gemeinsam, dann steckt sich Lea den Eisbären unter ihr T-Shirt und sagt, dass ihre Mama ein Baby im Bauch hat, das schon groß, aber eben noch im Bauch sei. Beide begeben sich mit dem Eisbär zum »Arzt«, dem sie ihn sehr vorsichtig präsentieren. Im Anschluss wird der Eisbär wieder in den Wagen gepackt. Dann verändert sich plötzlich das Spiel, und Maximilian beginnt, in den Wagen hinein und auf das Eisbärbaby zu schlagen. Lea gemahnt ihn, dass er das Baby nicht schlagen solle, tut es ihm aber mit gleicher Wucht nach, schaut dann in den Wagen hinein und das Baby an.

In einem meiner Seminare zur Psychoanalytischen Pädagogik haben wir vor nicht allzu langer Zeit den Text von *Diem-Wille* bearbeitet. Der Gruppe ist die Psychoanalyse nicht mehr unvertraut und sie hat schon viel mitnehmen können. Ich fordere sie auf, Vorschläge zum Verstehen dieser Szenen zu machen. Offenbar verbindet die zwei Kinder ein großes gemeinsames Thema: die (baldige) Existenz eines Geschwisterchens! Leas Abschiedsschmerz gründet auf dem Gefühl, die Mutter jetzt ganz dem ungeborenen Baby zu überlassen und aus dieser Beziehung ausgeschlossen zu sein. Dann aber wird bei ihr über die Identifikation mit der Mutter, die zum Arzt muss, eine aktive Bewältigung der Situation sichtbar. Ähnliches geschieht mit Maximilian, auch er kann sich auf das Vater-Mutter-Kind-Spiel einlassen. Bis dahin verläuft in unserer Runde alles sehr geschmeidig.

Auf einmal jedoch trifft meine Frage nach der Bedeutung des abrupten Stimmungswandels offenbar einen wunden Punkt. Es geht um die Attacken auf den Eisbären. Zunächst entsteht ein Schweigen. Als erstes kommt die Antwort, es sei gut, dass Lea es Maximilian untersagt habe, dem Eisbärbaby wehzutun. Dass sie selbst dem nämlichen Impuls folgt, wird im ersten Moment verleugnet. Nun wird weiter ›pädagogisch‹ argumentiert, in solchen Fällen von Destruktivität müsse man die Kinder ablenken. Ganz aus dem Blick gerät zunächst, dass Lea am Ende nachschaut, wie es dem Eisbären geht. Erst nach und nach können wir uns dem Eigentlichen annähern.

Nicht nur die beobachtende Person einer solchen Szene, sondern auch diejenigen, die sich mit einem Verstehen der in den Protokollen niedergelegten Beobachtungen befassen, sind von diesem Umstand betroffen und müssen die in ihnen ausgelösten Assoziationen wie Widerstände beleuchten, wollen sie tatsächlich verstehen.

In diesem Fall geht es um Geschwisterrivalität, um Neid und Wut auf den Neuankömmling. Die von den beiden Kindern zunächst spielerisch entfaltete Fürsorglichkeit lässt sich von ihnen nicht allzu lange durchhalten, und es kommt zu einem aggressiven Triebdurchbruch: der Eisbär kriegt Senge. Offenbar löst die Heftigkeit des gezeigten Affekts bei jenen im Seminar, die sich anfangs gleich zu Wort melden, erst einmal Angst aus und kann nicht toleriert werden. Der Neid und die ihn begleitende Wut dürfen nicht bewusst werden und müssen unterdrückt werden. Selbst die Wahrnehmung der gesamten Szene will unter diesen Vorzeichen zunächst nicht gelingen. Die Irritation ist so groß, dass der ›gute‹ Ausgang des Dramas übersehen wird: Lea überprüft, ob das Eisbärbaby Schaden genommen hat – sie schaut in den Puppenwagen, um sich »zu vergewissern, ob das Baby ihre Eifersucht und ihre Angriffe und phantasierten Attacken überlebt habe« (vgl. Diem-Wille 2012a, S. 46). Diese Form der Wiedergutmachung ist wichtig, um die Aggressionen ins eigene Selbst integrieren und sich von archaischen Schuldgefühlen entlasten zu können. Auch den Student/innen tut diese meine Erläuterung gut und macht es ihnen leichter, sich mit den durch die Geschichte angestoßenen eigenen tabubesetzten Empfindungen zu konfrontieren. Über das Erleben am eigenen Leib haben sie gelernt, den eigenen Widerstand zu beäugen und dergestalt mehr verstehen zu können.

Kurzum: Nicht die Abwehr der angestoßenen Gefühle, sondern deren eingehende Reflexion schafft Erkenntniszugewinn.

Wie soeben gezeigt wird das Prinzip der psychoanalytischen Beobachtung auch für Kleinkinder in der Kindertagesstätte angewandt, und das schon seit den 1950er Jahren. Dabei währt die Beobachtungsdauer etwa eine Stunde. Zwei- bis dreijährige Kinder können ihre Gefühle schon deutlich in Worten und Handlungen ausdrücken und sind schon eher in der Lage, ihre Triebimpulse zu steuern. »Ein dreijähriges Kind ›ist‹ sein Gefühl, wenn es glücklich ist, springt es jauchzend herum, wenn es wütend ist, reißt es ein Spielzeug weg oder wehrt sich physisch, wenn es unglücklich oder traurig ist, kann es haltlos weinen« (Diem-Wille 2012a, S. 37). Es ist der Kontext, der seinen Gefühlen den Stempel aufdrückt, und den gilt es aufzuschreiben und anschließend mitzureflektieren. Sein Verhalten gibt uns dabei Rätsel auf: »Ist das Herumlaufen des Kindes Ausdruck seiner Neugierde oder hat es die Funktion der Abwehr gegenschmerzliche Gefühle, die durch eine Überaktivität überdeckt werden sollen, um den physischen Schmerz der Trennung nicht ertragen zu müssen?« (vgl. ebd., S. 37).

Die Seminarteilnehmer/innen sollen darüber keine allgemeinen Theorien entwickeln oder neues Faktenwissen aus der Entwicklungspsychologie generieren. Sie sollen ganz beim Kind und seiner psychischen Stimmung und Psychodynamik bleiben und ihr Interesse bekunden.

Da erhalten auch die Informationen über den familiären Hintergrund eine durchaus eingeschränkte Relevanz. Schon *Lorenzer* hat darauf aufmerksam gemacht, dass es beim psychoanalytischen Verstehen nicht um die Rekonstruktion von Lebensgeschichte im Sinne faktenbasierter Ereignisse geht, und er hebt Ereignis und Erleben deutlich voneinander ab: »Psychoanalyse hat keine kausalgenetische Aussagekraft, kann sie doch an keiner Stelle ihre Aussagen an Ereignissen festmachen; sie muss vielmehr (…) ausschließlich im Bereich ›subjektiver‹ Erlebnisfiguren bleiben« (vgl. Lorenzer 1974, S. 196). *Dornes* geht sogar noch einen Schritt weiter, wenn er befindet, dass es nicht darum geht zu erforschen, »wie es damals wirklich gewesen ist, sondern wie das damals Gewesene dem Patienten heute erscheint – mit allen Erinnerungstäuschungen, Verzerrungen und Lücken« (vgl. Dornes 1997, S. 19).

Auch auf unserem Terrain generierten wir nur eine »Sammlung subjektiv wahrer Geschichten und eine Überprüfung oder Objektivierung ihres Wahrheitsgehalts ist entbehrlich« (vgl. Dornes 1997, S. 20). Vielleicht liegt genau hier der Hase im Pfeffer. Eine wissenschaftliche Lesart, die Forscher/innen auferlegt, sich an strenge formale Regeln zu halten, kann mit diesem Subjektivismus, der sich jeder operationalisierten Verarbeitung erfolgreich zu entziehen weiß, nichts anfangen.

Deshalb auch wird das Nachdenken über sich und seine Gefühle allzuoft als selbstzerfleichendes »Psychologisieren« abgewertet. Ganz vergessen geht dann, dass diese Form der psychoanalytischen Beobachtung »nach dem Bild eines liebevollen, wohlwollenden Ehepaares konzipiert (ist), das über sein Kind nachdenken und es verstehen will« (vgl. Diem-Wille 2012a, S. 47). Es erfordert ein Achten auf die leisen Töne, die leicht überhört werden, auf die kleinen Hinweise von Irritation, Verwunderung, Freude oder Unbehagen, die wir oft nicht wahrhaben wollen. Indessen tangieren diese Erkenntnisse die eigenen blinden Flecken und Schmerzen, vor denen wir uns seit Jahren mit Hilfe unbewusster Hemmungen, Tabus, Vermeidungen und Ängsten in Sicherheit zu bringen suchen. Indessen können sie bei eingehender (Selbst-)Reflexion eine innere Erleichterung schaffen und so neue Handlungsperspektiven eröffnen. Gerade die Seminargruppe – als Ansammlung von Menschen mit ähnlichem Schicksal – vermag hier eine tröstliche und nicht mehr traumatisch erlebte Begegnung mit dem gemeinsam geteilten Schrecken herbeiführen und auf diese Weise unseren Horizont erweitern helfen. »Besonders in sozialen Berufen und im Management ist ein Verstehen der tiefer liegenden Affekte wichtig für das Verstehen und die Ausübung der jeweiligen beruflichen Aufgabe« (Diem-Wille 2012a, S. 48).

Im Sinne des Verstehens der inneren, mit primitiven Gefühlen angereicherten Welt richtet Psychoanalytische Pädagogik ihr Interesse also auf beide Pole: die lernende und die lehrende Person. Im Sinne von sowohl Anleitung als auch Reflexion beim Beobachten. Der Ort des emotionalen Denkens soll beseelt werden. Das gelingt zunächst einmal über die sensible und aufmerksame Hinwendung zur bewussten wie besonders unbewussten Kommunikation zwischen Mutter und Säugling und der damit verbundenen engen Verflechtung des »emotionalen Stoffwechsels« zwischen Mutter und Baby. Das Baby reicht mit seinen noch unverarbeiteten »Beta-Elementen in die Psyche der Mutter hinein. Wenn die Mutter in der Lage ist, sich von diesen Projektionen mit Beta-Elementen emotional berühren zu lassen, kann sie diese mental verdauen und verstehen und sie dann als transformierte Alpha-Elemente dem Baby zur Introjektion zurückgeben« (vgl. Diem-Wille 2012b, S. 117 f.).

Das eigene Verhalten des Babys ruft bei der Mutter Reaktionen hervor, die wiederum Rückwirkungen auf sein eigenes Bewusstsein haben. In diesem rekursiven Ich-Modell entsteht eine »»seltsame Schleife‹ des Bewusstseins« – die Folgen seines Handelns kommen zu ihm zurück (vgl. DiemWille 2012b, S. 118; Hofstadter 2007, S. 246 f.).

Mit Hilfe seiner projektiven Identifikationen findet das Kind also Einlass in die Gedanken der Mutter. Ist seine projektive Identifizierung für sie allerdings zu gewaltsam, kommt ein gedeihliches Containment nicht zustande. Im Falle der Beobachtung einer gelingenden Mutter-Kind-Interaktion, wenn also die Mutter rasch und adäquat auf die Äußerungen ihres Kindes reagiert, fällt es leichter, sich darauf einzulassen. Will aber das Containment partout nicht gelingen, kann dies bei den Beobachter/innen eine Vielzahl von Abwehrmechanismen auslösen, um sich vor dem Berührt-Werden durch die heftigen Gefühle auf der anderen Seite zu schützen und auch, um die angestoßenen eigenen Gefühle nicht erkennen zu müssen (vgl. Diem-Wille 2012b, S. 121 f.).

Ich möchte nun noch einige forschungsmethodische Eigenheiten streifen, die zur Reflexion der pädagogischen Praxis dazugehören. Da sind zunächst die »Work-Discussion-Seminare«. Schon *Aichhorn* (1977) und *Balint* (1970) hatten den Wert der Möglichkeit erkannt, die berufliche Praxis in beruflich organisierten Gruppen zu reflektieren.

> »Mir war aufgefallen, dass namentlich in Zöglingsgruppen, die von Erzieherinnen geleitet wurden, deren schlechte Stimmung sich sofort auf die Gruppe übertrug, dann verstärkt auf diese zurückwirkte und so immer hin und her, bis es zum offenen Konflikt kam (…)« (vgl. Aichhorn, A. 1977, S. 134).

Über den Aufbau eines Vertrauensverhältnisses und den behutsamen Umgang mit diesen Konfliktthemen, die ja eigentlich der Zöglingsgruppe entstammten, ließen sich die Übertragungsmechanismen aufdecken, was am Ende in eine gedeihlichere Arbeit mit den Zöglingen zurückwirkte.

Ziel ist es, sich selbst zu beobachten und so »die emotionale Dynamik bei der Erfahrung in der Arbeit zu verstehen, die die bewusste und unbewusste Ebene, die institutionellen Rahmenbedingungen und die Beziehungen im Kontext der Beobachtung umfasst« (vgl. Diem-Wille 2012b, S. 124). Um in der Gruppe die gewonnenen Ergebnisse auszuwerten und sich den dazugehörenden unbewussten Implikationen anzunähern, wird zum Beispiel gefordert, weniger an den gemachten Aufzeichnungen festzuhalten, sondern mehr Gebrauch von den impliziten oder expliziten Interpretationen zu machen. Bezüglich der Diskussion in der Gruppe wird dann auch anstelle theoretischer Erörterungen oder rascher Lösungsvorschläge vor allem Offenheit beim Hinein-Hören erwartet, eine Haltung also, die der *Bion*schen Fähigkeit zur negativen Kapazität sehr nahe kommt. *Bion* postuliert diesen psychischen Zustand, um Unwissenheit, Unsicherheit und Zweifel auszuhalten, für Nicht-Gewusstes offen zu sein und dabei nicht nach Fakten und Gründen suchen zu müssen, sondern sich weiterhin seiner selbst und der Situation sicher zu sein (vgl. Rüth 2005, S. 77 f.; Bion 1992). Um dies zu bewerkstelligen, ist der Seminarleiter aufgefordert, der Gruppe zu helfen, »auch in emotional belastenden Situationen bei der Aufgabe des Erforschens der bewussten und unbewussten Kommunikation zu bleiben, die Angst oder den psychischen Schmerz auszuhalten« (vgl. S. 125).

Diem-Wille erläutert den Gewinn der Erfahrung in einem Work-Discussion-Seminar an einem Beispiel, das sie von *Turner* und *Ingrisch* übernimmt (vgl. Diem-Wille 2012b, S. 127 ff.; Turner, Ingrisch 2009): Ein Schüler kommt eines Morgens ganz in seine Jacke vermummt, setzt sich auf seinen Platz und lässt die Kapuze auf dem Kopf. Er ist völlig in sich versunken, schaut weder die Lehrerin noch die anderen Schüler/innen an und folgt auch kaum dem Unterricht. Wie lässt sich dieses Verhalten interpretieren, welche früheren Erfahrungen mit ihm, über den sich die Lehrerin immer wieder ärgert und zu dem sie wenig Kontakt findet, werden in dieser Szene aktiviert? »Wir sehen, dass sie Interpretation der Situation sowohl von dem Bild, dass die Lehrerin von dem Schüler hat, von ihrer Beziehung zu ihm sowie auch von ihrer Erlebnisweise, wie sie sich, die anderen und die Welt sieht, beeinflusst ist« (vgl. ebd., S. 127).

Die Lehrerin reagiert verärgert, weil es ihr der Schüler schon wieder schwer macht, er sie provoziert und zurückweist. Ohne die Erfahrung in der Gruppe hätte sie früher ihrem Ärger Luft gemacht, ihn schroff angefahren, die Kapuze abzunehmen und sich normal zu benehmen. Hätte er darauf nicht reagiert, wäre die Situation wahrscheinlich eskaliert. »Nun, sagt sie, versucht sie ihren Ärger als mögliche unbewusste Kommunikation des Schülers mit ihrem Unbewussten zu verstehen. Will er ihr damit etwas sagen? Kann sie sich in seine Situation besser einfühlen, wenn sie ihren Ärger als Wegweiser zu seinen Gefühlen versteht?« (vgl. ebd., S. 128).

Sie muss nicht mehr im Affekt handeln, sondern kann ihr Gefühl zum Anlass nehmen, über die Szene nachzudenken. Sie gewinnt Distanz, die es ihr erlaubt, sich Zeit zu nehmen, ohne gleich handeln zu müssen. Sie setzt ihren Unterricht fort und »beobachtet den Schüler weiter, gleichsam aus der Perspektive einer Beobachterin, genau auf seine Körperhaltung achtend«. Sie nimmt wahr, dass er wohl mitschreibt, aber nicht aus seinem Schneckenhaus herauskommt und auch keinen Blickkontakt sucht oder zulässt. Dann legt sie ihm im Vorbeigehen kurz die Hand auf die Schulter, woraufhin er sich entspannt und nun aufrecht sitzt. Später wiederholt sie ihre Geste und sagt zu ihm: »Du, ich glaube, ich weiß, manchmal gibt es Situationen, da würde man sich am liebsten weg wünschen« (vgl. Turner, Ingrisch 2009, S. 176). Kurz darauf stellt die Lehrerin fest, dass er seine Kapuze heruntergenommen hat und in der Klasse umherblickt. Nach der Stunde kommt er zu ihr und berichtet von seinen Problemen in der Familie.

Wie wir sehr gut erkennen können, kommt es zu einer Auflösung der Spannung mit anschließender entwicklungsförderlicher Interaktion. Mithin geht es um »die wachsende Fähigkeit des Beobachters, nicht nur die äußere Situation wahrzunehmen, sondern auch sich selbst in der Situation des ›Anderen‹ zu erleben« (vgl. Maiello 2007, S. 348). Mit anderen Worten geht die Psychoanalytische Pädagogik davon aus, »dass Kinder und Lehrer über sich und die Welt in ihren freundlichen und dunklen Aspekten, die eigenen positiven und negativen Gefühle Bescheid wissen sollen« (vgl. Diem-Wille 2012b, S. 137).

Wir haben hier zwei ähnlich gelagerte Fälle aus einem Unterrichtsgeschehen mit provokantem Auftreten von Schüler/innen, aber mit gänzlich anderem Verlauf und Resultat. Vielleicht vermag dieser Unterschied einigen Skeptiker/innen die Augen öffnen für die Nutzanwendung psychoanalytisch-pädagogischen Verstehens.

2.5 Selbstverstehen als Medium des Fremdverstehens

Ist diese Form psychoanalytischen Beobachtens zu technizistisch? Das jedenfalls fragt sich *Günther Bittner*. Seiner Auffassung nach beherrschen in den letzten Jahren vor allem Fragen zur Technik, zur Anwendung und zum Setting den Diskurs innerhalb der Psychoanalytischen Pädagogik, was er als »Trend zur Technologisierung« bezeichnet (vgl. Bittner 2015, S. 33 ff.). Er bemängelt, dass ein sich dem Unbewussten ungerichtetes Überlassen nicht mehr an erster Stelle stünde und macht dies an einer Fallbeschreibung von *Bernd Traxl* fest (vgl. Traxl 2009).

Traxl beschreibt sehr differenziert und detailliert seine heilpädagogische Arbeit mit dem zwölfjährigen Martin, der u. a. die Diagnose Lese-Rechtschreibschwäche, unterdurchschnittliche akustische Differenzierungsfähigkeit, Schwäche der verbalen Synthese- und Integrationsleistungen sowie eine mögliche visuell-räumliche Analysebeeinträchtigung bekommen hat. Er zeigt verstärkt Aggressionen, verfügt über eine geringe Frustrationstoleranz und verweigert sich massiv jedem Unterstützungsversuch. Sein entwicklungsgeschichtlicher Hintergrund ist von Anfang an durch problematische Erfahrungen bestimmt. Nicht zuletzt ausgelöst durch eine Depression der Mutter kam es von Anfang an zu Abstimmungsschwierigkeiten. Zudem war der Vater nicht präsent und versuchte, mit körperlichen Strafmaßnahmen das Kind zu disziplinieren.

Die Betreuungsarbeit setzte sich aus kontinuierlichen Gesprächen mit der Mutter, laufenden Kontakten mit der Schule und der unmittelbaren Arbeit mit Martin zusammen. Anfangs verweigerte Martin jeden Kontakt total, was sich erst besserte, als *Traxl* immer besser in der Lage war, die große Kluft zwischen den Bedürfnissen und der Erlebenswelt von Martin einerseits und sich selbst andererseits auszuhalten. Dabei korrespondierte seine wachsende Offenheit mit der Überwindung seiner Versagensängste, und er vermochte immer besser, die Angst und Hilflosigkeit des Jungen wahrzunehmen.

> »Martins ablehnende und abwehrende Haltung verringerte sich von Mal zu Mal und wir begannen eine Beziehung aufzubauen, die von Anfang an von meinem Bemühen getragen war, den emotionalen Prozessen, die ich bei Martin vermutete, in empathischer und in einer für Martin spürbaren Weise Rechnung zu tragen« (vgl. Traxl 2009, S. 91).

Im ersten Betreuungsjahr kam es immer wieder einmal zu starken emotionalen Ausbrüchen, in denen Martin um sich schlug, Stühle warf, gegen die Wand hämmerte oder die Mutter unflätig anschrie, so dass *Traxl* von dieser Intensität wie gelähmt war. Er fühlte sich klein, unwichtig und ausgeschlossen. »Nicht beachtet zu werden schmerzte« (vgl. ebd., S. 95). Später gelang es, durch beruhigende Worte und Berührungen Einfluss auf Martin zu nehmen, so dass er seine Wut in Worte zu fassen beginnen konnte. Martin erkannte, dass sich *Traxl* als gutes Objekt zur Verfügung stellte und bezog ihn mehr und mehr ein, indem er Fragen stellte und Hilfe annahm. Im Zuge dieses Konsolidierungsprozesses nahm Martin immer mehr Kontakt nach draußen auf, zu Freunden oder seinem Vater, und seine Selbständigkeit wuchs. Inzwischen ist er fähig, »sich in mehreren Lebensbereichen auf intersubjektive Beziehungen einzulassen, die nicht primär von ihm selbst kontrolliert werden« (vgl. ebd., S. 99).

Eigentlich ist es eine eindrücklich geschilderte, anfangs von großen Schwierigkeiten begleitete, psychoanalytisch orientierte Fallgeschichte, ohne allzu viel theoretische Aufdringlichkeit. Und dennoch zeigt sich Bittner ein wenig unversöhnlich, bemängelt die vielen Deutungen und lückenlosen Erklärungen des Interaktionsgeschehens. Nur einmal, und das auch nur für kurze Zeit, werde *Traxl* durch die Wutausbrüche des Jungen aus dem Konzept gebracht (vgl. Bittner 2015, S. 35). Aber ein gewisses Maß an theoretischer bzw. methodischer Begründung für das eigene Handeln ist ja unabdingbar, gerade wenn es um den reflektierten Umgang mit psychodynamischen Wirkfaktoren, die aus der Lebensgeschichte herrühren, geht. Da sind doch Hinweise auf Affektabstimmung, Containing und das Ineinander von Übertragung und Gegenübertragung angebracht (vgl. Traxl 2009, S. 91 ff.). Dass im universitären Spektrum eine Theorielastigkeit Einzug gehalten hat, der auch die »neue« Psychoanalytische Pädagogik offenbar Opfer zollen muss, ist ein Punkt, an dem ich mit *Bittner*s Kritik durchaus d'accord gehe. An »begrifflichen Über-Elaboriertheiten« zu partizipieren, mittels derer man schnell lernt, sich »theoriekonform zu ›fühlen‹« und ein therapeutisches Vokabular zu verwenden, das eine Professionalisierung verheißt, aber nur ein »Abbild der therapeutischen Professionalisierung« bleibt, stellt ein Problem dar (vgl. Bittner 2015, S. 36).

Aber ist *Traxl*s Traktat dafür ein geeignetes Beispiel? Das Psychoanalytische an der Psychoanalytischen Pädagogik ist nicht Setting und Rahmen, sondern das »Bewegtsein von Unbewusstem, der Ich-Zustand der gleichschwebenden Aufmerksamkeit für dieses Unbewusste« (vgl. Bittner 2015, S. 39). Klar, aber was macht *Traxl* denn anderes?

In einem weiteren Text setzt sich *Bittner* mit *Esther Bicks* Infant Observation (vgl. Bick 2009) auseinander. Diesbezüglich merkt er zunächst an, dass für die fallbezogene Psychoanalyse und das Verstehen des Unbewussten des Patienten/ der Patientin die Neubewertung der Gegenübertragung, wie sie *Paula Heimann* vornahm, (vgl. Heimann 2016) wesentlich war (vgl. Bittner 2016, S. 208).

Bei *Freud* spielte die Gegenübertragung noch eine vergleichsweise geringe Rolle. Er hat sie als ein Phänomen beschrieben, das zwar unweigerlich mit der Übertragung, also dem »Einfluss des Patienten auf das unbewusste Fühlen des Arztes« zusammenhängt, aber die Formulierung, er, *Freud*, sei nicht weit davon, »die Forderung zu erheben, dass der Arzt diese Gegenübertragung in sich erkennen und bewältigen müsse«, fällt doch recht schwach aus (vgl. Freud, S. 1910d, S. 108).

Es ist vor allem *Sandór Ferenczi*, der der Gegenübertragung früh die nötige Aufmerksamkeit schenkt (vgl. Ferenczi 1919). Er verlangt vom Analytiker eine »doppelte Arbeit«: Einerseits soll er »den Patienten beobachten, seiner Rede folgen, von seinen Worten ausgehend, sein Unbewusstes konstruieren; andererseits soll er unausgesetzt seine eigene Einstellung dem Kranken gegenüber kontrollieren und notfalls richtigstellen« (vgl. Cabré 1999, S. 461). Diese konstruktive Haltung zur Gegenübertragung wird schließlich von *Heimann* weiterentwickelt, die sie als eine Inszenierung des Analysanden im Analytiker liest und insofern als einen Spiegel des Inneren des Analysanden auffasst (vgl. Heimann 1950, S. 81 ff.).

Für *Thomä* und *Kächele* stellt *Heimann*s Abkehr von der Auffassung, die Gegenübertragung sei einzig als »›Schöpfung‹ des Patienten« zu lesen, die er in den Analytiker hineinstecke, den Eckpfeiler einer bedeutsamen Revision der Psychoanalyse dar. Unbestreitbar ist, dass die Gegenübertragungsgefühle dem Analytiker/der Analytikerin den Eintritt in die »innere Welt« des Patienten/der Patientin gewähren, aber es muss genauestens differenziert werden, was vom Patienten/von der Patientin und was vom Analytiker/der Analytikerin kommt (vgl. Thoma, Kächele 1985, S. 93, zit. n. Bittner 2016, S. 208).

Heute wird die Gegenübertragung in einem ganzheitlichen Sinne einer »gemeinsamen Schöpfung« verstanden und umfasst die Gesamtheit der bewussten, unbewussten, reaktiven und genuinen Einstellungen des Analytikers/der Analytikerin, die Bezug zum Analysanden/zur Analysandin haben. Auch dem realen Verhalten der beiden am psychoanalytischen Prozess Beteiligten werden inzwischen wichtige Stimuli für die Beziehungsgestaltung zuerkannt. Grundsätzlich muss für das Gelingen einer psychoanalytischen Behandlung ein umfassendes Verstehen der Dynamik aus Übertragung und Gegenübertragung vorausgesetzt werden. Der Analytiker/die Analytikerin reagiert eben nicht nur im Sinne einer Gegenübertragung, sondern er/sie gestaltet den analytischen Prozess durch viele subjektive Faktoren, darunter die eigene Übertragung, aktiv mit (vgl. Stemmer-Lück 2004, S. 100).

An dieser Stelle möchte ich ausdrücklich auf die Kontrollfunktion von Supervisions- und Interpretationsgruppe verweisen, um beides richtig einzuschätzen. Gerade in der Pädagogik kommt es oft zu Umkehrungen der Psychodynamik. Der Lehrer/die Lehrerin ist dann nicht Adressat/in von Übertragungen aus Richtung der Schüler/innen, sondern er/sie ist ihr genuiner Träger. Macht ihm/ihr die erlebte Aufsässigkeit Angst, weil dies an ungelöste eigene Konfliktlinien der Kindheit erinnert, muss diese Widerständigkeit projektiv abgewehrt und auf Seiten der Schüler/innen unterdrückt werden. Die Gefahr war schon immer groß, dass Kinder zu Opfern der negativen Übertragungsneigungen ihrer Lehrer/innen werden. Hier sind Übertragung und Gegenübertragung vertauscht.

Damit komme ich auf *Bittner* zurück. Hier stellt sich erneut die generelle Frage nach der Validität von Interpretationen beobachteter Vorgänge, welche zuweilen sehr weit ausholen (vgl. Bittner 2016, S. 209). Auch Psychoanalytiker/innen sind nicht per se gegen diese Gefahr gefeit. *Bittner* bezieht sich auf das Beispiel aus einer Tavistock-orientierten Baby-Beobachtung mit Teilnehmer/innen einer sozialpädagogischen Ausbildung. Ein Teilnehmer hat protokolliert, dass die Mutter, als sie ihm die Tür öffnete, einen Hammer in der Hand hielt.

> »Was haben Sie dabei empfunden, fragt die Supervisorin. Ach, eigentlich nichts. Ja, haben Sie denn nicht das Aggressive darin gespürt? Bedenken Sie: mit einem Hammer kann man einem den Schädel einschlagen! Fühlen Sie denn nicht, dass diese Frau Ihnen den Zutritt verwehren wollte? Find ich nicht, sagt der Teilnehmer, sie hat gerade einen Nagel eingeschlagen und hatte noch keine Zeit, den Hammer wegzulegen. Die Supervisorin also ›fühlt‹ etwas, der Beobachter fühlt nichts dergleichen. Wer von beiden soll nun Recht behalten?« (Bittner 2016, S. 209).

Diese Vorgehensweise basiert auf dem Modell der projektiven Identifikation, wenn unerträgliche Gefühle der beobachteten Person zwecks eigener Entlastung in den Beobachter/die Beobachterin – und dann in die beobachtungsbegleitende Gruppe – hineinverlagert werden. Beobachter/in und Gruppe nehmen sie nun als zu sich gehörig wahr. Folglich hält der Beobachter/die Beobachterin das eigene Fühlen für real: »ich sehe und fühle es so, also ist es so« (vgl. Bittner 2016, S. 209).

Es gibt aber deutliche Grenzen des Verstehens. Kann sich die junge Beobachterin in einem Pflegeheim tatsächlich in die Lage einer alten bettlägerigen Frau hineinversetzen, die »ihre robuste Konstitution und ihren nicht totzukriegenden Lebenswillen« verflucht mit den Worten, dass leider keiner vorbeikomme, um ihr eins über den Schädel zu geben (vgl. Bittner 2016, S. 211)? Sind da, wie notiert, »tiefes Mitleid und Traurigkeit« überhaupt möglich (vgl. Datler, Trunkenpolz 2011, S. 183)?

Dann greift *Bittner* das Beobachtungs-Setting der Infant Observation auf, das sich zusammensetzt aus den Fragen:

- Wie mag eine beobachtete Person die jeweils beschriebene Situation erlebt haben?
- Wie kann man verstehen, dass sich diese Person in der beschriebenen Situation verhalten hat?
- Welche (Beziehungs-)Erfahrungen hat sie dabei gemacht?
- Welchen Einfluss haben diese Erfahrungen auf das Erleben dieser Person?

Alle diese Fragen können nur auf der Basis von Vermutungen beantwortet werden. Gerade den Reaktionen der Reflexionsgruppe kommt jetzt für die Interpretation eine gewichtige Rolle. Unter der Voraussetzung, dass die gesammelten Eindrücke diesem Korrektiv zugänglich gemacht werden – sie sozusagen in die Gruppenphantasie einsickern und dort ihre implizite Wirkung entfalten –, wird der Eindruck eines Einzelnen von mehreren Einzelnen aufgenommen und gegengelesen. Er wird im Gruppencontainer deponiert, dort bearbeitet und durchdacht zurückgespiegelt. Im letzten ist das noch immer keine valide Überprüfung und auch Nachfragen würden keine endgültige Klarheit schaffen. Aber wie soll dieses sichere Wissen überhaupt hergestellt werden?

Die positivistische Lesart in den Sozialwissenschaften, nur tatsächlich beobachtbare und überprüfbare empirische, also ›positive‹ Befunde zuzulassen, geht von einem vollständig definierten, ideologielosen Konstitutionsregularium aus, so als sei die Wirklichkeit unter der Herrschaft einer technischen Verfügungsgewalt freizulegen (vgl. Habermas 1973b, S. 217 ff.). Die Kriterien für die Geltung wissenschaftlicher Allgemeinaussagen werden im Logischen Empirismus in die Form eines Satzsystems gegossen, das nach dem Prinzip der Widerspruchsfreiheit aufgebaut sein muss. Sein erkenntnistheoretisches Modell wird zur »Doktrin, die besagt, dass alle Wissenschaften die gleiche Art von Gesetzen und die gleichen Methoden teilen – nämlich die der Physik, oder was für die Methode der Physik gehalten wird«. Dieser Sog ist so gewaltig, dass auch in der psychoanalytischen Gemeinschaft die Phantasie wirkt, die Übernahme dieser Doktrin helfe, »die Anerkennung und Wertschätzung wiederzuerlangen, die in den vergangenen Jahren verloren gegangen sind« (vgl. Kaiser 2018, S. 47 f.).

Mit der wissenschaftstheoretischen Konstruktion des Logischen Empirismus wird der Anspruch auf Wahrheitsfindung auf die Formulierung von Wahrscheinlichkeitsaussagen zurückgeschnitten. *Popper* spricht von »Basissätzen«, wenn es um theoretische Grundaussagen geht, die auf Tatsachenfeststellungen beruhen (vgl. Popper 2005, S. 60 ff.; Holzkamp 1970, S. 31 ff.). Der Wahrheitsanspruch wird jetzt nur noch diesen Basissätzen gewährt. In *Popper*s sogenannter Falsifikationskonzeption ist eine übergeordnete Allgemeinaussage als falsch zurückzuweisen, wenn diese mit einer als wahr betrachteten, eigentlich untergeordneten singulären Aussage in Widerspruch tritt. Eine allgemeine Feststellung wie »alle Schwäne sind weiß« kann durch den Einzelbefund »dieser Schwan ist schwarz« widerlegt werden (vgl. Holzkamp 1970, S. 35 f.).

Aber damit ist der Logische Empirismus nicht aus dem Schneider.

> »Die in den Basissätzen repräsentierten ›Tatsachen‹ sind keine von der jeweiligen Theorie unabhängige Instanz, sondern stellen notwendigerweise stets schon Interpretationen der Realität im Lichte der vorgängigen Theorie dar. Das Falsifikationskriterium schränkt zwar die Beliebigkeit des Beibehaltens von einmal aufgestellten wissenschaftlichen Satzsystemen ein, aber auch aus diesem Kriterium sind keine Gesichtspunkte dafür zu gewinnen, welche Satzsysteme überhaupt erst einmal formuliert und der Prüfung unterzogen werden sollen« (vgl. Holzkamp 1970, S. 37).

So lautet denn auch der Vorwurf von *Habermas*, dass eine Wissenschaftslehre, die sich einer durch »metasprachliche Konstitutionsregeln vollständig definierten Sprache« zu beschränken sucht, in den Widersprüchen ihrer formalen Logik befangen bleibt (vgl. Habermas 1973b, S. 217; Gerspach 1981, S. 102 ff.). Zu behaupten, dass sich Wissenschaft jeder subjektiven Interpretation zu enthalten habe, ist indessen selbst schon eine Behauptung. Anders ausgedrückt: »Annahme oder Ablehnung von Basissätzen beruhen in letzter Instanz auf Entscheidung« (vgl. Habermas 1971, S. 46). Der hermeneutischen Betrachtung erschließt sich Erkenntnis eben in einem völlig anderen als einem »Bezugssystem technischer Verfügung«, wie *Habermas* zeigt: »Sinnverstehen bahnt anstelle der Beobachtung den Zugang zu den Tatsachen« (vgl. Habermas 1973a, S. 157).

Überdies hat wissenschaftliche Erkenntnis immer nichttheoretische Voraussetzungen und Konsequenzen. Zu den theoretischen Vorbehalten gegenüber dieser sich selbst als wertfrei postulierenden Erfahrungswissenschaft gesellt sich also die »*praktische Kritik* ihrer nicht-theoretischen Voraussetzungen und Konsequenzen, ihrer Interessen also, die Erkenntnis erst ermöglichen, und ihrer technologischen Folgen, die solche Erkenntnisse haben« (vgl. Baier 1970, S. 27). Jeder Erkenntnis gehen bestimmte Interessen voraus, die sich »im Medium von Arbeit, Sprache und Herrschaft« bilden (vgl. Habermas 1973a, S. 163).

Um diese Selbstverblendung aufzulösen, muss »Selbstreflexion als Wissenschaft« (vgl. Habermas 1973b, S. 26) auf den Plan treten. Sie vermag das forschungstranszendentale Interesse einzuholen, indessen nicht aufzuheben (vgl. Habermas 1973a, S. 163).

> »Im Akt der Selbstreflexion ist die Erkenntnis einer Objektivation, deren Gewalt allein darauf beruht, dass sich das Subjekt in ihr als seinem Anderen nicht wiedererkennt, unmittelbar eins mit dem Interesse an Erkenntnis, nämlich an der Emanzipation von eben jener Gewalt« (vgl. Habermas 1973b, S. 348).

2 Psychoanalytisch orientierte Beobachtung

Damit ist eine weitere Zäsur gesetzt: Die empirisch verfahrenden, erfahrungswissenschaftlichen Forschungen mögen »technisch verwertbares Wissen hervorbringen, aber kein Wissen, das zur hermeneutischen Klärung des Selbstverständnisses handelnder Subjekte verhilft« (vgl. Habermas 1993, S. 261).

Diese Schwäche stellt sich einmal mehr heraus, wenn es um die Verifizierung der Basissätze geht. Bei *Popper* heißt es lapidar:

> »Es ist verständlich, dass sich auf diese Weise ein Verfahren ausbildet, bei solchen Sätzen stehenzubleiben, deren Nachprüfung ›leicht‹ ist, d. h. über deren Anerkennung oder Verwerfung unter den verschiedenen Prüfern eine Einigung erzielt werden kann« (vgl. Popper 2005, S. 70; Sahner 2000, S. 170).

Der wie auch immer zu fassende Wahrheitsanspruch wird jetzt durch eine Konsenserklärung ersetzt, eine Attitüde, die methodologisch sehr fragwürdig ist, auch wenn ich selbstverständlich einen Konsens in Fachkreisen zunächst einmal für erstrebenswert erachte.

Kurz bevor wir unser gemeinsames Buch über Frühprävention statt Medikalisierung bei ADHS herausbrachten (vgl. Leuzinger-Bohleber u. a. 2006), wurden *Marianne Leuzinger-Bohleber, Gerald Hüther* und ich als Kritiker einer biologistischen Auffassung über ADHS von der Bundeszentrale für Gesundheitliche Aufklärung in Köln zu einem Gespräch mit den Doyens des deutschen mainstreams, die ADHS als zu behandelnde Hirnstoffwechselerkrankung erachteten, eingeladen. Sogleich gab man uns sehr deutlich zu verstehen, dass wir uns auf den Konsens, der unter den Mehrheitsführer/innen ausgehandelt worden war, zu verpflichten hätten. Es verwundert wohl niemanden, dass das dann nicht geschah, aber mir ist erst jetzt aufgegangen, auf welche äußerst hartnäckige Weise und quasi unumkehrbar sich dieses *Popper*sche Dogma, Wissen auf dem Wege der Einigung zu begründen, in den empirischen Human- und Sozialwissenschaften eingenistet hat.

Mit dem methodologischen Rückzug auf beobachtbare Verhaltensweisen, der diesem Dogma innewohnt und mit dem sich scheinbar eindeutige Ergebnisse generieren lassen, wird jede Hinwendung zum inneren Erleben, wie es gerade für die Psychoanalyse und die von ihr beeinflussten Disziplinen typisch ist, ins Reich reiner Spekulation verbannt. Gleichwohl ist das Erleben der Wirklichkeit existent und dermaßen wirkmächtig, dass davon auch und gerade cerebrale Stoffwechselprozesse beeinflusst werden.

Ein Verstehen, das nach den verborgenen Sinnanteilen eines von uns schwierig erlebten Verhaltens sucht, lässt sich nicht mechanisch anwenden, wohl aber stabil in unserem pädagogischen Methodenrepertoire verankern. Ein *schwieriger Fall* kann am besten im Zusammenwirken theoretischer Wissensaneignung, praktischer Erfahrung und der Reflexion in der Supervision erfasst werden. Dafür benötigen wir:

- eine psychodynamisch fundierte Vorstellung der menschlicher Entwicklung und ihrer Störanfälligkeit,
- das Verstehen der auch unbewussten Bedeutung des aktuellen Interaktionsgeschehens,

- eine Sensibilisierung für das Selbst- wie Fremderleben,
- die Fähigkeit zur Selbstreflexion und realistischen Selbsteinschätzung der eigenen Möglichkeiten,
- das Aushaltenkönnen eigener innerer Spannungszustände.

Auch wenn heutzutage unter der Vorherrschaft des empiristischen Paradigmas die wissenschaftliche Relevanz von Einzelfalldarstellungen angezweifelt wird, so liefern sie uns jedoch tiefgehendere Einblicke in die zuweilen sehr problematisch verlaufende Subjektgenese als kumulierte Ergebnisse großer Studien dies vermochten. Gleichwohl stellt uns die Darlegung, Betrachtung und Diskussion kasuistischen Materials vor eine überaus anspruchsvolle Aufgabe des Präsentierens und Begründens unserer theoretischen Überlegungen (vgl. Datler 2004, S. 13).

Einer vom lebensgeschichtlichen Kontext abgelösten empiristischen Tatsachenbehauptung kommt der Charakter einer Schimäre zu, und wer von der Subjektivität im Praxis- oder Forschungsprozess zu abstrahieren sucht, um sie ›unschädlich‹ zu machen bzw. sich vor ihr in Sicherheit zu bringen, verleugnet ihre variantenreiche Bedeutung für den Erkenntnisgewinn. Selbstreflexion löst diesen Widerspruch auf und stellt die Subjektivität in den Dienst der Wissenschaft vom Menschen.

So erscheint es einleuchtend, dass das positivistische Postulat, konsequent zwischen Innen- und Außensicht trennen zu können, von *Müller* (vgl. Müller, B. 1995, S. 25) mit dem Hinweis auf *Devereux*s Forderung zurückgewiesen wird, dass »die Analyse der Auffassung des Menschen von sich selber« die Hauptaufgabe der (Verhaltens-)Wissenschaft sei (vgl. Devereux 1984, S. 25). Auf die Pädagog/innen in der Praxis bezogen heißt das: »Ohne zu verstehen, was ihnen bei ihrer Arbeit Angst macht, verstehen sie überhaupt nichts.« Die Betrachtung der eigenen affektiven Verstrickung ist demnach die unabdingbare Voraussetzung zur Beantwortung der Frage: »was soll ich jetzt tun mit diesem Jugendlichen, dieser Trinkerin etc.?« (vgl. Müller, B. 1995, S. 57 ff.).

Mithin muss der Forscher/die Forscherin selbst Gegenstand der Forschung sein, oder, wie es *Leber* formuliert: »Selbstwahrnehmung ist so Medium des Fremdverständnisses« (vgl. Leber 1985, S. 154).

Gerade mit Blick auf die Handreichungen zur Reflexion der konkreten Praxis kommt es gar nicht so sehr darauf an, erkenntnistheoretisch ›sauber‹ zu arbeiten. Die Hauptsache ist, dass solche Vorschläge für Verstehen und Intervention effektiv sind und entwicklungsförderliche Folgen zeitigen. Im Gegensatz dazu ist es die erklärte Absicht der Forschung, auf methodisch kontrollierte Weise Wissen zu generieren.

»›Beobachtung‹ erweckt den Anschein von empirischer Validierbarkeit, die sich aber de facto nur auf das Verhalten (die ›Außenseite‹) erstreckt. Alles was ›dahinter‹ vermutet wird, lässt sich so nicht validieren.« Auch wenn man die Wahrheit nicht unmittelbar zu sehen bekommt, so kann man sich die innere Welt des »Dahinter« durch Interpretationen erschließen. An der Reaktion meines Gegenübers kann ich ablesen, ob »meine ›Aktion‹ in diesem ›Spiel‹ etwas Richtiges getroffen hat«. Bei allen Interpretationen kann es also nur um deren interpersonelle Validierung gehen (vgl. Bittner 2016, S. 213 f.). Und auch das ist der Vorteil des Settings in der Praxis gegenüber dem der Forschung.

In der frühen Zeit meiner Tätigkeit in einer teilstationären Einrichtung für verhaltensauffällige Kinder arbeitete ich mit einem Jungen, der herzensgut sein konnte, aber auch vor aggressiven Ausbrüchen nicht geschützt war. Seine Mutter war vor kurzem gestorben, sein Vater, durch eine ihn schwer entstellende Verletzung am Kopf traumatisiert, teilte ihm, er müsse ihn gut behandeln, sonst würde er auch noch sterben. Der Junge litt unter dem Verlust der Mutter, der ihn traurig, aber auch wütend machte, weil sie die Familie zusammengehalten hatte und dies jetzt nicht mehr gewährleistet war. Dazu kamen die Schuldgefühle dem Vater gegenüber, dem er seine Wut nicht zeigen durfte. Diese Schuldgefühle resultierten auch aus der massiven Kopfverletzung des Vaters, die beinahe zum Tode geführt hätten. Würde er ihn umbringen, so der Inhalt der unbewussten Phantasie des Jungen, wenn ihn die Wut übermannte? Der Tod war ja so nah in dieser Familie.

Zuhause herrschte eine scheinbare Harmonie, während ich in der Übertragung stellvertretend zum Adressaten der verbotenen Aggressionen, aber auch der unerfüllten Anlehnungsbedürfnisse wurde. Es war zum Teil schwer auszuhalten für mich, und ohne meine haltende Einbettung in Supervision und Fallkonferenzen wäre ich vielleicht zu einem Ausagieren von Gegenaggressionen verleitet worden.

Eines Tages stand ich mit zwei Kollegen zusammen, als der Junge eher zufällig hinzutrat. Wir waren alle drei Brillenträger, und er echauffierte sich lauthals mit dem despektierlichen Ausruf: »Igitt, lauter Brillenglotzer!« Daraufhin meinte ich, und ich hatte mir dies nicht genauer überlegt: »Gell, du hast Angst vor einer Verletzung am Kopf.« Diese Bemerkung löste bei ihm eine augenblickliche Betroffenheit aus, die ihn zudem sichtlich entspannte.

Die Interpretation einer eher aggressiv konnotierten Äußerung als Angst vor einer Verletzung konnte nur erfolgen, weil sie in eine bestimmte »Affektlage« eingebunden war, die ich verstand (vgl. Lorenzer 1973, S. 182). Grundlage dafür war eine bereits länger bestehende professionelle Beziehung zwischen dem Jungen und mir. Ich kannte seine Vorgeschichte und seine Art zu reagieren, und im Rahmen dieser Beziehung hatte er mich ebenfalls kennen gelernt. Der Gang dieses Verstehens »läuft über ein unablässiges Komplettieren von Szenen und Situationen, die bald langsamer, bald schneller sich herausschälen« (vgl. ebd., S. 186). Zudem greife ich noch einmal auf, was *Stern* über einen solchen Gegenwartsmoment gesagt hat: dass er sich »gerade jetzt« vollzieht: »Der Gegenwartsmoment ist all das, was mir *jetzt* durch den Kopf geht, gleichgültig, ob es sich dabei um reale oder virtuelle Dinge handelt« (vgl. Stern, D. 2005, S. 34). Mein subjektives Erleben in diesem Moment ließ offenbar keine andere als diese verblüffende Reaktion zu. Der Junge war ebenso verblüfft wie ich, und diese Verblüffung teilten wir offensichtlich.

Wie also sichere ich meine Erkenntnis (vgl. auch Gerspach 1981, S. 236 f.)?

Zunächst ist es hilfreich, Einblicke in die Lebensgeschichte erhalten zu haben. Vor allem aber sind die vorhergehenden Interaktionsverläufe von Belang, um die aktuelle Interaktion verstehen zu können. Wäre der kurze Dialog in einem anderen Kontext erfolgt, müsste er wohl anders eingeordnet werden. Die Bedeutung der gefallenen Äußerung über die Brillenglotzer bemisst sich also an der Konsistenz des bisherigen Interaktionsgeschehens als auch an der Aufeinanderfolge solcher und ähnlicher Szenen. Wird eine derartige Mitteilung als Abkömmling einer unbewussten Phantasie verstanden, kann sie mit einer Interpretation versehen werden, die zu und zu einer »Komplettierung der situativen Bedeutung der Szene« (vgl. Lorenzer 1973, S. 176) und zu »einem allmählichen Bewusstwerden der Szene« (vgl. S. 189) führen kann.

In diesem Zusammenhang unterscheidet *Lorenzer* die aktuelle *Szene*, in der eine unbewältigte Erinnerung auftaucht, von der *Situation*, »die das der Szene zugrundeliegende Interaktionsmuster bezeichnet« (vgl. S. 170 f.). Über das Erfassen der konkreten Szene verstehen wir die darin enthaltene situative Struktur, und »Komplettierung der Szene« meint dann das Aufdecken »der Anteile der Szene, die bisher verborgen waren« (vgl. S. 171).

Die spontane Äußerung des Jungen erschien mit Blick auf den ihr vorausgegangen Kontext der Kommunikation nicht angemessen. Während sie vordergründig aggressiv war, vermutete ich, dass der eigentliche, aber abgewehrte Affekt Angst zum Inhalt hatte. Ich nahm an, dass der Junge, wie für ihn charakteristisch, auf dem Umweg über eine abfällige Bemerkung diese Angst zum Ausdruck brachte – ja vielleicht sogar bringen *wollte*. Mein Bezug auf sein wahres Empfinden, den er qua stabilem Beziehungsrahmen aufnehmen konnte, führte denn auch zu einer momentanen Erleichterung. In einem normalen Gespräch hätte er wahrscheinlich eine derartige Überlegung weit von sich gewiesen. Erst über den spontan entstandenen, gemeinsam geteilten Gegenwartsmoment ließ sich die psychische Abwehr umgehen.

Selbstverständlich vermag ich nicht mit Sicherheit zu sagen, dass ich hier richtig liege. Aber zumindest die deutlich sichtbare Reaktion verweist auf die Richtigkeit der Vermutung. Ich habe die Angst des Jungen hinter seiner entwertenden, aggressiv getönten Äußerung verspürt, und er verstand, dass ich seine Angst verstand – und da er nicht in die Abwehr ging, sondern sich augenblicklich entspannte, muss ihm das gut getan haben. Die weiteren Entwicklungen unserer Beziehung bestätigten das.

In der Forschung sieht es eben ganz anders aus. Wenn überhaupt, bleibt hier das interpersonelle und prozessuale Moment auf den Binnenraum der anschließenden Diskussion in der Interpretationsgruppe beschränkt. Das beobachtete »Feld« nimmt jedenfalls nicht daran teil (vgl. Bittner 2016, S. 214). *Bittner* offenbart dieses Manko an Hand der Durchleuchtung einer Sequenz aus einem Projekt zur Lebenssituation demenziell erkrankter Patienten im Pflegeheim. Allerdings wird hier als Forschungsmethode die Objektive Hermeneutik verwendet, die als rekonstruktives Verfahren darauf abzielt, auf der Grundlage einer sequentiellen Analyse objektiver Bedeutungsstrukturen die latenten Sinnstrukturen der protokollierten Lebenspraxis herauszudestillieren.

»Das Prinzip der Wörtlichkeit gibt vor, dass der protokollierte Text stets in seiner Wirklichkeitsgestalt analysiert werden muss. Das heißt es wird lediglich das tatsächlich Protokollierte betrachtet und nicht das, was das Protokollierte möglicherweise aussagen könnte oder möchte« (vgl. Trescher, H. 2015, S. 219 ff.).

Es geht um die nachfolgend beschriebene Situation (vgl. Trescher, H. 2015, S. 222 ff.; Bittner 2016, S. 215 ff.): Eine verfrüht eingetroffene Beobachterin überbrückt die Zeit im Gartencafé des Krankenhauses. Am Nachbartisch sitzen ihr späteres »Beobachtungsobjekt«, eine 95 Jahre alte, weißhaarige Frau und deren etwa 60jähriger Sohn. Sie hört, wie er zu der Dame sagt: »Na, reden wir heute nichts? Auch recht« (vgl. Bittner 2016, S. 2015 f.; Trescher, H. 2015, S. 222 f.). *Trescher* folgert aus dieser kurzen Sequenz: »Es wird deutlich, dass die ältere Frau durch die Aussage ihres Sohnes infantilisiert wird« (vgl. Trescher, H. 2015, S. 224).

Bittner dagegen stellt sich ein gänzlich anderes Szenario vor, in welchem der Besuch eines gestandenen Landwirts bei seiner Mutter einem ritualisierten Gesprächsablauf zu folgen hat, was aber offensichtlich nicht der Fall ist. Von sich in der dritten Person zu reden, gehört dann zu diesem Ritual der altbäuerlichen Welt, da muss nichts ironisch gemeint sein: »›die Mutter‹, nicht etwa ›seine Mutter‹ will eben nicht reden. Da kann man nichts machen«. *Bittner* schränkt ein, dass es so nicht gewesen sein muss, wie er es sich ausmalt. »Ich will nur sagen: ›objektiv‹ sind solche Szenen nicht, weder das Szenario *Trescher*s noch das meine (…) Das in unserem Kontext Problematische ist nun: aus diesen für ›objektiv‹ ausgegebenen Szenarien wird die psychische Befindlichkeit umstandslos deduziert«. Bittner folgert, dass es der Fall sein *könnte*, dass sich das subjektive Erleben eines Menschen nicht ohne weiteres aus »objektiven« Regelsystemen ableiten lässt. Während also im Beispiel der Infant Observation die durch Empathie erschlossene innere Welt womöglich über Gebühr »substantialisiert« wird, springt hier das völlige Fehlen einer solchen ins Auge: »das Innere ist nur Reflex und Abfallprodukt des vom Verfasser als ›objektiv‹ Gesetzten« (vgl. Bittner 2016, S. 216 f.).

Auch wenn sie existiert, so kann ich diese innere Welt, vor allem die des anderen, nicht kennen. »(…) wissen kann ich davon nur, was sich zu meiner eigenen inneren Welt in Beziehung setzen lässt. Das bedeutet: Die ›innere Welt‹ des anderen ist zunächst das Fremde, das Nicht-Gewusste schlechthin.« Zur Erläuterung bezieht sich *Bittner* auf *Dilthey*s Aussage: »Verstehen ist ein Wiederfinden des Ich im Du« (vgl. Bittner 2016, S. 217; Dilthey 1979, S. 191), und er kommt zum Schluss: »Das Unbewusste manifestiert sich zunächst als das, was ich nicht verstehe« (S. 219). Mit der gleichschwebenden Aufmerksamkeit versucht die Psychoanalyse für das Unerwartete und Überraschende, das die eigene vorgefertigte Meinung womöglich zu einer Revision zwingt, offen zu bleiben, und das heißt auch, sich vor heftig aufbrechenden Gefühlen nicht sogleich in Sicherheit bringen zu wollen. Wenn aber empirische Forschungsmethoden, wie am obigen Beispiel etwa die Objektive Hermeneutik, diesem Unbewussten nicht genug Aufmerksamkeit schenken – und da ist diese durchaus noch nah dran –, dann bleibt ihnen nichts, als sich auf »im Voraus definierte Annahmen und Hypothesen« zu verlassen. Das aber gebiert den folgenden Nachteil: »Etwas, was man sich zuvor nicht gedacht hat, kann dabei nicht herauskommen« (vgl. Bittner 2016, S. 219).

Auf ein ähnliches Szenario bin ich bei *Würker* gestoßen. Ausgehend von den skandalösen Vorfällen in Landschulheimen wie der Odenwaldschule geht er der Frage nach, wie es zu solchen massiven Übergriffen kommen konnte. An einem weitaus weniger spektakulären Fall macht er sich Gedanken darüber, warum es im schulischen Kontext zu einer Aufteilung zwischen einem »idealisierten, brillanten und grandiosen Mächtigen« und einer von ihm abhängigen Masse in einer »Aura der allgemeinen Herausgehobenheit« kommen kann. Während es dem Mächtigen gelingt, seine Allmacht zu agieren, partizipieren seine »Anhänger« an dessen Grandiosität (vgl. Würker 2016, S. 175).

Hier geht es übrigens nicht um die Aufarbeitung einer realen Verführungssituation, sondern um das Moment des »richtigen« Interpretierens einer solchen Situation, die im ersten Moment sehr harmlos anmutet – also um das Verstehen der Differenz von manifesten und latenten Vorstellungsinhalten. Ausgangspunkt ist eine Fallschilderung, die *Würker* bereits Jahre zuvor unter ganz anderen Vorzeichen und mit dem Anspruch, Lehramtsstudierende zur Selbstreflexion anzuleiten, analysiert hatte. *Würker* orientiert sich an der Mitschrift einer Unterrichtsbeobachtung, in der der Lehrer, Mister M. genannt, den Biologieraum einer 5. Klasse mit etwa 35 Schüler/innen betritt. Sogleich bricht ein großes Hallo aus. Ich zitiere aus dem Protokoll: »*Die Schüler sind restlos begeistert – Standing Ovations. Ein lockerer Spruch, ein kleiner Wink mit dem Finger und in der Klasse ist es ruhig*« (S. 176). Auf die hingeworfene Frage, was pflanzliche und tierische Zellen unterscheide, setzt eine aktive Teilnahme am Unterricht ein: »*Mein Staunen erreicht die Hochwassermarke der Donau, als ich merke, dass die Beteiligung nahezu 100 % beträgt – obwohl das Thema noch nicht oder an manchen Punkten nur ansatzweise besprochen wurde*« (S. 177). Voller Bewunderung heißt es: »*Ich habe es endlich geschafft, einen Lehrer zu finden, der es geschafft hat, seine Schüler aus dem Todesschlaf zu erwecken*« (S. 177).

Dann folgt eine Passage, die *Würker* in den Mittelpunkt seiner Überlegungen stellt.

Wenn sich jemand länger nicht beteiligt hat, wird er mit »*kleinen Tricks*« dazu gebracht, seine »*Verteidigungsposition*« aufzugeben.

> »So z. B. ein kleines, etwas schüchternes Mädchen: ›Ich mag nicht, ist ja doch falsch.‹
> Herr M.: ›Ok. Dann gib mir dein Heft. Ich will mal was nachschlagen.‹
> Mädchen: ›Nein, ist nicht ordentlich.‹
> Herr M. zieht das Heft weg und das Mädchen schaut ihn mit großen Augen an.
> ›Hier, komm, wir tauschen‹, meint er und drückt ihr den Zeigestock in die Hand, ›dann ist es wieder fair.‹ Das Mädchen strahlt und fängt an mit dem Stock zu spielen.
> Herr M: ›Ok. Jetzt, wo du den Zeigestock hast, musst du aber auch damit arbeiten. Also mal los, an die Tafel und zeig was, oder bleib einfach sitzen und erzähl uns was.‹ Woraufhin das Mädchen dann auch ganz ungezwungen anfing, etwas über den Unterschied zwischen tierischer und pflanzlicher Zelle zu erzählen – etwas ist untertrieben. Eigentlich fast alles Wissenswerte in einer 5. Klasse«.

Am Ende zieht der Hospitant, der das Protokoll geschrieben hat, folgendes Fazit: »Wahrscheinlich die lebendigste und aufmunterndste Stunde, die ich je erlebt habe. Vielleicht ein wenig zu locker, aber Schüler und Lehrer sind erstklassig damit umgegangen.« Und an diesem Punkt setzt Würker mit der Interpretation der Szene ein und beginnt seine These vorzutragen, wonach die Schilderung eine Form von Übergriffigkeit repräsentiere. Seine Zusatzthese lautet, dass diese Übergriffigkeit im Kontext schulischer Lehrer-Schüler-Interaktionen unauffällig sei. Gleichzeitig räumt er ein, dass seine Kommentierung – er spricht auch von ihrem »subjektiven Charakter« – damals nur auf ein geteiltes Echo stieß (vgl. Würker 2016, S. 178).

Würker hebt an mit seiner Irritation über die Wortwahl von den »Tricks« und der »Verteidigungsposition«. Letztere lasse einen »Angriff« assoziieren, werfe ein Licht auf das Agieren des Lehrers und lasse »das Moment der Übergriffigkeit zumindest ahnen«. Sogleich schließt er die Bemerkung an, dass die Interaktion zwischen Lehrer und Autor dem Lehrer-Schüler-Verhältnis sehr ähnlich sei. Und dann folgt das eigentliche Bedenken, dass nämlich nicht von einer »fairen« Interaktion zwischen dem Lehrer und dem Mädchen gesprochen werden könne, weil die Initiative völlig beim Lehrer lag. »Der inszenierte Tausch verschleiert, dass dem schüchternen Mädchen kaum eine andere Wahl blieb, als das Spiel des Lehrers mitzuspielen, sie wird genötigt, ihre schüchterne Zurückhaltung aufzugeben und sich in den Mittelpunkt der Aufmerksamkeit aller zu begeben« (vgl. Würker 2016, S. 179).

Hier setzt Widerspruch ein. Eine Diskutantin wendet sich mit dem Argument, sie könne sich sehr gut in das Mädchen einfühlen und würde sich selbst eher geschmeichelt als bedrängt gefühlt zu haben, gegen diese Deutung der Szene. *Würker* dagegen schlussfolgert, dass sich im Mechanismus der Übergriffigkeit der »Gestus der Auszeichnung des Gegenübers durch den Meister« mit der Sehnsucht der Kinder und jungen Erwachsenen nach narzisstischer Aufwertung verknüpfe. Mit Blick auf die von Bewunderung getragene Reaktion des Autors, der implizit offenbar auf normativ gewirkte und allgemein geteilte Maßstäbe von Unterrichtsbewertungen rekurriert, befindet *Würker* die narzisstische Zentrierung durchaus für unauffällig. Weil die Unterrichtsinteraktion und das Lehrerhandeln einer unreflektierten und positiv gewerteten Rollenerwartung entsprächen, werde die problematische Nuance der Übergriffigkeit nicht wahrgenommen (vgl. Würker 2016, S. 180 f.). Im von mir hier diskutierten Kontext könnte man jetzt den Begriff der *teilnehmenden* – nicht *teilhabenden* – Beobachtung bemühen, weil doch in der nachgerade euphorischen Art der Formulierungen des Hospitanten eine persönliche Involviertheit aufblitzt.

Würker spricht in diesem Fall von der Unauffälligkeit der Übergriffigkeit, und er gibt zu bedenken, dass erst, wenn diese Dynamik zum manifesten Missbrauch führe, diese Interaktionsstruktur ins Bewusstsein dringe (vgl. S. 181). Wie aber kommt es zu den gänzlich unterschiedlichen, ja kontroversen Einschätzungen? *Würker* selbst bekennt sich dazu, dass seine Interpretation auf einer Identifikationsneigung mit den Schüler/innen beruhe, während andere sich eher in die Rolle des beschriebenen Lehrers einfühlen mögen. Damit verbinden sich für mich zwei weitere Überlegungen. Würker wehrt sich gegen einen Übergriff, den das betroffene Mädchen aber – wohl aus Gründen von Abwehr und Selbstschutz – gar nicht bewusst als solchen zu registrieren wagte. Auch die zum Teil emotionalisiert vorgetragene Zurückweisung *Würker*s Interpretation – ein pensionierter Schulleiter reagierte äußerst wütend auf dieses Schlechtreden idealen Unterrichts – mag aus dem Widerstand hervorgehen, sich *nicht* mit der passiven Opferrolle identifizieren zu wollen. Im Sinne der Identifikation mit dem Aggressor ist es leichter, sich mit dem scheinbar allmächtigen Lehrer zu verbünden.

Pädagogik kommt nicht ohne narzisstische Anteile aus, und sei es nur, um positive Übertragungen im Dienste der Herstellung eines stabilen Arbeitsbündnisses hervorzulocken. Aber dieses Hochgefühl, so es nicht reflektiert wird, kann sich mit Hilfe manipulativen Gehabes einstellen, und die Grenze zur Übergriffigkeit verwischt sich dann leicht. In diesem Sinne ist Übergriffigkeit »die subjektive Kehrseite der Funktionalisierung der SchülerInnen« (vgl. Würker 2016, S. 183).

Geht es also um das Wohl des Kindes oder um das eigene? *Würker* zitiert hier *Althans* und *Zirfas*: »Um das Glück des Kindes zu berücksichtigen, muss Erziehung zunächst ihren eigenen Narzissmus zu überwinden suchen« (Althans, Zirfas 2006, S. 142 f.; Würker 2016, S. 183). *Würker*s Urteil fällt denn auch sehr deutlich aus: Für ihn ist manifester Missbrauch die Extremform einer Zentrierung auf die eigene Bedürfnisse. Er ist gekennzeichnet durch den Mangel an Empathie sowie Ignoranz gegenüber der Beziehungsperson, »und die Nutzung der Unterrichtssituation als narzisstische Bühne durch Lehrpersonen ist die unauffällige Variante mit dennoch ähnlicher Interaktionsstruktur« (vgl. Würker 2016, S. 187).

Der Ausweg wäre, suggestive Formen der Unterrichtsführung zu vermeiden und Kindern einen wirklichen Raum zu geben. Vielleicht würde es nach außen wie ein Versagen wirken, eine schweigende Schülerin nicht aktiv einzubinden. Aber sie könnte ja auch deutlich machen, nicht aufgerufen werden zu wollen, weil ihr dies extremen Stress bereiten würde. Sie könnte darum bitten, dem Unterricht auch weiterhin schweigend zu folgen, dadurch womöglich eine schlechte Note erhalten, »aber dennoch inhaltlich viel lernen«. Kann der Lehrer darauf eingehen, würde das Mädchen spüren, wie wichtig sie ihm ist, sie würde angeregt, über ihr Verhalten nachzudenken und Alternativen zu erwägen. Und in dieser Interaktion wäre sie selbst Expertin und Akteurin ihres eigenen Handelns. Auf dieser Grundlage ließe sich in einiger Zeit bestimmt ein Gespräch führen (vgl. Würker 2016, S. 184).

Hier haben wir ein Beispiel für die Subjektivität von Interpretationen im pädagogischen Feld. Damit ist aber deren Plausibilität nicht per se ausgehebelt. Im Gegenteil. Wenn ich mir klar darüber werde, was ein »Text mit mir macht, welche emotionale Dynamik entsteht, wenn ich mich auf die Szene einlasse (…) wie wenig Raum mir gelassen wird und wie ich dagegen Widerstand entwickle« (vgl. Würker 2016, S. 186), dann ist das doch der beste Weg, triftige Gründe für meine Annahmen zu finden.

2.6 Teilhabe und Teilnahme am Verstehensprozess

An diesem Punkt der Erörterung taucht ein weiteres wichtiges Moment auf, das sich um die Eigenbeteiligung am Forschungsprozess dreht. Erneut Bezug nehmend auf das Problem von Wahrnehmen und Verstehen (auch) unbewusster intrapsychischer wie interpersoneller Prozesse erscheint mir hier die von *Lorenzer* eingeführte Unterscheidung in *Teilhabe* und *Teilnahme* höchst interessant (vgl.

Lorenzer 1973, S. 216 ff.). Der Analytiker/die Analytikerin ist mit dem Patienten/der Patientin identifiziert, was durch Teilhabe an seiner /ihrer Lebensgeschichte entsteht. Die Annahme einer Phase »distanzierter Beobachtung und Betrachtung« wäre identisch mit der Annahme eines »erklärenden Schrittes«. Es geht aber um etwas anderes, es geht um viel mehr. »In Reaktion auf das Unbewusste des Patienten steigen im Analytiker Derivate seines eigenen Unbewussten auf und er wird ihr gewahr.« Das Gewahrwerden von Anteilen des eigenen Unbewussten erlaubt nun Rückschlüsse »auf die in ihm selbst stattfindenden bewussten Vorgänge«. Es handelt sich sozusagen um eine »gesteuerte Regression« (vgl. ebd., S. 218).

Danach wird die vorübergehende Identifikation, also die »Teilhabe am Patienten«, auf eine höhere Stufe gehoben, die Regression aufgelöst. Aus der »unbewussten Teilhabe« an der (...) vom Analytiker nicht agierten Szene« wird eine »verstehende(r) Teilnahme an der bewusst gewordenen Situation«, was zum Verbalisieren der verstandenen Interaktion gereicht (vgl. ebd., S. 220 f.). Die auf diesem Wege gewonnene Distanz gilt aber nicht der Person, sondern der »*Beziehung zum Patienten*«, die jetzt der Reflexion zugänglich geworden ist (vgl. ebd., S. 221). In diesem Sinne spricht *Lorenzer* davon, dass die Identifizierung nicht durch Distanzierung abgelöst wird, »sondern sie wird aufgehoben in die *reifere Form der Teilnahme, in das Verstehen*«. Das bloß unbewusste Teilhaben wir zum bewusst verstehenden Teilnehmen (vgl. ebd., S. 226 f.).

Wenn man so will, stellt die Teilnahme in dieser *Lorenzer*schen Lesart die höhere Form der Reflexion dar als Teilhabe. *Datler* und *Trunkenpolz* nehmen da eine etwas andere Pointierung vor und drehen meines Erachtens das Verhältnis um. Für sie beinhaltet Teilhabe eine »emotionale Involviertheit« im Sinne des »emotionalen ›Sich-Einlassens‹«. Dagegen beschreibe Teilnahme den unmittelbaren Einfluss durch das »Aussprechen von Deutungen«, wie es etwa durch den Psychoanalytiker/die Psychoanalytikerin geschieht. *Bittner* problematisiert, wie es im psychoanalytischen Setting durchaus zu Verstrickungen kommen kann, die aus der engen Beziehung zum Analytiker/zur Analytikerin herrühren und sich nicht allein aus der Übertragung ableiten lassen: *Freud* habe sich seiner Patientin Dora gegenüber »phallisch-überfallartig benommen, nur allzu passend zu ihren Vorerfahrungen mit Herrn K. – kein Wunder, dass sie nicht nur ihren Vater, sondern auch Herrn K. auf Freud ›überträgt‹« (vgl. Bittner 1998, S. 265).

Ich habe über diesen kleinen Dissens länger nachgedacht, und auch wenn sich *Lorenzer* hier vielleicht ein wenig falsch verstanden fühlte, erscheint mir die sprachlogische Umkehrung bei *Datler* und *Trunkenpolz* plausibel: Teilnahme atmet mehr Nähe als Teilhabe und ist daher auch eher gefährdet, für eine unaufgelöste Verstrickung zu stehen.

Jedenfalls macht es auch außerhalb der analytischen Sessel-Couch-Settings Sinn, zwischen Teilhabe und Teilnahme zu unterscheiden. Gerade im Falle der Gestaltung und nachfolgenden Analyse von Beziehungsprozessen, etwa wenn es um das Beobachtungssetting geht, gilt diese Prämisse. Teilhabe meint dann die emotionale Anteilnahme von Beobachter/innen an dem Geschehen, das sie beobachten, Teilnahme wiederum alle interaktiven Austauschprozesse, die zwischen Beobachter/innen und jenen Personen entstehen, die beobachtet werden.

Hierbei ist darauf zu achten,

- sich darum zu bemühen, die Intensität der »*Teilnahme*« am Geschehen zu reduzieren,
- sich im Sinne der »*Teilnahme*« dennoch im Sinne *Lorenzer*s ein hohes Maß an »emotionalem Engagement« zu gestatten und
- in der Lage zu sein, vieles von dem, was beobachtet wird, so zu transformieren und in Sprache zu fassen, dass die entstehenden Beobachtungsprotokolle den geforderten wissenschaftlichen Standards entsprechen und im Work-Discussion-Seminar analysiert werden können (vgl. Datler, Trunkenpolz 2012, S. 175 f.).

Es ist nämlich durchaus möglich und gehört durchleuchtet, dass ein Beobachter/ eine Beobachterin immer wieder diese Position verlässt und mit zu agieren beginnt. Oder der/die Beobachtete definiert deren Rolle in einer anderen Weise, als es vermittelt zu werden gesucht wird. Da ist die Frage zu stellen, welche unbesetzte emotionale Ort dem Beobachter/Beobachterin unbewusst vom Gegenüber im »unbewussten Spiel« zugewiesen wird. Sie lässt sich nur beantworten, wenn wir die Interaktionssequenz selbst, in welcher der zu interpretierende »Text« entsteht, als Moment der Herstellung mitberücksichtigen (vgl. Buchholz 1993, S. 62). Diese Zuweisung kann aus dem Wunsch heraus geschehen, auf das eigene Thema öffentlich aufmerksam zu machen – womöglich geht es ja um ein zu publizierendes Forschungsprojekt. Selbiges habe ich erlebt, als wir uns in einer größeren Untersuchung die Zufriedenheit von Eltern mit der gemeinsamen Erziehung von Kindern mit und Kindern ohne Behinderung in Kindertageseinrichtungen anschauten. Es waren vor allem die Mütter der behinderten Kinder, die in den Interviews beredt über sich und ihre Situation Auskunft gaben, was wir als sehr legitimes Bedürfnis verstanden, endlich, weil es für diese Studie sicher das Interesse einer breiten Öffentlichkeit geben würde, einmal gehört zu werden (vgl. Kobelt Neuhaus 2001).

Oder es gibt, wie im Falle der besagten Pflegeheimsituation, eine große Einsamkeit, die in der Beobachtungssituation tendenziell aufgehoben wird (vgl. Datler, Trunkenpolz 2012, S. 171).

Auf der Vorderbühne kann es zu einer emotionalen Verstrickung kommen, die aber durch ein geteiltes implizites Wissen bestimmt ist. Schließlich treffen hier zwei innere Welten aufeinander, die sich im Sinne des Ineinanders von Übertragungs- und Gegenübertragungsvorgängen vortrefflich zu ergänzen wissen. Auf der Hinterbühne wird also womöglich ein Szenarium aus zwei inneren Welten zusammengesetzt.

Zunächst einmal kommt die Annahme einer äußerst komplexen inneren Welt dadurch zum Ausdruck, dass ihr Wünsche, Gedanken, Eindrücke, sinnliche Wahrnehmungen, Erinnerungen und Gefühle zugeordnet werden. Einem solchen Verständnis von »Empirie« ist hernach nicht bloß das sinnlich Wahrnehmbare zu subsumieren, sondern all das, was als »in der Welt vorkommend« erachtet wird, also auch Zusammenhänge zwischen Ereignissen, die sich aus der Analyse der Beobachtungen ergeben. »Phänomenologische Analysen zählen aus dieser Sicht ebenso zum Bereich empirischer Forschung wie empirisch-quantitative oder empirisch-qualitative Untersuchungen« (vgl. Datler, W. 2016, S. 227 f.).

Damit zurück zur Unterscheidung in Teilhabe und Teilnahme. Grundsätzlich geht es darum, wie der Forschungsprozess verstanden werden soll, in dem ja ständig Entscheidungen gefällt werden, die das Hervorbringen der Ergebnisse selbst bestimmen, obwohl oder gerade weil ja die beobachtende Person, anders als die Praktiker/innen, keine andere Aufgabe als das Beobachten zu erfüllen hat. Sie mischt sich nicht ein, und daher spricht *Datler* von »nicht-teilnehmender« Beobachtung, was nicht bedeutet, dass sie sich teilnahmslos oder wie ein technisches Aufnahmegerät verhielte. Hier bezieht er sich auf *Bittner* und spricht davon, dass der/die Beobachter/in »teilhat«, womit er sich von der Vorstellung distanzieren möchte, er/sie würde das beobachtete Geschehen »in keiner Weise beeinflussen« (vgl. Datler, W. 2016, S. 230).

Beschäftigt sich die begleitende Reflexionsgruppe zum Beispiel mit einem protokollierten »Grinsen« des Gegenübers, so wäre gezielt nachzufragen, welchen Gesichtsausdruck die beobachtete Person zeigte und wie der/die Beobachter/in diesen Gesichtsausdruck erlebte. *Datler* folgert, daraus dass sich »eine Beobachterin, die am Hier und Jetzt des beobachteten Geschehens ›teilhat‹, innerhalb bestimmter Grenzen in das Beobachtungsgeschehen involvieren lassen muss, damit ein Nachdenken über jene Prozesse entstehen kann, die zunächst im Modus des (unbewussten) Agierens und Mitagierens zum Ausdruck kommen«. Es geht also beileibe nicht darum, auf dem Wege der Beobachtung im Forschungsfeld »zu ›Daten‹ und ›Ergebnissen‹ zu gelangen, die im Sinne einer fiktiven Unabhängigkeit von der Subjektivität der Forscherinnen ›objektiv‹ sind« (vgl. Datler, W. 2016, S. 231).

Hier bezieht sich *Datler* ausdrücklich auf *Freud*, der vor der falschen Gewissheit warnte, über die Annahme oder Zurückweisung einer Deutung einen sicheren Beleg für deren Richtigkeit zu erhalten (vgl. Datler, W. 2016, S. 235). In *Freud*s beeindruckenden Beitrag über »Konstruktionen in der Analyse« finden wir freimütig eingeräumte Schattenseiten der psychoanalytischen Arbeit. Der Analytiker hat die Aufgabe, das Vergessene aus den Anzeichen, die es hinterlassen hat, zu erraten oder, richtiger ausgedrückt, zu *konstruieren*«. Freud liefert ein Beispiel, wie das aussehen kann, dem Patienten/der Patientin mit Hilfe einer Konstruktion ein Stück seiner/ihrer vergessenen Vorgeschichte vorzuführen:

> »Bis zu Ihrem *n*ten Jahr haben Sie sich als alleinigen und unbeschränkten Besitzer der Mutter betrachtet, dann kam ein zweites Kind und mit ihm eine schwere Enttäuschung. Die Mutter hat Sie für eine Weile verlassen, sich auch später Ihnen nicht mehr ausschließlich gewidmet. Ihre Empfindungen für die Mutter wurden ambivalent, der Vater gewann eine neue Bedeutung für« (vgl. Freud, S. 1937d, S. 44 ff.).

Zum einen hält *Freud* hier Konstruktion für einen viel angemesseneren Begriff als Deutung, zum andern präzisiert er diesen Vorgang sogar dahingehend, dass es eher um eine Rekonstruktion als eine Konstruktion gehe, und diese über eine »gewisse Wahrscheinlichkeit« gar nicht hinauskomme. So fragt er sich, welche Garantien es gäbe, nicht irrezugehen. Zugleich aber schränkt er ein, dass es keinen Schaden bringe, »wenn wir uns einmal geirrt und dem Patienten eine unrichtige Konstruktion als die wahrscheinlich historische Wahrheit vorgetragen haben«. Durch eine falsche Konstruktion ändert sich nichts beim Patienten, ist sie indessen richtig oder bringt sie »eine Annäherung an die Wahrheit«, so reagiert er darauf mit einer unverkennbaren Verschlimmerung seiner Symptome, was zu diesem Zeitpunkt für einen gedeihlichen Fortgang der Kur typisch und unerlässlich ist (vgl. Freud, S. 1937d, S. 47 ff.).

Und hier folgt eine Feststellung, die für die Praxis der Psychoanalytischen Pädagogik in gleicher Weise Gültigkeit beanspruchen kann, nicht aber unbedingt für die Forschungssituation: »Nur die Fortsetzung der Analyse kann die Entscheidung über Richtigkeit oder Unbrauchbarkeit unserer Konstruktion bringen.« *Freud* fährt damit fort, »dass die Mitteilung einer offenbar zutreffenden Konstruktion ein überraschendes und zunächst unverständliches Phänomen bei den Analysierten« hervorruft. So mögen sie mit einer Assoziation antworten, »die etwa dem Inhalt der Konstruktion Ähnliches oder Analoges enthält (vgl. Freud, S. 1937d, S. 50 ff.).

Der weitere Fortgang auf der Ebene der Beziehungsarbeit generiert also auf Seiten des Gegenübers jene befreienden und entwicklungsfördernden Reaktionen, die auf einer subjektiv bedeutsamen Gewissheit aufruhen, der historischen Wahrheit ein Stück nähergekommen zu sein. Auch in meinem »Brillenglotzer«-Beispiel verhielt es sich so, wie gerade in allen Verästelungen beschrieben. Diese kleine Episode – in eine Reihe weiterer kleiner Episoden der gemeinsamen Interaktion gestellt – ließ den Jungen eine neuen perspektivischen Raum betreten, in welchem die einstmals beherrschenden Dämonen an Einfluss verloren hatten. Insofern sind *Freud*s hier formulierte Überlegungen und Ratschläge eigentlich nur in der und für die Praxis tauglich.

Zu dieser etwas düsteren Einschätzung passt meines Erachtens *Datler*s Argumentation ganz gut. *Datler* betont, dass zu diskutieren wäre, auf der Basis welcher Methoden sich empirische Aussagen nicht nur gewinnen, sondern auch überprüfen und begründen lassen, und er fragt nicht zu Unrecht, inwieweit eine empirische psychoanalytische Forschung überhaupt möglich erscheint. Gleichzeitig aber hebt er hervor, dass, um diesem Dilemma zu entkommen, der Begriff der Empirie viel weiter gefasst werden müsse, als dies im landläufigen Sinne – so auch bei *Bittner* – der Fall ist (vgl. Datler, W. 2016, S. 235). Hier tut sich eine Parallele zu meinem Fall auf. Während meine Irritationen und emotionalen Erschütterungen im Rahmen von Supervision und Fallkonferenzen aufgefangen und gemildert wurden – schließlich arbeitetet ich in einer Einrichtung mit einem psychoanalytischen Konzept –, übernehmen auf der Forschungsebene die Reflexionsgruppe bzw. das Work-Discussion-Seminar die Funktion, das gewonnene Material auf sich wirken zu lassen und die (Miss-)Stimmung des Beobachters/der Beobachterin zu containen. Vielleicht können allein darüber die Konstruktionen mit einer gewissen Plausibilität ausgestattet werden.

Auch wenn in und mit der Psychoanalytischen Pädagogik »das Ringen um Verstehen von zentraler Bedeutung ist«, stoßen wir damit sicherlich an deutliche Grenzen. Gleichwohl ist vor dem Hintergrund der geschilderten komplexen Anforderungen nicht auszuschließen, dass diese »Verstehensbemühungen innerhalb einer großen Spannweite zu mehr oder weniger gut begründbaren Verstehensleistungen führen können« (vgl. Datler, W. 2016, S. 238).

Um dies zu unterstreichen, möchte ich auf *Lorenzer* zurückkommen, der betont, dass »das *unmittelbare Zusammenspiel* zwischen Analytiker und Analysand« einen tiefenhermeneutischen Zugang über die Grenze des unverständlichen Unbewussten hinaus ermöglicht (vgl. Lorenzer 1977, S. 126). Er verdeutlicht also, dass Verstehen nur im Rahmen eines sehr konkreten Beziehungsgeschehens zustande kommt. Aus diesem Zusammenspiel gewinnt der Analytiker/die Analytikerin die entscheidenden Einsichten in den inneren Zusammenhang vom historisch geborenen seelischen Leiden und der nachfolgenden Symptombildung seines Patienten/seiner Patientin. Das szenische Zusammenspiel dieser beiden Akteure verschafft dem Analytiker/der Analytikerin verschiedene Evidenzerlebnisse, die sein/ihr Verstehen vorantreiben und ihm/ihr dadurch ein immer besseres Erfassen der unbewusst gehaltenen Hintergründe ermöglichen. Dieses Evidenzerleben ist an »die Inszenierung in der konkreten Szene geknüpft«, kurzum: »das Wesentliche der Szene (…) ist ihre psychische Realität«. Die allmähliche Ermittlung der »wirklichen Bedeutungen« ergibt sich dann aus dem probeweise Einsetzen der Bedeutungen aus dem Repertoire der einzelnen Szenen: »Die Einzelrollen werden als Teil eines umfassenden Situationsarrangements, eines vielschichtigen Dramas, aufsteigend bis zum Gesamtdrama des Lebenslaufs dieses Individuums gesehen« (vgl. Lorenzer 1973, S. 146 f.).

Mit Bezug auf *Heimann* betont *Lorenzer*, dass der »bewegliche emotionelle Spürsinn« des Analytikers auf der Verflechtung in die Situation des Patienten beruht, schließlich ist er in die »dramatische Konzeption des Patienten einbezogen« (vgl. Lorenzer 1973, S. 215). Hier ist von der Teilnahme des Analytikers an der Szene des Patienten die Rede, was mich zu meiner Diskussion der Begrifflichkeiten zurückführt. Ich würde jetzt sagen, dass das Mitagieren an der Szene diesen Terminus rechtfertigt, dass dann aber über das szenische Verstehen dieser Verstrickung wieder die nötige Distanz hergestellt werden kann, womit dieses probeweise Einsetzen von (Be-)Deutungen und darauf aufbauendes gemeinsames Reflektieren möglich wird. Bereits *Devereux* hat auf die persönliche Verstrickung und die Realitätsverzerrungen, die die Gegenübertragungsreaktionen nach sich ziehen, verwiesen: »Gegenübertragung ist die Summe aller Verzerrungen, die im Wahrnehmungsbild des Psychoanalytikers von seinem Patienten und in seiner Reaktion auf ihn auftreten« (vgl. Devereux 1992, S. 64; Schlücker 2008, S. 331). *Lorenzer* formuliert die Lösung aus diesem Dilemma für den Analytiker wunderbar blumig: »Er verkostet die Gegenübertragung der Objekte seines Patienten und er versteht so die Situation des Patienten, die sich, den Akteuren unbewusst, in der Szene verwirklicht« (Lorenzer 1973, S. 215).

Kurze Zeit später geht *Lorenzer* noch einen Schritt weiter und beschreibt, wie sich die psychoanalytische Erkenntnisbildung über das Einsetzen von »*lebenspraktischen Vorannahmen*« vollzieht (vgl. Lorenzer 1974, S. 156), was nur – wenngleich von *Lorenzer* kaum explizit benannt (vgl. Lorenzer 1986, S. 70 ff.; Schlücker 2008, S. 341) – über die selbstkritische Reflexion der Gegenübertragung ermöglicht wird. In diesem interaktiven Spiel von unbewussten »gegenseitigen Erwartungen« kann die – von »eigenen bevorzugten Analogisierungen« beeinflusste – Gegenübertragung zum »Hilfsmittel der Erkenntnis« werden: »Von ihr informiert *verstehen* wir die Strategien der anderen« (vgl. Steinert 1998, S. 58 f.). Interessant ist in diesem Zusammenhang, dass *Schlücker* diese Aussage *Steinert*s auf »Arbeitsbündnisse in der Sozialforschung« münzt (vgl. Schlücker 2008, S. 343).

Damit ist, auf meinen Diskurs bezogen, eine klare Zäsur hinsichtlich des Anspruchs auf ›Objektivität‹ in der empirischen Forschung gegeben. Im Gegenteil:

> »Soweit man nämlich seine Aufmerksamkeit absichtlich bis zu einer gewissen Höhe anspannt, beginnt man unter dem dargebotenen Material auszuwählen; man fixiert das eine Stück besonders scharf, eliminiert dafür ein anderes und folgt bei dieser Auswahl seinen Erwartungen oder seinen Neigungen. Gerade dies darf man aber nicht; folgt man bei der Auswahl seinen Erwartungen, so ist man in Gefahr, niemals etwas anderes zu finden, als was man bereits weiß« (vgl. Freud, S. 1912e, S. 377).

Die Subjektivität des Forschers/der Forscherin ist dezidiert nicht gewaltförmig zu zensieren, sondern es gilt zu begreifen und sich nutzbar zu machen, dass nur sie überhaupt Erkenntnis zulässt: »Der Analytiker kann gar nichts anderes einsetzen als (...) seine eigenen ›subjektiven‹ Interaktionsfiguren, die ›falsch‹ sind« (vgl. Lorenzer 1974, S. 111). Sie sind in dem Sinne falsch, als sie nicht die Interaktionsformen des Patienten repräsentieren. Das ist aber eher lässlich, weil es ja nicht um einen schablonenhaften Vergleich von Daten und Hypothesen geht, sondern um die »*Stimmigkeit der Gestalt*« (vgl. Lorenzer 1974, S. 163 f.). Diese Stimmigkeit beruht auf dem in Anschlag gebrachten Evidenzerleben auf Seiten des Analytikers/der Analytikerin, was erneut unterstreicht, dass Psychoanalyse ausschließlich im Bereich »subjektiver« Erlebnisfiguren verbleibt (vgl. ebd., S. 196). An dieser Stelle erscheint ein Rekurs auf *Freud* hilfreich:

> »Wie Kant uns gemahnt hat, die subjektive Bedingtheit unserer Wahrnehmung nicht zu übersehen und unsere Wahrnehmung nicht für identisch mit dem unerkennbaren Wahrgenommenen zu halten, so mahnt die Psychoanalyse, die Bewusstseinswahrnehmung nicht an die Stelle des unbewussten, psychischen Vorgangs zu setzen, welcher ihr Ort ist. Wie das Physische, so braucht auch das Psychische nicht in Wirklichkeit so zu sein, wie es uns erscheint« (vgl. Freud, S. 1915e, S. 270).

Psychoanalyse ist »Analyse von Praxis«. Hier haben wir wohl den Schnittpunkt, an dem sich Praxis und Forschung treffen, und an dieser Stelle offenbart *Lorenzer* seinen gesellschaftskritischen Habitus: »Indem ihre Aussagen die Formulierung falschen Lebens kritisch auflösen, sind sie – in negativer Dialektik – Formulierungen richtigen Lebens. Dies ist die *erfahrungswissenschaftliche Basis der psychoanalytischen Theorie*« (vgl. Lorenzer 1974, S. 275).

3 Tiefenhermeneutik in der Psychoanalytischen Pädagogik

3.1 Forschungsmethodologisches Vorgeplänkel

Bevor ich jetzt dazu übergehe, ein tiefenhermeneutisches Vorgehen für Praxis und Forschung zu entwerfen, muss ich ein wenig Anlauf nehmen. Mein Vorhaben wird nämlich zum einen von einer inzwischen recht ausführlich geratenen Palette von hermeneutischen Verfahren gerahmt, deren einziges Manko es ist, psychoanalytische Erkenntniswege nicht zu verzeichnen. Ich möchte mich eingangs dennoch auf diese Systematiken beziehen. Zum anderen gab es in den Erziehungswissenschaften in den letzten Jahren einen wissenschaftstheoretischen Umbau, dem Analysen zur gesellschaftlichen Position des Subjekts aus der Richtung des dialektischen Materialismus ebenso abhandengekommen sind wie solche psychoanalytisch-sozialpsychologischer Provenienz. Auch diese Veränderung gilt es zu beleuchten.

Qualitative Erkenntnismethoden in die Sozialwissenschaften einzuführen, stellte spätestens ab den 1970er Jahren eine tiefgreifende Veränderung dar. »Skalen, Tests, Fragebögen, standardisierte Instrumente lassen ›die Versuchspersonen‹ nicht zu Worte kommen, sondern reduzieren sie auf das Reagieren auf vorgegebene Kategorien (Kreuzchen machen)« (vgl. Mayring 2002, S. 9 f.). Im qualitativen Denken sind die von der Forschungsfrage betroffenen Subjekte Ausgangspunkt und Ziel der Untersuchungen, wobei der Untersuchungsgegenstand nie völlig offen liegt, sondern durch Interpretation zu erschließen ist. Zudem lassen sie die gewonnenen Ergebnisse nie ohne weiteres verallgemeinern, sondern müssen im Einzelfall begründet werden (vgl. Mayring 2002, S. 20 ff.).

Das Untersuchungsdesign umfasst

- die Einzelfallanalyse: der Rückgriff auf den Fall ist in seiner Ganzheit und Komplexität zu erhalten,
- die Dokumentenanalyse: es wird Material erschlossen, das nicht erst vom Forscher/von der Forscherin durch Datenerhebung geschaffen wird,
- die Handlungsforschung: es wird an konkreten sozialen Problemen mit dem Ziel angesetzt, zu einer praxisverändernden Umsetzung der Forschungsergebnisse zu gelangen,
- die Feldforschung: der Forschungsgegenstand soll in möglichst natürlichem Kontext untersucht werden,

- das qualitative Experiment: es wird versucht, durch einen kontrollierten Eingriff in den Untersuchungsbereich zu Rückschlüssen auf dessen Struktur zu gelangen,
- die qualitative Evaluationsforschung: die ablaufenden Praxisprozesse sollen offen und subjektorientiert beschrieben werden, um die eingetretenen Wirkungen einschätzen zu können (vgl. Mayring 2002, S. 40 ff.).

Hinsichtlich der in Frage kommenden Verfahren einer qualitativen Analyse wird zunächst unterschieden in

- ein offenes (versus geschlossenes) Interview, bei dem der/die Befragte ohne Vorgaben frei antworten kann, um zu formulieren, was ihm/ihr am Thema bedeutsam erscheint,
- ein unstrukturiertes bzw. unstandardisiertes (versus strukturierteres bzw. standardisiertes) Interview ohne starren Fragenkatalog, in dem Fragen und Themen je nach Interviewsituation frei formuliert werden können,
- ein qualitatives (versus quantitatives) Interview auf der Basis qualitativ-interpretativer Auswertungstechniken (vgl. Mayring 2002, S. 66).

Die Erhebungsverfahren selber lassen sich wie folgt differenzieren:

- das problemzentrierte Interview soll in einer Vertrauenssituation zwischen Interviewer/in und Interviewtem/r durchgeführt werden und basiert auf der Erforschung einer Fragestellung, die von einer vom Subjekt selbst formulierten Bedeutung ausgeht,
- das narrative Interview will durch freies Erzählenlassen von Geschichten zu den subjektiven Bedeutungsstrukturen vorstoßen. Die Strukturierung des Interviews erfolgt durch einen Ablaufplan von Erzählungen, die der Interviewer/die Interviewerin unterstützt,
- die Gruppendiskussion, die wohl immer noch unterschätzt wird (vgl. Lamnek 1998, S. 11), richtet sich auf die in soziale Zusammenhänge eingebundenen Bedeutungsstrukturen der versammelten einzelnen Subjekte, die sichtbar gemacht werden können, weil sich nur in diesem Format psychische Sperren durchbrechen und in der Folge kollektive Vorstellungen freilegen lassen,
- die teilnehmende Beobachtung schafft für den Forscher/die Forscherin eine größtmögliche Nähe zum Forschungsgegenstand, so dass sich die Innenperspektive einer Alltagssituation leichter erschließen lässt (vgl. Mayring 2002, S. 67 ff.).

Im Anschluss führt *Mayring* die gängigen Auswertungsverfahren auf, zu denen u. a. zählen

- die gegenstandsbezogene Theoriebildung: Während der Datensammlung werden theoretische Konzepte und Hypothesen entwickelt und verfeinert, so dass sich Erhebung und Auswertung überschneiden,

- die phänomenologische Analyse: Um zum Wesenskern der in Frage stehenden Phänomene und den daran geknüpften subjektiven Bedeutungsstrukturen zu gelangen, steht deren Beschreibung aus Sicht des/der Beforschten im Mittelpunkt
- die sozialwissenschaftlich-hermeneutische Analyse: Durch eine schrittweise Veränderung des Vorverständnisses des Interpreten/der Interpretin soll eine Deutung der subjektiven Perspektive des befragten Subjekts erarbeitet werden,
- die qualitative Inhaltsanalyse: Über die schrittweise Bearbeitung des gewonnenen Materials mit theoriegeleiteten Kategoriensystemen sollen die Texte systematisch analysiert werden,
- die objektive Hermeneutik: Indem mögliche und tatsächliche Bedeutungsgehalte schrittweise systematisch verglichen werden, sollen die hinter den subjektiven Bedeutungen stehenden objektiven Sinnstrukturen erschlossen werden,
- die psychoanalytische Textinterpretation: Ausgehend von unbewusst wirksam werdenden Verfälschungen der manifest zum Ausdruck gebrachten Texte soll deren latenter Sinn verstanden werden,
- die typologische Analyse: Nach zuvor festgelegten Kriterien sollen diejenigen Bestandteile aus dem Material herausgefiltert werden, die es in besonderer Weise repräsentieren (vgl. Mayring 2002, S. 103 ff.).

Betrachtet man die Methodik genauer, so springt ins Auge, dass sie sich in eine Vielzahl von Zugängen und Techniken ausdifferenziert hat – »auch ›das‹ qualitative Interview gibt es nicht, sondern unterschiedliche Formen von Interviews, mit denen unterschiedliche inhaltliche Forschungsinteressen verbunden sind«. Hinzu tritt das Wissen, dass ein Interview nie als fertiger Text vorliegt, sondern das Produkt eines gemeinsamen Interaktionsprozesses ist (vgl. Helfferich 2011, S. 9 ff.). Daraus folgt, dass es eine Differenz gibt zwischen dem Sinn, den der/die Forschende mitbringt, und jenem, den der/die Befragte verleihen. Sinn ist daher nicht »objektiv« gegeben, sondern wird in der Interaktion von Menschen gebildet. »Die soziale Wirklichkeit (…) ist also immer schon interpretierte, gedeutete und damit interaktiv ›hergestellte‹ und konstruierte Wirklichkeit« (vgl. ebd., S. 22). Um sich dieser Wirklichkeit anzunähern, das Forschungsinteresse, die Fragestellung und den Forschungsgegenstand genauer zu bestimmen, hat *Helfferich* in ihrem Manual dazu differenzierte Vorschläge unterbreitet, auf die ich allerdings an dieser Stelle nur verweisen kann (vgl. ebd., S. 26 ff.). Im Gegensatz zu vielen anderen Systematiken sind hierin auch unbewusste Motive und Motivationen aufgenommen: »(…) ›unbewusste Motive‹ zielen auf eine Form von ›Sinn‹, der erst – auch gegen Widerstände – aufgedeckt und herausgearbeitet werden muss oder soll« (vgl. ebd., S. 38). Insofern fordert *Helfferich* vom Forscher/von der Forscherin eine »Haltung ›gleichschwebender Aufmerksamkeit‹« ein, auch wenn eine solche »*Suspendierung des eigenen Vorwissens*« zur Sicherstellung der Offenheit umstritten ist (vgl. ebd., S. 116). Meines Erachtens hat das eine aber gar nichts mit dem anderen zu tun, worauf ich schleunigst zurückkommen werde.

Auf einige der Facetten qualitativer Sozialforschung, die im aktuellen Stadium der Diskussion prominent vertreten sind, möchte ich noch etwas näher eingehen, zumal häufig ein Methodenmix verwandt wird. Beginnen wir mit der qualitativen Inhaltsanalyse, einem Begriff, der von *Siegfried Kracauer* stammt und der von *Philipp Mayring* wieder bekannt gemacht wurde (vgl. Kuckartz 2018, S. 6; Mayring 2015; Kracauer 1952). Sie kann als streng kontrollierte Methode einer hermeneutischen Interpretation verstanden werden, um das gewonnene Material schrittweise zu untersuchen (vgl. Mayring 2002, S. 114). Ziel ist es, mit Hilfe eines offenen Codiersystems zu einer Kategorisierungssystematik zu gelangen. »Die Explikation als inhaltsanalytische Technik ist damit im eigentlichen Sinn eine Kontextanalyse. Wichtig für systematisches Vorgehen ist nun, aus dem Kontextmaterial eine erklärende Paraphrase zu bilden (…) und diese Paraphrase statt der fraglichen Stelle in den Text einzufügen« (vgl. Mayring 2002, S. 118).

Während *Mayring* vor allem auf »Kategorien*bildung* und das Auszählen der Kategorienhäufigkeiten« setzt, geht es anderen Forscher/innen mehr um das, was nach der Codierphase geschieht (vgl. Kuckartz 2018, S. 7; Flick 1995; Flick 2002). Die qualitative Forschung geht davon aus, dass sich im Interaktionsvollzug eine bestimmte Ordnung einstellt, dass also »Sinn sich im Handlungsvollzug aufschichtet«, und folglich Aussagen unter Zuhilfenahme einer »Sequenzanalyse« in ihrem Kontext verstanden und analysiert werden müssen.

In der »Konversationsanalyse« werden Alltagssituationen und Alltagsgespräche untersucht, und in den Transkripten werden bestimmte Äußerungen als »Elemente der Ordnung des jeweiligen Gesprächstyps identifiziert«. So kommt es zu einer »»Kollektion von Fällen«« (vgl. Flick 1995, S. 218).

Durch die sequentielle Vorgehensweise wird konsequent darauf verzichtet, zur Erklärung bestimmter Gesprächsabschnitte spätere Äußerungen heranzuziehen. Die hier zum Tragen kommende sehr formale Regel, den Gesprächsinhalt zugunsten der Analyse des Funktionierens des Gesprächs auszublenden, kann allerdings dazu verleiten, »zunehmend kleinere Partikel« aus dem Interaktionskontext herauszulösen. Ausgangspunkt bleiben die »formalen Praktiken der Organisation von Interaktion. Subjektiver Sinn oder die Intentionen der Beteiligten sind dabei keine Erklärungsansätze« (vgl. Flick 1995, S. 221).

In der »Diskursanalyse« stehen mehr der Inhalt und die relevanten Themen des Gesprächs einschließlich ihrer sozialen und sprachlichen Organisation im Mittelpunkt, so dass sich eine größere Nähe zu den »allgemeinen Themen der Sozialwissenschaft« einstellt (vgl. S. 222). Schließlich sei noch die »Analyse narrativer Interviews zur Rekonstruktion von Ereignissen« genannt (vgl. S. 223). Es ergeht die Aufforderung an den Informanten/die Informantin, die Geschichte eines bestimmten Gegenstandsbereichs in Form einer »Stehgreiferzählung« darzustellen. Ziel ist die »Analyse subjektiver Sicht- und Handlungsweisen (…) vor dem Hintergrund konkreter und allgemeiner Umstände (Lebenssituationen wie die Phase der beruflichen Orientierung und eine bestimmte gesellschaftliche Phase, z. B. die Nachkriegszeit)« (vgl. Flick 1995, S. 116 ff.; Schütze 1983; Hermanns 1991, S. 183).

Um den Interviewten einen größtmöglichen Raum zur Selbstausgestaltung von Erfahrungen und zur Entwicklung von Perspektive auf das angesprochene

Thema ihrer Biographie zu gewähren, wird auf eine hypothesengeleitete Datenerhebung verzichtet und sich zunächst an den Schwerpunkten der Gesprächspartner/innen und ihrer alltagsweltlichen Konstruktionen orientiert (vgl. Rosenthal, Loch 2002, S. 221). Dabei wird in der gestalttheoretischen Version von *Rosenthal* auf die Unterscheidung von erzählter und erlebter Lebensgeschichte Wert gelegt, die es über eine genaue Sequenzermittlung zu eruieren gilt (vgl. Panke-Kochinke 2004, S. 60; Rosenthal 1995).

Mit der solcherart zu gestaltenden »Rekonstruktion von Lebenskonstruktionen« (vgl. Bude 1984) ist die Erwartung verbunden, dass die Erzählungen auf subjektiven und sozialen Konstruktionen beruhen, es sich also um konkrete Ausformungen handelt, mit denen auf Mustererzählungen und Musterlebensgeschichten der jeweiligen Kultur zurückgegriffen wird (vgl. Flick 1995, S. 224 f.).

Dann ist da die dokumentarische Methode zu betrachten. Sie ist ein Gruppenverfahren zur Interpretation von Handlungen, die Gruppenmitglieder vor dem Hintergrund eines nicht explizierten Kontextwissens teilen (vgl. Bohnsack 2003, S. 31 f.). Ursprünglich war sie auf die Herstellung einer gemeinsamen, alltäglichen Ordnung fokussiert und galt der gegenseitigen Beobachtung und Interpretation, um die Konstruktion dieser kollektiven Wirklichkeit zu ergründen (vgl. Garfinkel 1967, S. 95). Der Kern der wissenssoziologischen Theorie, welche der dokumentarischen Methode zugrunde liegt, berührt die Annahme, »dass das Alltagshandeln, das Denken und die Vorstellungen des Commonsense sozial konstruiert sind« (vgl. Asbrand 2011, S. 3; Bohnsack 2003, S. 20 ff.). Bei der Interpretation kommt es zunächst darauf an, »konsequent *innerhalb* des Relevanzsystems, des Rahmens der Gruppe zu bleiben« (Bohnsack 2003, S. 34). Ziel der Reflexion ist es, den Rahmen der Erzählung zu rekonstruieren und ihre fundamentalen Orientierungsmuster aufzufinden (vgl. Michalek 2008).

Die Grounded Theory wiederum zielt darauf ab, über systematisch gewonnene Daten soziologische Vorhersagen und Erklärungen für das Verhalten zu ermöglichen (vgl. Glaser, Strauss 1998, S. 12 f.). Im Übrigen gibt es gewisse Überschneidungen mit der qualitativen Inhaltsanalyse (vgl. Kuckartz 2018, S. 79 ff.). Auf dem Wege, Theorie nicht einseitig zum Verifizieren von Forschungsergebnissen, sondern umgekehrt die in der Sozialforschung gewonnenen Daten zum systematischen Generieren von Theorie zu nutzen, soll die Lücke zwischen empirischer Forschung und Theorie geschlossen werden (vgl. ebd., S. 38). Über ein ständiges Vergleichen der gewonnenen Feld- als auch dokumentarischen Daten werden Unterschiede und Differenzen mit dem Ziel zu finden gesucht, Kategorien zu bilden. Diese Kategorien beruhen auf den zuvor identifizierten Verhaltensmustern, welche von den Beforschten als bedeutsam oder problematisch empfunden wurden. Am Ende steht ein Kodieren, dass nicht nur der Klassifikation der Befunde dient, sondern zur genuinen Theoriebildung hinführen möchte (vgl. ebd., S. 167 ff.).

Vor allem die wissenssoziologische Hermeneutik wird häufig als Anleitung zur Gestaltung der Forschungsdesigns genommen. Sie geht davon aus, dass sich die einzelnen Subjekte die »vorgegebenen Wissensstrukturen« verinnerlichend aneignen und ›freiwillig‹ handelnd umsetzen«. Dabei lagern sie das gemeinsame Wissen nicht einfach in »Wissens‹blöcken‹« ab, sondern sehen sich gezwungen, ihre Erfahrungen »interessengebunden und situationsangemessen zu variieren«. Da der wissenschaftliche Interpret aber »keinen direkten Zugriff auf die Bewusstseinsleistungen des Handelnden hat, ist er bei seiner Annäherung an den Handlungsentwurf auf die Objektivationen angewiesen, in denen der Entwurf jeweils zum Ausdruck kommt« (vgl. Schröer 1997, S. 110 ff.). Meiner Auffassung nach spiegeln die verwendeten Sprachfiguren einen sehr bewusstseinslastigen Impetus und bleiben folglich nur eingeschränkt aussagefähig.

Damit zurück zur eigentlichen Gedankenführung. Die immer wichtiger werdende Analyse einzelner Lebensläufe, wie sie in der Biographieforschung Verwendung findet, wurde zunächst methodologisch meist in Verbindung mit dem Symbolischen Interaktionismus und der nichtdirektiven Gesprächsführung nach *Rogers* gebracht. Inzwischen dominieren eher systemtheoretische Ansätze, die ethnographische Feldforschung und vor allem wissenssoziologische und daran orientierte erziehungswissenschaftliche Konzepte (vgl. Flick 1995, S. 97; Friebertshäuser 1997, S. 509; Mayring 2002, S. 10; Abraham 2002, S. 130 ff.; Goblirsch 2008; Nassehi 2006).

Rosenthal hat diese Ansätze sehr systematisch aufbereitet und im Gegensatz zu vielen anderen dem Erleben einen wichtigen Platz eingeräumt. Damit gibt es auch eine Querverbindung zur psychoanalytischen Praxis: »D. h., durch Bewusstmachung von verdrängten und verleugneten Erlebnissen oder auch von isolierten Bestandteilen der Erlebnisse kann der Analysand ›mehr‹ sehen und wiedererleben als zuvor« (vgl. Rosenthal 1994, S. 10). Aber wie weit trägt diese Verbindung? Indem *Rosenthal* vor allem den Erwerb neuer Schemata hervorhebt, setzt sie sehr schnell auf die kognitiven Komponenten beim »Wegfall bzw. Überflüssigwerden bisher wirkender psychischer Blockaden« (vgl. S. 10).

Letzten Endes aber verbleibt sie eher der bewusstseinsorientierten Logik von Inhaltsanalyse, Grounded Theory und Diskursanalyse verhaftet (vgl. Rosenthal 2014). In ihrer Dialektik aus individuellem und kollektivem Sozialen erscheint daher das individuelle Erleben »immer durch kollektives Wissen, durch kollektive Deutungen, Sinngebungen, ›Diskurse‹ und ›Erinnerungskulturen‹ mitbestimmt und mitproduziert« (vgl. Rosenthal 2016, S. 1 f.). In Anlehnung an *Oevermann* spricht sie vom »sozialen Unbewussten« – womit Ideologien und Mythen gemeint sind (vgl. Rosenthal 2014, S. 20).

Dass trotz der Verwendung gleicher Begriffe hier eine gewisse Distanz zur Psychoanalyse vorherrscht, zeigt der nachfolgende Satz:

> »Auch sind uns WissenschaftlerInnen bei der Interpretation von Texten, ähnlich wie im Alltag, bestimmte Bedeutungsgehalte aufgrund unserer Sozialisation in einem bestimmten gesellschaftlichen und zeitlichen Kontext und des auch auf uns wirkenden sozialen Unbewussten verschlossen. Daher sind uns in der Gegenwart der historischen Situation Bedeutungen nicht zugänglich, die erst auf der Grundlage von sich erweiternden gesellschaftlichen Wissensbeständen zu einem späteren Zeitpunkt erschlossen werden können« (vgl. Rosenthal 2016, S. 21).

Ob man unter Zuhilfenahme von Wissensbeständen zum Unbewussten vordringt, wage ich zu bezweifeln.

Ähnliche feine Unterschiede zeigen sich beim Bezug zur Gestalttheorie zwischen *Rosenthal* und *Lorenzer*. In der Gestalttheorie, die vor gut 100 Jahren entstanden ist, wird von Wahrnehmungsprozessen ausgegangen, die zu Ganzheit und Geschlossenheit hin tendieren: »Allgemein vertritt die Gestaltpsychologie die Auffassung, dass psychische Phänomene nur dann verstanden werden können, wenn man sie als organisiertes und strukturiertes Ganzes auffasst und nicht in einfache perzeptuelle Elemente zerlegt« (vgl. Kirchbaum, Schuster 2008, S. 23; Zimbardo, Gerrig 2004). Unter andrem ging die Gestalttherapie daraus hervor (vgl. Blankertz, Doubrawa 2017).

In ihrem daran angelehnten interpretativen Forschungsansatz orientiert sich *Rosenthal* an der Gestaltfähigkeit des Erlebens und befindet: »Rekonstruiert werden soll vielmehr die sich im Akt der Zuwendung darbietende Gesamtgestalt der Biographie, die interaktiv konstituierte Bedeutung der Erfahrungen und Handlungen der Subjekte, die sich zum Teil ihren Intentionen entzieht« (vgl. Rosenthal 1995, S. 218). Weiter heißt es: »Die einzelnen biographischen Erlebnisse werden auf ihren Bedeutungsgehalt für die Gesamtgestalt der erlebten Lebensgeschichte hin geprüft und in deren Chronologie eingeordnet (vgl. Rosenthal 1995, S. 220; Fesenfeld 2006, S. 250 f.).

Lorenzer wiederum bezieht sich auf die Aussage von *Kurt Lewin*, wonach die Wahrnehmung einer unvollständigen Gestalt ein Spannungssystem hervorruft, das nach Geschlossenheit ruft (vgl. Lorenzer 1973, S. 162; Lewin 1969). Viel ausgeprägter als bei *Rosenthal* dreht es sich bei *Lorenzer* um die Kenntnis der hintergründigen Bedeutung des Materials, das der Patient/die Patientin dem Analytiker/der Analytikerin liefert, damit er/sie die infantile Situation zu rekonstruieren vermag. Dem Bewusstsein des Patienten/der Patientin ist dabei die »verborgene unvollständige Gestalt« (noch) nicht zugänglich (vgl. S. 164). Was bei *Rosenthal* eher angedeutet wird, bringt *Lorenzer* auf den Punkt.

Insgesamt gilt für die soziologisch ausgerichtete Art der Sozialforschung, wenngleich in unterschiedlichem Maße:

> »Biographieforschung betrachtet nicht in erster Linie (oder ›nur‹) das Subjekt, sondern ihr Gegenstand ist das soziale Konstrukt ›Biographie‹ im Sinne eines ›sozialweltliche(n) Orientierungsmuster(s)‹, eines ›Regelsystems‹ oder einer ›Institution‹. Das Konstrukt ›Biographie‹ verweist auf fundamentale Dimensionen der Sozialität – Wissen, Erfahrung, Handeln vor dem Hintergrund einer bereits vorstrukturierten Alltagswelt (…)« (vgl. Abraham 2002, S. 131).

In der Regel bleiben wissenssoziologische Erörterungen an diese aufgereihten Oberflächenphänomene gebunden, und nur selten wird dort, anders als bei *Abraham* nachzulesen, auf das subjektive Erleben, das implizite Wissen oder – mit Bezug zu *Seewald* als Vertreter einer sinnverstehenden Psychomotorik – »die Verwicklungen mit den eigenen Gefühlen, Stimmungen und inneren Bildern« rekurriert (vgl. Abraham 2002, S. 195 f.; Seewald 1996, S. 87; Seewald 2007).

Nichts anderes finden wir in aktuellen Ausführungen zur Systemtheorie. Selbstredend sind Biographien auf den »Wandel von Individuallagen« und die gesellschaftsstrukturelle Rahmung der Individualisierungsdebatte zu beziehen, was »Lebensverläufe nicht nur dem Gusto individueller Entscheidungen« überlässt (vgl. Nassehi 1994, S. 46 f.). Im Fortgang der Argumentation werden auch hier wieder psychische Systeme auf einen reinen »Bewusstseinsverlauf« zurückgeschnitten, und damit wird die Vorstellung von Biographie als einem »reflexiven

Akt« zu einer zwar gesellschaftlich präformierten, aber im letzten willentlich steuerbaren Angelegenheit (vgl. S. 51 f.). Dann ist es auch kein Problem, ob etwas autobiographisch ›erzählt‹ oder von »relevanten Anderen ›berichtet‹ wird« (vgl. Nassehi, Saake 2002, S. 73).

In einer eindimensionalen Verkürzung wird Identität zur Fähigkeit verdampft, »die (ontologische) Einheit der (temporären) Differenz von Bewusstseinsereignissen« zu denken (vgl. Nassehi 1993, S. 478). Auch wenn Kritik an der naiven Unterstellung geübt wird, dass erzähltes und gelebtes Leben in eins fielen, so geht *Nassehi* doch nur den halben Weg. Der erzählte Text wird zwar in einem gegenwartsbasierten sozialen Prozess verortet – es geht also um die »*gegenwärtige Vergangenheit*« –, aber es wird so getan, als sei mittels Selbstreflexion der zeitliche Prozess des Lebensverlaufs unumwunden einzuholen (vgl. Nassehi, Saake 2002, S. 71 f.). Unter dem Einfluss unbewusster Abwehrprozesse entstandene Sprachverfälschungen werden gar nicht in Betracht gezogen. Was aber dem Bewusstsein nicht zugänglich ist, kann nicht originalgetreu erzählt werden. Daher müssten wir unser Interesse auf in Tiefenschichten abgelegtes »subjektiv/kollektiv falsch Gewusstes bzw. Verdrängtes« richten (vgl. Terhart 1997, S. 36). Hier aber regrediert Verstehen zum einen zu einer nicht weiter explizierten »Komponente der Kommunikation« (vgl. Nassehi 1994, S. 59) und zum andern zu einer spezifische(n) Form der Beobachtung zur Handhabung einer beobachteten Unterscheidung (vgl. Nassehi 1993, S. 478).

3.2 Die Objektive Hermeneutik etwas genauer betrachtet

Als letztes wende ich mich etwas eingehender der Objektiven Hermeneutik zu. *Ulrich Oevermann* geht in seiner soziologischen Perspektive von einem in gesellschaftliche Strukturen eingelassenen Interaktionsgeflecht aus, wobei er das Gemeinsame vor dem Individuellen betont (vgl. Garz 1997, S. 536). Insofern fügt sie sich geschmeidig in die Regeln des genetischen Strukturalismus ein und lässt sich ein enger Bezug zu *Pierre Bourdieu* herstellen, in dessen dialektischer Theorie Gesellschaft sowohl als objektive Realität wie subjektive Wirklichkeit gefasst wird (vgl. Niephaus 2018, S. 99 ff.; Bourdieu 1992, S. 135; Oevermann 1991). Dieser Logik entsprechend richtet sich das Interesse nicht in naiver Weise auf die »subjektiv vertretenen Auffassungen der Textproduzenten«, wie es etwa für den Symbolischen Interaktionismus zutrifft, sondern auf jenes zugrundeliegende Regelwerk, in dem universelle, spezifische, intentionale und nicht-intentionale Faktoren zusammenwirken und den Text erzeugen – von *Oevermann* als »latente Sinnstruktur« bezeichnet (vgl. Garz 1997, S. 537).

Die Textanalyse soll in einer Gruppe erfolgen, um die Vielfalt von Deutungsalternativen zu gewährleisten. Der erste Schritt gilt der Festlegung einer Fragestellung, in die das Forschungsinteresse gekleidet wird. Bevor es in einem zweiten Schritt zur Textinterpretation kommt, muss der Texttyp, also die Art der Darstellung im Protokoll, bestimmt werden. Im dritten Schritt wird der Text im Sinne einer strengen sequentiellen Vorgehensweise »Zug um Zug, Satz für Satz« interpretiert. Dabei ist es untersagt, sich auf spätere Sequenzen zu beziehen, um eine »Zirkelhaftigkeit der Interpretation« ausschließen zu können (vgl. Garz 1997, S. 539).

Der vierte Schritt richtet sich auf eine intensive Sinnauslegung, wobei alle mit dem Text vereinbar erscheinenden Deutungen »gedankenexperimentell« berücksichtigt werden sollen:

»X: ›Na, was macht deine Kette, wie weit bist du?‹

Welche Lesarten können aufgrund dieser Sinneinheit als mit dem Text kompatibel generiert werden? Ich nenne einige Erfüllungslesarten, ohne Vollständigkeit zu beanspruchen:

a) Der Goldschmid fragt seinen Lehrling nach einem Schmuckstück;
b) der Organisator einer Menschenkette fragt den für einen Abschnitt Verantwortlichen;
c) die Kindergärtnerin/die Lehrerin fragt ein Kind aus der Gruppe nach einer Perlenkette;
d) die Lehrerin fragt nach dem Stand der Kettenrechnung;
e) zwei Manager unterhalten sich über den Ausbau ihrer Filialen;
f) der Feldwebel fragt nach dem Zustand der Panzerkette« (vgl. Garz 1997, S. 540).

Um hier Genaueres sagen zu können, kommt es auf die »explizite ›Herstellung von Sozialität‹ im Sinne des Wahrnehmens und Akzentuierens aus der Interaktionsstrom« an.

Im fünften und letzten Schritt wird eine Strukturhypothese gebildet, wobei man so lange bei einer extensiven Sinnauslegung verweilt, bis eine »am Text gewonnene Hypothese im Hinblick auf die eingangs formulierte Fragestellung möglich ist«. Somit lassen sich all jene Lesarten aufgeben, die nicht länger mit dem Text kompatibel sind, was allerdings einen längeren Verständigungsprozess voraussetzt. Im obigen Kettenbeispiel könnte auf eine zunächst ausbleibende Antwort die Nachfrage von X »*Was willst du als dein Muster legen?*« lauten (vgl. ebd., S. 541). Die Lesarten e und f sind damit hinfällig, b und d wirken unwahrscheinlich, können aber noch nicht völlig ausgeschlossen werden – die Menschenkette könnte ein patriotisches Farben-Muster aufweisen. A und c wiederum bleiben mit dem Text vollständig vereinbar.

Das Bilden und Verwerfen von Interpretationen entlang des Textes folgt einer Ausschlusslogik, die sukzessive »die Formulierung einer Strukturhypothese über die Spezifik des Falls« ermöglicht (vgl. ebd., S. 541), so wie es *Oevermann* im Sinne der »Explikation einer Theorie in der Sprache des Falles« vorgeführt hat (vgl. Oevermann 1983, S. 246). Über die Generierung einer Strukturhypothese kann auf diese Weise die Frage beantwortet werden, welche latente Sinnstruktur sich objektiv konstituiert hat. Durch ein »›Austesten‹ am Text« lässt sie sich schließlich noch auf ihre Güte hin untersuchen (vgl. Garz 1997, S. 541). In anderen Worten stellen die »objektivierten Bedeutungs- und latenten Sinnstrukturen protokollierter Äußerungen und die Auswirkungen dieser Strukturen auf den zu untersuchenden Fall« die methodologische Grundlage der Objektiven Hermeneutik dar (vgl. Trescher, H. 2016, S. 184). Und es darf nicht vergessen gehen, dass sich die Objektive Hermeneutik zuweilen ins einheitswissenschaftliche Fahrwasser des Logischen Empirismus begibt: »Die objektive Hermeneutik hat es mit abstrakten Gegenständen zu tun, ähnlich wie die Mathematik und die Logik.« Da mag mich die Fortsetzung des Satzes »(...) sie ist aber dennoch die Methodologie einer Erfahrungswissenschaft: nämlich der Erfahrungswissenschaft von der sinnstrukturierten Welt« nur halbwegs versöhnen (vgl. Leber, Oevermann 1994, S. 384).

In seiner Auseinandersetzung mit der Objektiven Hermeneutik weist *Flick* darauf hin, dass Tiefenstrukturen zunächst in kulturellen Modellen enthalten sind, darüber hinaus als Deutungsmuster bzw. latenten Sinnstrukturen existieren, und sie schließlich im Sinne der Psychoanalyse als unbewusst bleibende latente Strukturen angesehen werden können (vgl. Flick 1995, S. 36). In ihrer tiefenhermeneutisch inspirierten Auseinandersetzung mit der Objektiven Hermeneutik unterstreicht *Uphoff* die Bedeutung der zu reflektierenden Differenz der Lebenswelten von Forscher/innen und Beforschten, nicht zuletzt um einer Verengung der Analyse durch »*normative Wertungen*« vorzubeugen. Gleichzeitig konstatiert sie, dass ein gewisses Maß an – wenn man so will: fremder – Sprach- und Kulturkenntnis vorausgesetzt werden muss, um überhaupt Deutungskompetenz zu erwerben. Unter diesen Voraussetzungen sind für sie die bestehenden Differenzen »höchst aufschlussreich, denn mit ihrer Deutung kann die Kulturspezifik und die Fallspezifik erst erschlossen werden« (vgl. Uphoff 2016, S. 209).

Hier offenbart sich in der Tat eine gewisse Nähe von Objektiver Hermeneutik und Psychoanalyse. Auf die Auswertung eines Protokolls familialer Interaktion bezogen heißt es da schon früh: »Verfügten wir nicht über die Tradition der psychoanalytischen Theoriebildung, so müssten wir spätestens an einer Stelle wie dieser eine deskriptiven Begriff vom Unbewussten in die soziologische Analyse einführen« (vgl. Oevermann u. a. 1979, S. 367; Hechler 2019, S. 252). Auch wenn *Wernet* darauf hinweist, dass sich die Objektive Hermeneutik für die »Welt der ›mentalen Repräsentanzen‹« interessiert (vgl. Wernet 2006, S. 18), bleibt es bei der Suche nach einem *deskriptiven* Begriff vom Unbewussten. Spätestens, wenn es um die »bewusste Nichtberücksichtigung eines äußeren Kontextes«, d.h. die »Fokussierung auf den Text« (vgl. Trescher, H. 2016, S. 187; Oevermann 1993, S. 142; Garz 1997, S. 539) geht, kommen mir einige leise Zweifel.

Ganz unabhängig davon, ob es sich um Sympathie oder Antipathie handelt, werde ich emotional berührt und von Phantasien eingeholt. Eine unbewusste Allianz entsteht, die auf beiden Seiten zugleich mit Widerständen bepflastert ist, was der Interaktion ein ganz eigenes, zunächst nicht verständliches Gepräge verleiht. Zudem beginnt sich mein frühes »implizites Beziehungswissen« (vgl. Stern u. a. 2012, S. 52 ff.) zu regen – ein Fundus, den es fürs Verstehen zu nutzen gilt. Aus alledem folgere ich, dass ich versuche, mir einen Reim auf die Situation zu machen. Mein Gegenüber wird es genauso empfinden. Es geht nicht primär um das, was jemand tatsächlich *sagt* – *der* zentrale Verstehenszugang der Objektiven Hermeneutik –, sondern darum, was jemand in einer bestimmten Situation *fühlt* – der zentrale Verstehenszugang der Tiefenhermeneutik (vgl. Trescher, H. 2018, S. 220 f.).

In gewisser Weise nimmt die Objektive Hermeneutik damit die Perspektive einer Außensicht ein, während die Tiefenhermeneutik die Perspektive einer Innensicht wählt. Und damit stellt sich die Gretchenfrage, wie wir es halten wollen: In der Objektiven Hermeneutik *Oevermann*s gibt es keinen verzerrten Text, für die Psychoanalyse gibt es verzerrte Kommunikation, die verzerrte Texte hervorbringt (vgl. Horn u. a. 1983, S. 13 f.). *König* hat den Dissens ähnlich gefasst: Während sich die Objektive Hermeneutik bei der Textinterpretation auf die in den Interaktionen verborgenen objektiven Sinnstrukturen konzentriert und diesbezüglich »das subjektiv Intendierte nur eine ›Lesart‹ darstellt, wendet sich die Tiefenhermeneutik der Analyse der subjektiven Sinnstrukturen zu, um zu erschließen, welche verborgenen Erlebnisentwürfe der Text gegen den Strich der objektiven Zwänge – oder auch im Einklang mit ihnen – zur Debatte stellt« (vgl. König, H.-D. 1993, S. 197).

Auf der Ebene des Interaktionsgeschehens zeigt sich auf den ersten Blick nicht unbedingt ein Unterschied, und auch das Thema bleibt wahrscheinlich unverändert. Aber was macht das alles mit dem Subjekt? Bei genauerer Betrachtung verstrickt sich die Objektive Hermeneutik in einen Erkenntniswiderspruch: Wie *Daniel Stern* betont, veränderte sich sein Forschungsinteresse von beobachtbaren Entwicklungsfortschritten eines Kindes hin zur Annäherung an dessen Selbstempfinden, das erst die Konsolidierung des sukzessiven Aufbaus von psychischen Strukturen ermöglicht (vgl. Stern, D. 1992, S. 262). Kurzum: das Selbstempfinden kann nicht beobachtet oder rekonstruiert werden.

Die strenge Regel der Objektiven Hermeneutik, einzig das Material als valide anzusehen und gegen persönliches Zutun abzuschirmen, atmet für mich ein wenig den Charakter eines Abwehrmechanismus, der sich schnell zu einem affektisolierenden Zwangssymptom auswachsen kann. *Uphoff* fragt unumwunden: »Welche Lesarten für die objektive Bedeutung sind (noch) erlaubt (…)?« (vgl. Uphoff 2016, S. 209).

Die persönliche Einfärbung liefert mir doch eine Ahnung vom Geschehen – die ich natürlich in der Interpretationsgruppe kritisch durchleuchten lassen muss. *Oevermann* problematisiert das Wissen um äußere Kontexte sowie das Vorwissen aus alltäglichen oder sonstigen Wissensbeständen, weil beides der Interpretation logisch vorgeordnet sei und damit ein Verständnis der Interpret/innen darstellten, über das sie unabhängig vom in Frage stehenden Text verfügten (vgl. Oevermann 1993, S. 129). Somit ist grundsätzlich in Frage gestellt, »inwieweit beim Einsatz von Kontextwissen als Vorwissen bei der Interpretation am Text zugleich noch substanziell neues Wissen gewonnen werden kann: Muss die Interpretation nicht, umgangssprachlich formuliert, am Ende herausbekommen, was sie aus ihrem einschlägigen kontextuellen Welt- und Handlungswissen als Vorwissen hineingesteckt hat?« (vgl. Schlücker 2008, S. 111).

Während also *Oevermann* eine strikte Trennung zwischen dem/der textproduzierenden Beforschten und seinem/ihrem interpretierenden Forscher/ihrer interpretierenden Forscherin aufmacht, erweitert *Schlücker* die Vorstellung des hermeneutischen Zirkels, die hier ja implizit kritisiert wird, zu einem »*erkenntnistheoretischen Zirkel*«. Selbstredend gibt es das eigenständige Zutun beim Interpretierten: »*es ist sein oder ihr Wissen*«. Hier bezieht sich *Schlücker* auf *Gadamer*, für den Verstehen ein notwendig »aktives, Bedeutung *herstellendes*« Verhalten ist, da man immer »*anders* versteht, *wenn man überhaupt versteht*« (vgl. Schlücker 2008, S. 116 f.; Gadamer 1965, S. 280).

Verstehen sei ein sich ständig korrigierender Vorgang, und das Kontrollieren brauche nicht hinzukommen, sondern gehöre zum Wesen des Verstehens selbst, sagt *Grondin*, und er ergänzt, dass sich die Aufgabe der Hermeneutik auf der »Spannung zwischen Vertrautheit und Fremdheit« gründe (vgl. Grondin 1982, S. 128 f.). Damit spielt er auf die dialektische Wechselwirkung des Vorverständnisses eines Forschers an, der das Fremde in sein Vertrautes zu integrieren sucht. »Eine Sache selbst jenseits der Standortgebundenheit gibt es in der Hermeneutik zunächst nicht. Erst die Vorurteile gewähren einen Zutritt zur Sache, da das Vorwissen die Bedingung der Möglichkeit des Verstehens ist.« Die Frage ist nun, ob der Vorbegriff selbst wahr oder falsch sei und nicht, »ob das Fremde mit unserem möglicherweise irrigen Vorverständnis übereinstimmt«. Hier findet keine dialektische Gegenbewegung statt, »so dass nur das Vorurteil uns die Sache zeigt und nur diese die Revidierung von jenem veranlasst« (vgl. S. 133).

Der Kontext des Anderen kann also gar nicht außeracht gelassen werden, weil er über den immer schon existierenden Kontext des Eigenen längst berührt wird. Der hermeneutische Zirkel des Verstehens, der auf dem bereits Verstandenen fußt, ließe sich nur um den Preis suspendieren, gar nichts mehr zu verstehen. Der andere Weg ist der weitaus bessere: Über die selbstreflexive Vergewisserung dieser Verblendung Licht ins Dunkel zu bringen. In dieser Variante wird der hermeneutischen Zirkel von einem »circulus vitiosus zu einem circulus fructuosus« (vgl. Grondin 1982, S. 133).

Ich möchte an dieser Stelle eine eigene Überlegung einbringen. Nicht zuletzt über das aktivierte implizite Beziehungswissen, in Verknüpfung mit der Kommunikation der zwei Unbewussten, kommt doch eine Identifikation mit der beforschten Person zustande. Jetzt muss natürlich das dadurch ausgelöste Moment der Gegenübertragung – vielleicht sogar mehr noch jenes der genuin eigenen Übertragung – reflektiert werden, um diesen Zusammenhang sichtbar werden zu lassen. Aber die Vorstellung einer methodisch ›sauber‹ zu haltenden Differenz ist ein Trugbild.

Eine kategorische Aussage wie »Die Kontextuierung ist der kontextfreien Bedeutungsexplikation *systematisch nachgeordnet*« (vgl. Wernet 2006, S. 21) erscheint mir daher eher wie eine ratgeberische Verpflichtung zur Selbstverleugnung. Ich kann doch gar nicht von meiner Eigenbeteiligung absehen – wozu forsche ich denn sonst?

Die Objektive Hermeneutik folgt dem Weg der Hypothesenbildung, wie er für die Sozialforschung, gleich ob qualitativer oder quantitativer Natur, charakteristisch ist. Anhand der gewonnenen Daten soll dann eine bestimmte Hypothese geprüft werden. *Lorenzer* dagegen wies, worauf ich schon kurz eingegangen bin, dieses Ansinnen zurück, betonte stattdessen die Bedeutung der »*Stimmigkeit der*

Gestalt«, um die Vermittlung einer »geschilderten Szene an die reklamierten szenischen Vorannahmen« – also die »lebenspraktische« Nachzeichnung des realen Gefüges der psychischen Strukturbildung – zu gewährleisten (vgl. Lorenzer 1974, S. 164). In *Lorenzer*s Vorstellung der Rekonstruktion des eigentlichen Konfliktthemas ist einzig die gemeinsame geteilte Erfahrung der Gradmesser für die Richtigkeit der Vorannahmen, und darauf aufbauend kommt es zur »Komplettierung der Gestalt« (vgl. Lorenzer 1973, S. 160 ff.; Gerspach 2009, S. 107 ff.).

In den methodischen Ausführungen zu ihren Forschungen in Jugendszenen betonen *Schröder* und *Leonhardt*, dass es ihnen bei ihren Vorannahmen, die sich auf der Grundlage der durchgeführten Interviews herausbilden, »nicht um Vorannahmen im Sinne von Hypothesen handelt, die wir aufgestellt hätten, um sie falsifizieren oder verifizieren zu können. Unser Ziel ist nicht die Aufstellung von Vorannahmen, sondern das Bewusstmachen und die Reflexion jener Vorannahmen, die auch ohne gezielte Absicht von den forschenden Subjekten immer irgendwie gemacht werden und den Prozess der Forschungsarbeit prägen« (vgl. Schröder, Leonhardt 1998, S. 68).

Just an diesem Punkt springt folglich der unüberbrückbare Widerspruch zur Objektiven Hermeneutik und ihrer vorab kontextbereinigten Textanalyse ins Auge:

> »Genau dies macht das Erstgeburtsrecht der Psychoanalyse als einer lebenspraktischen Strukturanalyse aus, dass sie in ihren Erkenntnissen die ungeschmälerte biographisch-geschichtliche Fülle erfasst, statt sie in enthistorisierte Daten aufzulösen« (vgl. Lorenzer 1974, S. 164).

Und gerade wenn wir uns in der Forschungssituation in gewisser Weise um eine Haltung gleichschwebender Aufmerksamkeit bemühen, so bedeutet dies keineswegs, unser Vorwissen um die Wirkmächtigkeit unbewusster Phantasietätigkeit zu amputieren. Eher gehe ich davon aus, dass es hier zu einem dialektischen Ausbalancieren zwischen psychoanalytischem Vorwissen und der Einsicht in die Notwendigkeit kommt, eine Position des Nicht-Wissens einzunehmen. Es überzeugt mich nicht, dass mit Hilfe dieses »methodologischen Realismus« (vgl. Oevermann 1993, S. 118), wonach »das Protokoll und *nur* das Protokoll den Zugang zur methodisch kontrollierten Wirklichkeitsforschung erlaubt«, dem von mir skizzierten Problem tatsächlich abhilft (vgl. Wernet 2006, S. 12). Ich gehe gar so weit zu sagen, dass es dessen auch gar nicht bedarf. Im Gegenteil.

Dass meine Einlassungen eine gewisse Plausibilität aufweisen, möchte ich am Beispiel einer Mutter-Kind-Interaktion, das mit Mitteln der Objektiven Hermeneutik interpretiert wurde, genauer belegen.

> »K.: *Mutti, wann krieg ich denn endlich mal was zu essen. Ich habe so Hunger.*
> M: *Bitte. Möchst dein Brot selbst machen oder soll ich dir's schmieren?*« (vgl. Wernet 2006, S. 28 ff.; Oevermann 1981, S. 9).

Gemäß der Verpflichtung auf das Prinzip der Sequenzanalyse wären zuerst die Frage des Kindes und dann die Antwort der Mutter zu interpretieren. »Bei der Interpretation der Frage des Kindes darf die darauf folgende Antwort der Mutter keine Rolle spielen« (vgl. Wernet 2006, S. 28). *Oevermann* selbst hat mit viel langatmiger Akribie diesen Sprechakt durchdekliniert. Unter anderem geht er davon aus, dass der Junge sein Brot schon selber schmieren kann und dieser auf der Beziehungsebene daher eher signalisiert: »behandele mich doch bitte wie ein kleineres Kind (...)« (vgl. Oevermann 1981, S. 16). Für *Wernet* ergibt sich aus der Rekonstruktion dieser Bedeutungsstruktur das Verstehen der Antwort der Mutter, die nichts anderes beinhalte, »als die Bitte des Sohnes für nicht existent zu erklären« (vgl. Wernet 2006, S. 28). *Oevermann* selbst nimmt eine leicht andere Akzentuierung vor: »Entscheidend ist nämlich an der Reaktion der Mutter, dass sie die auf der Ebene des Beziehungsaspekts vom Sohn implizit vorgetragene Bitte: ›Behandele mich doch wie ein kleineres Kind‹, weder zurückweist, noch akzeptiert, sondern vollkommen überhört« (vgl. Oevermann 1981, S. 17).

Bei *Wernet* erscheinen dann drei Möglichkeiten, wie die Mutter auf diese kindliche Bitte reagieren könnte, als »denkbar:

1. Der Bitte wird ohne weiteres entsprochen.
2. Die Bitte wird zurückgewiesen.
3. Der Bitte wird unter der Einschränkung der Ausnahme entsprochen.

Dem würden dann folgende Äußerungen der Mutter entsprechen:

1. Was willst Du denn haben? Wurst- oder Käsebrot?
2. Na greif doch zu!
3. Na, dann will ich Dir mal ausnahmsweise ein Brot schmieren. Was willst Du denn haben?« (vgl. Wernet 2006, S. 30).

Auch hier kommt *Oevermann* wiederum zu einer etwas anderen Lösung:

> »Die Mutter muss nun, ob sie bewusst will oder nicht, mit ihrer Reaktion das Verlangen des Jungen auf beiden Ebenen beantworten. Zum einen hat sie zu entscheiden, ob sie das Verlangen nach einem Essen angesichts der konkreten Kontextbedingungen als legitim erfüllen will und zum anderen muss sie Stellung dazu beziehen, welche altersspezifische Identität sie dem Sohn zuschreiben will« (vgl. Oevermann 1981, S. 17).

Zunächst einmal wird so getan, als ob der Ablauf des Geschehens einschließlich seiner vorgetragenen Alternativen genügend Zeit ließe für bewusst überlegte Reaktionen. Und woher wissen wir, dass die Mutter die Bitte für nicht existent erklärt oder überhört? Handelt es sich wirklich nur um ein höfliches Nachsuchen oder kommt da nicht ein mächtiger Affekt ins Spiel?

Wohin also sind in diesen Deutungen die ganzen beteiligten Emotionen verdampft? Diese Frage richtet sich mehr an *Wernet* als an *Oevermann*, denn *Oevermann* thematisiert am Ende diesen Erlebensrahmen der Mutter-Kind-Beziehung und kommt dabei auf die Psychoanalyse zu sprechen. Aber in der Art, wie er es tut, würde ich mich auch wieder deutlich abheben. In *Oevermann*s geharnischter Kritik an der Mutter heißt es nämlich:

> »Es liegt nun nahe, genau diese Reaktion der Verleugnung des Beziehungsaspekts und letztlich der vom Sohn in seinem pathologischen Verlangen nach Zuwendung thematisierten Konstitutionsbedingungen einer personalisierten Mutter-Kind-Beziehung als die Ursache für die Identitätsunsicherheit und -diffusion des Jungen anzusetzen« (vgl. Oevermann 1981, S. 20).

Das sehe ich so überhaupt nicht. Gleich zu Beginn löste die Dialogsequenz bei mir – und zwar als ausschließlich spontan hervorgerufene emotionale Resonanz, bevor noch das Nachdenken einsetzen konnte – die Assoziation aus:

1. Da wird ein Kind von Größenphantasien getrieben, um sich mit Macht sein Objekt gefügig zu machen.
2. Die Mutter unterdrückt ihren Ärger und kaschiert ihn in einer eher spöttischen Antwort.
3. Irgendwie scheint da das eingespielte Interaktionsschema einer ›verklebten‹ Beziehung auf, die es *szenisch* näher zu betrachten gilt.

Offensichtlich war ganz viel Gefühl im Spiel. Aber weder tauchte für mich beim Kind ein affektiver Nachholbedarf auf, noch wurde dieser von seiner Mutter zurückgewiesen (vgl. Oevermann 1981, S. 20). Sich von Assoziationen und Phantasien leiten und inspirieren zu lassen, so wie ich es tat, ist meines Erachtens nicht identisch mit einem von vornherein feststehenden subsumtionslogischen Rückgriff auf psychoanalytische Kategorien, was *Oevermann* bemängelt (vgl. S. 53). Psychoanalytisches Nacherleben operiert eben nicht mit »Verweisungen auf außerhalb ihrer selbst liegende Strukturen oder Sachverhalte«, wie es *Oevermann* der psychoanalytischen Textinterpretation vorhält (vgl. S. 47 f.).

Hier wird die Erklärens-Verstehens-Kontroverse gar nicht erst in die Überlegungen aufgenommen, geschweige denn gelöst. Insgeheim ist die Entscheidung längst getroffen. Das große Missverständnis ist, Psychoanalyse generell für ein intellektuelles Ratespiel wie alle anderen Methodologien auch zu halten. Man kann es nur vermeiden, indem man selbst seinen szientistischen Referenzrahmen verlässt.

Im ersten Moment des Lesens überkam mich eine Regung, die ich erst in einem nächsten Schritt in Begriffe (der Psychoanalyse) zu fassen vermochte. Es verhielt sich also genau umgekehrt, als *Oevermann* mutmaßt. In Wirklichkeit waren die Begriffe – als *externe* – bereits da, sie wurden aber erst durch das Schließen des hermeneutischen Zirkels mit einer ganz konkret auf die Szene gemünzten *internen* Bedeutung gefüllt. Die Erkenntnis wird nicht in hintereinander und linear angeordneten, sondern kreisförmigen Bewegungen gewonnen.

Wernet kontrolliert seine auftauchenden Affekte über die ›Sachlichkeit‹ seiner Sprache. Im Gegensatz dazu rekurriert *Oevermann* auch auf das Unbewusste, aber entkommt nicht der Versuchung, die Mutter zu schelten. Mir wäre dieser Impuls Anlass und Auftrag, ihn – in der Identifikation mit dem Kind – als eine Spielart von Gegenübertragung lesen und verstehen zu wollen. Das Problem des »emotionalen Ortes« des Forschers/der Forscherin wird aber in der Objektiven Hermeneutik nicht angesprochen (vgl. Buchholz 1993, S. 61), ihr kommunikatives Vorgehen »nicht weiter methodisch reflektiert« (vgl. Horn 1983, S. 68).

Schlücker hat eine ausführliche Diskussion und Gegenüberstellung von Psychoanalyse und Objektiver Hermeneutik vorgelegt. Darin tauchen auch *Lorenzers* Hinweise auf meine Fragestellung des unterschiedlichen erkenntnistheoretischen Stellenwerts von Praxis und Forschung auf. In der Therapie zielt die Interpretation auf eine »Änderung des Patienten«, in der Textanalyse kann sich nur der Interpret »unter dem Eindruck von Text und Textinterpretation wandeln« (vgl. Schlücker 2008, S. 392). Mit *Lorenzer*: »In der Therapie greift der Analytiker unablässig in die Textproduktion ein, in der Analyse des literarischen Textes liegt der Text fest (…)« (vgl. Lorenzer 1988a, S. 17). Selbstredend gibt es eine gewisse Schnittmenge meiner eigenen Forscherperspektive mit allen hier soeben skizzierten Konzepten. Das beginnt bereits bei der Verteidigung des qualitativen Ansatzes gegenüber der Übermacht des quantitativen Denkens.

Über experimentelle Versuchsanordnungen sind eine ganze Reihe von Daten und Ergebnissen entstanden, bei denen die »psychologischen Zusammenhänge zwischen Variablen und die Bedingungen, unter denen sie gelten, demonstriert und geprüft« wurden. Die Standards und Vorgehensweisen dieser quantitativen Forschung sind im Laufe der Zeit aber immer weniger dahingehend systematisch überprüft worden, »welchen Forschungsgegenständen und Fragestellungen sie angemessen sind und welchen nicht«. So sind die einst als unumstößlich geltenden Ideale der Objektivität inzwischen weitgehend »entzaubert«. Somit tritt die qualitative Forschung, die von »anderen Leitgedanken als quantitative Forschung bestimmt« ist, auf den Plan (vgl. Flick 1995, S. 11). In ähnlicher Absicht möchte *Girtler* »den Mythos von der ›Quantifizierbarkeit‹ und der ›Gesetzmäßigkeit‹ sozialen Handelns sowie die Formel von der ›Operationalisierung von Hypothesen‹« entzaubern. Der wachsende Trend zur Quantifizierung habe schließlich zu einem verminderten Verständnis der empirischen sozialen Welt geführt (vgl. Girtler 1992, S. 12 f.). All dies sind erfreuliche Anzeichen für ein Erstarken der qualitativen Sozialforschung, d. h. für ein »interpretatives Paradigma als forschungsleitetes Denkmodell« (vgl. Mayring 2002, S. 10). Soweit gehe ich gerne mit.

Gemeinhin werden zunächst stichprobenartige qualitative Methoden wie das »fokussierte Interview« (vgl. Flick1995, S. 94) eingesetzt, um sich einen Überblick über das Forschungsfeld zu verschaffen, bevor dann die ›große‹ quantitative Untersuchung nachfolgt. Ich selbst bin einmal den umgekehrten Weg gegangen (vgl. Gerspach 2001). Untersuchungsgegenstand dieser Studie war die Zufriedenheit von Eltern mit der gemeinsamen Erziehung von Kindern mit und Kindern ohne Behinderung in Kindertagesstätten. Die Begegnung mit dem Thema Behinderung lässt sich indessen, wie wir bei der Auswertung der zunächst zum Einsatz kommenden standardisierten Fragebögen feststellten, nur über einen qualitativen Zugang zum subjektiven Erfahrungshintergrund begreifen. Das bedeutet, sich an der »Methode des Verstehens, Nacherlebens sowie der Deutung von Sinnganzheiten der Lebenswirklichkeit zu orientieren« (vgl. Gerspach 2001, S. 64).

Die quantitative Erhebung zeigte ihre Grenzen auf, wenn es darum geht, sich der Komplexität der persönlichen Horizonte anzunähern. Zwar erhielten wir auf die zentrale Frage, was Eltern an Unterstützung für sich und ihre Kinder tatsächlich benötigen, mittels der standardisierten Vorgaben genügend Anhaltspunkte und in vielen Punkten auch übereinstimmende Aussagen. Aber eine differenzierte Betrachtung der ›Einzelschicksale‹ – »die sich dann unter der handlungsleiteten Überlegung zur praktischen Umsetzung vor Ort ebenfalls wieder aufsummieren ließen« – wollte uns auf diese Weise nicht gelingen (vgl. ebd., S. 64 f.). Jedenfalls wurde uns schnell klar, dass sich »die Bewältigung der Behinderung des eigenen Kindes bzw. die Begegnung mit der Behinderung des fremden Kindes in der Tageseinrichtung und die daraus abgeleiteten Erwartungen an das pädagogische Setting« nicht mir nichts dir nichts über allgemeine Skalen operationalisieren lassen (vgl. ebd., S. 69 f.).

Auch bezüglich der Gestaltung einer Interviewsituation sehe ich Gemeinsamkeiten mit bestimmten Ansätzen der qualitativen Sozialforschung. Der Rückgriff auf einen Leitfaden kann hilfreich sein, wesentliche Fragen nicht zu vergessen. Darin sind »mehr oder minder offen formulierte Fragen« versammelt, auf die »der Interviewte frei antworten soll«. Damit wird die Absicht verfolgt, allzu restriktive standardisierte Vorgaben, »wann, in welcher Reihenfolge und wie Themen zu behandeln sind« zu vermeiden, weil sie den »Weg zur Sicht des Subjekts eher verstellen als eröffnen« (vgl. Flick 1995, S. 112). Ein Leitfaden gibt dem Forscher/der Forscherin ein Mittel zur Strukturierung eines Interviews an die Hand, sofern sichergestellt ist, dass genügend Flexibilität garantiert ist und der Gesprächsverlauf nicht über Gebühr zensiert wird (vgl. Gerspach 2001, S. 67). Eine ständige Vermittlung zwischen dem Interviewverlauf und dem Leitfaden erscheint daher angeraten, um der Gefahr einer »*Leitfadenbürokratie*« vorzubeugen vgl. Flick 1995, S. 113; Hopf 1978). Auch mein Forscher/innen-Team und ich hatten bei einer Befragung von Menschen mit einer geistigen Behinderung über ihre Wohnwünsche auf einen Leitfaden zurückgegriffen, was es in diesem Fall sichtlich erleichterte, ein Gespräch in Gang zu bringen und zu halten (vgl. Gerspach 2004a, S. 53 ff.; Mesdag, Hitzel 2008; Schallenkammer 2016).

Aber dennoch vermag ich meine Vorbehalte gegenüber dieser Form »mikrosoziologische(r) Fragestellungen« (vgl. Flick 1995, S. 281) nicht zu verhehlen, zumal *Mayring* in seiner systematischen Darstellung einzig meiner Lieblingstheorie gegenüber große Vorbehalte zu erkennen gibt (vgl. Mayring 2002, S. 128). Ganz allgemein gesprochen hält es meinem Dafürhalten nach die gewählte Sprache zu sehr mit dem »Erklären« (vgl. Flick 1995, S. 220) des gewonnenen Materials, fokussiert sich einseitig auf »psychologische Phänomene wie Gedächtnis und Kognition« (vgl. ebd., S. 222) und landet schließlich beim ausführlichen »Interviewtraining« (vgl. Flick 1995, S. 113), so als ob eine qua Üben erworbene Habitualisierung dem Problem des hermeneutischen Verstehens ohne Not abhelfen könne. *Helfferich* hat in den drei »Übungsteilen« ihres Buches hierzu durchaus differenziertere Vorschläge unterbreitet. Da sie indessen selbst einräumt, dass zum einen Erzählpersonen sehr komplexe Leistungen vollbringen (vgl. 2011, S. 81) und zum andern die Kommunikationssituation des qualitativen Interviews eine ebenso »komplexe Rollenkonfiguration« darstellt (vgl. ebd., S. 160), wird ersichtlich, dass sich die Vorbereitung auf diese Forschungssituation nicht ohne weiteres operationalisieren lassen will. Beim Thema Beobachten habe ich mich dazu ja schon ausführlich geäußert.

3.3 Zur neueren Debatte

Das Scheitern eines an klassenlosen Idealen ausgerichteten Gesellschaftssystems in Osteuropa, das sich allerdings nie von autoritär-diktatorischen und inhumanen Vorstellungen zu befreien vermochte, löste eine nachgerade allgemeine paranoide Angst vor solchen politischen Versuchen aus, und damit gerieten auch an emanzipativen, nämlich repressionsfreien Konzepten interessierte Pädagog/innen in den Sog dieser Hysterie. Kurzum wurden an *Marx* angelehnte Gesellschaftsinterpretationen weitgehend aus dem wissenschaftlichen Diskurs verbannt, und mit der Hinwendung zum Poststrukturalismus eines *Foucaults* entstand ein völlig anderes Grundverständnis.

Fortan wurden hermeneutische Ansätze eher kritisch gesehen. Der Autor eines Textes erschien jetzt als geschichtlich bzw. gesellschaftlich konstruierte Institution, die nicht für sich selbst steht und insofern auch nicht als Maßstab der Textrezeption gelten kann. *Foucault* geht davon aus, »dass das Subjekt des Autors selbst weithin durch diskursive und durch machttechnische, nichtdiskursive Einflüsse geprägt und zu einem großen Teil konstruiert wird« (vgl. Yeniyayla 2016, S. 22; Foucault 2000). Auch wenn sich diese Problematisierung des Autor-Subjekts einer genaueren Textanalyse widersetzt, so wird sie doch wie folgt aufgenommen:

> »Das gesellschaftlich konstruierte Ich spricht, nicht ein ›man‹ und auch kein ›es‹. Spricht ›man‹, dann lässt das auf eine vermeintlich gewisse Universalität oder auch Objektivität schließen. Aber sie existiert nicht, da jedes Subjekt spricht und schreibt, da es kein ›es‹ gibt, dies ist ein Konstrukt« (vgl. Brückner 2012, S. 323).

Wie sich hier schon andeutet, sind die Grundgedanken *Foucaults* auf die Erörterungen des Diskursbegriffs gerichtet (vgl. Foucault 1993). Daher verweist er auf überindividuelle Praxis bzw. Praktiken und gerade nicht »die alltäglichen Interaktionen zwischen Menschen und die in ihre Rede-, Denk- und Wahrnehmungsweisen zum Ausdruck kommenden subjektiven Deutungen und Sinnsetzungen« (vgl. Bührmann, Schneider 2012, S. 24). *Foucault* setzt den Diskurs in Beziehung zu den grundlegenden Paradigmen, wie sie zu einem bestimmten historischen Zeitpunkt in den Wissenschaftsdisziplinen vorkommen und »als semantische Grundmuster die kulturelle Orientierung einer Epoche und Gesellschaft prägen« (vgl. Waldschmidt u. a. 2006, S. 198).

Im Fortgang von Rezeption wie Debatte wird schnell klar, dass die diskursiven Prozesse, die Wissen als Grundlage des Handelns und der Gestaltung von Wirklichkeit hervorbringen, auch nicht-diskursive Praxen aufweisen. So kommt es zu einer weiteren Ausdifferenzierung, in deren Verlauf »*Diskurstheorien* allgemeine theoretische Grundlagenperspektiven auf die sprachförmige Konstituiertheit der Sinnhaftigkeit von Welt« entwickeln, während sich »*Diskursanalysen* auf die empirische Untersuchung von Diskursen« konzentrieren (vgl. Keller 2007, S. 8). Entsprechend dieser Logik macht es hernach Sinn, nicht-diskursive Prozesse und »sogenannte Sichtbarkeiten/Vergegenständlichungen auf ihren Wissensgehalt hin zu analysieren sowie das Verhältnis dieser Elemente zueinander zu erkunden«. Dieses Zusammenspiel nennt Foucault *Dispositiv*« (vgl. Jäger 2001, S. 72). Die Metapher Dispositiv steht also für ein Netz, das zwischen heterogenen Elementen geknüpft wird und die »Kontrolle und Formierung sämtlicher ›Gesten‹, ›Meinungen‹ und ›Reden‹« übernimmt. Das Dispositiv wird zur »Maschine, die Subjektivierungen produziert« (vgl. Frohne u. a. 2019, S. 22; Agamben 2008, S. 7 ff.).

Hatte *Foucault* bereits die prominenten Dispositive »rund um die machtvolle Formierung des Begehrens, der Lüste des Menschen oder seiner Disziplinierung, die sich als Sexualitäts-, Allianz-, Inhaftierungs-, Geständnis- und/oder allgemeiner als Machtdispositive« darstellen, beleuchtet, so werden diese nun diskursiv als disparat erscheinende empirische Phänomene verortet (vgl. Bührmann, Schneider 2012, S. 11; Foucault 1978). Gerade mit Blick auf die Genderforschung und die zu Beginn der 1990er Jahre von *Judith Butler* angestoßenen Debatte über »die Materialität des Geschlechtskörpers« eröffneten sich auf einmal ganz neue Erkenntnisdimensionen (vgl. Bührmann, Schneider 2012, S. 11; Glaser u. a. 2004). *Butler* bezeichnete Geschlecht (gender) als »a practise of improvisation within a scene of constraint« (vgl. Ní Dhuíll S. 199; Butler 2004, S. 1; Butler 2011).

Doch ich möchte ja jetzt auf etwas Anderes bei *Foucault* hinaus. Zunächst waren die Phänomenologie, der Marxismus, die Psychoanalyse und ein anthropologisch-existentielles Menschenbild von Geisteskrankheit sein Ausgangspunkt (vgl. Brückner u. a. 2017, S. 70). *Foucault* war ein entschiedener Kritiker des Kapitalismus. Von der Psychoanalyse wurde er zeit seines Lebens angezogen wie er sie scharf zu kritisieren wusste (vgl. Gondek 2014, S. 12 ff.). So liegen für ihn die äußeren Erscheinungsbedingungen für eine Geisteskrankheit in der »Widersprüchlichkeit der gesellschaftlichen Verhältnisse« (vgl. Foucault 1954, S. 89). Doch die Psychoanalyse scheitere, da sie einen theoretisch konstruierten Sinngehalt unter die Bildersprache des Traumes lege, ihm »Formen des wachen Bewusstseins« zuschreibe und so »jedes Privileg als besondere Erfahrungsform« nehme (vgl. Brückner u. a. 2017, S. 72; Foucault 2001, S. 118 ff.).

Foucault erachtet psychische Krankheiten wie deren Analyse als historische, also *strukturelle* Momente der Gesellschaft und des Individuums. In seiner institutionskritischen Aufarbeitung fasst er die psychologische Dimension des Bewusstseins und die allgemeinen Strukturen der Geisteskrankheiten als Reproduktionsmerkmale der Geschichte des Menschen und seiner Freiheit auf. Und hier setzt seine harsche Kritik ein:

> »(…) der Mensch ist eine psychologisierbare Gattung erst geworden, seit sein Verhältnis zum Wahnsinn eine Psychologie ermöglicht hat, d. h. seit sein Verhältnis zum Wahnsinn äußerlich durch Ausschluss und Bestrafung und innerlich durch Einordnung in die Moral und durch Schuld definiert worden ist« (vgl. Foucault 1969, S. 113).

In den neueren sozialwissenschaftlichen Anschlussversuchen an *Foucault*s Theorie taucht seine radikale Kritik der Psychoanalyse stets aufs Neue auf, so als habe er mit dieser endgültig gebrochen. »Dabei wird übersehen, dass sich Foucault seit Anbeginn seiner theoretischen Arbeit zwar unsystematisch aber beständig mit der Psychoanalyse auseinandergesetzt hat« (vgl. Hirsch 2011, S. 1). Man kann die Wandlungen der Psychoanalyse im Denken *Foucault*s eher wie die Bewegung eines Pendels verstehen, »das einmal zur Seite der Wertschätzung und ein andermal zur Seite vehementer Kritik ausschlägt«. *Freud* ist ihm einmal Erneuerer und dann wieder der »Inbegriff der repressiven Strukturen einer Epoche« (vgl. S. 2 f.).

Das was von der *Foucault*-Rezeption vor allem nachwirkt, ist die Einschätzung, *Freud* rette »die Familie zwar vor Übermacht des Sexualitätsdispositivs, aber nur um dem Sexualitätsdispositiv seinen wichtigsten gesellschaftlichen Stützpunkt (…) zur Absicherung der bürgerlichen Herrschaft« (vgl. S. 17) zu bewahren. Wenn also differenziertere Positionen ausgeblendet bleiben, so wird es dafür sicher Gründe geben, und so beschleicht mich der heimliche Gedanke, dass *Foucault* im Dienste des eigenen Affekts instrumentalisiert wird. Kurzum: Es erscheint rückwärtsgewandt und nachgerade reaktionär, (mit Hilfe der Psychoanalyse) auf das Subjekt zu schauen und sich damit dem Vorwurf auszusetzen, am *Konstrukt* Subjekt hängenzubleiben. Die Einbindung ins – mit *Foucault* gesprochen – Dispositiv gesellschaftlicher Entfremdung ist aber anders kaum nachzuvollziehen.

Bei *Marx* wird zwar Subjektivität auf den »subjektiven Faktor (…) der sich betätigenden Arbeitskraft« reduziert (vgl. Marx 1973, S. 223), und dies im Sinne eines »zum Mittel gewordenen Moments« (vgl. Horn 1981, S. 80). Aber sie ist doch auch bei ihm mit einem »enormen Bewusstsein« (vgl. Marx 1953, S. 366) ausgestattet, welches ihr erlaubt, sich vom »Warenfetischismus und damit von modernem Fetischismus überhaupt« zu befreien (vgl. Horn 1981, S. 80). Mit Blick auf die hier aufgegriffene Debatte wird da eine Weitsicht offenbar, die die ausstehende Fundamentalkritik quasi vorwegnimmt.

Noch diffuser wird es für mich mit dem Einzug der Dekonstruktion in die Debatte. Bei *Derrida* ist damit die Unmöglichkeit verknüpft, etwas eindeutig und zweifelsfrei verstehen zu können. Mit diesem Begriff werden die traditionellen hermeneutischen Lektüreexegesen kritisiert. Jede sich als endgültig verstehende Interpretation eines Textes wird kategorisch zurückgewiesen, weil per se kein Interpretationsvorgang zu einem Abschluss zu bringen sei. Die Dekonstruktion legt als »ein gewissermaßen subversives Prinzip der Annäherung an Texte ›von innen her‹« (vgl. Zapf 2008, S. 116; Derrida 2000) Brüche und Verwerfungen frei. Statt selbst einen Sinn zu behaupten, erfüllt sich ihr Zweck im Akt des Fragens: »Dekonstruktion meint *Unterwegssein*« (vgl. Wetzel, 2010, S. 23; Schwanebeck 2013).

Diese postmoderne Lesart und ihr epistemologischer Rigorismus sind dem Poststrukturalismus eng verwandt (vgl. Vielhaber 2001, S. 6). Paradigmatisch dafür ist die Attitüde *Lyotard*s, das Subjekt durch ein System von Strukturen, Oppositionen und Differenzen zu substituieren (vgl. Bruder 1995; Lyotard 2012). Das Paradigma des Bewusstseins wird durch das Paradigma der Sprache ersetzt, und »das Subjekt ist lediglich eine ›Position‹ im Satz« (vgl. Bruder 1995; Lyotard 1983, § 18). Aber lassen sich soziale Probleme und ethische Fragen so ohne weiteres in Sprach- oder Zeichenprobleme auflösen (vgl. Möller www.philo.de)? Was vermag ich noch zu erkennen, wenn alles im Orkus des »postmodernen Werte-Relativismus« verschwindet (vgl. Neumann 2020, S. 48)? Findet der, der durch die »Tapetentür der Postmoderne« geht, dahinter vielleicht »– nichts« (vgl. Kaspar 2019, S. 32)?

In der Tat hat diese gesamte von der französischen Philosophie beeinflusste Denkweise nicht allein Bewunderer auf den Plan gerufen. Nehmen wir nur die nachfolgende und, wie ich finde, hoch problematische Aussage: »Die Subjekte sind tot, sie können nichts mehr produzieren, im Gegenteil, sie werden produziert. Wir sprechen nicht die Sprache – die Sprache spricht (…) uns« (vgl. van Reijen, Vermann 1988, S. 398; Wiebel, Pilenko 2013, S. 328). Das brachte den Poststrukturalisten den Vorwurf ein, weitgehend elitär und unpolitisch zu sein (vgl. Möller www.philo.de).

Zwischen *Lyotard* und *Lorenzer* gibt es über die Verwendung des *Wittgenstein*schen Sprachspiel-Modells (vgl. Wittgenstein 2001) einen Berührungspunkt. Ausgehend von diesem Topos entwickelt *Lyotard* seinen Begriff der Postmoderne (vgl. 2012). Dieser ist von einer tiefen Skepsis gegenüber dem Versuch getragen, die Wirklichkeit durch den »rationalen Bezug eines ›Zeichens‹ (der Symbolwelt) zu einem ›Bezeichneten‹ (in der Wirklichkeit)« zu rekonstruieren. Gleichzeitig wird damit die »Vorstellung vom Subjekt als eines homogenen, rational handelnden Wesens, das generell in der Lage ist, sich in authentischer, reflektorischer Weise eine Vorstellung von der Welt zu machen«, in Zweifel gezogen (vgl. Franke 2001, S. 4). Die Legitimität der Wissenschaft sieht *Lyotard* insofern zur Disposition gestellt, als sie eine »Teilung der Vernunft in eine kognitive oder theoretische einerseits und eine praktische andererseits« vornehme und so indirekt aufzeige, »dass es ein mit seinen eigenen Regeln ausgestattetes Sprachspiel ist (…,) doch ohne jede Berufung, das praktische (…) Spiel zu reglementieren« (vgl. Lyotard 2012, S. 118). Sein Verdikt gipfelt in der Aussage, die Wissenschaft spiele »ihr eigenes Spiel, sie kann die anderen Spiele nicht legitimieren« (Lyotard vgl. S. 119; Witsch 2001, S. 45).

*Lorenzer*s Rezeption von *Wittgenstein*s Sprachspiel-Konzept zielt ebenfalls auf die »Unterscheidung von Zeichen und Bezeichnetem«. Er negiert aber diesen Unterschied nicht, sondern ihm geht es um die Tatsache, dass sich die Bedeutung eines Wortes nicht nach dem Gegenstand, sondern seiner Verwendung in der Umgangssprache richtet (vgl. Lorenzer 1977, S. 25). Damit fokussiert er sich zunächst auf die Begründung der Sprache in menschlicher Praxis und kommt dann zum Eigentlichen: dass einzig Psychoanalyse mit ihrer Fähigkeit, Unbewusstes bewusst zu machen, in der Lage sei, die »›einsozialisierten Strukturen‹ der Sprachspiele in Frage zu stellen« (vgl. ebd., S. 28). Über das Zusammenwirken von »szenischem Verstehen und unbewusster Teilhabe« lassen sich dann die Sprachzerstörung rückgängig machen und intakte Sprachspiele wieder herstellen (vgl. ebd., S. 35). Das sind konkrete Hinweise auf konkrete psychoanalytische Praxis. Hier tun sich also unüberbrückbare Gräben zwischen postmodernen und subjektorientierten Ansätzen auf. Auch die aus psychoanalytischer Sicht auffällige »›Schwächung‹ des Symbolischen und die ›Stärkung‹ des Realen in der Kultur« stellen für das postmoderne Subjekt ein ernstzunehmendes Problem dar (vgl. Schmerfeld 2019, S. 25 ff.), was aber in der Logik der postmodernen Gedankenwelt keine Rolle spielt.

Damit nicht genug: »Was in den Diagnosen der Postmoderne als ›Auflösung des Subjekts‹ (Gergen & Davis, 1985; Shotter & Gergen, 1989) erscheint, ist eine Auflösung der Subjekt-Philosophie (des 19. Jahrhunderts): durch den postmodernen Diskurs« (vgl. Bruder 1995). Etwas anders pointiert *Heller* ihre Kritik: »Bis jetzt ist noch keine Autopsie an der Sache oder dem Begriff, welchen man das ›Subjekt‹ nennt, vorgenommen worden, obwohl sein Niedergang von vielen Studenten der Philosophie als selbstverständlich hingenommen wird« (vgl. Heller 1993, S. 623). In beider Positionen wird das Subjekt vehement verteidigt. Das ist auch gut so, es enthebt uns aber nicht des Anspruchs auf eine eingehende Selbstkritik.

Der ubiquitäre poststrukturalistische Vorwurf, von unbegründeten, weil unbegründbaren Konstruktionen auszugehen, hat natürlich auch vor der Psychoanalyse nicht halt gemacht. Es ist gar von einer »postmodernen Psychoanalyse« die Rede (vgl. Roussillon 2018, S. 65). Vielleicht fing alles mit *Foucault* genau da an. Der Vorwurf an die Psychoanalyse ergeht zu Recht, wie er falsch ist.

Sehr eingehend befasst sich *Mitchell* mit den psychoanalytischen Theorien zur Geschlechtsidentität »im Zeitalter des Postmodernismus«. Eingangs weist er darauf hin, dass *Freud* noch die Gemeinsamkeit von Mann und Frau in der »Ablehnung der Weiblichkeit« (vgl. Freud, S. 1937c, S. 97) sah. Beiden fehlt das der Verdrängung anheimgefallene »Gegengeschlechtliche« (vgl. S. 98). Während nach dieser Lesart Frauen das männliche Geschlechtsorgan vermissen, müssen Männer, die es besitzen, sich vor passiven Gefühlen anderen Männern gegenüber hüten, weil sie diese Empfindungen mit Weiblichkeit und Kastration assoziieren. *Mitchell* fährt fort, dass solche Ansichten heute kaum mehr akzeptiert werden. Er kommt nun auf die »Dialektik zwischen biologisch-essentialistischen und konstruktivistischen Darstellungen« über Geschlechtsidentität zu sprechen, wobei er jede Position für sich wiederum als sehr problematisch empfindet. Für ihn werden »biologische Fakten (…) mithilfe der Fantasie erschaffen«, während bei ihm wiederum der Eindruck entsteht, dass die Idee einer ausschließlich konstruierten Geschlechtsidentität »in der Luft schwebt« (vgl. Mitchell 2005, S. 301 ff.).

Nicht in Abrede zu stellen ist hernach, dass patriarchalische Mutmaßungen mehr oder weniger verborgen in der Psychoanalyse schlummern. Das gehört unbedingt kritisiert. Die Vorstellungen von *Sigmund Freud* über den Erwerb der Geschlechtsidentität waren von einem phallozentrischen Weltbild bestimmt. Er hat seine Meinung auch in späteren Jahren nicht prinzipiell geändert, und der »normative Imperativ« der klassischen heterosexuellen Orientierung kommt immer öfter zum Tragen. Die »›Verlötung‹ von *aktiv* mit *männlich*, von *weiblich* mit *passiv*« wird allein vor dem Hintergrund der biologischen Ausstattung verstanden (vgl. Heenen-Wolff 2016, S. 137 ff.). In solchen frühen psychoanalytischen Wirklichkeits- bzw. Weiblichkeitskonstruktionen erscheint die Frau als defizitäres Wesen (vgl. Müller, N. 2021, S. 18 ff.). Schon *Adorno* wies in Bezug auf *Freud* darauf hin, dass die herrschende und akzeptierte Form der Sexualität das Resultat einer repressiven Integration sei. In der genitalen Sexualität »schließen unterm Zwang gesellschaftlicher Anpassung die Partialtriebe des Kindes, über die Agentur der Familie, zu einem Einheitlichen und dem gesellschaftlichen Zweck der Fortpflanzung Günstigen sich zusammen« (vgl. Adorno 1980, S. 537; Bruder 1996).

Allerdings findet sich in *Freud*s Schriften des Weiteren eine konzeptuelle Kluft zwischen dem, was er recht dogmatisch als »genitale« Sexualität beschreibt, und einer infantilen polymorphen Sexualität. Dieses Oszillieren zwischen der Einsicht in die Vieldeutigkeit menschlicher Sexualität einerseits und normativen Vorstellungen von ›natürlicher‹ (Hetero-)Sexualität andererseits zieht sich durch *Freud*s gesamtes Werk (vgl. Heenen-Wolff, 2016, S. 135 ff.; Freud, S. 1905d, S. 108 f.; Freud, S. 1940a, S. 74). Insofern verwundert nicht, dass die psychoanalytischen Theorien *Freud*s trotz ihrer patriarchalisch orientierten Denkrichtung als grundlegende posthumanistische Wegweiser galten (vgl. Müller, N., 2012, S. 5), auch wenn es heute mehr denn je darum gehen muss, die These von der Universalität des Ödipuskomplexes, d. h. *den* entwicklungspsychologischen Dreh- und Angelpunkt für Geschlechtsidentität und Orientierung, zu dekonstruieren (vgl. Heenen-Wolff, 2016, S. 142). Ich komme darauf zurück.

Die Uneindeutigkeit *Freud*s im Umgang mit dem Ödipuskomplex, die unter anderem auf seiner Annahme einer ursprünglichen Bisexualität beim Kind basiert – »(…) der Knabe hat nicht nur eine ambivalente Einstellung zum Vater und eine zärtliche Objektwahl für die Mutter, sondern er benimmt sich auch gleichzeitig wie ein Mädchen (…)« (vgl. Freud, S. 1923b, S. 261) –, blieb aber »ohne Auswirkungen auf die psychoanalytische Anthropologie«. Im Gegenteil etablierte sich genau die Normativität der psychoanalytischen Theoriebildung, »die seit vielen Jahrzehnten von Angehörigen anderer Disziplinen kritisiert wird« (vgl. Heenen-Wolff 2016, S. 144).

In der Tat ist es falsch, die Psychoanalyse auf ein ausschließlich an der Ratio ausgerichtetes Gedankengebäude zurückzuschneiden. Sie folgt eher dem Schicksal der Affekte und frühen Beziehungskatastrophen, die sich dann erst an im Sinne eines ›falschen Bewusstseins‹ an die Ratio anheften. Eine Wissenschaftskritik, die allein in rationalen Vorstellungen kreiselt, ist daher ungeeignet, ihrem Kern von Erkenntnis habhaft zu werden.

Auch auf dem Gebiet der (Sonder-)Pädagogik wurden mit der Flucht in die Arme der Poststrukturalisten wichtige Erkenntniszugänge preisgegeben. Seither geht es beinahe ausschließlich noch um die Konstruktion von Behinderung oder Gender. Neuerdings ist noch die Kritik am rassistischen »Othering« hinzugetreten, mit der »die ›Fremden‹ zu ›Fremden‹ gemacht werden und dabei gleichzeitig ein ›Wir‹ konstruiert wird, welches anders als das fremde ›Nicht-Wir‹ beruhigend unambivalent, ohne grundlegende Spannungen erscheint (…)« (vgl. Katzenbach 2016a, S. 19). Auf die Verortung dieser Phänomene in der materialistisch deutbaren Wirklichkeit ökonomischer Machtverhältnisse wird aber weitgehend verzichtet, und die Fachdebatte wurde quasi wieder von den Füßen auf den Kopf gestellt.

Ähnlich geht es mir mit dem Furor, der zum Teil um die Diversity bzw. auch die Disability Studies gemacht wird. Historisch gesehen stehen sie seit Beginn der 2000er Jahre in einer Reihe moderner internationaler Forschungsaktivitäten, etwa den Gender Studies, den Queer Studies, den Critical Whiteness Studies, oder auch Post Colonial Studies und markieren einen wichtigen Wendepunkt in der Betrachtung des Phänomens Behinderung und brachten die hergebrachte »Ordnung der [wissenschaftlichen] Dinge« gehörig durcheinander (vgl. Waldschmidt 2009, S. 130; Foucault 1990). Demnach lässt sich Behinderung nicht mit einer klar umgrenzten, diagnostizierbaren und dem Individuum zuzuschreibenden Beeinträchtigung gleichsetzen, sondern sie geht aus gesellschaftlich konstruierten Barrieren hervor (vgl. Dederich 2007; Degener, von Miquel 2019).

Es tut gut, dass die Sonderpädagogik neue Themen für sich entdeckt hat, zu denen auch Intersektionalismus und Ableismus gehören. Durch diese Aktualisierung des Fachdiskurses wird die Wechselbeziehungen von Ungleichheitsdimensionen, Machtverhältnissen und Diskriminierungsformen neu justiert. Somit öffnet sich die sonderpädagogische Perspektive hin zur Verantwortung allen marginalisierten Gruppen gegenüber (vgl. Schildmann, Schramme 2017). Vielleicht müsste man eher umkehrt sagen, dass manche dieser Themen die Sonderpädagogik entdeckt haben. Anders als Geschlecht fällt nämlich Behinderung im Intersektionalitätsansatz »häufig einem ›etc.‹ anheim« (vgl. Demmer 2018, S. 46).

Ableism ist dem Intersektionalismus-Konzept verwandt und steht für eine gleichsam als allgemeine Conditio Humana unterstellte Vorstellung, was als »perfekt, spezies-typisch, leistungsfähig und deshalb als ›natürlich‹« gilt (vgl. Pieper 2016, S. 98). *Pieper* kritisiert, dass obwohl Gleichheit allenthalben postuliert wird, Rassismus und Ableism Merkmale einer bloß selektiven Inklusion sind. Daher entsteht keine Erweiterung von Rechten, sondern die nationale Mehrheitsgesellschaft versucht ihre Homogenitätsvorstellungen abzusichern und eine »konstruierte Differenz – wie ›Behinderung‹ (…) abzustrafen« (vgl. ebd., S. 98). In der Verbindung von Rassismus mit Ableism kommt es also zu »Mehrheitsdiskriminierungen« (vgl. Pieper S. 96 ff.).

Bis hierhin gibt es wohl einen überwältigenden allgemeinen Konsens. In dem Maße aber, wie damit auf einer poststrukturellen Folie das Subjekt aus dem Fokus der Betrachtung verschwindet, erweisen wir diesem einen Bärendienst. Dann nämlich werden unter inklusiven Vorzeichen die Diversity Studies argumentativ dazu genutzt, die Sonderpädagogik sui generis als eine diffamierende Konstruktion zu begreifen, der es endlich abzuschwören gelte. Dabei kann und darf es im Fachdiskurs nicht um eine generelle und ausnahmslose Dekategorisierung gehen. Vielmehr muss uns an einem Verzicht auf eine klassifizierende Statuszuweisung in den Förderschwerpunkten Lernen, Sprache und Verhalten gelegen sein (vgl. Wocken 2012, S. 97). Das sieht auch *Waldschmidt* so, die, ähnlich beim Thema ›Geschlecht‹ in den Gender Studies, das strukturelle Problem sieht, mit dem Verzicht auf ›Natur‹ bzw. auf »medizinisch-klinische Diagnosen und deren vermeintliche Eindeutigkeit« nur mehr eine »kulturalistische Konzeptionalisierung von Behinderung« nachbleibt, die die Differenz zu anderen »Benachteiligungstatbestände(n)« verschwinden lässt (vgl. Waldschmidt 2009, S. 130).

Die Gefahr besteht, dass mit dem Rückzug auf Heterogenität die politische Dimension von Ausgrenzung bestimmter Gruppen in der neoliberalen Leistungsgesellschaft verwischt wird. Keine Frage: Was für das Konzept der Psychoanalyse gilt, dass es von seiner naturalistischen Gestalt befreit, ergo: dekonstruiert gehört, muss auch für ebensolche Vorstellungen über Behinderung (vgl. Trescher, H. 2013) gelten.

Ich sehe ein Problem darin, dass zwar allgemeine Aussagen über Ausgrenzung und versagte Anerkennung herangezogen werden, die zweifelsfrei richtig sind, aber uns nicht die Mühsal ersparen, auf das Besondere des davon eingeholten Subjekts zu schauen. Daher ist es jetzt an der Zeit, in aller gebotenen Kürze das Verhältnis des Allgemeinen zum Besonderen zu thematisieren. Solange wir den Einfluss der herrschenden Produktionsweise auf die Subjektgenese vernachlässigen, entsteht die Fährnis, dass wir uns auf quasi allgemeine gesellschaftliche Gesetzmäßigkeiten zurückziehen und damit die Spontaneität des Subjekts verleugnen, die sich diesem Ansinnen nicht nahtlos einzupassen gewillt ist (vgl. Adorno 1992, S. 52 f.; 1990d, S. 204 f.). Und deshalb warnt *Adorno* davor, das Subjekt auf ein qualitätsloses Allgemeinen zu reduzieren (vgl. Adorno 1990d, S. 53). In Anlehnung an diese Position argumentiert *Kleinwort*, dass das Allgemeine diffus ist, weil ihm nichts Bestimmtes zu entsprechen scheint und »ein jedes bestimmte Allgemeine sich einer Dialektik von Allgemeinen und Besonderem zu entziehen versteht« (vgl. Kleinwort 2016, S. 69). Damit noch einmal zu *Adorno*, demzufolge die »Vormacht des Allgemeinen« auch noch den letzten Rest von Dialektik zum Schweigen bringt (vgl. Adorno1990c, S. 242). Die Unterscheidung in Allgemeines und Besonderes ist also beileibe nicht synonym zur Unterscheidung in objektive gesellschaftliche und subjektive individuelle Strukturen.

In der Sonderpädagogik bleibt uns nichts, als von der »realen Lebensnot konkreter Menschen« auszugehen. In seiner Hommage an *Adorno* plädiert *Jakobs* daher für einen mikrologischen Blick aufs einzelne Subjekt, jenseits einer Subsumtion unter Oberbegriffe, der uns gestattet, auch das »Fremde« der Behinderung auszuhalten (vgl. Jakobs 2004, S. 32 f.). In diesem Sinne nimmt, wenn man so will, die sonderpädagogische Fallarbeit in sich die Aporie auf, vorbehaltlos auf Inklusion zu bestehen und doch um die Beschädigung des Subjekts zu wissen. Sie nach einer Seite hin auflösen zu wollen wäre aussichtslos.

Auch in der Objektiven Hermeneutik spielt übrigens die »*Dialektik von Allgemeinem und Besonderen*« eine nicht unbedeutende Rolle. »Der analysierte Fall ist immer schon allgemein und besonders zugleich. Denn in jedem Protokoll sozialer Wirklichkeit ist das Allgemeine ebenso mitprotokolliert wie das Besondere im Sinne der Besonderheit des Falls« (vgl. Wernet 2006, S. 19). In einem späteren Text heißt es bei *Wernet*: »Das Besondere ist immer als Besonderung auf der Folie eines Allgemeinen zu verstehen. Der *Oevermann*sche Fallbegriff interessiert sich also nicht für die Besonderung *als* Besonderung, sondern er interessiert sich für die Besonderung als spezifische, subjektive Antwort auf ein allgemeines Handlungsproblem« (vgl. Wernet 2012 S. 184). Aber was habe ich mir unter einem Versatzstück wie »mitprotokolliert« oder »Handlungsproblem« genau vorzustellen? Am Ende sind es doch unterschiedliche *Sprachspiele*.

3.4 Das psychoanalytisch-pädagogische Forschungstableau: epistemologische Vorarbeiten

Damit zum psychoanalytisch-pädagogische Forschungsverständnis. Eigentlich wollte ich stante pede mit einigen grundsätzlichen epistemologischen Erörterungen einsetzen, muss aber wie immer mit einem Lamento starten. In der aktuellen und sehr ausführlichen Auflistung der Forschungsmethoden im Lehramtsstudium von *Stelter* und *Miethe* werden natürlich auch die klassischen Verfahren wie Inhaltsanalyse, Hermeneutik oder Diskursanalyse genannt, die Tiefenhermeneutik dagegen taucht nicht auf (vgl. Stelter, Miethe 2019, S. 31). Das gleiche Spiel wiederholt sich bei *Kreitz*. Die anerkannten methodischen Schulen qualitativer Bildungsforschung werden mit Namen assoziiert: »nach Bohnsack‹, ›nach Mayring‹, ›nach Rosenthal‹, ›nach ›Schütze‹« (vgl. Kreitz 2019, S. 35). Mit der tiefenhermeneutischen Forschung wird kein Name assoziiert, weil sie nicht vorkommt.

Ich fahre fort mit der ebenso einfachen wie fundamentalen Feststellung, wonach beide Seiten, Analysand/in und Analytiker/in, »möglichst alle in der Selbstbeobachtung wahrgenommenen Einfälle bzw. Gedankenbildungen in den weiteren Prozess der Analyse aufnehmen« (vgl. Schlücker 2008, S. 368). Der »Verzicht auf die Kritik der wahrgenommenen Gedankenbildungen« gehört selbstredend dazu (vgl. Freud, S. 1900a, S. 105). Schlücker weist darauf hin, dass diese Maßgabe auch in anderen Konzepten qualitativer Kultur-und Sozialforschung wie der Objektiven Hermeneutik und der Grounded Theory auftaucht, schließlich stellt sich die »›eigentliche Bedeutung‹ erst nachträglich im Zug des gesamten Prozesses heraus« (vgl. Schlücker 2008, S. 369).

Gleichzeitig wird ein weiteres Mal der Unterschied zwischen Praxis (der psychoanalytischen Behandlung) und Forschung evident. In diesem Prozess fallen nämlich »Verstehen und Mitteilen des Verstehens« in eins, die Deutung wird einer praktischen Prüfung unterzogen, was zu einer Verschiebung im Diskurs führt: »In den manifesten Mitteilungen erscheint neues Material und/oder die Inszenierung der Übertragung wandelt sich« (vgl. Schlücker 2008, S. 385). Mit den Worten Lorenzers vertieft eine zutreffende Deutung »die Übertragung in Verschiebung auf korrespondierende szenische Arrangements« (vgl. Lorenzer 1973, S. 205). Die Deutung nimmt hernach Einfluss auf das weitere Verstehen: »So verschränken sich Verstehen und Mitteilen, Voraussetzung, Deutung und Wirkung im praktischen Tun (…)« (vgl. Schlücker 2008, S, 386). Dagegen entfällt für Lorenzer bei der reinen Textanalyse – weil der Text ja festliegt – jede »kurz- oder langfristige Wirkung einer Interpretation« (vgl. Lorenzer 1988a, S. 17).

Um diesem Manko entgegenzuarbeiten, schlägt *Lorenzer* in seiner Gegenüberstellung von Therapie und Kulturanalyse vor, Interpretationen in Gruppen zu entwickeln. Demzufolge erlaubt es die Fixiertheit des schriftlichen Textes, »den Kreis der Leser/Interpreten beliebig zu erweitern« (vgl. Lorenzer 1988a, S. 85). In ihrer Auseinandersetzung mit epistemologischen versus praxeologischen Aufgabenfeldern versöhnt *Schlücker* die zwei Streithähne wieder. »Für beide muss die Analyse bei den Wirkungen, d. h. den Reaktionen ansetzen, die das Forscher-Subjekt in der Begegnung mit dem Gegenüber an sich selbst wahrnimmt«. Die konzeptionelle Spannung von *Freud*s »Junktim zwischen Forschen und Heilen« (vgl. Freud, S. 1927a, S. 293) fällt in der Suche nach »wahrer« Erkenntnis zusammen. Einzig die Verwendung des Konzepts der Gegenübertragung erscheint im Text-Leser-Verhältnis problematisch – und darum hat *Lorenzer* in diesem Kontext gänzlich darauf verzichtet –, weil es keine Reaktion von Unbewusst zu Unbewusst gibt und der Textbegriff eine klare Grenze setzt (vgl. Schlücker 2008, S. 399).

Darüber hinaus ist ein anderer Aspekt höchst interessant, den *Devereux* eingebracht hat. Ihm zufolge erscheint die technische Grundregel der gleichschwebenden Aufmerksamkeit tendenziell lässlich, bzw. wertet er die Gegenübertragungsreaktionen des Forschers/der Forscherin dahingehend auf, dass sie immer auf Eigenes verweisen und damit Informationen liefern, die den »Ort der Trennung« markieren (vgl. Devereux 1992, S. 315; Schlücker 2008, S. 400 f.). *Devereux* fasst eben ›Text‹ etwas anders auf als *Lorenzer*. Nebenbei bemerkt tut sich da nachgerade ein Graben zu *Oevermann* auf. Ich selbst sehe das nicht so streng. Warum sollen gleichschwebende Aufmerksamkeit und Gegenübertragung sich per se gegenseitig ausschließen? Beides eingehend reflektiert kann in zweifacher Weise den Erkenntnisgang beflügeln.

Um einen solchen »Text als Gegenüber« überhaupt lesen oder gar verstehen zu können, ist jedenfalls sehr viel vorgängiges »Welt- und Handlungswissen« nötig: »Anderen Augen, metaphorisch gesagt, ›zeigt sich‹ der Text insofern auch anders« (vgl. Schlücker 2008, S. 403). Es ist die Rehabilitation des hermeneutischen Zirkels.

Am Rande sei vermerkt, dass es bei *Devereux* auch nicht ohne ist, wie er seine »akademischen Widersacher niederzumachen« sucht, so etwa, »wenn er Eriksons ›formalistischer‹ Kultur- und Persönlichkeitstheorie ›eisige Brillanz‹ bescheinigt« (vgl. Schülein 2018, S. 449 f.; Devereux 1992, S. 118).

Zweifellos gibt es die Einschränkung, dass sich in Bezug auf einen Text nicht an frühere Erfahrungen oder nonverbal-expressiven Inszenierungen denken lässt. Das Übertragungskonzept basiert ja gerade auf der Anwendbarkeit auf frühere Beziehungserfahrungen und Szenen. Diese »direkte ›Anwendung‹« ist in der Textanalyse ausgeschlossen. Gleichwohl sieht *Schlücker* einen Ausweg, wenn sie einklagt »*Kontexte* als ein Außerhalb von Texten (zu) begreifen, das zugleich ›in‹ ihnen aufgehoben und präsent ist«. Über die eintretende Reaktion einer Befremdung – ausgelöst durch die zeitlich und soziokulturelle Distanz der Forschenden und ihrer Lebenswelten zu den im Text repräsentierten Kontexten – können die auf das »Dort der Kontexte bezogenen ›Deutungsangebote‹ eines Textes deutlicher werden« (vgl. Schlücker 2008, S. 405).

Historisch betrachtet muss *Alfred Lorenzer* als der Begründer einer psychoanalytischen Sozialforschung gelten, »seine Interpretation sitzt auf dem Fundament eines durchdachten Materialismus«. Dieses Aufklärungsinstrument verlangt nach einer »Dechiffrierung unbewusster Inhalte der Lebenspraxis« – was es unwiederbringlich ans szenische Verstehen bindet –, schließlich beruht sie auf dem »Konzept der Sozialisationstheorie« (vgl. Belgrad u. a. 1987, S. 18). Den Forschungsgegenstand der Tiefenhermeneutik umreißt *Hans-Dieter König* auf ähnliche Weise:

»Rekonstruiert wird die in den Textprotokollen objektivierte Lebenspraxis, in der die bewussten und unbewussten Lebensentwürfe (Wünsche, Ängste, Phantasien) von Individuen einen bestimmten Ausdruck finden. Der sozialwissenschaftliche Charakter dieser Rekonstruktion liegt darin, dass die im Text inszenierten Lebensentwürfe als das Ergebnis primärer Sozialisationsprozesse – als Niederschlag familialer Interaktionsstrukturen – und sekundärer Sozialisationsprozesse – als Resultat der Vergesellschaftung durch Schule, Arbeitswelt, Freizeit u. a. – begriffen werden« (vgl. König, H.-D. 1997, S. 215).

3.4 Das psychoanalytisch-pädagogische Forschungstableau: epistemologische Vorarbeiten

In der Tiefenhermeneutik wird der Text als ein »Gefüge von Szenen begriffen, vermittels derer die Akteur_innen bewusste Lebensentwürfe (…) in der symbolischen Interaktion artikulieren und zugleich sozial anstößige Lebensentwürfe unterdrücken, letzteren jedoch unbewusst einen Ausdruck verleihen. Dieser verborgene Gehalt von symbolischen Interaktionen lässt sich dechiffrieren, wenn man die symbolischen Interaktionen in ihrer szenisch-bildhaften Gestalt erfasst« (vgl. König, H.-D. 2019, S. 29). Keine andere sozialwissenschaftliche Methode ist so dezidiert am Unbewussten orientiert wie sie.

Einen Schwerpunkt der tiefenhermeneutischen Sozialforschung bilden bis heute Literatur-und Filminterpretationen (vgl. Würker 1987; Scheifele 1987; Kratz 2020). Auch wenn ich mich auf diese beiden Punkte weniger einlassen möchte, so tauchen hier doch für mein Anliegen zentrale Überlegungen auf:

1. Bedeutungen werden nicht aus einem »Objekt ›Text‹« erschlossen, »sondern indem ich mich ›einlasse‹, quasi am eigenen Leib spüre, was da geschildert wird: (…) ich lasse mich gefangennehmen von der Bildhaftigkeit der Szene und werde so zum ›Mitspieler‹, (…) ein Vorgang, der mit aller Vorsicht mit dem Zusammenhang von Übertragung und Gegenübertragung in der psychoanalytischen Therapie verglichen werden kann« (vgl. Würker 1987, S. 308). *Würker* bezieht sich hier auf einen kleinen Ausschnitt aus *Elias Canetti*s Autobiographie, in der dieser beschreibt, wie er den Laden seines Großvaters besuchte, in dem es wunderbar nach verschiedenen Getreidesorten roch, er sich die Hand mit Körnern füllte und sie durch die Finger rieseln ließ. Würker nahm nun teil an diesem Spiel und er vermochte den Geruch des Ladens zu aktualisieren (vgl. S. 304 ff.).
2. Weder geht es um das individuelle Unbewusste eines Autors/einer Autorin noch um jenes des/der Interpretierenden, sondern um »nicht diskursiv-sprachlich fassbare, gleichwohl kollektiv bedeutsame Lebensentwürfe, (…) die der literarische Text in sinnlich-unmittelbarer, präsentativer Form mitzuteilen vermag« (vgl. Würker 1987, S. 310). Wie aber lässt sich solches Verstehen validieren? (Diese Frage ist ja schon mehrmals aufgetaucht.) Nach *Würker* gibt es zwei Kontrollmechanismen: »Einerseits muss sich jede Interpretation am Text überprüfen lassen; und andererseits beruht jedes Interpretationsergebnis auf einem – seinerseits durch einen Gruppenmoderator kontrollierten – Gruppenprozess, in dem individuelle Abirrungen des einzelnen Interpreten durch die anderen zurückgewiesen werden« (vgl. S. 310).

Um den Gegenstandsbereich zu bestimmen, geht die tiefenhermeneutische Kulturforschung einen Schritt weiter als jede andere qualitative Methode. Sie greift nämlich zurück auf die von *Lorenzer* entwickelte Unterscheidung in einen diskursiven Symbolismus – »auf den Austausch von Argumenten setzende rationale Verständigungsprozesse« unter Verwendung »allgemein verständlichen Vokabulars« – und einen präsentativen Symbolismus – sinnlich-bildhafte Ausdruckweise menschlicher Lebenspraxis in Ritual, Mythos du Kunstwerk. Der den »Emotionen und damit dem Es näher stehenden präsentativen Symbolik« wird insofern eine besondere Bedeutung geschenkt, weil sie unbewussten Interaktionsformen einen Ausdruck verschaffen, was kaum in diskursive Symbole übersetzbar ist (vgl. König, H.-D. 1997, S. 217 f.).

Diesbezüglich merkt *König* an, dass *Oevermann* falsch liegt, wenn er der Tiefenhermeneutik vorwirft, sie reproduziere den Fehler der »Genie- und Wahnsinn-Ideologie des 19. Jahrhunderts«, weil sie von einer »Strukturähnlichkeit zwischen der psychopathologischen Bildung und der ästhetisch-künstlerisch gelungenen Gestaltung ausgeht« (vgl. Oevermann 1993, S. 170). *Lorenzer* hat nämlich »die Eigenart des künstlerischen Schaffens gerade in der Differenz zur neurotischen Symptombildung bestimmt« (vgl. König, H.-D. 1997, S. 220). Dazu *Lorenzer* selbst:

> »Aber wenn es auch beide Male – beim ›Dichter‹ wie beim ›Neurotiker‹ – um dieselbe Betroffenheit geht (…), so unterscheidet sich doch die *Reaktion aufs Trauma* in beiden Fällen radikal: Wo der Betroffene im neurotischen Elend ›in seiner Qual verstummt‹, weil er systematisch sprachlos gemacht wurde (…), vermag Literatur auszu›sagen‹« (vgl. Lorenzer 1984b, S. 223).

König macht geltend, dass sich die tiefenhermeneutisch-kultursoziologische Forschung an der therapeutischen Praxis des Psychoanalytikers/der Psychoanalytikerin orientieren müsse. Schließlich steht die Verwandlung unbewusster in bewusste Lebensentwürfe dafür, dass die psychoanalytische Hermeneutik in »eine praktisch ändernde Therapie« integriert ist (vgl. Lorenzer 1974, S. 151; König, H.-D. 1997, S. 225). Daraus folgt für *König*:

> »Auch der szenisch interpretierende Sozialwissenschaftler setzt seine individuellen Lebensentwürfe als Vorannahmen in die Szenen des Textes ein und verändert letztere so lange, bis sich die fremden Lebensentwürfe von den im Umgang mit dem Text gemachten Leseerfahrungen her verstehen und szenisch konkret fassen lassen« (vgl. König, H.-D. 1997, S. 225).

Dem szenischen Verstehen einer tiefenhermeneutischen Textinterpretation liegt ebenfalls eine Form der »szenischen Anteilnahme« (vgl. Lorenzer 1988a, S. 62) zugrunde, lässt sich der Leser auf ein »unmittelbares Zusammenspiel« (vgl. Lorenzer 1981, S. 34) ein. Er sucht nach Figuren, mit denen er sich die identifizieren kann oder übernimmt die ein oder andere Rolle, »die ihm das szenische Angebot des Textes zuspielt« (vgl. König, H.-D. 1997, S. 226).

An dieser Stelle markiert *König* die Analogie der Textanalyse von verschriftlichter realer Lebenspraxis und ästhetischen Produktionen, was ich nun ausschnittweise wiedergebe (vgl. König, H.-D. 1997, S. 227 ff.):

1. Der Text ist so voraussetzungslos wie möglich zu verstehen, ohne ihn historischen Bezügen oder abstrakten theoretischen Formeln zu subsumieren. Die eigenen Lebensentwürfe sind so lange probehandelnd als Vorannahmen in die Szenen des Textes einzufügen und zu verflüssigen, bis sich auf Grund der mit dem Text gemachten neuen Erfahrungen die dort arrangierten fremden Lebensentwürfe erschließen und szenisch konkret fassen lassen.
2. Einen Text auf das eigene Erleben wirken zu lassen fördert die Regression, womit erst das unmittelbare Zusammenspiel möglich wird. Die szenische Teilhabe führt zu einer Übertragung von Wünschen auf die fremde Lebenspraxis. In

der therapeutischen Praxis sind Übertragung und Gegenübertragung auf Analytiker/in und Analysandin verteilt. Hier übernimmt der Interpret/die Interpretin beide Anteile: »Da die *Übertragung* eigener Affekte durch das szenische Arrangement des Textes provoziert wird und dazu dient, über die Wirkung des Textes auf das eigene Unbewusste dessen latenten Sinn zu erschließen, wird sie als *Gegenübertragung* aufgefasst, deren Bedeutung im Zuge szenischen Verstehens bewusst gemacht wird« (vgl. König, H.-D. 1997, S. 227).
3. Da das Verstehen des Textes über die Wirkung auf das eigene Erleben erschlossen wird, soll ein Forschungstagebuch angelegt werden, in das regelmäßig die den Arbeitsprozess bestimmenden bedeutsamen Einfälle, Fragen und Verstehenszugänge eingetragen werden.
4. Das szenische Verstehen findet in der Regel im Rahmen einer Gruppendiskussion statt, vergleichbar einer *Balint*-Gruppe. Die Seminarteilnehmer/innen sollen den Text auf ihr eigenes Erleben wirken lassen, frei dazu assoziieren und mit ihren Fragen an den irritierenden Ungereimtheiten und Inkonsistenzen des Textes ansetzen. Zudem sollen sie eine Haltung gleichschwebender Aufmerksamkeit erlernen, so dass sie sich emotional auf die in der Gruppe geäußerten Beiträge einlassen und für überraschende Wendungen der Diskussion offen sind.
5. Auch wenn das tiefenhermeneutische Textverstehen gleichsam auf dem voraussetzungslosen Einsetzen lebenspraktischer Vorannahmen basiert, so wird doch nach einem sozialwissenschaftlichen Theoriewissen verlangt, das Einsichten psychoanalytischer Persönlichkeits-/Kulturtheorie und kritischer Gesellschaftstheorie vereint.
6. Der Forschungsprozess verläuft in der Regel in zwei Arbeitsetappen. Zunächst werden der manifeste und latente Sinn über die Wirkung des Textes auf die Interpretationsgruppe erschlossen, deren Gespräche über ihre Einfälle, Irritationen und Verstehensansätze protokolliert werden. Dann summiert sich die im Verstehensprozess aktualisierte Bedeutung der im Text entfalteten Lebenspraxis gemeinsam mit den Verlaufsprotokollen und den Forschungstagebuchaufzeichnungen zu einem Verständnishorizont, der den Hintergrund abgibt für die systematische Textanalyse.

Eine ähnliche Systematik psychoanalytisch inspirierter Sozialforschung haben *Haubl* und *Schülein* vorgelegt (vgl. 2016, S. 193 ff.). In beiden Konzepten taucht der Begriff des abduktiven Schließens auf.

Die zwei großen Prinzipien der Erkenntnisbildung sind *Deduktion* und *Induktion*. Deduktion beinhaltet, das Allgemeine logisch so mit dem Besonderen zu verbinden, dass dieses im Allgemeinen enthalten ist. Induktion heißt den umgekehrten Weg vom Besonderen zum Allgemeinen zu gehen und Aussagen dergestalt zu formulieren, dass sich das Besondere zum Allgemeinen ‚hochrechnen‘ lässt. Aus der Aufsummierung von Einzelereignissen wird eine allgemeine Theorie abgeleitet. Eine vermittelnde Alternative stellt die *Abduktion* dar. Sie geht von der Vermutung aus, dass sich ein Sachverhalt so oder so verhält. Damit entspricht sie eher einem Wahrscheinlichkeitsschluss als einem Anspruch auf Wahrheit (vgl. Gerspach 2000a, S. 153 f.; Tschamler 1996; Klaus, Buhr 1972).

Analytisch-empirisch verfahrende Sozialwissenschaften bedienen sich der Deduktion und Induktion als Formen logischen Schlussfolgerns. Das abduktive Schließen dagegen setzt darauf, dass sich die Interpretationsvorschläge nach und nach zu einem endgültigen Interpretationsvorschlag verdichten. Die neu gewonnene Einsicht ist »wie ein Blitz«, weil es sich um einen unbewussten Prozess handelt, »der nicht kontrollierbar und infolgedessen nicht völlig bewusst ist« (vgl. Hoffmann 1996, S. 30; Peirce 1903). Gleichsam wird der »*bewusst arbeitende*, mit logischen Regeln vertraute *Verstand* ausmanövriert« (vgl. Reichertz 1993, S. 277; König, H.-D. 1999, S. 230). Bei *Haubl* und *Schülein* heißt es dazu:

> »Anders als Deduktion und Induktion ist die Abduktion ein Verfahren, bei dem die Gruppenmitglieder ihre Interpretationen nicht logisch ableiten, sondern Sinn stiften, indem sie den Mut aufbringen, ihn zu behaupten und ihn so darzustellen, dass er eine kritische Menge von Mitgliedern der Interpretationsgruppe – tendenziell alle – überzeugt« (vgl. Haubl, Schülein 2016, S. 205).

Die konsequente Durchführung der abduktiven Aufdeckung der unbewussten Sinnzusammenhänge fügt die verschiedenen Szenen zu einer »szenischen Konstellation« zusammen, die das Rätsel der im Text arrangierten Lebenspraxis schlagartig erhellt. Anders ausgedrückt werden die Ergebnisse der tiefenhermeneutischen Fallrekonstruktion solange »im Lichte sozialisationstheoretischer Klärungsversuche betrachtet, bis sich die zueinander in Beziehung gesetzten theoretischen Konzepte zu einer begrifflichen Konstruktion zusammenschießen die der Eigenart des Textes gerecht wird und ihn zugleich auf einen verallgemeinerungsfähigen Begriff bringt« (vgl. König, H.-D. 1997, S. 230). Hier tun sich deutliche Parallelen zu *Stern*s Konzept des Gegenwartsmoments auf. Und wenn *Haubl* und an dieser Stelle die »Gestaltschließung« ins Spiel bringen (vgl. 2016, S. 205), sind wir wieder bei *Lorenzer*s ganzheitlicher Denkungsart gelandet.

Damit möchte ich mich den vorliegenden Konzepten psychoanalytisch-pädagogischen Forschens zuwenden. Schon in *Schröder*s Arbeiten zur Adoleszenz finden sich wichtige Hinweise zum psychoanalytisch orientierten methodischen Vorgehen (vgl. Schröder 1999; Schröder, Leonhardt 1998; Schröder, Leonhardt 2011; Schröder u. a. 2004; Bimschas, Schröder 2003). Hinzu gesellt sich der von *Katzenbach* herausgegebene Band über qualitative Forschungsmethoden in der Sonderpädagogik, der auch viele Facetten einer tiefenhermeneutisch ausgerichteten pädagogischen Forschung enthält (vgl. Katzenbach 2016b; Ruth 2016a; Ruth 2016b; Kratz 2016; Kratz, Ruth 2016; Schrenker 2016a; Schrenker 2016b). Eingangs bemängelt *Katzenbach* übrigens, dass neben der Objektiven Hermeneutik die Tiefenhermeneutik kaum Beachtung findet (vgl. Katzenbach 2016c, S. 12).

Aktuell haben *Günther* und *Kerschgens* mit ihrem Sammelband auf sehr systematische Weise nachgelegt (vgl. Günther, Kerschgens 2016a). Die Autor/innen gehen darin der Frage nach, wie sich qualitative sozialwissenschaftliche Forschungsprozesse als interaktive Begegnungen präzise fassen lassen (vgl. Günther, Kerschgens 2016b S. 7). Es wird thematisiert, dass der Abschied von der Vorstellung, sachlich richtige Abbildungen der analysierten Realität garantieren zu können, sofern man nur die verwendeten Verfahren angemessen umsetze, vor dem Hintergrund der inzwischen auf breiter Front durchdeklinierten dekonstruktivistischen Positionen längst vollzogen wurde. Betrachtet man diesbezüglich sozialkonstruktivistische, rekonstruktive oder systemische Diskurse im Hinblick auf ihre tiefenstrukturelle Dimensionierung eingehender, offenbart sich oftmals ein Mangel an differenzierten methodologischen und methodischen Herangehensweisen, die sich aus dieser Erkenntnis ergebenden Folgerungen nicht nur apodiktisch zu behaupten, sondern auch in erkenntnisgenerierendes, konkretes Vorgehen umzusetzen. Nach wie vor ist offen, wie sich die bemühten Schlagwörter von Subjektivität, Objektivität und Reflexivität zueinander verhalten und was sie inhaltlich ausfüllt. Diese Lücke ist hier auf beeindruckende Weise geschlossen werden.

Der Band zeigt facettenreich auf, wie über die Einbeziehung psychoanalytisch inspirierter Forschungsansätze, die die Subjektivität von Forschenden und Beforschten in ihrer unbewussten Dimension ausloten und sich dabei das Wechselspiel von Übertragungs- und Gegenübertragungsprozessen als Erkenntnisquelle nutzbar machen, der Anspruch auf Reflexivität konzeptionalisiert und vor allem *real* eingelöst werden kann. Wenn also auch die unbewussten Anteile von Lebensentwürfen als – sozusagen legitimer metatheoretischer – Gegenstand der Forschung Anerkennung finden und damit die (leibgebundene) affektive Wahrnehmung und das emotionale Erleben der Forschenden als Erkenntnisinstrument verankert werden, entwickelt sich Reflexivität zur Selbstreflexivität fort.

In erster Linie überzeugt das Plädoyer für Reflexivität als *das* probate Mittel, blinde Flecken und falsche Vorannahmen in ihrer unbewussten Wirkung auf generierte Forschungsergebnisse sichtbar zu machen, nachhaltig. Unmissverständlich wird aber auch klargestellt, dass psychoanalytisch orientiertes Forschen keine Begrenzung auf individuelle Schicksale bedeutet, sondern diese immer im Kontext gesellschaftlicher Machtverhältnisse zu lesen sind. In ihrem längeren Schlussbeitrag markieren *Günther* und *Kerschgens* »Reflexion und Intersubjektivität« als Gütekriterien von Forschung (vgl. Günther, Kerschgens 2016c, S. 221).

Einzig der Text von *Christoph Schwarz* »We're Palestinians – we never back down. Nationale Narrative und die Inszenierung männlicher Lebensentwürfe in der Forschungssituation«, der an Hand von Gesprächen mit jungen Palästinensern in einem Flüchtlingslager in der Westbank deren Selbstbilder, insbesondere vor dem Hintergrund der Begegnung mit ihm als einem deutschen Forscher, untersucht, hat mich etwas stutzig gemacht (vgl. Schwarz 2016, S. 149 ff.). Dabei wurde *Schwarz* ein Internet-Forum präsentiert, das u. a. ein Bild von *Adolf Hitler* zeigte, und er um seine Meinung zu *Hitler* gebeten. Im Nachhinein bekennt er, nicht gewusst zu haben, wie er reagieren sollte: Er schwieg und schüttelte nur den Kopf. Im Verlauf des Fortgangs des Projekts wird offenbar, dass dem Thema männlicher Stärke und Standhaftigkeit im überaus angespannten Verhältnis zur israelischen Armee eine große Bedeutung zukommt und daher der Judenhasser *Hitler* an dieser Stelle ins Spiel kommt. Gleichzeitig wird aber auch ersichtlich, dass bezüglich der eigenen Auseinandersetzung mit der Vätergeneration diese Standhaftigkeit eher nicht wirklich existiert und folglich die fehlenden Entwicklungsspielräume auf den Kampf gegen die »Besatzung« verschoben werden.

Als von seinen palästinensischen Gesprächspartnern Bewunderung für diesen *unheimlichen Bekannten* (vgl. Freud, S. 1919h) geäußert wurde, schwieg *Schwarz* betreten – wohl um seine forscherische Neutralität nicht preiszugeben. Seine Interpretation im Kontext der Reflexion männlicher Standhaftigkeit – »we never back down against the occupation« (vgl. S. 153) – ist in ihrer Vielschichtigkeit punktgenau und überzeugend. Der fehlende Widerstandswille eines Großteils der arabischen Einwohner/innen Palästinas im Jahre 1948 wird ebenso als schwere, kollektiv weiter wirkende narzisstische Kränkung sichtbar, wie die Betonung der eigenen Stärke in der aktuellen politischen Auseinandersetzung mit Israel die Verlagerung eines nicht offen ausgetragenen intergenerativen Konflikts auf die politische Bühne markiert.

Kann man aber *nach Auschwitz* (vgl. Adorno 1973), so frage ich mich, an einem solchen Punkt wirklich abstinent bleiben? Auch ohne sich auf eine befürchtete politische Debatte einzulassen, die in der Tat den Forschungsrahmen wahrscheinlich gesprengt hätte, wäre es aber vielleicht möglich, ja nötig, das persönliche Dilemma an eben diesem unhintergehbaren Punkt an- und auszusprechen. Zumindest sollte man den Interviewpartnern *nach* der Auswertung die besagte Interpretation zurückspiegeln – keinesfalls um anzuklagen, sondern um eine Sprache für das bislang Unaussprechbare anzubieten. Das Buch selbst bietet ja Anregungen in diese Richtung. Da ist es wieder, das Dilemma des Forschers/der Forscherin, wie er/sie mit der Forschungssituation umgehen soll, wenn es heikel wird.

Eine eher unglückliche Schrift ist jene Untersuchung von *Erne* »Psychoanalytische Sozialarbeit – Eine rekonstruktive Aktenanalyse« (vgl. Erne 2016; Gerspach 2017a), in der eine mit dem Konzept psychoanalytischer Sozialarbeit operierende Institution mit außerpsychoanalytischen Methoden untersucht wird. Prinzipiell ist gegen ein solches Vorgehen nicht einzuwenden, wenn aber die Tiefendimension der geleisteten Arbeit gar nicht erfasst wird, weil allein bewusstseinsnahe Denk- und Klassifikationsmodelle verwendet werden, ist das eher ein ungeeignetes Unterfangen.

Nach eigenen Angaben des Verfassers repräsentiert die Studie die Ergebnisse einer Rekonstruktion des Orientierungsrahmens der Mitarbeiter/innen des stationären Angebots des Vereins für Psychoanalytische Sozialarbeit in Rottenburg und Tübingen, der früh und schwer gestörte Kinder und Jugendliche betreut, die häufig von anderen Institutionen als nicht behandelbar abgewiesen werden. Als Grundlage der Untersuchung, die sich der rekonstruktiven Sozialforschung verbunden sieht, dienen ausgewählte Akten dieser Jugendlichen sowie Gruppendiskussionen, in denen die Arbeit reflektiert wird. Beides wird mit Hilfe der Dokumentarischen Methode ausgewertet. »(…) der Ansatz einer Triangulation von Aktenmaterial und Gruppendiskussionen stellt insofern eine Neuerung dar, als dass die Zusammenführung der beiden Materialsorten ebenfalls unter dem Dach der Dokumentarischen Methode geschieht« (vgl. Erne 2016, S. 14 f.).

Der Orientierungsrahmen als Teil der verwendeten Forschungsmethodologie fokussiert dabei die impliziten Wissensbestände der professionell Handelnden, »ohne dass dieses Wissen explizierbar wäre« (vgl. ebd., S. 10). Mit Hilfe der formalen Textorganisation des Aktenmaterials soll dessen Alltagssprache analysiert werden, um einen methodisch kontrollierten Zugang zum Gegenstandsbereich zu gewinnen. Die empirische Herangehensweise verbindet schließlich die Ebene

3.4 Das psychoanalytisch-pädagogische Forschungstableau: epistemologische Vorarbeiten

der Aktenrealität, die die Wissensebene der Mitarbeiter/innen spiegelt, mit der interaktiven Ebene der protokollierten Gruppendiskussionen.

Bezüglich der Auswertung des gesamten Materials erfolgt eine Anlehnung an *Schützes* Narrationsstrukturanalyse mit ihrer Unterscheidung in Erzählung, Beschreibung und Argumentation (vgl. ebd., S. 82). Damit soll die lebensgeschichtliche Erfahrungsaufschichtung sichtbar gemacht werden, wobei insbesondere interpretative Verarbeitungen in Deutungsmustern herausgearbeitet werden sollen. In der Folge wird hinsichtlich des forschungspraktischen Zugangs zu den von den Mitarbeiter/innen angelegten Akten differenziert in den Modus einer introspektiven Qualität, die mit der Attribuierung von Motiven operiert, und die Verwendung von Orientierungs- und Erklärungstheorien auf der Basis von Weil-Motiven. Damit würden nun von ihnen Persönlichkeit und Verhalten theoretisiert und Kausalzusammenhänge konstruiert. Die anschließende Gruppendiskussion dient der Validierung der Aktenanalyse.

Das Zentrum des zweiten Teils, der Präsentation der empirischen Ergebnisse, bildet die Rekonstruktion des primären Orientierungsrahmens, wie er sich aus der Interpretation des Aktenmaterials erschließt. Wie also sehen Mitarbeiter/innen einer Institution, die sich dem Ansatz der Psychoanalytischen Sozialarbeit verpflichtet sieht, ihre Adressat/innen?

In der zusammenfassenden Bewertung überwiegt vor allem die zuvor schon durchgehend geübte Kritik an der sozialen De-Kontextuierung innerhalb der Einrichtung und die »doppelte individuelle Attribuierung«, womit die Irrelevanz des Erfahrungsraums der Adressat/innen festgeschrieben werde (vgl. Erne 2016, S. 175 ff.). Mit der Bezugnahme auf die innere Entwicklung ergebe sich zwangsläufig eine »Ausklammerung von Ursachen im Bereich der sozialen Kontexte« (vgl. ebd., S. 178). In der Zuschreibung der Ursachen für auftretende Schwierigkeiten an die Adressat/innen und der Reduktion der Sachverhalte auf deren alleinige Intention wiederum zeige sich die nach innen gerichtete Projektion der gesamten Ursachen- und Entscheidungszusammenhänge. Diagnose und Konstruktion der Persönlichkeit stützten sich lediglich auf die Eindrücke und Erlebnisse der Mitarbeiter/innen innerhalb der Einrichtung. Folglich würden Ihre Normalitätsvorstellungen zur alleinigen Grundlage der Beurteilung, worin sich dann die fundamentale Problematik des »*Basisorientierungsrahmens der sozialen De-Kontextuierung*« zeige (vgl. S. 172).

Der Autor konstatiert, dass die Akten den Orientierungsrahmen der Mitarbeiter/innen im Spannungsfeld zwischen institutioneller Programmatik und subjektiven Auffassungen widerspiegelten, während in der Beleuchtung der leitfadengestützt durchgeführten Gruppendiskussionen eine kontrastierende Erfahrung aufblitze, die auf Grund der mehr privaten Atmosphäre der Diskussion und dem Wegfall von Legitimationsdruck diesen Eindruck etwas korrigiere. Dennoch, so der wiederholt vorgebrachte Vorwurf, werden verwendete Begriffe wie »dissozial« oder »psychotisch« als Ausfluss pathologisierender Normalitätskonstruktionen begriffen (vgl. S. 192 ff.)

Da mir persönlich die Arbeit des Vereins für Psychoanalytische Sozialarbeit sehr wohl vertraut ist, hat mich der Titel des Buches neugierig gemacht. Leider muss ich gestehen, dass ich sehr schnell ernüchtert worden bin. Denn es geht nicht, oder nur am Rande, um die Reflexion der Praxis einer Psychoanalytischen Sozialarbeit mit psychotischen und autistischen Kindern und Jugendlichen, sondern fast ausschließlich um eine sozialwissenschaftlich-rekonstruktive Analyse. Und schon sitzen wir unentrinnbar in einer forschungsmethodologischen Falle: Wie will man mit den mehr deskriptiv ausgerichteten Möglichkeiten einer der Wissenssoziologie entstammenden dokumentarischen Methode dem Spezifikum einer um unbewusste Prozesse zentrierten Disziplin Herr werden? Subsumptionslogisch werden im vorliegenden Text alle Darlegungen in den Fallakten einer psychoanalytisch konstruierten Theorie zugeordnet. Auch die dort vorfindlichen sprachlichen Äußerungen der Adressat/innen werden konkretistisch als für sich selbst sprechend genommen. Die tiefenhermeneutische Dimension der aus der Beziehung gewonnenen Einsichten in die (auch) unbewusste Bedeutung des Gesagten, dem ohne Bezugnahme auf die psychische Strukturbildung mit ihren inneren Selbst- und Objektrepräsentanzen keine Evidenz beigemessen werden kann, wird somit überhaupt nicht als notwendige Bedingung des Verstehens erachtet.

Die Doppeldeutigkeit des manifesten Inhalts von Sprache bzw. Handeln und dem latenten Sinn, die aus den früh einsozialisierten Verwundungen des Subjekts herrührt und die eine systematische Beschädigung seiner Erlebensstruktur nach sich gezogen hat, lässt sich so per se gar nicht erfassen. Gleichermaßen ist von diesem individuellen Entfremdungsprozess die Sprache betroffen, es kommt zur *Sprachzerstörung* bzw. zur Produktion einer »Privatsprache«, die in Widerspruch zu den allgemeinen Wortbedeutungen der Umgangssprache tritt. Ich rekapituliere noch einmal: Mittels Verdrängung werden in diesem Akt der Desymbolisierung Sprachsymbole aus der Sprachkommunikation ausgeschlossen und zu Klischees oder auch leeren Zeichen zurückgebildet (vgl. Lorenzer 1973, 120 ff.). Durch die Sprachzerstörung wird das symbolvermittelte Verhalten zu einem neurotisierten, klischeebestimmten Verhalten, das der »Beobachtung (und erste recht der Selbstbeobachtung) entzogen« ist (vgl. ebd., S. 125 ff.).

Die Heimtücke solcher privatsprachlicher Veränderungen liegt darin, »dass sie infolge ihrer allgemeinsprachlichen Einkleidung nur indirekt aus den Verhaltensabweichungen als privatisiert ermittelt« werden können (vgl. ebd., S. 131). Aufgabe des Psychoanalytikers/der Psychoanalytikerin ist es jetzt, diese privatsprachliche Verfälschung zu erkennen und zu einer Resymbolisierung beizutragen. Auf dem Wege des tiefenhermeneutischen Verstehens wird der originale Bedeutungsgehalt rekonstruiert, so dass es am Ende zur Auflösung der Privatsprache und zur Resymbolisierung kommt. Jetzt fallen wieder »alle Handlungsmotive mit dem Sinn zusammen, an dem sich der Handelnde selbst orientiert« (vgl. Habermas 1971, S. 303). Das Verhalten wie die getätigten Äußerungen sind ja deshalb unverständlich geworden, weil sie die falsche Bedeutung erhielten. Jedenfalls stehen sie nicht (mehr) für sich.

Der Vorbehalt von *Erne*, dass eine Sprachlosigkeit der Adressat/innen konstruiert werde, womit diese nicht mehr als jemand ernst genommen würden, der etwas Sinnvolles zu sagen habe, steht dazu in krassem Gegensatz (vgl. Erne 2016, S. 232 ff.). Zudem darf nicht vergessen werden, dass wir es in diesem konkret beforschten Praxisfeld mit schweren klinischen Fällen zu tun haben. Macht es da

Sinn, den Rückgriff auf (psychiatrische) Diagnosen im Stil des sich eingebürgerten sozialwissenschaftlichen Duktus lediglich als pathologisierende Normalitätskonstruktionen abzutun (vgl. ebd., S. 235)? Und macht es da weiterhin Sinn, sich mit akribisch identifizierten Oberflächenphänomenen zu beschäftigen, wo lebendige menschliche Schicksale eine solche affektisolierte Herangehensweise nicht verdient haben?

Das psychoanalytische Verstehen der unbewussten Reinszenierungen unbewältigter oder gescheiterter Lebensgeschichte wird allein auf jene Theoriesegmente zurückgeschnitten, die im Sinne einer Art Herrschaftswissen zur Konstruktion von Persönlichkeitsstrukturen ge- um nicht zu sagen missbraucht würden, und zwar ohne die Betroffenen davon ins Bilde zu setzen (vgl. ebd., S. 243 ff.). Selbstredend muss man eingestehen, dass die metatheoretischen Formulierungen innerhalb der Psychoanalyse den Geist rationalistischer Verfügbarkeit atmen, aber diese bilden *nicht* das Zentrum ihres Gedankengebäudes.

Dass eine psychoanalytisch orientierte Pädagogik ebenso eine explizite Theorie des (beschädigten) Subjekts wie implizites Wissen über szenisches Verstehen oder Übertragungs- und Gegenübertragungsprozesse, kurzum: das Konzept vom Unbewussten benötigt, um eine Entwicklungsblockaden überwindende und also Progression ermöglichende Beziehungsarbeit zu ermöglichen, scheint in diesem Fall hier das Undenkbare zu sein. Wohin also sind die Ausführungen über diese am Anfang (vgl. ebd., S. 25 ff.) und am Ende (vgl. ebd., S. 253 ff.) sehr kompetent referierten Grundlagen verschwunden? Das szientistische Grundmissverständnis dieser Untersuchung liegt darin, Erklären und Verstehen, manifestes Verhalten und latenten Sinn, rational verfügbares Bewusstsein und wirkmächtiges Unbewusstes nicht sauber trennen, ja, diesen Unterschied gar nicht realisieren zu können, weil es keinen kategorialen Zugang dazu gibt.

Durchgängig die spekulative Beschreibung und Deutung des Verhaltens zu bemängeln oder von verhaltenswirksamen Änderungen zu schreiben, offenbart eine implizite Orientierung an den meinungsführenden, lerntheoretischen Auffassungen über die menschliche Subjektgenese (vgl. ebd., S. 211 ff.). Sie legt gleichzeitig offen, wie wenig die prinzipielle Differenz zu den psychoanalytischen Konzepten, die innerseelischen Prozesse zu betrachten und darauf Einfluss zu nehmen – so dass sich in einem nachgeordneten, aber zwangsläufigen Schritt manifestes Verhalten ändert –, verstanden wurde.

Ein weiteres nicht zu unterschätzendes Missverständnis betrifft die Rede vom »szenischen Fallverständnis« (vgl. ebd., S. 171). Gemeint ist wohl eher szenisches Fallverstehen – immer wieder sind es kleine sprachliche Nuancen, die große Wirkungen zeitigen. Das szenische Fallverständnis beruhe auf der »Verknüpfung von Beziehungserfahrungen mit anamnestischen Daten« (vgl. ebd., S. 171). Zunächst wird nicht ausgeführt, was diese Beziehungserfahrungen im Rahmen eines hochaffektiven Übertragungs- und Gegenübertragungsgeschehens präzise einschließt. Aber diese Verknüpfung ist hochproblematisch zu nennen, geht es doch nicht um kausalanalytisch verursachende Ereigniskonstellationen, sondern um die Erfassung einer konfliktregierten Erlebnisstruktur.

Grundlegende psychoanalytische Elemente wie etwa die Frage der Deutung oder die Arbeit mit der Übertragung werden in die Betrachtung eingestreut, und es wird auch immer wieder die Eigenständigkeit der psychoanalytischen Methode gegenüber anderen erziehungswissenschaftlichen und psychotherapeutischen Modellen betont. Gerade die richtungsweisende und ergo emanzipative Bedeutung des reflektierten Umgangs mit Übertragung und mehr noch Gegenübertragung bleibt aber unerschlossen, wenn beklagt wird, dass der Übertragungsbegriff nicht näher erläutert werde, sondern einfach Anwendung als Erkenntnisinstrument fände. Der Einwand gipfelt darin, dass die Bezugnahme auf Fachbegriffe und -konzepte lediglich dazu dienten, die eigenen Maßnahmen zu legitimieren (vgl. ebd., S. 170 f.).

Damit sei es genug, und ich möchte bei aller Schelte auch einiges Versöhnliches nicht verschweigen. Die Rahmung des Buches gefällt mir. Denn am Anfang und am Ende finden sich differenzierte und überaus wohlmeinende Darlegungen zur Geschichte der Verbindung von Psychoanalyse und Pädagogik bzw. Sozialarbeit. Der Autor hegt nicht nur offenkundig eine große Sympathie für diese humanwissenschaftliche Richtung, sondern er bekundet auch einen tiefen Respekt vor der mühevollen Arbeit der Mitarbeiter/innen des Vereins für Psychoanalytische Sozialarbeit. Er bietet sie schließlich sogar um Nachsicht für seine zum Teil harsche Kritik (vgl. ebd., S. 266). Meine Phantasie ist, dass die Arbeit im Rahmen der sattsam bekannten Strenge eines Dissertationsverfahrens den forschungsmethodologischen Vorgaben prinzipiengetreu gerecht werden sollte. Insofern bitte ich ebenfalls um ein wenig Nachsicht für meine vielleicht als zu beckmesserisch empfundene Beurteilung.

Die an dieser Stelle wieder aufblitzende Grundsatzdebatte bringt *Vassalli* wie folgt auf den Punkt:

> »Es ist der psychoanalytischen Forschung nicht möglich, wie Freud betont, einen psychischen Vorgang zu erklären, denn erklären heißt, ihn auf Bekanntes zurückzuführen, auf etwas, das wir als Erklärungsgrund annehmen. Einen solchen Grund aber kennen wir im abgründigen Seelenleben nicht. Wir sind, wie er betont, auf das Deuten angewiesen, das von der geistigen Aktivität des Vermutens ausgeht« (vgl. Vassalli 2018, S. 33).

Viele treffliche und sorgsam abgewogene Argumente sprechen für eine tiefenhermeneutische Analyse von feststehenden Texten. Hat aber die Interpretationsgruppe, die dieses Puzzle zusammensetzt und auch manche Teile davon aussortiert oder neu als ursprünglich vorgeschlagen zusammensetzt, die gleiche Valenz hinsichtlich der ›Kontrolle‹ der eingesetzten lebenspraktischen Vorannahmen wie der Analysand/die Analysandin, für die eine szenische Deutung kein fertiges Ergebnis, sondern Teil eines Änderungsprozesses ist? Im Forschungssetting setzt das – meinethalben in der Gruppe abgeglichene – Ergebnis einen Endpunkt. Im Praxissetting – und da nehme ich jetzt die *pädagogische* Praxis explizit dazu – ist die szenische Deutung der Anfangspunkt für etwas Neues. Hinsichtlich der Stimmigkeit der zu generierenden Interpretationsergebnisse ist es sicher einfacher, sich auf die Teilhabe an einer Szene einzulassen als an einem fixierten Text zu arbeiten (vgl. Horn u. a. 1983, S. 100).

Gleichwohl führt uns die tiefenhermeneutische Forschung einige wesentliche Revisionsmöglichkeiten gängiger Untersuchungsdesigns vor Augen. Indem sie die Subjektivität des Forschers/der Forscherin ins Spiel bringt, führt sie zur »Aufhebung einer traditionellen Subjekt-Objekt-Relation von Forscher und Befragten« (vgl. Horn u. a. 1983, S. 50). Zum zentralen Wahrnehmungsinstrument der Forschung wird so die Frage: »Was löst der Forschungsgegenstand bzw. der andere als Objekt in mir aus'« (vgl. S. 54)? Das szenische Versehen wird somit zur intersubjektiv gewonnenen hermeneutischen Empirie.

Auf dieser Suche nach der zwischenmenschlichen Wahrheit wird ein bestimmtes Niveau an Reflexionsfähigkeit vonnöten sein, das sich nahe an psychoanalytische Kompetenzen anschmiegt. Hierzu zählen:

- die Fähigkeit zu empathischem und tiefenhermeneutischem Verstehen,
- das Interesse an und die Fähigkeit zu affektiver Teilnahme,
- die Fähigkeit zu kommunikativem Umgang mit anderen im Sinne der Austragung von Interessenkonflikten als auch eines sich gegenseitig anerkennenden Miteinanders
- die Fähigkeit zu relativ distanzierter, kognitiv strukturierter und geleiteter selbstreflexiver Arbeit mit anderen Menschen
- Einsicht in die eigenen »›restneurotischen‹ Charakter- und Beziehungsstrukturen«, um andere »›stimmig‹ verstehen und interpretieren zu können« (vgl. Horn u. a. 1983, S. 63).

Bezüglich der Auswertungs- und Interpretationsverfahren lautet das Credo von *Horn* u. a.: »So viel Textinterpretation wie möglich, so viel szenische Deutung wie nötig« (vgl. Horn u. a. 1983, S. 105). Während der therapeutischen Behandlung können »Analytiker und Patient gemeinsam (und Sozialforscher erst recht) in einer folie à deux befangen sein und sich systematisch irren, auch und gerade in ihren Evidenzerlebnissen«. Hier allerdings bauen Lehranalyse, Supervision und die Teilnahme an Fallseminaren in gewisser Weise vor. Einen vergleichbaren Rückhalt »in Gestalt überindividuell konsentierter Theorie- und Fallseminare« sowie einer geeigneten, emotional »besonders flexiblen Persönlichkeitsstruktur als Grundlage stimmiger szenischer Wahrnehmungen und Evidenzerlebnissen« gibt es für den Sozialforscher/die Sozialforscherin nicht (vgl. ebd., 1983, S.107).

3.5 Das psychoanalytisch-pädagogische Forschungstableau: Versuch einer Systematisierung

Mehr forschungspragmatisch als systematisch einem bestimmten Konzept entnommen ließe sich dieser Punkt jetzt über die binnendifferenzierte Struktur von vier Handlungsebenen abschließen, wie es *Horn* u. a. ähnlich vorschlagen (vgl. Horn u. a. 1983, S. 114 f.):

1. Auswertungsebene: Themenkreise und Konflikte: Die Frage gilt den expliziten Inhalten der Gesprächsäußerungen.
2. Auswertungsebene: Zentrale Konflikte – erste Interpretationen. Es soll, soweit bereits möglich, die latente Konfliktdynamik des/der Befragten »als Einheit von explizitem Gesprächsinhalt und Szene« benannt werden.
3. Auswertungsebene: (1. explizites und 2. szenisches) Problemverständnis. Entlang der konkreten Forschungsfrage werden das bewusste wie unterhalb dieser Ebene liegende Verständnis von z. B. Krankheit, Konflikt, Lebensgeschichte oder zwischenmenschlicher Kommunikation beleuchtet. »Unter 1. wird registriert, was der Befragte explizit hierzu äußert, unter 2. welchen Aufschluss die Szene erbringt, um beurteilen zu können, inwieweit das explizite Krankheitsverständnis das wirklich subjektiv gemeinte ist« (vgl. ebd., S. 114).
4. Auswertungsebene: Thematisierung – Abwehr. »1. Individuelle Deutungsmuster und Thematisierungspotentiale, 2. Familiale Deutungsmuster und Thematisierungspotentiale, 3. Subkulturelle Deutungsmuster und Thematisierungspotentiale, 4. Geschlechtsspezifische Deutungsmuster und Thematisierungspotentiale« (vgl. ebd., S. 114).

Natürlich ist es verlockend, nun operationalisierbare oder gar manualisierbare Vorschläge zu unterbreiten, wie man auf systematisch angeleitetem Weg im tiefenhermeneutischen Forschungsprozess erstens Daten generiert und zweitens sie zu ›lesen‹ versteht. Dieser Wunsch mag aber auch wieder einer innerpsychischen Abwehr entspringen, das Material ›sauber‹ zu ordnen, um sich davor in Sicherheit zu bringen. Die Tiefenhermeneutik präsentiert uns nämlich ein doppeltes Problem: Sie macht auf die Verstrickung des Forschers/der Forscherin mit seinem/ihrem Forschungsgegenstand aufmerksam und verweigert gleichzeitig mit ihrer Anbindung an gleichschwebende Aufmerksamkeit und Gegenübertragung eine Methodik, sich davor frühzeitig zu verschließen. Im Grunde muss man sich verwickeln lassen, um Entwicklung möglich zu machen. Hernach gilt es, an der Szene teilzunehmen und dann wieder innere Distanz dazu zu gewinnen (vgl. Leber 1985, S. 152 ff.).

Kratz und *Ruth* haben allerdings eine sehr geschmeidige Form von tiefenhermeneutischem Manual vorgelegt, das ich kurz zusammenfassen möchte (vgl. Kratz, Ruth 2016, S. 248 f.). Am Anfang stehen die zentralen Begriffe von

- *Übertragung-Gegenübertragung*: Aktualisierungen und Reinszenierungen früher Beziehungserfahrungen, die über eine szenische Teilnahme am Text für die Interpretation bedeutsam werden.
- *Freie Assoziation*: alles ohne bewusstes Nachdenken und Zensur mitzuteilen, was einem in den Sinn kommt.
- *Irritation*: bestimmte Interaktionsszenen befremden, »weil sie Lesarten widersprechen, die sich im Zuge eines routinierten Textverstehens aufdrängen« (vgl. König, H.-D. 2000, S. 563).
- *Affekte*: Das Wahrnehmen und Ausdrücken von Affekten eröffnet den Weg für die Formulierung der Gegenübertragungsreaktionen. Gefragt wird: »Mit welchen Gefühlen, auch Körperempfindungen, Phantasien, Gedanken und

Handlungsimpulsen reagieren wir auf das zu interpretierende Material« (vgl. Klein, R. 2004, S. 629)?

Das anschließende Methodenmanual umfasst einige Regeln, die ich gekürzt wiedergebe:

1. Regel: Der Text wird als Drama verstanden. Er wird so lebhaft gelesen, dass bei den Interpret/innen Bilder und Szenen entstehen.
2. Regel: Diese inneren Bilder und Szenen üben eine Wirkung auf das Erleben der Interpret/innen aus. Die darin eingeschlossenen unbewussten und daher nicht kontrollierbaren psychischen Reaktionen stellen den Zugang zu den latenten Sinnebenen her.
3. Regel: Das affektive Verstehen wird auf der Grundlage von gleichschwebender Aufmerksamkeit und freier Assoziation nutzbar gemacht.
4. Regel: Was frei assoziiert wird, wird zum Fokus des Interesses erhoben.
5. Regel: Die Interpretation erfolgt in der Gruppe. Diese soll nicht intellektuell, sondern affektiv erlebend und verstehend auf den Text reagieren.
6. Regel: Während sich in der psychoanalytisch-therapeutischen Praxis der Patient/die Patientin unter Mithilfe des Psychoanalytikers/der Psychoanalytikerin verändert, ist es hier der Interpret/die Interpretin, der/die sich am widerständigen Text entwickelt. In Forschungstagebüchern und Diskussionsprotokollen werden alle Einfälle, Eindrücke und Phantasien festgehalten.
7. Regel: Analog zum dreigeteilten therapeutischen Vorgehen, in das Verstehen der aktuellen, infantilen und Übertragungssituation zu unterscheiden (vgl. Lorenzer 1973, S. 141), sollen die subjektiven Erfahrungen solange mit dem Text mit ähnlichen Erfahrungen in Verbindung gebracht werden, bis sich eine erhellende szenische Konfiguration ergibt.
8. Regel: Dieser beschriebene Interpretationsweg kann als »erstes Feld eines hermeneutischen Verstehensprozesses« (vgl. König, H.-D. 2000, S. 565) aufgefasst werden.
9. Regel: Das zweite Feld stellt das theoretische Begreifen der Fallrekonstruktion (des ersten Feldes) dar. Das Neue, das nicht manifest erschlossen ist, wird typisiert und auf einen angemessenen Begriff gebracht.
10. Regel: Das dritte Feld stellt die Verschriftlichung der tiefenhermeneutischen Interpretation dar, mit der versucht werden soll, den Leser/die Leserin zu überzeugen.

Unabhängig von unterschiedlichen oder gar widersprüchlichen Auskleidungen verlangt das tiefenhermeneutische Forschungsdesign nach einer Verpflichtung zur Offenheit. Diese wird sowohl nach außen – auf die Beziehung zu den Beforschten – wie nach innen – auf die nötige Selbstreflexion der Eigenbeteiligung – gerichtet. In dieser Grenzenlosigkeit kann man durchaus fürchten, sich zu verlieren, zumal, wenn man noch ungeübt ist. Indessen darf nicht vergessen gehen, dass diese Grenzenlosigkeit nur eine scheinbare ist. Ihre Einschalung wird durch die Interpretationsgruppe wie deren Leitung garantiert. Gerade *Kratz* und *Ruth* (2016) haben ja vorgemacht, wie das zu gehen hat. Und dass hier explizit auf Zensur verzichtet wird, muss nicht schrecken, sondern kann in einen produktiven Selbstbildungsprozess münden, an dem am Ende, ähnlich der psychoanalytischen Kur, steht: »Wo Es war, soll ich werden« (vgl. Freud, S. 1933a, S. 86).

Zwangsläufig komme ich immer wieder auf meine Kernfrage zu sprechen: Wie aussagekräftig ist die Tiefenhermeneutik? *König* liefert dazu einen Vorschlag, der sich an zwei Gütekriterien der empirischen Sozialforschung orientiert, denen aber eine etwas andere Bedeutung als in der quantitativen Forschung zukommt. Danach wird die *»Zuverlässigkeit (›Reliabilität‹) der Interpretation* dadurch sichergestellt, dass die verschiedenen Ebenen der Bedeutungskonstruktion stets auseinandergehalten werden« (vgl. König, H.-D. 2019, S. 36). Diese sind:

1. die Konstruktion erster Ordnung ist die durch den Text objektivierte Lebenspraxis der interviewten Personen;
2. die Konstruktion zweiter Ordnung ist das davon strikt zu unterscheidende szenische Interpretieren in der Umgangssprache;
3. die Konstruktion dritter Ordnung ist das von Konstruktion zwei zu differenzierende theoretische Begreifen.

Die anhand einzelner Szenenkomplexe entwickelten Interpretationen müssen nun noch anhand anderer Szenenzusammenhänge »so lange überprüft und korrigiert werden, bis sich die Interpretationen der verschiedenen Szenenfolgen zu einer in sich stimmigen szenischen Konstellation zusammenschließen – eine sich in der Spannung zwischen Manifestem und Latenten entfaltende doppelbödige Sinngestalt mit zahlreichen Bedeutungsfacetten« (vgl. König, H.-D. 2019, S. 36).

Die »Geltung der Interpretation (›Validität‹)« wiederum hängt davon ab, dass die »im Zuge der Wirkung auf das Erleben der Gruppe der Forschenden erschlossenen Lesarten anhand der szenisch entfalteten Inhalte des Textes daraufhin überprüft werden, wie nachvollziehbar und überzeugend sie sind« (vgl. ebd., S. 36). Ausgehend von der affektiven Resonanz erfolgt die Übersetzung in eine kognitiv geformte Interpretation, was eine szenische und begriffliche Konstruktion hervorbringt, »welche den Anspruch erhebt, die Wirklichkeit auf eine in sich stimmige, plausible und überzeugende Weise darzustellen« (vgl. ebd., S. 36).

Zur gleichen Fragestellung äußern sich *Ellinger* u. a. wie folgt:

> »Die etablierten Gütekriterien der *Reliabilität* und *Validität* für wissenschaftliche Erhebungen sind (…) anhand eines interpretationsfreien Protokolls einer sozialen Praxis immer schon deshalb eingelöst, weil es keinen direkteren und intersubjektiv besser nachprüfbaren Zugang zur untersuchenden Wirklichkeit gibt als hier. (…) Das Problem der Reliabilität und Validität ergibt sich erst dann, wenn durch die Standardisierung und Quantifizierung der erhobenen Daten sich diese von der konkreten und reichhaltigen Wirklichkeit so weit entfernt haben, dass eine Überprüfung überhaupt geboten erscheint, inwiefern die Messzahlen die gemessene Realität abbilden und nicht nur bloße Artefakte sind« (vgl. Ellinger u. a. 2019, S. 215).

So weit, so gut, wollte mich anfangs dünken. Nun gibt es aber noch die eher skeptische Schrift von *Oliver Hechler* (vgl. Hechler 2019). Darin bringt er sogleich zwei nicht zu unterschätzende Einwände vor:

»Das für Forschung konstitutive Element der Distanz zur Praxis wird zum einen mit der behaupteten Gleichzeitigkeit von Behandlung und Forschung [das Junktim von Forschen und Heilen; M.G.] nicht eingelöst. Zum anderen aber begeht die Psychoanalyse einen methodologischen Kategorienfehler, wenn sie die Methoden der psychoanalytischen Berufspraxis gleichermaßen als Forschungsmethoden ausweist und in Gebrauch nimmt« (vgl. Hechler 2019, S. 255).

Im nächsten Zug kritisiert er mit *Reiche* die »Gegenübertragungshermeneutik« (vgl. Reiche 2001, S. 7) als Grundpfeiler der tiefenhermeneutischen Forschungspraxis. Als Beleg nimmt er *Lorenzer* selbst in die Pflicht, der davon spricht, dass die Sicherung des Verstehens im Analytiker und eben nicht im Material erfolge (vgl. Lorenzer 1973, S. 143 ff.). Über die Gleichsetzung der Forschungssituation mi der Behandlungssituation »läuft die Tiefenhermeneutik Gefahr, einen ausschließlich psychopathographischen Zugang zu den Texten und Protokollen zu finden« (vgl. Hechler 2019, S. 256).

Weil also womöglich »wilden Deutungen Tür und Tor« geöffnet werden (vgl. Reiche 2001, S. 19), plädiert *Hechler* für eine Verteidigung des Textes. Hierbei stützt er sich auf *Starobinski*, der als Literaturwissenschaftler über das Verhältnis von Psychoanalyse und Literatur(kritik) gearbeitet hat, und bei dem es heißt: »Die oberste Sorge muss es also sein, dem Text seine stärkste Präsenz und größtmögliche Unabhängigkeit zu sichern (…)« (vgl. Starobinski 1974, S. 169). Daraus ergibt sich die Konsequenz, »dass der Gegenstand der hermeneutischen Sozialforschung im *Text* zu finden ist und eben nicht im Interpreten« (vgl. Hechler 2019, S. 257). Hierbei greift er auf *Argelander* zurück, der der »kognitiven Organisation des Psychoanalytikers beim Wahrnehmen des Unbewussten« seine ganze Aufmerksamkeit schenkte und daraus eine »Textsignierungs- und Textverknüpfungsmethode« ableitete – es geht um das Durchdringen des Textes nach streng formalen Gesichtspunkten« (vgl. Argelander 1984, S. 385).

Es stehen also nicht mehr Phantasien, Wünsche oder Ängste und ihre Inszenierung im Rahmen einer Übertragungs-Gegenübertragungs-Dynamik im Mittelpunkt. Vielmehr soll eine »psychoanalytische Methodologie« entstehen, die die strukturellen und konstitutionstheoretischen Schwierigkeiten der Tiefenhermeneutik überwindet (vgl. Argelander 1995, S. 11). *Hechler* macht daraus das Konzept einer »Strukturalen Psychoanalytischen Hermeneutik« (vgl. Hechler 2019, S. 258).

Ausgangspunkt ist die von ihm reklamierte Unterscheidung in einen Primär- und einen Sekundärprozess. Der Primärprozess ist durch die Dominanz der Affekte, Regungen und Triebe bestimmt und lässt sich dem »System Es und der Instanz Unbewusst zuordnen und folgt ganz dem *Lustprinzip*«. Der Sekundärprozess dagegen unterliegt den »ganz den Prinzipien der Vernunft und des Denkens« (vgl. Hechler 2019, S. 258; Freud, 1920g, S. 35 f.). Zwischen beiden besteht ein dynamisches und konflikthaftes Interferenzverhältnis, was erklärt, warum Denk-, Handlungs- und Erlebensprozesse sinnlos erscheinen, »was nichts anderes heißt, als dass die Unverständlichkeiten auf eine Aktivierung unbewusster Themen aus dem Primärvorgang zurückzuführen sind, die die sekundärprozesshafte Organisation stören« (vgl. Hechler 2019, S. 259).

In jedem Protokoll werden also zwei Ebenen wirksam: »die *Ebene der umgangssprachlichen Verständigung*, die auf den Sekundärprozess verweist, und die *Ebene der unbewussten Thematik*, die sich aus den Inhalten des Primärprozesses ergibt« (vgl. ebd., S. 259). Daraus entwickelt *Hechler* mit Bezug auf *Argelander* (1995) ein Modell dreier geschichteter (Text-)Ebenen, die es jeweils durchzuarbeiten gilt. Auf der ersten Ebene stellt sich ein Thema in verschiedenen Beispielen oder Situationen dar. Auf der zweiten Ebene findet sich eine konzentrische Schichtung von Bewusstseinsveränderungen, die durch die thematische Aufarbeitung entsteht. Diese beiden skizzierten Anordnungen sind »noch an die Struktur und Gesetzmäßigkeit der geäußerten Sprache gebunden« und ihre Auslegung über Thematisierungen und Zusammenhangsbildungen auf der »Meta-Ebene der Sprache« (vgl. Argelander 1995, S. 25).

Erst in der dritten Anordnung findet eine »Lösung aus der unmittelbar vorgegebenen Mitteilungsstruktur« statt. Das Thema verbindet sich mit Gedanken und Phantasien der anderen Ebenen, weist keine chronologisch-lineare Form mehr auf. Den daran entlang entwickelten Gedankeninhalten wird eine entsprechende Erlebnisqualität verliehen, die ein freies Sprachspiel ermöglicht und szenischen Charakters ist, der die »Übertragungs- und Gegenübertragungssituation einschließt« (vgl. Argelander 1995, S. 26). Allein dieser dritten Schicht ist eine tiefenhermeneutische Erhellung mittels szenischem Verstehen und Gegenübertragungsanalyse gegeben. Die Tiefenhermeneutik vernachlässigt aber systematisch die ersten beiden Anordnungen, die grundsätzlich an die Struktur der Sprache gebunden sind, was beinhaltet, dass dieses Verfahren »als alleiniger Zugang ...) mit allen Unsicherheiten einer Mutmaßung behaftet ist« (vgl. Argelander 1995, S. 26). Daher verlangt *Hechler* zunächst nach einer ausführlichen Explikation der an die Sprache gebundenen ersten beiden Textebenen. Erst danach öffnet sich uns die »Ebene des dem Bewusstsein verborgenen Bedeutungsgehalts in Gestalt unbewusster Gehalte« (vgl. Hechler 2019, S. 262 f.).

Auch bezüglich der klassischen Auffassung des hierarchisch geordneten Verhältnisses von Primär- und Sekundärprozess gibt es inzwischen neuere Entwicklungen zu bedenken, die meinem Ansinnen sehr entgegenkommen, nichtsprachliche Wahrnehmungsmodi gleichberechtigt an die Seite symbolischer Verfügbarkeiten zu stellen:

> »Unbewusste Prozesse sind nicht mehr lediglich primitive Vorstufen zu kognitiv fassbaren Symbolisierungsprozessen. Auch in der analytisch orientierten Säuglingsforschung wird dieses Konzept weiter entwickelt. Es geht nicht mehr um die Polarisierung von bewusst und unbewusst, sondern um deklarative (explizite), dem Bewusstsein zugängliche und prozedurale (implizite) primär nicht bewusstseinsfähige – also nicht erst durch Verdrängung unbewusst gewordene – Inhalte« (vgl. von Lüpke 2009, S. 104 ff.).

Oft sind es allerdings nur Nuancen, die ins Auge springen. Wie die Tiefenhermeneutik zielt die Strukturale Psychoanalytische Hermeneutik auf die dem Bewusstsein verborgenen Sinn- und Bedeutungsbeimessungen, stützt sich aber in methodologischer Hinsicht ausdrücklich auf die verschieden geschichtete primär- und sekundärprozesshafte Organisation des psychischen Geschehens. Auch ihr geht es um das Entdecken und Versehen von Lücken und Brüchen – als gewissermaßen »manifeste Ausdrucksgestalt einer Interferenzstelle im Text« –, aber die Annäherung daran erfolgt vorsichtiger und quasi auf einem Umweg über die explizite Sprachrekonstruktion. Damit soll der Verführung vorgebaut werden, Lücken und Brüche im Text zu signieren und sie sogleich mit einer Deutung zu versehen. »Zunächst geht es darum, den Text von sich aus zum Sprechen, ihn in seiner Eigenständigkeit zum Vorschein zu bringen« (vgl. Hechler 2019, S. 263 ff.).

Somit wird eine »*kontextfreie Bedeutungs- und Sinnexplikation*« an den Anfang der Forschungsbemühungen gestellt. »Durch dieses Prinzip wird systematisch und methodisch kontrolliert darauf hingewirkt, die Bedeutung und den Sinn eines Protokolls nicht anhand des Kontextes zu explizieren«, was eine nicht uninteressante Verbindung zur Objektive Hermeneutik offenbart (vgl. ebd., S. 269).

Schließlich entwirft *Hechler* methodische Schritte für seine Interferenzanalyse, die ich abschließend leicht gekürzt wiedergeben möchte (vgl. Hehler 2019, S. 271 f.):

1. Schritt: Aussagen darüber treffen, wie das Handlungssystem textformal aufgebaut ist welche Verknüpfungsstruktur vorherrscht und ob sich heraus Lücken und Brüche ergeben.
2. Schritt: Zusammenbringen der textformalen Analyse mit dem zu explizierenden inneren Kontext, der sich aus dem Text ermitteln lässt.
3. Schritt: Paraphrasierung, d. h. Reformulierung und Zusammenfassung des aschlogischen Inhalts des Handlungssystems unter Berücksichtigung der Erkenntnisse aus der Textsignierung und der Explikation des inneren Kontextes.
4. Schritt: Versuch, über die Ausbuchstabierung der möglichen subjektiven Motive die Intention des interagierenden Subjekts zu explizieren.
5. Schritt: Untersuchung, welche objektiven Konsequenzen die Handlung des Subjekts auf das Handlungssystem hat, gefolgt von der Untersuchung, ob eine Differenz zwischen subjektiv gemeinter Intention und objektiver Veränderung des Handlungssystems festgestellt werden kann.
6. Schritt: Charakterisierung der sprachlichen und nicht-sprachlichen Symbolorganisation im Sinne besonderer Auffälligkeiten.
7. Schritt: Die Informationen und Erkenntnisse werden zu einer Interpretation und zu einer Hypothese über die Fallstruktur zusammengesetzt. »Diese Hypothese über die Fallstrukturgesetzlichkeit des Handlungssystems umschließt sowohl die Textebenen der objektiven Textbedeutung und des subjektiv gemeinten Sinns als auch die Analyse der latenten sozialen Inhalte« (vgl. Hechler 2019, S. 272).

Wir haben jetzt *Hechler*, der gewichtige Argumente für ein bedächtiges Vorgehen bei der Textinterpretation vorbringt, auf der einen Seite. Und dann *Würker* auf der anderen Seite, der befürwortet, beim Interpretieren selbst als Akteure in das präsentierte Drama einzusteigen und die eigene sinnliche Wahrnehmung für einen »szenischen Nachvollzug« zu nutzen, was auch überzeugend klingt (vgl. Würker 1993, S. 140; vgl. Kratz 2020, S. 57). Das szenische Verstehen ist eben Dreh- und Angelpunkt der »tiefenhermeneutischen Fallrekonstruktion« (vgl. Becker, Kratz 2019, S. 39).

König geht davon aus, dass sich die Forscher/innen einer tiefenhermeneutischen Gruppe von ihren Assoziationen leiten lassen, »die sie unter dem Eindruck der Wirkung des Textes auf ihr Erleben entwickeln, weil sie auf der Grundlage ihrer emotionalen Reaktionen (Gegenübertragungen) zu verstehen suchen (…)« (vgl. König, H.-D. 2019, S. 53). *Haubl* und *Schülein* wiederum sind da ganz anderer Auffassung und antworten auf die Frage, ob Textanalysen einer Übertragungs-Gegenübertragungsdynamik unterliegen: »Da Texte keine Interaktions- und Kommunikationspartner sind wie Menschen, ist die Frage zu verneinen« (vgl. Haubl, Schülein 2016, S. 203). Nehme ich jetzt aber *Freud*s Aussage hinzu, wonach die Schrift »ursprünglich die Sprache des Abwesenden« ist (vgl. Freud, S. 1930a, S. 449), klingt das auch nicht mehr so eindeutig.

Dann befindet *Julia König*, dass ein Interviewgeschehen als »szenisches Interaktionsgefüge« zu verstehen sei, sich die »Interview-Inszenierung im Transkript« niederschlage, was mittels der »Wirkungsanalyse der Interpretationsgruppe« zu beleuchten sei. »Diese Wirkungsanalyse lässt wiederum Rückschlüsse auf das Interviewgeschehen zu und darin auf die interviewte wie die interviewende Person (mit bewussten und unbewussten Anteilen)« (vgl. König, J. 2019, S. 95; Becker, J. 2020). Eine ähnliche Figur findet sich bei *Abd-Al-Majeed* u. a., die ebenfalls auf die Rolle der Interpretationsgruppe abheben, in der es zu »Reinszenierungsphänomenen« komme. In ihr findet sich hernach unweigerlich »gesellschaftlich Geteiltes«, so dass wiederum über das Verstehen der unterschiedlichen affektiven Reaktionen aus der Gruppe »letztlich gesellschaftlich Geteiltes über das Material« zutage tritt. Anders gesagt:

> »Durch den Blick auf die einzelnen Teilnehmer*innen der Gruppe in ihren Differenzen können das inter-affektive Gruppengeschehen entschlüsselt und damit die Differenzen für den Interpretationsprozess fruchtbar gemacht werden, indem sie beachtet, verortet und damit in ihrer Bedeutung verallgemeinerbarer werden« (vgl. Abd-Al-Majeed u. a. 2020, S. 27 f.).

Um der Verwirrung Herr zu werden, welche Gewissheiten tiefenhermeneutisches Verstehen – und ist nicht bei aller Vorsicht im letzten auch *Hechlers* strukturale psychoanalytische Hermeneutik diesem Formenkreis zuzurechnen? – gewährleisten kann, behelfe ich mir mit einer Konkretisierung der Frage und nehme jetzt drei Beispiele her.

Ich beginne mit *Lorenzer*s von *Peto* übernommenen Fall aus dem sechsten Behandlungsmonat der Therapie mit einem vierunddreißigjährigen Mann, der seinen Analytiker wegen seiner Unfähigkeit aufgesucht hatte, endgültig bei irgendeinem Beruf oder einer Beschäftigung zu bleiben (vgl. Lorenzer 1973, S. 176 ff.; Peto 1961, S. 701 ff.). Der Patient hatte als Kind viele Monate bei seinen Großeltern und anderen Verwandten gelebt, weil sein Vater zu dieser Zeit nicht genug Geld verdient hatte, um die ganze Familie zu ernähren.

> »Der Patient leitet die Stunde mit einem seiner üblichen Angriffe gegen mich ein. Seine bisherigen Attacken waren gegen meine Unkenntnis der amerikanischen Kultur, meine Dummheit, meine Unzulänglichkeit als Analytiker (…) gerichtet, ihn auf irgend etwas hinzuweisen, was er nicht schon seit Jahren kenne.
> Provoziert wurde der Angriff in dieser Stunde durch meine Krawatte, die er geschmacklos und gewöhnlich fand«.

*Peto*s Widerstandsdeutung hat zum Inhalt, dass »›andere ärgern‹ seit seiner Kindheit die einzige Gefühlsregung sei, die er sich erlaube, insofern es die einzige Waffe gegen die Erwachsenen war«. Vor allem erhielt sie auch die Aussage: »›Sie haben Angst vor Ihren Gefühlen mir gegenüber‹, und dies beinhaltete unausweichlich die weitere Feststellung: ›Sie haben Angst vor mir‹«. Dies stürzte den Patienten in eine emotionale Unsicherheit. Nach dem vergeblichen Versuch, seine Haltung zunächst mittels einer Rationalisierung zu rechtfertigen, vermochte er sich aber dieser Deutung nicht mehr zu entziehen und erinnerte eine sehr schlimme und wichtige Lebenserfahrung:

> »›Als ich sechs Jahre alt war, lebte ich wieder einmal bei meinen alten und ungebildeten Großeltern. An meinem sechsten Geburtstag erwartete ich den Besuch meines Vaters, wie er es mir versprochen hatte. Obgleich meine Großmutter mir versichert hatte, dass Vater nicht kommen würde, glaubte ich es ihr nicht und saß, auf meinen Vater wartend, auf einer Bank vor dem Hause. Die Zeit verstrich und jeder ging zum Essen. Ich verließ die Bank nicht, weil ich ihn sehen wollte, wie er um die Ecke kommen würde. Es wurde Nacht, jeder ging zu Bett, ich saß und wartete, bis es tagte und die Großmutter mich zwang, zu Bett zu gehen. Nie wieder habe ich seitdem irgend jemandem vertraut ...‹«

Der Analytiker sagt schließlich noch:

> »›Sie sind böse auf mich und misstrauen mir wegen meines schlechten Geschmacks, wie Sie auf Ihren Vater böse sind und ihm misstrauen. Aber Ihr Misstrauen und Übelnehmen geht über die Angelegenheit mit dem Geschmack hinaus. Sie denken, bzw. ein Teil von Ihnen denkt, dass ich Sie genauso vernachlässige und genauso unfähig bin, Sie zu verstehen und Ihnen zu helfen, wie es Ihr Vater war. Darum fühlen Sie die gleiche Hilflosigkeit und Verzweiflung wie damals, als Sie auf der Bank saßen und vergeblich auf Ihren Vater warteten‹«.

Auf der objektiven Ebene gibt der Text nur her, dass der Patient vom Geschmack des Analytikers nichts hält. Aber spricht hier der Text wirklich für sich? Die (Um-)Deutung in: »Sie haben Angst vor mir« erscheint deshalb stimmig und korrekt, weil sie zu einer Flut von Assoziationen aufseiten des Patienten führt, an dessen Ende die bis dahin verdrängte Selbsteinsicht steht, die auch in der aktuellen Übertragungsbeziehung zum Analytiker angstbesetzt geblieben war: »Nie wieder habe ich seitdem irgend jemandem vertraut ...«.

Hier zeigt sich ein szenisches Zusammenspiel, das nur für diese beiden agierenden Personen und nur zu diesem historischen Zeitpunkt von Bedeutung ist. In jedem anderen Fall wäre die Rüge über den Geschmack wahrscheinlich angemessen gewesen. Und es ist nicht vornehmlich die explizite sprachliche Formulierung, die eine Wirkung erzielt, sondern diese Wirkung entsteht erst durch ihre Einbettung in einen implizit haltenden Beziehungskontext, so dass sich womöglich sogar die Frage stellt, was von beidem wesentlicher für den Genesungsprozess ist. Text und Kontext sind also nicht präzise auseinanderzuhalten, sondern auf eine eigensinnige Weise ineinander verschränkt. Es ist die »gemeinsame Konstruktion von Wissen und Deutungen in einer konkreten Situation und in einem aktuell gegebenem Kontext« (vgl. Heeg 1996, S. 44 f.). Daher ist gut vorstellbar, dass eine ›falsche‹ Formulierung dennoch eine heilende Kraft besitzt, weil der Beziehungsrahmen ›stimmt‹. So erinnert *Nitzschke* an *Grünbaum*s Definition, die Psychoanalyse sei eine »*tätige Erkenntnis zu zweien*« (vgl. Nitzschke 1994, S. 33; Grünbaum 1928, S. 206). Und bei *Aebi Schneider* heißt es: »Analysand und Analytiker zeugen durch ihre spezielle Begegnung ein Fabelwesen, das im Dunkeln wirkt.« Hierbei muss der Analytiker eine Verunsicherung seiner Identität ertragen können wie umgekehrt die »Gedanken, die im Analysanden sind, aber erst durch den Analytiker denkbar werden« (vgl. Aebi Schneider 2018, S. 107). Vielleicht kreiseln wir hernach um ein akademisches Problem der Authentizität von Texten, das so gar nicht existiert.

Ich selbst habe einmal in einer heilpädagogischen Einrichtung mit einem Jungen gearbeitet, der mir eines Tages berichtete, er habe abends zuvor nicht ins Haus gekonnt und sei genötigt gewesen, übers Dach einzusteigen. Vor dem Hintergrund meines Wissens über seine schwierige Eltern-Kind-Konstellation und meiner Erfahrung mit ihm in unserem gemeinsamen Beziehungskontext ging ich *nicht* davon aus, dass es sich um eine tatsächliche Begebenheit handelte. Aber sie war insofern *wahr*, als darin der Schmerz enthalten war, keinen Zugang zu den Eltern zu finden, den er zudem mit Hilfe eines omnipotenten Phantasmas abzuwehren suchte. Es ist und bleibt aber eine Interpretation.

Damit zum zweiten Beispiel. Es handelt es sich um eine von *Evelyn Heinemann* beschriebene Sequenz aus dem Schulunterricht. Sehr anschaulich legt sie dar, wie es unter Zuhilfenahme des psychoanalytisch-pädagogischen Verstehens gelingen kann, die psychische Entwicklung eines schwer gestörten Jungen von dreizehn Jahren voranzubringen. Im Mittelpunkt steht dabei, dass dem Jungen bis zu diesem Zeitpunkt die Trennung von seinem mütterlichen Objekt nicht gelingen wollte, worunter auch der altersgemäße Aufbau seiner kognitiven Fähigkeiten litt, so dass er eine Förderschule mit dem Förderschwerpunkt Lernen besuchen musste (vgl. Heinemann 1991, S. 127 ff.).

Dieser Junge, Jürgen, hatte schon einige Jahre im Heim gelebt, wohnte aber seit Beginn des neuen Schuljahres wieder bei der Mutter. Bevor Frau *Heinemann* die Klasse übernahm, wurde ihr Jürgen bereits als besonders aggressiv und bedrohlich geschildert. So ging sie bereits mit recht ängstlichen Gefühlen in die erste Begegnung hinein. Zudem wirkte der Junge sehr kräftig und drohte immer wieder außer sich zu geraten. Beim geringsten Anlass, eine Aufgabe nicht lösen zu können oder nicht genügend Aufmerksamkeit zu erhalten, drohte er, andere Schüler zu schlagen oder das Klassenzimmer zu verwüsten. Damit provozierte er, dass sie dauernd ein Auge auf ihn haben musste. Somit erschien sie ihm als eine tolle Lehrerin und es gelang ihr halbwegs, ihn für bestimmte Sachthemen zu interessieren. Bei schriftlichen Arbeiten musste sie allerdings unmittelbar neben ihm stehen und bei jedem Wort, das er schrieb, mimisch »richtig oder falsch« bedeuten. Ansonsten drohte er, sofort das Blatt zu zerreißen oder noch Schlimmeres anzurichten. Jedes Mal war sie erleichtert, wenn nichts dergleichen geschah. Durch ihre direkte Hilfe gelang es Jürgen, in den ersten Wochen nur gute oder sehr gute Noten zu schreiben, was seine Phantasie nährte, er könne alles und sei besonders schlau. In dem Maße, wie er es immer besser ertragen konnte, reduzierte sie ihren unmittelbaren Beistand.

Nach ein paar Wochen aber konnte sie ihm für eine Klassenarbeit nur eine ausreichende Note geben. Lange überlegte sie, ob sie ihm dies zumuten könne. Als er das Arbeitsblatt zurückbekam, hörte er nicht auf ihre beruhigenden Worte, sondern zerriss es, rannte zur Tür hinaus, zerschlug noch eine Glasscheibe auf dem Schulgelände und lief nach Hause.

Obwohl sich hier das immer Befürchtete ereignet hatte, fühlte Frau *Heinemann* zum ersten Mal keine Angst mehr vor Jürgen. Sie hatte plötzlich die Phantasie, sie sei ein Fels. Als der Junge am nächsten Tag wieder kam, lächelten sich beide an. Sie erklärte ihm, dass sie sich freue, dass er wieder da sei. In der Pause sprach sie mit ihm über das Ereignis vom Vortag. Vielleicht hatte sie ihm das Gefühl gegeben, wertlos zu sein. Die Note aber sage nichts darüber aus, ob sie ihn gern habe oder nicht. Jürgen lächelte. Nach ein paar Tagen war er sogar bereit, mit ihr zusammen die Schnipsel des zerrissenen Arbeitsblattes, die sie aufgehoben hatte und nun in seiner Gegenwart wieder zusammenzukleben, in seinen Ordner einzuheften.

In den nächsten Monaten kam es immer wieder einmal vor, dass Jürgen eine schlechte Arbeit schrieb. Er zerriss dann das Blatt wutentbrannt, musste aber nicht mehr weglaufen. Schließlich hielt er es sogar aus, die Blätter selbst wieder zusammenzukleben. Irgendwann stand er nur noch mit der schlecht zensierten Arbeit vor ihr und fragte mit der entsprechenden Handbewegung: »Soll ich?« Sie entgegnete: »Wenn du willst, dann kleben wir es halt wieder zusammen.« Beide mussten lachen. Später bat er darum, die zerrissenen Arbeiten erneut abschreiben zu dürfen, damit sein Ordner genauso schön aussah wie die der anderen Schüler/innen.

Hier wird in praxi überhaupt nicht explizit genetisch gedeutet oder interpretiert. Allerdings achtet *Evelyn Heinemann* sehr genau auf ihre Gegenübertragungsreaktionen und bemerkt auf dem Höhepunkt der Krise, dass sie keine Angst mehr vor dem Jungen hatte, der wohl daraufhin auch keine Angst mehr vor ihrer Angst empfinden musste – das wäre jetzt in diesem Fall überhaupt die erste, nämlich *meine* Deutung.

In ihrer nachträglichen Reflexion der szenischen Arrangements stellt *Heinemann* dann doch tiefenhermeneutisch gewirkte Überlegungen an, aber das gehört wie gesagt in einen anderen Rahmen.

Zunächst also hatte Jürgen ein Szenario geschaffen, in dem sich Frau *Heinemann* zum Mitspielen veranlasst sah. Sie musste ihm ihre unmittelbare Nähe garantieren und zudem seine narzisstische Illusion bestärken, er könne alles. Damit gab sie ihm zunächst die richtige Antwort, was für diesen so leicht kränkbaren Jungen zu einer allmählichen Entlastung von seinen drängenden affektiven Nöten beitrug.

Die Mutter berichtete, dass sie ihn schon während seiner Schwangerschaft auf Grund heftiger Auseinandersetzungen mit dem Vater eigentlich nicht mehr gewollt habe. Als Jürgen drei Jahre alt war, habe der Vater die Familie endgültig verlassen. Sie seien damals als Flussschiffer unterwegs gewesen und hätten keinen Kontakt zu anderen Menschen gehabt. Beständig habe es Krach gegeben. Nach der Trennung sei es ihr sehr schwer gefallen, Jürgen und seinen Bruder zu versorgen. Seit sie sich erinnern könne, habe es Schwierigkeiten mit Jürgen gegeben. Bereits im Kindergarten sei er nicht tragbar gewesen. Als er in der Grundschule immer wieder Mitschüler misshandelt habe, sei er schließlich ins Heim gekommen. Im Grunde habe sie immer nur Angst vor ihm und gebe deshalb stets nach, wenn er etwas wolle.

Von Anbeginn an hatte Jürgen in sehr spannungsgeladenen und belasteten Verhältnissen gelebt, in denen er sich nie emotional ausreichend versorgt und reguliert fühlen konnte. Deshalb blieb bei ihm eine ausgeprägte Anfälligkeit für Kränkungen erhalten, die beim geringsten äußeren Anlass aktiviert wurde und sich augenblicklich in eine heftige narzisstische Wut verwandelte. Die Lehrerin aber verstand auf einmal ihre eigene Angst als die seine, von niemandem Nähe und Geborgenheit zu erfahren. Diese Einsicht führte bei ihr zu einer innerlichen Befreiung, so dass sie von da an imstande war, ihm eine beruhigende Antwort zu geben als ihm schulische Anforderungen zu stellen. Durch einen sich stabilisierenden Beziehungsrahmen fühlte sich Jürgen gehalten, und darauf aufbauend gelang es ihm, seine emotionalen wie kognitiven Entwicklungsblockaden zu überwinden.

Wir haben jetzt ein klassisches Beispiel aus der psychoanalytischen Therapie, eines aus der pädagogischen Praxis, und jetzt fehlt nur noch ein solches aus dem Forschungszusammenhang. Dazu nehme ich eine Vignette teilnehmender Beobachtung von *Kratz*, die in den bereits ausführlich behandelten Kontext der Infant Observation gehört (vgl. Kratz 2016).

Dem Rollenideal der Infant Observation entspricht es, als »privilegierter Teilnehmer« möglichst aus einer zurückhaltenden Position heraus die Interaktion von Mutter und Kind zu beobachten (vgl. Bick 2009, S. 21; Datler 2008, S. 87). Nun kommt es aber besonders bei unerfahrenen Beobachter/innen vor, dass sie aus ihrer passiven Beobachterrolle ausbrechen und sehr heftig reagieren.

> »Zu befürchten ist, dass durch das aktive und reaktive Verhalten der Beobachter/innen eine weitere Verfälschung der Situationen und eine Verengung des psychischen Spielraums einhergehen können, die eine Identifikation mit dem Kind und seinen Eltern erschwert (…)« (vgl. Kratz 2016, S. 142).

Im fraglichen Fall geht es um eine Szene aus der fünften Familienbeobachtung. Vorausgegangen sind mehrere angespannte Interaktionen zwischen der Mutter und ihrem dreijährigen Sohn Dennis, was damit endet, dass die Mutter aus dem Zimmer geht und den Jungen mit dem Beobachter allein lässt. Im Protokoll vermerkt er später:

> »Mit dem offenen Edding läuft er wieder auf die Couch zu. Ich sage ihm noch, dass der Edding sehr schwer zu entfernen sei und er aufpassen müsse. Er läuft sehr vorsichtig und hält den Edding weit von sich weg. Dann beginnt er ein paar Striche zu malen und legt den Stift weg. Nun greift er nach einem Bleistift und spitzt ihn. Ich sage ihm, dass er nicht über der Couch spitzen solle, sondern wenigstens über seinem Blatt. Er tut es. In diesem Moment kommt die Mutter aus dem Bad, sieht Dennis und schimpft. ›Warum spitzt du über dem Blatt, das sollst du nicht, darauf willst du doch noch malen!‹ ›Ich darf das!‹ engegnet Dennis. Ich fühle mich ertappt und unsicher« (vgl. Kratz 2016, S. 143).

Der Beobachter ergänzt später, dass er sich vorgestellt hatte, wie der Junge auf die Couch malen könnte und dafür großen Ärger bekäme. Unter Einbeziehung früherer Beobachtungsprotokolle wird nun diese Gegenübertragungsreaktion, die ja zum Wahrnehmen und zum Verstehen der Gesamtsituation beitragen kann, genauer betrachtet (vgl. Datler 2009, S. 62). Warum, so fragt *Kratz*, haben ihn die Impulse überwältigt (vgl. Kratz 2016, S. 144)? Bezugnehmend auf *Lehner* und *Sengschmied* kommt er zu dem Schluss, dass der Anspruch an den Beobachte/die Beobachterin, in emotional schmerzhaften und beängstigenden Situationen nicht aktiv zu werden, gerade dazu führt, dass »Schmerz und Angstin besonders intensiver Weise spürbar werden« (vgl. Lehner, Sengschmied 2009, S. 132; Kratz 2016, S. 144).

Wie eigentlich schon in *Freud*s Garnrollenbeispiel beschrieben hilft die Wendung von passiv zu aktiv, einer Situation besser standhalten zu können. Dort deutet es *Freud* als die große kulturelle Leistung eines Kindes an, »das Fortgehen der Mutter ohne Sträuben zu gestatten« (vgl. Freud, S. 1920g, S. 13; Leber 1989; Leber 1995, S. 167 ff.).

Freud berichtet die Szene, wie sein kleiner Enkel von eineinhalb Jahren eine Holzspule, um die ein Bindfaden gewickelt war, mit einem bedeutungsvollen »o-o-o-o« – also »fort« – über den Rand seines verhängten Bettchens warf und sie mit einem freudigen »da« wieder hereinzog. Dieses Spiel von »Verschwinden und Wiederkommen« (vgl. Freud, S. 1920g, S. 11 ff.) steht im Zusammenhang mit einer wiederkehrenden, stundenweisen Abwesenheit der Mutter. Der Junge erlebt passiv den unlustvollen (zeitweiligen) Verlust der Mutter und bringt sich in eine aktive Rolle, indem es das Ganze spielerisch wiederholt. Auf diese Weise, indem »Passivität in Aktivität verwandelt« wird, wie *Erikson* dazu anmerkt (vgl. Erikson 1971, S. 212), lassen sich Schmerz und Trauer verarbeiten.

Auch in diesem aktuellen Beispiel führt das Aufgeben der passiven Beobachterrolle dazu, sich vor einem »emotionalen Echo« (vgl. Lehner, Sengschmied 2009, S. 131) zu schützen, welches das Zurückhalten des Impulses in der Situation verstärkt hätte. Schließlich schien der schwelende Konflikt zwischen Mutter und Sohn den Beobachter unbewusst selbst zu beängstigen. Insofern machte es Sinn, so das Fazit bei *Kratz*, die reziproken Beziehungen zwischen Beobachter, dessen Rolle und der Familie zu fokussieren, denn das Verhalten des Beobachters kann »nicht getrennt von seiner Beziehung zum beobachteten Feld und den darin agierenden Probanden betrachtet werden« (vgl. Kratz 2016, S. 144).

Wie gezeigt, liefern die Ausführungen über die geteilten Momente bei *Stern* (2005; Stern u. a. 2012) in Verbindung mit *Müller* u. a. (2005) unserem Praxis- als auch Forschungswissen wichtige Hinweise über die zu beachtenden Tiefendimensionen. Hier stoßen wir auf Ausläufer und sicher auch Erinnerungsfragmente selbst erlebter Rêverie. In der Praxis entfaltet sich zwischen den beiden Akteur/innen eine gemeinsam agierte Szene (die quasi um reflexive Auflösung bittet), und ohne sich darauf einzulassen, bliebe alles beim Alten.

In der Kulturanalyse stehe ich hier vor einigen methodologischen Problemen, weil sich bei mir ein solches lebendiges Evidenzerlebnis – jetzt ganz im Sinne *Lorenzer*s – kaum einstellen will. In der Praxissituation ist dieser Anspruch dagegen vergleichsweise einfach umzusetzen. Aus dem (z. B. qua Supervision wachsenden) Verstehen kann ein Impuls ins Feld zurückgespielt werden, das schwere alte Erbe neu zu betrachten und sich so zu neuen Entwicklungen aufzumachen.

Die Forschung nimmt eine Mittelstellung ein. In der Forschungssituation ist das, was Praxis zulässt, nicht so unvermittelt umsetzbar. Allerdings habe ich selbst diesbezüglich immer wieder als Rückmeldung erfahren, dass das Gefragte ein bis dahin nicht für möglich oder nötig gehaltenes Nachdenken ausgelöst hat.

Die Forschung lädt also latent zum Mentalisieren ein. Dennoch ist hier das Eintauchen in eine aus zweien zusammengesetzte Geschichte durch den strengen Rahmen des akademischen Settings nicht so ohne weiteres zu bewerkstelligen, es sei denn man umgeht gewisse rigide Regeln, ohne dass aus einfühlender Teilhabe eine agierte Teilnahme würde. Zwar haben wir es auch hier eher mit einem vermittelten Vorgang zu tun, der auch nur zustande kommt, wenn es zwischen den beiden hier agierenden Akteur/innen ›funkt‹. Indessen lässt sich der Dialog dennoch tendenziell in einen fördernden Dialog umwandeln und somit Fortschritte in Gang setzen.

Was folgt aus alledem? Jedenfalls muss ich unter dem Eindruck der verschiedenen methodologischen und methodischen Entwürfe meine eingangs formulierten Vorbehalte gegenüber der Forschung ein wenig relativieren bzw. präzisieren. Für mich gibt es eine absteigende Reihe: Praxis – Praxisforschung – Kultur- (als Literatur- oder Film-)Analyse.

- Verstehen von konkreten *Praxis*szenen und -erfahrungen kann ohne weiteres über das Einsetzen von praktischen Vorannahmen nutzbar gemacht werden, zumal damit wechselseitig-intersubjektive Veränderungsprozesse in Gang gesetzt werden.
- Dem Verstehen von transkribiertem (oder auch mündlich präsentiertem) *Forschung*smaterial in der Interpretationsgruppe ist mit mehr Vorsicht zu begegnen, da hier eine gewisse statisch-monologische Struktur vorliegt und auch keine zukünftigen wechselseitig-intersubjektive Veränderungsprozesse vorgesehen sind. Gleichwohl werden die Erfahrungen der aktiven Teilnahme bzw. Teilhabe an der Interview- bzw. Beobachtungssituation, die integraler Bestandteil des Prozesses zum Generieren des Materials sind, in die Gruppe eingespeist, was wichtige Hinweise für das Schließen der Interpretationsgestalt liefert.
- Bei der klassischen tiefenhermeneutischen *Kulturanalyse* ist nicht klar zu unterscheiden, was zum Text und was zur Interpretation gehört, und diese Aporie ist auch nicht auflösbar. Dennoch sind auch hier sehr aufschlussreiche und überraschende Ergebnisse zu erwarten.

In seiner Diskussion des tiefenhermeneutischen Ansatzes hat *Hechler* überaus interessante Argumente für ein psychoanalytisch orientiertes Verstehen eingebracht. Aber auch er vermag den gordischen Knoten, was Kennzeichen einer ›werkgetreuen‹ Interpretation sei, nicht zu lösen, wahrscheinlich, weil das im sterilen Kämmerlein einer Interpretationsgruppe auch gar nicht zu bewerkstelligen ist. *Peto* und *Heinemann* hatten da wesentlich günstigere Voraussetzungen, weil sie ihre Vorannahmen ins Praxisfeld zurückspielen konnten. Und die Verstrickung unseres Beobachters von Dennis liefert Hinweise auf dessen persönliche Konflikterfahrung mit frühen Maßregelungen und Verbotsüberschreitungen, die aber gleichwohl auf den nach wie vor allgemeingültigen Rahmen von Sozialisationsverläufen verweisen. Vielleicht reicht es aber aus, sich auf die programmatische Formulierung von *Kratz* zu verlassen, dass »Fremdwahrnehmung, Selbsterkenntnis und Verstehen ein leitetes Dreieck in der psychoanalytischen Forschung ebenso wie in den psychosozialen Handlungsfeldern der Soziale Arbeit sein sollten (...)« und »Beobachtungs- und Interviewforschung mit Szenischem Verstehen zu koppeln (...)« (vgl. Kratz 2019, S. 125).

Selbstredend sind wir bei der Aufdeckung der verborgenen Sinnkontexte auf eine »*Verstehenshilfe* durch dritte« angewiesen (vgl. Schröder 1999, S. 385), was nach der Bearbeitung des ›Rohmaterials‹ in der Gruppe verlangt. Damit wird es auch leichter, die subjektive innere Systematik zu dechiffrieren und vor allem den »interaktiven *sweet little nothings*«, welche höchst bedeutsam sind, aber in den Lehrbüchern kaum Erwähnung finden, die ihnen gebührende Aufmerksamkeit zu teil werden zu lassen (vgl. Wolff 1994, S. 53; Gerspach 2004a, S. 59 ff.). Und dass Beobachtungen und Deutungen stets abhängig sind von den beobachtenden und deutenden Personen ist »keine ›epistemologische Katastrophe‹ (Breuer 1989, S. 57), sondern ein Konstituens der sozialwissenschaftlichen Forschung (...)« (vgl. Muckel 1996, S. 73; Breuer 1989).

4 Tabuthemen in Praxis und Forschung

4.1 Zur Einstimmung

Fachliche Themen, die uns beschäftigen, stehen häufig in einem verborgenen Zusammenhang mit den eigenen biographischen Themen. Das muss nun nicht in den Versuch einmünden, sie manisch-zwanghaft bannen zu wollen. Sofern dabei ein selbstreflexiver Zugang nicht versperrt bleibt, können dadurch auch kreative Kräfte freigesetzt werden. Donald *Winnicott* wuchs mit einer depressiven Mutter auf, ohne dass er deswegen über Gebühr belastet gewesen wäre. In späten Jahren verfasste er ein Gedicht unter dem Titel »The Tree«, dem ich den folgenden Ausschnitt entnommen habe:

> »›The Tree‹
> Mother below is weeping
> weeping
> weeping
> Thus I knew her
> Once, stretched on her lap as now on dead tree
> I learned to make her smile
> to stem her tears
> to undo her guilt
> to cure her inward death
> To enliven her was my living«

(vgl. Rodmann 2003, S. 2 ff.; Phillipps 1988, S. 29).

Kurz gesagt geht es um *Winnicotts* Mutter, die beständig weinte, in deren Schoß er sich wie an einem toten Stück Holz ausstreckte und lernte, sie zum Lächeln zu bringen, ihre Tränen einzudämmen, ihren inneren Tod zu heilen und sie zum Leben zu beseelen.

Als erwachsener Mann war er viele Jahre lang unglücklich mit einer Frau verheiratet, die unter massiven psychischen Problemen litt, bevor er es wagte, sie zu verlassen und eine andere zu ehelichen (vgl. Hoffman 2004, S. 241 ff.). Offenbar musste er auch hier erneut sehr sorgsam auf sein Liebesobjekt aufpassen. *Winnicotts* idealisiertes Mutter- (und Frauen-)Bild, das in seinen Konzepten aufscheint, zeugt vielleicht ein wenig von seinen inneren Bewältigungsversuchen als auch von seinen gut gehüteten kindlichen Wünschen. Aber wie gesagt, es hat ihn nicht massiv beschädigt.

Margaret Mahler bekannte, dass sie von ihrer Mutter abgelehnt worden war, die ihr offen ins Gesicht gesagt hatte, dass sie nur ihre Schwester gestillt habe.

Sie kam früher als erwartet zur Welt, was ihre Mutter sehr zornig machte, so dass »sie so wenig wie möglich mit mir zu tun haben wollte« (vgl. Stapansky 1988, S. 37 f.). Ihr Vater hätte lieber einen Jungen gehabt und behandelte sie wie einen Sohn. Die Mutter fand sie hässlich, und ihr Vater machte ihrer Erinnerung nach nur ein einziges Mal eine positive Bemerkung über ihr Aussehen. »Von da an bis ungefähr zu meinem 60. Lebensjahr habe ich kaum in den Spiegel geschaut. Ich habe die Tatsache, dass ich eine anziehende Frau war, total verdrängt« (vgl. Stepansky 1988, S. 38 ff.). Dabei befasste sich *Margret Mahler* später in ihren Theorien ausführlich mit der auf Spiegelung beruhenden Interaktion von Mutter und Kind, und die zu früh Geborene schrieb über »die psychische Geburt des Menschen« (vgl. Mahler u. a. 1980, S. 216).

Sigmund Freud und *Otto Rank* überwarfen sich über *Rank*s Auffassung, dass Neurosen und psychisches Leid auf das Trauma der Geburt zurückgingen (vgl. Rank 1998), von *Federn* wie folgt kommentiert: »Freud hat dazu gemeint, dass das Trauma der Geburt zwar wichtig ist, dass er aber niemanden kenne, der nicht geboren worden sei« (vgl. Federn 1990, S. 18).

*Freud*s doch sehr trockene Bemerkung über *Rank* lässt sich auch anders lesen, nämlich als Moment der Verdichtung eines kumulativen Traumas. Freud selbst war nur acht Tage nach seiner Geburt beschnitten worden. Und zwar war nach jüdischem Ritual nicht nur das Ende der Vorhaut, sondern die gesamte Vorhaut entfernt worden. Hier liegen doch zwei *einschneidende* Erlebnisse dicht beieinander. So schlussfolgert *de Klerk*: »Ich begann zu vermuten, dass Freuds Konzept der Kastrationsangst in Verbindung zur eigenen Beschneidung, der seiner jüngeren Brüder, seiner männlichen Patienten und seiner ersten überwiegend jüdischen Mitarbeiter stand« (vgl. de Klerk 2014, S. 190 f.). Welch gewaltige Invasion eines (abgewehrten) persönlichen Schmerzes in eine höchst umstrittene Theorie scheint da auf.

John Bowlby wiederum arbeitete intensiv wie kein zweiter über die Bedeutung einer stabilen Bindung an die Mutter. Dabei wuchs er in einem sehr herrschaftlichen Haus auf, wurde von einem Kindermädchen erzogen und bekam seine Mutter kaum zu Gesicht. »Biographisch gesehen ist es sicher von Bedeutung, dass der Sohn eher eine distanzierte Beziehung zu seiner Mutter hatte und mit drei Jahren seine wichtigste primäre Bezugsperson, sein Kindermädchen, verlor« (vgl. Rathsmann-Sponsel, Sponsel, 2020).

Am Rande sei in diesem Zusammenhang erwähnt, dass die frühe Erstellung der Klassifikation von Bindungstypen ein Beleg dafür ist, wie man sich irren kann, weist man konkret Beobachtetem eine lineare Bedeutung zu. Weil unsicher-vermeidende Kinder in der »fremden Situation« auf die Trennung von der Mutter nicht protestierten, hielt man sie zunächst für sicher-gebunden und sortierte sie in die A-Gruppe ein. Erst danach durchgeführte Stress-Tests mittels der Entnahme von Speichelproben offenbarten ihren hohen Cortisol-Spiegel. Von nun an galten Kinder, die ihren Kummer offen zeigten, als sicher gebunden und wurden der B-Gruppe zugeordnet. Die ursprüngliche Idee, den sicheren Bindungstyp mit der A-Bezeichnung zu belegen und alle Formen unsicherer Bindung als B-Typen zu klassifizieren, war also nicht durchzuhalten (vgl. Stemmer-Lück 2009, S. 33 ff.; Seiffge-Krenke 2009, S. 28 ff.).

Damit zurück. Ich selbst fand als Sohn einer Kindergärtnerin und eines promovierten Physikers dahingehend einen Kompromiss, in Erziehungswissenschaft promoviert zu haben und somit beide Seiten zufriedenzustellen. Als junger Pädagoge engagierte ich mich in den 1970er Jahren, wie viele meiner damaligen Kommiliton/innen, in einem sozialen Brennpunkt. Uns mittelschichtsozialisierten braven Bürgerkinder faszinierte offenbar unbewusst das ungebremste Widerstandspotential der dort Lebenden, die sich nicht zu unterwerfen bereitfanden. Es war ein Mythos, dem wir folgten und was wir bald schmerzlich erleben sollten. In Wirklichkeit trafen wir auf Kinder aus sehr belasteten familiären Milieus, wo sich schon der frühe Dialog auf Grund der großen psychosozialen Problemlage der Eltern völlig unbefriedigend gestaltet. Das Beziehungsangebot ist schwach, es herrscht ein unvorstellbarer Mangel an psycho-physischer Versorgung, das Aufwachsen findet in einer gereizten, spannungsgeladenen Situation statt, in der massive Wutreaktionen auf die Kinder niederprasseln. »Ihr Erleben und Verhalten ist also nicht das Ergebnis einer Sozialisation in einer ›Kultur der Armut‹ (vgl. Leber 1977, S. 85 ff.; Gerspach 2016a, S. 173). Dennoch, auch das gilt es anzuerkennen, habe ich mir dieses Faible für »Verhaltensstörungen« behalten und ein Leben lang daran gearbeitet.

Nach diesen einleitenden Worten komme ich zum Schluss auf zwei herausstechende pädagogische Tabuthemen zu sprechen, die sicher eine Verbindung zu meinen bisherigen Ausführungen aufweisen. Mein Credo lautet ja, alles uns in Fall und Forschung Begegnende eingehend zu reflektieren und dabei beim Eigenen anzufangen. Andernfalls werden diese Tabus ihr heimliches wie gefährliches Potential entfalten. Ich mache das alles am großen Thema der geistigen Behinderung fest, weil meines Erachtens dieses Szenario hier am markantesten ins Auge springt. Dieser ›Formenkreis‹ verunsichert die Erziehungswissenschaften wohl am nachhaltigsten, und deshalb erfolgt augenblicklich eine Delegation an die Sonderpädagogik, die dann sogleich wieder dafür getadelt wird, Diskriminierung zu erzeugen wie aufrechtzuerhalten. Hinterrücks ist dieser Vorbehalt offenbar so wirkmächtig, dass die Tabuierung sich in der Sonderpädagogik selbst eingenistet hat.

4.2 Das Tabuthema (Sonder-)Pädagogik und Autismus

Ich beginne mit dem großen Tabuthema Autismus. Dieses Phänomen ist intensiv beforscht worden, und dabei sind vor allem dann viele Irrtümer entstanden, wenn unter Zuhilfenahme analytisch-empirischer Methoden, die mit einer klaren Unterscheidung zwischen Außen- und Innenperspektive operieren, zu Werke gegangen wurde. Auf die fatalen Fehleinschätzungen durch die objektivistische Trennung in Außen- und Innensicht habe ich bereits hingewiesen (vgl. auch Sautter 2012, S. 17 ff.).

Mit Bezug auf die beiden Pioniere der Autismusforschung *Leo Kanner* und *Hans Asperger*, die in den 1940er Jahren ihre ersten Arbeiten vorlegten, wurden die nach ihnen benannten Syndrome – das Kanner-Syndrom tritt vor dem 3. Lebensjahr auf, das Asperger-Syndrom nach dem 3. Lebensjahr – den sogenannten tiefgreifenden Entwicklungsstörungen zugeordnet. Zu *Asperger* bleibt anzumerken, dass er als Heilpädagoge und Kinderpsychiater »in einem psychiatrischen NS-Milieu gearbeitet und seine Konzeptualisierung des Autismus – allerdings unter anderem Vorzeichen – entworfen, theoretisch ausgearbeitet und sie dabei, Hitler zuarbeitend, dem System sukzessive angepasst hat«. Das nach ihm benannte Asperger-Syndrom lernte er übrigens gar nicht mehr kennen. Eine betroffene Mutter grub viel später seine Arbeit von 1944 aus (vgl. Barkhausen 2019, S. 348 ff.; Sheffer 2018).

Die betroffenen Kinder verharren auf einer sehr frühen Entwicklungsstufe, weil sie nicht zwischen Selbst und Außenwelt zu unterscheiden vermögen. Da die von der Außenwelt ausgehenden Reize diffus bleiben und nicht entschlüsselt werden können, orientieren sie sich äußerst zwanghaft an genau festgelegten und sich nicht verändernden Situationen und Gegenständen sowie an rigiden Ordnungsprinzipien. Die ständige Reproduktion stereotyper Reaktionsmuster dient dem Schutz vor der Gefahr eines psychischen Zusammenbruchs. Darunter leidet auch die Beziehungsaufnahme zu ihren Objekten, und mit Menschen gehen sie ebenso instrumentell um wie mit Dingen (vgl. www.dissoziation-und-trauma.de, S. 1 f.; Gerspach 2018a, S. 187 ff.).

Dezidiert gilt festzuhalten: »Autismus ist nicht gleich Autismus« (vgl. Barkhausen 2019, S. 349). Heute ist daher nicht mehr vom Autismus die Rede, sondern man hat die rein deskriptive Formulierung der Autismus-Spektrum-Störung (ASS) gewählt (vgl. Lindmeier 2018, S. 396 ff.). Mit dieser Wendung sollen spekulative Überlegungen zur Genese vermieden werden. Die gängigen neuropsychologischen Erklärungstheorien gehen aus von

- einer gestörten Wahrnehmungs- und Informationsverarbeitung,
- einer schwachen kontextgebundenen Wahrnehmung und Informationsverarbeitung,
- einem eingeschränkten Erfassen von sozialen Vorgängen,
- einer Kontextblindheit für die Gesamtheit von Elementen,
- einer Störung von Exekutivfunktionen wie planendes Denken (vgl. Kron u. a. 2018, S. 20 f.).

Anstelle des klassischen Klassifikationsmodells wird jetzt die nachfolgende Kategoriensystematik gewählt:
A Dauerhafte Defizite in der sozialen Kommunikation und sozialen Interaktion

- Defizite in der sozial-emotionalen Wechselseitigkeit,
- Defizite in der nonverbalen Kommunikation,
- Defizite in Entwicklung und Aufrechterhaltung von Beziehungen.

B Eingeschränkte repetitive Verhaltensmuster, Interessen oder Aktivitäten

- Stereotype Sprache und Bewegungen,
- exzessives Festhalten an Routine, ritualisierte Sprache,
- hoch eingeschränkte, fixierte Interessen,
- hyper- oder hypo-ausgeprägte Wahrnehmung (die Vorstellungen über Wahrnehmungsstörungen werden zusehends relativiert).

C Die Symptome müssen in der frühen Kindheit gegenwärtig sein
D Die Symptome beeinträchtigen das Funktionieren im Alltag (vgl. Theunissen 2013, S. 18 ff.).

Allerdings ist das Bild dieser komplexen Entwicklungsstörung durch den Wandel der Betrachtung nicht unbedingt klarer geworden, und es fragt sich, ob die neurowissenschaftlichen Befunde tatsächlich für eine eindeutige und ausschließliche neurologische Genese im Kontext der Informations- und Wahrnehmungsverarbeitung sprechen. Wahrnehmung geht weit über die cerebrale Verarbeitung äußerer Sinneseindrücke hinaus, wenngleich selbstredend frühkindliche Hirnschädigungen oder schwere seelische Traumen derlei Störungen auslösen können. Offenbar handelt es sich nicht primär um ein mechanisches, cerebrales Verschaltungsproblem, sondern eher darum, ob die Kinder den erlebten Interaktionssequenzen eine angemessene Bedeutung zuzuordnen vermögen. Schon vor der bewussten Wahrnehmung eines optischen oder akustischen Reizes verweisen »elektrische Potentiale auf Aktivitäten im Gehirn«. Und vor allem entstehen in einem gemeinsamen Raum Bilder, Erfahrungen, Hoffnungen, Phantasien«, die Resonanzphänomene darstellen und mit einer wechselseitigen Bedeutung aufgeladen sind – die hier allerdings nicht kongruent sind (vgl. von Lüpke 1996, S. 66 ff.).

Im Folgenden möchte ich diesen Gedanken etwas eingehender erläutern. Daher komme ich kurz auf die Entwicklung psychoanalytische Konzepte zum Autismus zu sprechen. Es war vor allem *Margaret Mahler*, die sich dem Thema intensiv zugewandt hatte. Sie ging von einer normalen autistischen Phase des Neugeborenen aus, die sie mit seinen anfangs überwiegenden schlafähnlichen Zuständen in Verbindung brachte. »Der Säugling ist in einer Situation, die dem pränatalen Zustand ähnelt, vor extremen Stimulierungen geschützt, um das physiologische Wachstum zu erleichtern« (vgl. Mahler u. a. 1980, S. 59). Mithin konzipierte *Mahler* ein Stadium der objektlosen Undifferenziertheit im normalen Autismus (vgl. S. 68), eine »erste Phase extrauterinen Lebens (...) in ungestörter Homöostase« (vgl. S. 255). *Frances Tustin* schließt sich später dieser Sicht weitgehend an und unterscheidet einen »*normalen primären Autismus*« von einem »*pathologischen sekundären Autismus* als Kennzeichen psychotischer Zustände bei Kindern« (vgl. Tustin 1989, S. 14). Ihrer Auffassung nach besteht der normale primäre Autismus aus einer Reihe von automatischen Reaktionen, »die insofern überlebenswichtig sind, als sie den Säugling in einen Kokon von Sinnesempfindungen einspinnen, die ihn vor mutmaßlich schädlichen Einbrüchen der Außenwelt abschirmen – zum Beispiel vor übermächtigen Reizen, die ein Bewusstsein der körperlichen Getrenntheit wecken würden« (vgl. S. 21).

Indessen werden in neuerer Zeit, vor allem von Vertreter/innen der empirischen Säuglingsforschung, gravierende Vorbehalte gegen die Vorstellung einer anfänglichen »Periode der Undifferenziertheit« in Stellung gebracht (vgl. Stern, D. 1992, S. 336):

> »Wenn wir unter Autismus eine primäre Interessenlosigkeit an äußeren, insbesondere menschlichen Reizen verstehen und davon ausgehen, dass diese Reize überhaupt nicht aufgenommen werden, dann dürfen wir aufgrund aktueller Daten behaupten, dass der Säugling niemals ›autistisch‹ ist« (vgl. S. 327).

Während *Mahler* eine diffus erlebte Zwei-Einheit, in der noch keine klaren Grenzen existieren, unterstellte (vgl. Mahler u. a. 1980, S. 62), geht *Dornes* von bereits früh existierenden, differenzierten Wahrnehmungen und Interaktionen aus, was »ein lustvolles Gefühl von aktiv hergestelltem Miteinander und affektiver Übereinstimmung bei Aufrechterhaltung der Ich-Grenzen hervorbringt« (vgl. Dornes 2001, S. 157). Vor allem aber, wenn der Säugling »schläfrig an der Mutterbrust liegt und sich in einem Übergangszustand vom Wachen zum Schlafen befindet, (…) sind seine Wahrnehmungsfähigkeiten nicht auf der Höhe, und es erscheint deshalb denkbar, dass er sich in *solchen Momenten* nicht als von der Mutter abgegrenzt, sondern als mit ihr verschmolzen erlebt (…)« (vgl. S. 164).

Wenn wir diese Kontroverse einmal außer acht lassen – wir sind auf Vermutungen angewiesen, weil wir »über die Wahrnehmungsfähigkeit und das Erleben des Säuglings nicht viel wissen« (vgl. Dornes 2001, S. 25) –, dann bleibt uns allerdings die Erkenntnis, dass wir es beim persistierenden Autismus mit eine progressiven Psychopathologie zu tun haben, bei der sich die »Störung von Anfang an allmählich und kumulativ« aufbaut und zu einer gravierenden Ausprägung führt (vgl. Loch 1999, S. 392).

Und damit bin ich nun zum Kern meiner Überlegungen vorgedrungen. Autistische Menschen stehen offenbar vor dem Problem, beständig von nicht abzumildernden Ängsten überschwemmt zu werden. Wir selbst haben zumindest implizite Erinnerungen an frühe Zustände, die dem gleichkommen, und deshalb bauen wir einen emotionalen Schutzwall gegen das Phänomen Autismus auf und versuchen uns über strikte kategorisierende Zuschreibungen und klar strukturierte Handlungsanweisungen davor in Sicherheit zu bringen. Am Anfang des extrauterinen Lebens herrscht eine beinahe vollständige physiologische Unreife vor. Dieser ursprüngliche somatische Mangel, sich selbst nicht behelfen zu können, macht den Säugling fast völlig von seiner primären Umgebung abhängig. Nach *Max Stern* ist die bereits zu diesem frühen Zeitpunkt auftauchende Angst vor dem Tod »im wesentlichen die Angst vor der Wiederholung einer von jedem Individuum erlebten traumatischen Situation des Verlusts des mütterlichen Objekts (…), in der unter Todesgrauen etwas wie die Vernichtung des Selbst erlebt wurde« (vgl. Stern, M. 1972, S. 902 f.). Etwas später fasst er zusammen: »*Es ist die Wiederholung des zunehmenden unerträglichen Grauens des infantilen Biotraumas, das der Angst vor dem Tod Inhalt gibt*« (vgl. S. 922; Stern, M. 1974). Wie ich gleich noch zeigen werde, reichen die Anfänge dieses Biotraumas bis in die intrauterine Zeit zurück.

Jedenfalls finde ich in diesen Zitaten einen Beleg für meine Auffassung, dass uns im Autisten etwas begegnet, das wir selbst kennengelernt haben und uns als dumpfer Schrecken erhalten geblieben ist. Auch, dass die allgemeine Erziehungswissenschaft das Phänomen Autismus externalisiert und an die Sonderpädagogik delegiert, spricht für diese Überlegung. Der wohl einzige Unterschied ist, dass sich dieses Unheil beim Menschen aus dem autistischen Spektrum bewahrt hat – weil ihm die Trennung vom primären Objekt zu früh gegenwärtig wurde und sie nicht – schon gar nicht symbolisch – bewältigt werden konnte. Die Angst vor dem Verlust des mütterlichen Objekts ist konkret und somit allgegenwärtig geblieben.

Zuvor aber muss ich darauf hinweisen, dass bei allen deskriptiven Annäherungen an Autismus das Moment der Angst seltsam unberücksichtigt bleibt. In der Regel wird Kindern gewahr, dass der Erwachsene auf dasselbe Objekt blickt wie sie selbst. Autistische Kinder sind dazu nicht in der Lage, so dass sie auch den Erwachsenen nicht als »intentionales Wesen wahrnehmen und/oder gemeinsam mit ihm etwas anblicken« (vgl. Dornes 2006, S. 148). Diese fehlende Neigung zur Abstimmung wird in der überwiegenden Zahl der Auffassungen auf einen kognitiven Defekt zurückgeführt, während *Dornes* mehr dazu neigt, die »mangelnde affektive Ansprechbarkeit des Säuglings, der sich von den gefühlsgetönten Äußerungen eines Anderen nicht ›bewegen‹ lässt (…) (vgl. ebd., S. 148), dafür verantwortlich zu machen. Die Tatsache, dass autistische Kinder gefühlsmäßig kaum ansprechbar zu sein scheinen, heißt indessen nicht, »dass sie keine Gefühle haben« (vgl. ebd., S. 148). Nach *Paulsen* wird die affektive Unsicherheit durch frühe Kognition ersetzt und »affektive Kommunikation durch kognitive Evaluation der Beziehung. Die affektive Kommunikation wird gefürchtet, weil sie als Risiko erlebt wird (…)« (vgl. Paulsen 1998, S. 162 f.). Im Grund folgen wir ihnen, womöglich durch eine heftige Gegenübertragungsreaktion ausgelöst, in diese pathogene Schleife. Der (analoge) Rückgriff auf kognitive Konzepte erlaubt uns also, die Beängstigung zu verleugnen und zu rationalisierenden Erklärungen zu greifen. Die ganze Palette der innerpsychischen Dilemmata – sogar, wenngleich nur deskriptiv im ICD-10 und DSM-5 aufsummiert – wird ja auf der interaktiven Ebene »im Übertragungs-Gegenübertragungs-Geschehen« virulent (vgl. Durban 2019, S. 160 f.). Indessen stellen solche Abwehrvorgänge *auch* einen Schutz des Kindes dar, weil es sich jetzt nicht von den unzensierten, übermächtigen Affekten des Erwachsenen bedroht fühlen muss. Es geht nicht um eine Anklage, sondern ums Verstehen. Verzichten wir aber aufs Verstehen des Eigenen, können wir nur Scheinlösungen anbieten.

An den Sonderschulen hat sich der sogenannte TEACH-Ansatz (Treatment and Education of Autistic and related Communication handicapped Children) als Lernhilfe durchgesetzt, mit dessen Hilfe eine Lernumgebung geschaffen werden soll, die auf die individuellen Fähigkeiten und Bedürfnisse zugeschnitten ist.

> »Insbesondere wird dabei dem vielfach sehr ausgeprägten Interesse autistischer Schüler an einer geordneten, konstanten und übersichtlichen Umwelt Rechnung getragen (…) Nach dem TEACCH-Ansatz sollen strukturiertes Unterrichten und klare Interaktionen den Rahmen bilden, um in unterschiedlichen Inhalts- und Entwicklungsbereichen schulisches Lernen so organisieren zu können, dass eine bestmögliche Passung zwischen dem Bedarf des Kindes nach Struktur und den gegebenen Strukturierungshilfen entstehen«.

Diesbezüglich macht es sicher Sinn, mehr auf visuelle als auf auditive Informationsvermittlung zu setzen, weil das für Kinder mit ASS leichter aufnehmbar erscheint (vgl. Trost 2012, S. 147; Häußler 2005). Aber was hier mit *Bedürfnissen* und *Bedarfen* umschrieben ist, basiert doch in Wahrheit auf zwanghaften Abwehrritualen, und wir laufen Gefahr, über die Bedienung dieser Zwänge den Teufel mit dem Beelzebub austreiben zu wollen. Durch die konkretistische Fokussierung auf das Training bestimmter Kompetenzen gehen wir mit in die Regression und bestätigen womöglich, um den geahnten Schrecken zu eliminieren, dass die Dinge eine kalte (nichtsymbolische) Gestalt haben. Da tut es gut, dass *Rödler* danach verlangt, dass der Einsatz von TEACCH »ein Mittel bleibt, mit dem ein gemeinsamer kontextuell bedeutungsvoller Raum abgesichert, aber nicht ersetzt wird« (vgl. Rödler 2019, S. 373).

Auch in den »Einstiegshilfen für den Unterricht von Kindern und Jugendlichen im Autismus-Spektrum«, die das Hessische Kultusministerium vorgelegt hat, sind viel differenzierte und durchaus empathisch gewirkte Hinweise zum Umgang mit diesen Schüler/innen zu finden. Aber psychodynamische Zugänge vermisse ich darin ebenso wie vor allem die Thematisierung der Angst. Sie wird nur am Rande erwähnt. Dagegen wird das Bereitstellen eines »gut strukturierten« Lernumfeldes deutlich hervorgehoben (vgl. Hessisches Kultusministerium 2016, S. 5). Und ob die These »Wie die meisten Schülerinnen und Schüler wollen auch Kinder und Jugendliche im Autismus-Spektrum einander kennen lernen, kennen gelernt werden und Freundinnen und Freunde finden« (vgl. ebd., S. 6) tatsächlich zutrifft oder eher einer euphemistischen Umschreibung gleichkommt, bleibt fraglich. Zumindest, wenn ich *Theunissens* Aussage über fehlende Freundschaften zu Gleichaltrigen und den fehlenden Wunsch, mit anderen Interessen zu teilen, dagegenstelle (vgl. Theunissen 2013, S. 20 ff.). Es mag sich aber auch nur um das Problem einer bestimmten Gruppe von Autisten handeln. Wie bei allen Gruppen gelten bestimmte Merkmale für einen Teil und für einen anderen Teil nicht.

Jetzt kehre ich lieber zu den psychodynamischen Konzepten zurück. Nach *Tustin* wird das Kind zunächst von dem Gefühl getragen, »die Welt ›erschaffen‹ zu haben«, was im Widerspruch zu der Einsicht steht, dass es sich nach dieser Welt zu richten habe. Noch ist das Kind vor solchen Wahrnehmungen geschützt, »die zu einschneidend waren, als dass sein rudimentar ausgebildeter neuropsychischer Apparat mit ihnen zu Rande kommen könnte« (vgl. Tustin 1989, S. 20). Bei einem psychotischen (und in ihrer Diktion sekundär pathologisierten autistischen) Kind erfolgt die Konfrontation damit indessen viel zu früh. »Metaphorisch gesprochen ist es als ›Frühgeburt‹ (…) aus dem postnatalen Mutterleib in die Welt gestoßen worden und lebt daher in dem Wahn, einen Teil seines Körpers verloren zu haben« (vgl. ebd., S. 20 f.). In einem Zustand extensiver Hypersensibilität schafft das zu frühe Gewahrwerden der körperlichen Getrenntheit von der »Nicht-Selbst«-Mutter, die bislang als Teil des eigenen Körpers erlebt wurde, eine unerträgliche Erfahrung. Diese Halluzination wurde gestört, bevor das Kind eine solche Störung ertragen konnte (vgl. ebd., S. 21 f.). Folglich erscheint der pathologische Autismus als ein System von Schutzmanövern, »mit denen die ›Nicht-Selbst‹-Realität zu meiden gesucht wird (vgl. ebd., S. 31).

Coates weist auf die lange geübte Verleugnung des Leides von Babys hin, weil die Schulmedizin lange Zeit davon ausging, dass diese neurologisch gesehen noch nicht in der Lage seien, Schmerz zu empfinden. Dabei vermag das frühkindliche Gedächtnis bereits Erinnerungen aus der vorgeburtlichen Phase zu bewahren: »Denn nach heutigem Wissensstand ist anzunehmen, dass schon am Lebensbeginn ein Kern des episodischen Gedächtnisses oder vielmehr der Fähigkeit, episodische Erinnerungen zu bilden, gegeben ist (…)« (vgl. Coates 2018, S. 1002 f.). Kindern aus dem autistischen Spektrum begegnen wir gleichermaßen verleugnend.

Bei *Piontelli* entdecke ich eine sehr anschlussfähige Erkenntnis. Mit Hilfe von Ultraschall beobachtete sie das intrauterine Leben von elf Feten, in der Regel von der sechzehnten Schwangerschaftswoche bis zur Geburt. Daran anschließend verfolgte sie die Entwicklung der Säuglinge mit Hilfe der Methode der Infant Observation nach *Esther Bick*. In einem der Fälle ging es um eine schwangere Frau, die eine siebenjährige Tochter hatte, deren zweite Schwangerschaft aber vor nicht allzu langer Zeit »infolge einer Plazentaablösung mit einer Totgeburt« geendet hatte. Sie wirkte überängstlich und wurde von den Geburtshelferinnen als »Nervensäge« bezeichnet (vgl. Piontelli 1996, S. 100 f.). Die Ultraschallbeobachtungen zeigten einen Fetus, der sich in einer Ecke des Uterus zusammenkauerte. Er war gleichsam »doppelt verpackt (…) und von der Uteruswand wie durch eine zweite Haut geschützt (…), als wäre die Gebärmutter zu groß für ihn«. Dabei wirkte seine Immobilität sehr beunruhigend, »so als sei sie spannungs-, wenn nicht gar angstbedingt« (vgl. ebd., S. 108 f.). Als der Geburtstermin nahte, musste er unter beträchtlichen Schwierigkeiten ›herausgezogen‹ werden – er wollte offenbar gar nicht geboren werden. Diese Starrheit hielt auch nach der Geburt an, und Gianni, so der Name des Jungen, wirkte sehr zwanghaft und pingelig. Alles musste seinen festen Platz haben. Auf der einen Seite profitierte die Mutter von dieser ausgeprägten Ordnungsliebe, auf der anderen Seite bemängelte sie, dass er zuweilen einfach unkontrolliert losschrie – »schiere Unruhe und Nervosität« (vgl. ebd., S. 115 ff.). Die übermächtige Angst der Mutter vor einer weiteren verfrühten Plazentaablösung hatte sich bereits in einer pränatalen Phase als Trauma im Erleben des Jungen eingenistet.

In einem anderen Fall kam es in der 20. Schwangerschaftswoche tatsächlich zu einer vorzeitigen Plazentaablösung, und es drohte eine Fehlgeburt. Auch dieser Fetus, Pina, »kauerte sich zu einem ›Knäuel‹ zusammen, musste per Kaiserschnitt auf die Welt geholt und wegen der starren Fehlhaltung im Uterus mehrere Wochen lang einen Gips am Fuß tragen«. Zu den dann postnatal auftretenden Mustern lebhafter Aktivitäten und erregten Explorationsverhalten gesellten sich klaustrophobische Ängste und Essschwierigkeiten: »Auch ihre quasi-anorektische Zurückhaltung beim Essen scheint mit einem tiefen Misstrauen gegenüber allem zusammenzuhängen, was sich ihrer Kontrolle entzieht.« Der Bericht schließt mit dem Hinweis, dass sich das Kind »noch immer zu lebhafter Aktivität, beinahe Hyperaktivität« gedrängt fühlt, »die mit einer Furcht vor Katastrophe und Tragödie einhergeht oder in panische Angst umschlägt« (vgl. ebd., S. 149 ff.). Dieses Zusammentreffen von Merkmalen von Autismus und ADHS – gerne in die Formel der Komorbidität gepresst, die aber anders als hier keine

Aussage über den motivationalen Hintergrund zulässt (vgl. Freitag, Petermann 2014; Freitag, Retz [Hrsg.] 2007 – finden wir verschiedentlich bei früh traumatisierten Kindern.

Piontelli vermeidet den Begriff des Autismus, aber sie beschreibt sehr präzise frühe autistoide Zustände, und in den beiden geschilderten Fällen stieß sie auf Reaktionen, die uns Rückschlüsse in diese Richtung erlauben. Hernach dürfen wir durchaus von beunruhigenden fetalen Reaktionen auf intrauterine Traumen ausgehen, welche die bedrohliche Trennung von Ich und Nicht-Ich antizipieren (vgl. Frost 1999, S. 424 ff.; Adler-Corman u. a. 2013, S. 459 ff.; Piontelli 1992, S. 100 ff.; Gerspach 2018a, S. 187 ff.).

Maiello präsentiert den Fall der viereinhalbjährigen Rosetta mit der Diagnose einer autistischen Störung. Die Mutter sprach davon, vor der Schwangerschaft mit Rosetta mehrere Fehlgeburten gehabt zu haben, und im fünften Monat drohte wieder eine Fehlgeburt. Durch eine gerade noch rechtzeitig vorgenommene Cerclage konnte das Kind bis zum Geburtstermin ausgetragen werden. Kurze Zeit später erlitt die Mutter eine erneute Fehlgeburt.

> »Ich war tief beunruhigt nicht nur von der Biografie dieses Kindes als einzigem Überlebendem unter ungezählten ungeborenen ausgestoßenen Geschwistern, sondern auch vom Fehlen jedweder Emotion und vom engelhaften Lächeln, mit dem die Mutter ihre Erzählung von Rosettas immer wieder gescheiterten Versuchen, eine körperliche oder mentale Selbständigkeit zu erlangen, vorbrachte und diese zeitlich mit dem Tod der fehlgeborenen Kinder verknüpfte« (vgl. Maiello 2013, S. 66 f.).

Eine Cerclage vermag den Muttermund zu verschließen, aber *Maiello* erkennt in diesem Eingriff auch eine durchaus bedrohliche Situation für das Erleben des Feten. In ihrer Wahrnehmung war Rosettas Einnässen im Zustand von Panik als Ausdruck ihrer flüssigen psychophysischen Verfasstheit zu lesen, und sie fragte sich, was sie tun könne, um dieses Kind »zusammenzuhalten«, das sie auf »den Gedanken der absoluten Wehr- und Hilflosigkeit des von einer Fehlgeburt bedrohten Fötus brachte. Es geht um Leben und Tod, und es gibt nichts, was das Kind für seine Rettung tun kann« (vgl. Maiello 2013, S. 68).

Überdies wird oft beschrieben, dass sich nach der Geburt sofort Probleme beim Stillen zeigen, offenbar weil die Brust nicht als zum Selbst-Objekt gehörig, sondern bereits als zum Außen gehörig erscheint, was beim Säugling zu tiefgreifenden Irritationen führt. Ein kleiner Patient erlebte die Brustwarze der Mutter – der »rote Knopf« – als Teil seines eigenen Mundes, und als er begriff, dass dies nicht der Fall war, fühlte er sich, »als sei sein Mund verstümmelt« (vgl. Rhode 2016, S. 213). Schon der Fötus mag mit der traumatischen Trennung von Ich und Nicht-Ich Bekanntschaft machen, die er nicht zu verarbeiten weiß und die darum nicht zu ertragen ist. Anklammernde Identifikation und Suche nach Fusion lassen sich somit als frühe autistische Abwehrphänomene eines rudimentären Ich verstehen (vgl. Frost 1999, S. 427). Gleichzeitig ist bei »psychogen autistischen Kindern« davon auszugehen, dass sie im Säuglingsalter »heftige Vermeidungsreaktionen entwickelt haben, um mit einem traumatischen Gewahrsein der körperlichen Getrenntheit von der Mutter fertig zu werden« (vgl. Tustin 2005, S. 37). Von meiner geschätzten Kollegin *Fatima Guidara* bin ich indessen darauf aufmerksam gemacht worden, dass es auch Mütter gibt, die ihre autistischen Kinder lange stillen und sich erst beim Abstillen Probleme einstellen. Dies gemahnt mich an die Gefahr, zu sehr verallgemeinern zu wollen.

Selbstredend sind bei der Diagnostik genaue Differenzierungen vorzunehmen, so wie es *Tustin* vorschlägt:

> »Autismus kann in sehr unterschiedlichen Situationen entstehen, zum Beispiel als Reaktion auf eine zerebrale Schädigung oder einen sensorischen Defekt, ebenso wie auf eine traumatische Situation, die Leben und Körper zu gefährden droht« (vgl. Tustin 1993, S. 1173; Frost 1999, S. 419).

Autismus ist »als öffentlich bedeutsamer und intensiv diskutierter Gegenstand zum wirkungsvollen Klassifizierungsinstrument geworden«, wobei allerdings durch die seit gut 30 Jahren zunehmenden Selbstbeschreibungen tradierte Vorstellungen ins Wanken geraten sind. Dadurch wurde nicht nur eine positive Identifizierung von Autisten mit ihrer Diagnose ermöglicht, sondern es wurden auch Foren für sie geschaffen und Tagungen ins Leben gerufen, »auf denen die meisten Nicht-Autisten ausgeladen sind« (vgl. Göhlsdorf 2019, S. 289 f.).

Mit Blick auf die komplexen Wechselwirkungen zwischen den sich vernetzenden Zellen und der Aktivität der biochemischen Botenstoffe, wobei wir die frühen Beziehungserfahrungen nicht vergessen dürfen, kann das Kernregulationssystem des jungen Gehirns auf verschiedene Weise geschädigt werden. Wird der Dialog zwischen Umwelt und Gehirn gestört, überlagert dieses Geschehen die interpersonellen Reaktionen. Auf diese Weise kann die Hemmung der kognitiven und emotionalen Entwicklung die Folge sein (vgl. Frost 1999, S. 422 f.).

Tustin hat die folgende Einteilung gewählt:

Schneckenhaustyp: Die Kinder verhalten sich überwiegend asymbolisch, denn »die schützende Phase des normalen primären Autismus wurde gestört, ehe das Kind eine solche Störung ertragen konnte« (vgl. Tustin 1989, S. 47). Ein nachhaltiger pathologischer Rückzug setzt ein, um Vernichtungsängste abzuwehren. Das Kind verhält sich, als sei es mit der Außenwelt verschmolzen, »und andere Objekte werden als Fortsetzung seiner eigenen Körpersensationen oder -bewegungen erfahren. In seinem Zustand unechter Verschmelzung wird alles als ›Ich‹ erfahren, obwohl dem Kind paradoxerweise (…) gar kein Sinn für ›Ich‹ und ›Nicht-Ich‹ zur Verfügung steht« (vgl. ebd., S. 46). Um die ursprüngliche Situation des »*Ineinanderfließens*« wiederherzustellen, »die so qualvoll durch die Erfahrungen sensueller Getrenntheit von einer bis dahin als Teil des eigenen Körpers erfahrenen mütterlichen Empfindungsquelle gestört wurde, kommen autosensuelle Reaktionen in Gang, die eine wahnhafte Verschmelzung mit einem Empfindungsobjekt zuwege bringen« (vgl. ebd., S. 36 f.). Dabei kommt es zu einer funktionellen Verkapselung – »zum Beispiel werden die Eigenwahrnehmungen des Kindes in bestimmte Abschnitte unterteilt und verkapselt« oder es zeigen sich bizarre Handbewegungen (vgl. ebd., S. 38) –, um mit dem Schrecken der körperlichen Getrenntheit von der Mutter fertig zu werden.

Konfuser Typ: Diese Kinder weisen eine Reihe von Gemeinsamkeiten mit erwachsenen Schizophrenen auf. Wie bei der traumatischen Empfindung eines körperlichen Verlusts wird eine »psychotische Depression« sichtbar. Anders als bei verkapselten autistischen Kindern liegt hier eine »pathologische Verknäuelung mit dem ›Nicht-Selbst‹« vor. Bruchstücke des »Selbst« werden als disparate Teile empfunden, »so dass ›Selbst‹ und ›Nicht-Selbst‹ unentwirrbar vermengt sind«. Insofern ist es von Belang, dass auch Vater und Mutter mitbehandelt werden (vgl. ebd., S. 53).

Einige Unterschiede springen ins Auge: Während verkapselte Kinder nicht spielen, beziehen konfuse Kinder oftmals Personen mit ein. Bei verkapselten Kindern ist die psychische Entwicklung auf einer frühen Stufe zum Stillstand gekommen; bei konfusen Kindern liegt eine starke Zerrüttung der seelischen Entwicklung vor. Bei der Verkapselung entsteht eine binäre Spaltung in der Wahrnehmung des Körper-Selbst im Gegensatz zu einem stark zersplitterten und fragmentierten und Körperselbst bei der Konfusion. Des Weiteren steht eine Verkapselung des ›Ich‹ einschließlich des Körperempfindens – bis dahin, dass das ›Nicht-Ich‹ als ›Ich‹ halluziniert wird – gegen eine Vermengung des ›Ich‹ mit dem ›Nicht-Ich‹. Das verkapselte Kind »gleicht einer Schnecke, deren Haus aus ihren eigenen verhärteten Körpersubstanzen besteht«. Das konfuse Kind »gleicht der Larve der Köcherfliege, deren Gehäuse aus heterogenen Materialien besteht, die sie auf dem Grunde des Teiches gefunden hat« (vgl. ebd., S. 79 f.).

Nissen weist noch darauf hin, dass beim Schneckenhaustyp kein Begriff von einem anderen existiert und das Kind »die Suche nach dem Objekt aufgegeben hat«. Zudem kommt der interpenetrative Prozess des Containings, »in dem sich Subjekt und Objekt wechselseitig Komplexität zum Strukturaufbau zur Verfügung stellen«, nicht zustande (vgl. Nissen 2015, S. 112). Somit bleiben psychische und objektale Transformationen aus, und es fällt den autistischen Kindern schwer, auf der Basis solcher Erfahrungen »unbewusst-intuitiv psychosoziale Situationen zu erfassen« (vgl. ebd., S. 110). Immer wieder sehen sie sich mit anschwellenden inneren und äußeren Reizen konfrontiert, können diese aber nicht ins Seelische transformieren und mitlaufend unbewusst verarbeiten (vgl. ebd., S. 114). *Tustin* spricht hier davon, dass es ihnen an Einbildungskraft mangelt und sie kein Innenleben haben (vgl. Tustin 2005, S. 34).

Um die traumatisch erlebte und angstmachende Unterscheidung von Selbst und Objekt/Nicht-Selbst zu vermeiden, dürfen »Ich« und »Du« nicht auftauchen. Deshalb vermag das autistische Kind auch kein »Ich« und »Du« zu verwenden und verharrt im »konkretistischen Denken«. Weil alle Selbst- und Objektrelationen vermieden werden müssen, erstarrt das Erleben in einer »körperlichen, sensuell-sensorischen Dominanz« (vgl. Nissen 2015, S. 115). Ähnlich sieht es *Tustin*: »Die Fähigkeit zu Abstraktionsleistungen als Voraussetzung für phantasievolles und reflexives Denken wird eingeschränkt« (vgl. Tustin 2005, S. 39).

Aus kognitionstheoretischer Sicht wird moniert, dass Autisten an einer fundamentalen Mentalisierungsstörung leiden, weil sie »nicht in der Lage sind, in den Köpfen der anderen zu lesen«. Dies lässt sich über einen Testvergleich mit Kindern, die nicht dem Autismus-Spektrum zuzurechnen sind, nachweisen. Dennoch ist es nicht statthaft, aus einem solchen Befund auf das »isolierte Defizit einer intellektuellen Fähigkeit« zu schließen (vgl. Kuster 2011, S. 51; Turnheim 2005). Das Problem ist eher die unvermittelte, in der Testsituation ungeschützt eintretende Konfrontation mit dem Fremden. Plötzlich wird etwas fremd, das normalerweise nicht als fremd erscheint, »wie die Stimme oder Teile des eigenen Körpers« (vgl. Turnheim 2005, S. 16). Ergo: »Die Unfähigkeit, zutreffende Schlüsse zu ziehen, wäre nicht primär als unzureichendes Funktionieren eines Denkprozesses zu verstehen, sondern als Unmöglichkeit, sich gegenüber dem allgegenwärtigen Fremden zu schützen« (vgl. Kuster 2011, S. 52). Da haben wir sie wieder, unsere gewaltige Angst vor der Angst, die uns zu selbstberuhigenden Missverständnissen verführt. Viel eher sollten wir uns doch als behutsamer und unbedrohlich wirkender Anderer präsentieren, wohl wissend, dass dies kaum zu einer stabil konturierten Ich-Du-Beziehung wird führen können.

Dornes hat noch auf einen sehr interessanten Aspekt aufmerksam gemacht. So bevorzugen Säuglinge bei der Wahrnehmung im Alter bis zu drei Monaten perfekte gegenüber imperfekten Kontingenzen. Ihr eigener Körper liefert meist kontingente Rückmeldungen. Wenn sie die Beine bewegen, spüren sie zugleich eine Muskelempfindung und sehen die dazu passende Bewegung. Meist allerdings bietet die Sozialwelt imperfekte Rückmeldungen. Wenn sie die Beine bewegen, bewegt sie der andere nicht auf gleiche Weise oder auch gar nicht. Das macht neugierig. Bei Kindern mit Autismus ist dieses »»Kontingenzentdeckungsmodul«« aber offenbar defekt, weshalb sie »auf perfekte Kontingenz fixiert bleiben und eine Verschiebung zur Präferenz für imperfekte Kontingenz nicht stattfindet«. Ihr Interesse richtet sich weiterhin auf »unbelebte Objekte, die sie durch Stereotypien (perfekt) kontrollieren können«. Die »imperfekte kontingente Sozialwelt« bleibt ihnen verschlossen oder wird gemieden. Weil der »*Als-ob-Charakter*« der markierten elterlichen (imperfekt-kontingenten) Gesichtsausdrücke nicht verstanden wird und damit die Affektregulation misslingt, kann es auch zu keiner Ausbildung von symbolischen Repräsentanzen kommen (vgl. Dornes 2006, S. 175 f.).

Von Lüpke weist darauf hin, dass es *Winnicott* bei seiner Beschreibung der unvorstellbaren Angst des Säuglings nicht um eine Pathologie ging, sondern um einen »Schlüssel zu normalen Aspekten von Entwicklung«. Die Erfahrung des »Nichts« – die man jetzt an die Seite von *Max Sterns* Biotrauma und der daran geknüpften Angst vor dem Tod stellen kann (vgl. Stern, M. 1972, S. 922 f.) – zerstört demnach »das Vertrauen in eine verlässliche Kohärenz, in die Kontinuität des ›fortdauernden Seins‹«. Und nur »gemeinsame Wahrnehmungskonstrukte schützen uns vor der Einsicht, ›bodenlos‹ dem ›Nichts‹ ausgeliefert zu sein« (vgl. vol Lüpke 2019, S. 72 ff.). Wenn ich jetzt mit Blick auf die Situation eines Autisten *Dornes*' und von *Lüpke*s Ideen zusammenbinde, dann gewinne ich den Eindruck, dass ja bereits eine vertrauensvolle Kohärenz gar nicht erlebt werden kann, so dass der Wechsel zur Neugier auf inkohärente Interaktionsfiguren gänzlich versagt bleibt.

Übrigens gilt es, einen sehr interessanten Unterschied zu einem Kind mit antisozialen Tendenzen zu betrachten. Dieses hat zunächst wohl tatsächlich die »Erfahrung von etwas Gutem‹ gemacht, bevor sich die Mutter für eine Zeitdauer, die eine für das Kind kritische Grenze überschritten hat, physisch und emotional vom Kind entfernt« hat (vgl. Crain 2005, S. 122). Der Grad des Ärgernisses, das es erregt, kann daher durchaus als ein »*günstiges Zeichen*« gedeutet werden, welches »eine Möglichkeit zum Wiedergewinn der verlorengegangenen Verschmelzung der libidinösen und aggressiven Triebe anzeigt« (vgl. Winnicott 1976, S. 231).

Offenbar aber, so schlussfolgere ich, hat ein autistisches Kind dieses frühe »Gute« nicht erleben dürfen, sondern nur zu frühe Abspaltung, Angst und zwanghafte Abwehr der bedrohlichen Signale von außen. Deshalb sind Menschen meist ohne Bedeutung und bleiben außerhalb der subjektiven Wahrnehmung.

Sogleich taucht die alte, sehr emotionsbeladene Frage auf, ob man dafür jemandem, konkret: der Mutter, die Schuld geben darf. Über das komplexe Zusammenwirken aus neurologischen Prädispositionen, Stoffwechselstörungen und Umwelteinflüssen unter Einschluss familialer Faktoren gilt es weiter nachzudenken, ohne einem dieser Faktoren eine herausgehobene Position einzuräumen. Kaufhold hat davor gewarnt, dass eine rein organmedizinische Sicht in Gefahr ist, die »eigentliche Dramatik dieser Kinder zu verkennen« (vgl. Kaufhold 1990, S. 234).

Noch immer wird den Müttern die Hauptlast für das Gedeihen ihrer Kinder zugeschoben, und so fühlen sie sich als schlechte Mütter, wenn hier Probleme auftauchen. Es mangelt an genügend und geeigneten Unterstützungsangeboten und die Situation übersteigt häufig ihre Ressourcen (vgl. z. B. Schwörer u. a. 2020, S. 50).

Bettelheim wird ja vorgeworfen, er habe die Mütter als Kühlschrankmütter bezeichnet. Nach *Sinzig* machte er deren Erziehungsfehler hauptverantwortlich für die Psychogenese des Autismus »und er prägte in seinem Buch ›Geburt des Selbst‹ (1967) den bis in die 1970er Jahre verwendeten Begriff der Kühlschrankmutter (›refrigerator mother‹ (…)« (vgl. Sinzig 2011, S. 3). Die Quellenangabe ist äußerst unpräzise, und ich selbst konnte diesen Begriff dort nicht finden. Genau genommen, worauf mich mein geschätzter Kollege und ausgesprochener Fachmann für Autismus, *Joachim Heilmann* (vgl. Heilmann 2001, 2012, 2015), jüngst hingewiesen hat, ist überhaupt nur bei *Kanner* eine ähnlich klingende Formulierung zu finden. In dessen Text aus dem Jahre 1943, in dem er elf autistische Kinder beschreibt, heißt es: »There is one other very interesting common denominator in the backgrounds of these children. *They all come of highly intelligent families*« (vgl. Kanner 1943, S. 248), und weiter: »One other fact stands out prominently in the whole group, there are very few really warmhearted fathers and mothers« (vgl. S. 250).

»Wenig wirklich warmherzige Väter und Mütter« klingt wahrlich nicht so derb wie »Kühlschrankmütter«.

»Die Kühlschrankmutter (…) ist ein Mythos!« befindet Schmidt (vgl. 2017, S. 7). Dagegen habe ich in eben diesem inkriminierten Buch *Bettelheim*s Sätze wie diese gefunden:

> »Schließlich müssen wir nachdrücklich betonen, dass sich keine Mutter, auch zur Zeit der Geburt nicht, den Bedürfnissen des Säuglings völlig anpassen kann, ebenso wenig wie sie sich später ihr und der Welt anpasst, vollkommen auf ihn einstellen kann. Es wird immer Zeiten geben, in denen sogar die besten und reaktionsfähigsten Mütter von ihrem Säugling zu viel erwarten, während sie in anderer Hinsicht zu wenig von ihm erwarten. Denn schließlich ist auch sie ein Mensch – Stimmungen unterworfen und fehlbar. (…) Heilige mögen im Himmel gebraucht werden, doch gute Eltern geben sie selten ab« (vgl. Bettelheim 1989, S. 34).

Dann hat *Bettelheim* aber auch wieder Formulierungen gewählt, die vor dem Hintergrund einer übergroßen Vulnerabilität betroffener Eltern Entrüstung auslösten. Sich auf einen Autisten einzulassen bedeutet für ihn immer einen »Abstieg in die eigene Hölle, ganz gleich, wie weit man diese hinter sich gelassen hat. Und bis zu einem gewissen Grad wird diese Konfrontation, bei der man sich dem anderen anbietet, zur Konfrontation mit sich selbst« (vgl. Bettelheim 1989, S. 13). Es ist aber kein Anwurf gegen Betroffene, sondern eher eine Selbstanklage. Denn, so auch *Leber*, die frühe Überwältigung des Autisten »durch Verlassenheits-, ja Todes- und Vernichtungsangst«, die wir insgeheim erspüren, erschrickt uns aufs Äußerste (vgl. Leber 1989, S. 25 f.).

Allerdings räumt *Tustin* ein, dass psychoanalytische Kindertherapeut/innen bei Eltern nicht nur unerfüllbare Hoffnungen geweckt hätten, sondern auch die Mütter in einer verkürzten und unsympathischen Weise beschuldigt hätten, für die Störung ihres Kindes verantwortlich zu sein (vgl. Tustin 2005, S. 33 ff.; Nissen 2015, S. 111). Dann wieder bringt sie eine Formulierung vor, die sicher, würde sie zur Kenntnis genommen, harsche Abwehrreaktion hervorrufen müsste: »Als Therapeuten solcher Patienten müssen wir uns einen Tunnel durch den Schutt graben, um an sie heranzukommen« (vgl. Tustin 2005, S. 42).

Immer wieder zu beschwören, dass es beim Autismus nur um rein neurobiologische Aberrationen gehe, verkennt doch völlig, dass es – wie immer deren tiefere Bedeutung aussehen mag – eine Beziehungsdimension gibt. Die multiplen Entwicklungsdefizite der autistischen Kinder bringen »Teufelskreise von Projektionen und Gegenprojektionen, von Verzweiflung, Depression und nicht-mentalisierten psychischen Inhalten« in die Eltern-Kind-Interfaktionen ein (vgl. Durban 2019, S. 160).

Wie heikel dies alles ist, habe ich vor kurzem wieder einmal selbst erlebt. Für einen Vortrag auf einem großen Bildungskongress 2020 (der dann auf Grund der Corona-Pandemie leider ausfiel) über Bildung und geistige Behinderung, den ich hier in Ausschnitten aufgenommen habe, hatte ich ursprünglich als Titel gewählt: »Dummheit ist ein Wundmal (Horkheimer, Adorno). Bildung unter dem Vorzeichen einer geistigen Behinderung«. Es wäre der einzige Redebeitrag zu diesem Thema gewesen, und das auch erst auf mein Insistieren hin. Das Zitat wollte man mir nicht durchgehen lassen, weil es zu viel Ressentiments bei den ohnedies mit dem Thema nicht vertrauten Teilnehmer/innen evozieren würde. Dabei hatten *Horkheimer* und *Adorno* doch, wie bereits ausgeführt, die ›normale‹ Dummheit im Blick, die entsteht, wenn der kindlichen Neugier zu viel Widerstand entgegengesetzt wird und es darob zu einem Rückzug ins eigene Schneckenhaus kommt. Übrigens zeigt sich hier eine interessante Nähe zu *Tustin*s autistischem Schneckenhaustyp.

Und ähnlich erging es mir mit einem Text zum psychodynamischen Verstehen in der Sonderpädagogik für eine sehr angesehene Fachzeitschrift. Da wollte ich unter anderem *Bettelheim* erwähnen – etwa das eben angeführte Zitat –, indessen wurde mir bedeutet, dass das inhaltlich völlig stimmig sei, er aber eine zu große Reizfigur darstelle. Zwei Tabubrüche also!

Selbstverständlich ist mir bewusst, dass die Themen geistige Behinderung und Autismus, gerade bei Betroffenen und ihren Familien, aber auch in Fachkreisen, überaus emotionsbesetzt sind. Und wie allein gelassen müssen sich die Familien oft fühlen. Die Befassung mit abgewehrten Destruktionsphantasien auf der einen und den bedrohlich anmutenden impliziten Beziehungsaspekten der Erfahrung des Ich/Nicht-Ich bei Autismus auf der anderen Seite erfordert eine große Feinfühligkeit und ebensolche Ambiguitätstoleranz. Das Dilemma tiefenhermeneutischer Annäherungen ist es ja, sich von solchen mächtigen Gefühlen und Phantasien nicht sogleich in Sicherheit bringen zu wollen.

Generell neigen Eltern dazu, sich schuldig (gemacht) zu fühlen. *Figdor* versuchte ja, ihnen Entlastung zu schaffen, indem er den Begriff der »verantworteten Schuld« prägte (vgl. Figdor 2006, S. 120). In Bezug auf die angesprochenen Themen ist das alles ungleich schwerer zu ertragen. Tabuierte und verdrängte Affekte und Gedanken bleiben aber in Umrissen sichtbar und gehen als implizites Wissen in die Beziehung zum Kind ein. Vor allem, wenn ein solches Kind eine sehr große Sensibilität sein eigen nennt – was gerade beim Autismus sehr oft der Fall ist –, wird das Tabu im Sinne von *Laplanche* zu »rätselhaften Botschaften« (vgl. Laplanche 2004; 2009, S. 531; ich komme sogleich darauf zurück): Da ist etwas zu spüren, was verdunkelt und unverständlich ist und umso mehr Angst auszulösen vermag. Darin liegt meines Erachtens die große Tragik: Über die Skandalisierung und Tabuierung der heiklen und ja durchaus bedrohlichen Empfindungen wird erst recht ein Verdacht genährt, dass es wirklich so sein könne. Dann bleibt etwas unsymbolisiert, unaussprechbar und für beide Seiten gefährlich.

Deshalb noch ein paar abschließende Worte zu *Winnicott*. Ein Übergangsobjekt ist der erste Besitz, »der Nicht-Ich ist« (vgl. Winnicott 1976, S. 293 ff.), und seine Verwendung signalisiert das Einsetzen der Symbolbildung.

> »Erst das Vertrauen auf die Verlässlichkeit der Mutter und damit die anderer Menschen und Objekte ermöglicht die Abtrennung des ›Nicht-ich‹ vom Ich. Trennung wird jedoch gleichzeitig dadurch vermieden, dass der potentielle Raum mit kreativem Spiel, mit Symbolen und dem, was allmählich das kulturelle Erleben ausmacht, erfüllt wird« (vgl. Winnicott 1993, S. 127).

Diese basalen Voraussetzungen liegen beim Autismus meist ebenso wenig vor, wie ein Changieren zwischen Nähe und Trennung im potentiellen Raum nicht zustande kommen will. Denn das dafür nötige Selbst-Objekt ist nicht vorhanden, und die Mutter steht in dieser Funktion nicht zur Verfügung, um die Halluzination der Omnipotenz ihres Säuglings zu bedienen. Für eine sensitive und nicht retraumatisierende pädagogische Annäherung sind das wichtige Erkenntnisse, die aber leider in viele gängige Autismus-Konzepten keinen Eingang gefunden haben.

Zu guter Letzt möchte ich noch ein paar Worte über *Greta Thunberg* verlieren. Mit ihrer ebenso prononciert wie sachkundig vorgetragen Kritik an der weltweiten Klimapolitik ist schnell klar geworden, dass Schmähungen nicht ausbleiben würden. Manchmal erscheint sie als die »irre Gretel«, manchmal als die »autistische Rotzgöre«. Sie entspricht nicht den vorherrschenden Weiblichkeitsvorstellungen und in ihrer offenen Selbstverortung im Autismus-Spektrum »liegt eine Bedrohung der hegemonialen Ordnung (männlich, able-bodied, erwachsen)« (vgl. Kreuznacht 2020, S. 146 ff.). Wahrscheinlich ist es nicht wirklich legitim, das Thema Autismus mit ihren äußerst intelligent ausgearbeiteten Vorstellungen in Verbindung zu bringen. Ich will es trotzdem versuchen, weil sich hier eine womöglich pathologische – im Sinne einer ängstigenden – Grundgestimmtheit in ihr produktives Gegenteil verkehrt.

An diesem historischen Scheitelpunkt verwandelt sich das als Störung Gebrandmarkte in eine tiefgründige Kompetenz. Veränderungen sind ja für autistische Menschen sehr angstbesetzt. *Mutter Erde* wird vergiftet, was die Furcht vor dem Verlust des primären Objekts befeuert. Das sage ich jetzt nicht als kalter Diagnostiker, sondern in Anerkennung der Tatsache, dass Menschen wie *Greta Thunberg* dieses Freveln stärker empfinden als andere. Und wir können von Glück sagen, dass es die beharrlichen und am Ende öffentlichkeitswirksamen Reaktionen dieser jungen Frau auf ihre verstörende Wahrnehmung eines bereits begonnenen katastrophalen Klimawechsels überhaupt gibt. Zudem wird sich *Greta Thunberg* auch nicht vermarkten lassen, weil sie auf dieser Ebene emotional gar nicht zu erreichen ist. Es bleibt uns zu wünschen, dass sich ihre beharrlichen Mahnungen als Gewinn für die Menschheit erweisen werden.

4.2 Das Tabuthema Sexualität und geistige Behinderung

Ist schon das Thema Sexualität ein Tabuthema mit ganz eigenem Gepräge – wobei sich seine Inhalte, beginnend bei einer allgemeinen puritanischen Prüderie über die rein naturalistisch betrachtete Binarität hin zur Verleugnung der »Vermischung geschlechtlicher Identitäten« (vgl. Mitchell 2005, S. 312) zu ändern wissen –, so wirkt sich dieser Umstand auf dem Gebiet der geistigen Behinderung in ganz besonders problematischer Weise aus.

Sexualität entwickelt sich nicht losgelöst aus biologischen Anlagen, sondern im frühen Befriedigungserleben des Säuglings wird dessen Körper dadurch zu einem sexuellen, dass er in der Interaktion mit den primären Objekten – allen voran der Mutter – mit der Fähigkeit ausgestattet wird, Lust zu erleben (vgl. Quindeau 2017c, S. 54 ff.). Hier wäre sogleich einschränkend zu ergänzen, dass es sich *nicht* um einen homologen Blick auf die kindliche Sexualität dreht, der die Gleichförmigkeit des kindlichen Sexualverhaltens mit jenem der Erwachsenen hervorhebt. Vielmehr wird mit der heterologen Position auf die Differenz der kindlichen von der erwachsenen Sexualität abgehoben, »die vornehmlich auf der Ebene von Bedeutungen und (Beziehungs-)Erleben ausgemacht wird« (vgl. König, J. 2019, S. 91).

Unabhängig von dieser wichtigen Unterscheidung gilt – in Anlehnung an das von *Laplanche* in seiner Allgemeinen Verführungstheorie gesetzte Primat des Anderen, mit dessen Hilfe »die Vorstellung von einer endogenen infantilen Sexualität« zurückgewiesen wird (vgl. Laplanche 2004, S. 899) – unsere Aufmerksamkeit fortan der Botschaft, die vom Andern ausgeht und sich an das Subjekt richtet.

Die Entstehung des Unbewussten, in dessen Mittelpunkt das Sexuelle steht, ist eng an die Konfrontation mit dem unbewussten Begehren des Erwachsenen gekoppelt. In der Beziehung zum ganz jungen Kind werden unbewusste Phantasien aktualisiert, die als »rätselhaften Botschaften« (vgl. Laplanche 2009, S. 531) fungieren. Hierbei geht es dezidiert nicht um eine faktisch agierte Sexualität. Vielmehr schreibt sich das Begehren des Erwachsenen als innerer Fremdkörper in die psychische Struktur des Säuglings ein und bildet das Zentrum seines Unbewussten.

Es sind aber auch keine metaphorischen Vorgänge gemeint, denn der Körper wird zugleich unzweideutig mit sexueller Erregbarkeit ausgestattet: »Die sexuelle Erregbarkeit wird in der universellen Verführungssituation, in der Begegnung des Säuglings mit dem_r Erwachsenen, in den kindlichen Körper eingeschrieben.« So haftet das Lustempfinden des Kindes nicht von Anfang an den Körperstellen der erogenen Zonen, sondern entsteht durch das Einwirken der anderen Person. Beim Stillen werden durch das Saugen an der Brust der Mutter die Lippen und der Mund zu einer solchen erogenen Zone. »Die Erfahrung von Befriedigung bildet den kindlichen sexuellen Körper, sie stattet ihn mit einer spezifischen Reizbarkeit oder Erregbarkeit aus« (vgl. Quindeau 2017c, S. 57). Konzentrierte sich noch *Freud* ausschließlich auf das Kind und ließ die Mutter außer Acht, so wird sie jetzt als konkrete Andere ins Spiel gebracht, nämlich darüber, dass es sich bei ihrer Brust um ein sexuell erregbares Körperteil handelt. Diese grundlegende sexuelle Dimension der Mutter-Kind-Beziehung wird in allen körperlichen Berührungen, vorweg beim Wickeln und Baden, offenbar. Allerdings handelt es sich bei der Mutter um keine aktive Verführerin mit intentionalen Absichten, sondern um eine »verführte Verführerin« (vgl. Quindeau 2017c, S. 58; vice versa gilt das auch für den Vater), da ihr die unbewussten rätselhaften Botschaften, die sie aussendet, selbst nicht zugänglich sind.

Dies ist deshalb so bedeutungsvoll, weil das Kind elementar und existentiell auf die Zuwendung durch das primäre Objekt angewiesen ist. Zur Befriedigung seiner Allmachtsphantasien bedarf es dessen Bewunderung. Es erwartet geradezu, dass es von ihm in dieser Weise widergespiegelt wird. Das Kind braucht »den Glanz in den Augen der Mutter«, und es entsteht eine tiefe narzisstische Kränkung, wenn es sich unerwartet weigert (vgl. Kohut 1975, S. 149 ff.). Umgekehrt existiert aber auch die große emotionale Nähe der Mutter zu ihrem Kind. Während der Schwangerschaft erlebt sie den Fötus als Teil ihres eigenen Körpers und besetzt ihn narzisstisch. Erst nach der Geburt hebt ein allmählicher Ablösungs- und Objektivierungsprozess an, wobei die narzisstische Besetzung des Kindes aufrecht erhalten bleibt (vgl. Gerspach 2018a, S. 35 f.). Das Kind wird also durch die euphorische Stimmung der Mutter verführt und erregt, und es wird selbst zum Verführer, als es zurückstrahlt und beide einen von Affektansteckung getragenen lustvollen Tanz beginnen.

Mit seinen »triebhaften Einsprengseln« sendet der Erwachsene rätselhafte Botschaften aus, was ihm aber weitgehend unbewusst bleibt und dem Kind eine eigenständige Übersetzungsarbeit abverlangt (vgl. Stark 2009, S. 691 ff.). Das Kind fühlt sich in eine rätselhafte sexuelle Verführungssituation involviert. Aber weil ihm die Erfahrung und das Wissen über triebhafte Vorgänge fehlen, scheitern diese Übersetzungsbemühungen. Das Kind kann von den unbewussten Anteilen an dieser Interaktion noch nichts wissen und fühlt sich in gewisser Weise befremdet, der Erwachsene wiederum kann dieses Befremden nicht adäquat spiegeln, weil er blind ist gegenüber seinen eigenen verdrängten Regungen und »er sein Unbewusstes selbst nicht versteht. Wenn er etwas davon wahrnimmt, ist er irritiert oder befremdet. Das Kind ist allein mit der unverständlichen rätselhaften Botschaft«. Das Dilemma liegt in der Asymmetrie, einer Beziehung, in der das Kind ein »biologisch nichtsexuelles, präpubertäres Wesen ist, während die Erwachsenen biologisch sexuelle postpubertäre Wesen sind« (vgl. Stark 2009, S. 694 ff.).

Zum Kernbestand unserer Identität gehören ohne Frage Geschlecht, Stellung in der Geschwisterreihe sowie Alter und Beruf, wobei gerade Geschlecht und Alter niemals nur biologisch zu betrachten sind. »Mann oder Frau sowie Kind, Jugendlicher, Erwachsener oder Greis zu sein wird in einer Gesellschaft unterschiedlich wertgeschätzt. Diese Unterschiede entscheiden über den sozialen Status, den man uns zuschreibt, bevor man unsere individuelle Persönlichkeit zur Kenntnis nimmt« (Haubl 2009, S. 170).

Beginnend bei *Freud* oder *Laplanche* wird in all diesen Ausführungen und Prolematisierungen von Sexualität das normative Moment einer persönlichen Integrität im Sinne von Nicht-Behinderung sichtbar. *Haubls* Zitat belegt dies eindringlich. Auch die wichtige aktuelle Debatte über Gender und sexuelle Diversität macht da keine Ausnahme.

Jean Laplanche hat das Problem polarer Auffassungen mit seiner kategorischen Unterscheidung in Gender-Differenz und sexuelle Differenz früh auf den Punkt gebracht (vgl. Laplanche 1980).

Weil jeder Säugling in eine Gesellschaft hineingeboren wird, die ihn bereits erwartet hat und er sogleich unter den Einfluss ihrer Wert- bzw. Geringschätzungen gerät, geht es um soziale und keine biologischen Sachverhalte.

Schon lange wenden sich Psychoanalytiker/innen gegen eine »Naturalisierung der Frau als Untersuchungsgegenstand eines angeblich neutralen Wissenssubjekts«. Ziel ist es, die Koexistenz von dualistischem Denken in weiblich-männlichen Kategorien und »*anderen, postbinären Logiken, die Pluralität, Mannigfaltigkeit und Heterogenität einschließen*«, zu begründen. In der »androzentrischen Ordnung«, erscheinen Männer unhinterfragt als Zentrum, Maßstab und Norm. Bei der Betrachtung von Weiblichkeit und Männlichkeit können wir uns jedenfalls vor dem Hintergrund dieser »soziokulturellen und diskursiven Organisation nicht auf eine jeweils einzige Bedeutungsfacette einengen lassen« (vgl. Glocer Fiorini 2019, S. 398 f.). *Von Klitzing* befindet klipp und klar: »Die binäre Vorstellung über geschlechtliches Sein muss überwunden werden« (vgl. von Klitzing 2018, S. 203). Wobei er unterstreicht, dass eine »queering Psychoanalyse« nicht die »Vereindeutigung von Geschlecht und Identität« anstrebe, sondern »das Erreichen einer ›Ambiguitätstoleranz‹, welche von einer lebenslangen Dynamik sowie einer prinzipiellen Wandelbarkeit von Geschlechtserleben und sexueller Orientierung geprägt« sei (vgl. von Klitzing 2018, S. 212; Quindeau 2017a).

Vor allem darf der innere Kern des Körpergeschlechts, der im Begriff *sex* gerinnt, nicht vernachlässigt werden.

»Um diesen Kern legt sich entweder körpergestaltentsprechend (isomorph) oder -widersprechend (anisomorph) eine Schicht, die ihrerseits selbst zum Kern wird: die *Kerngeschlechtsidentität*. Umhüllt wird dieser Kern schließlich von der *Geschlechtsrollenidentität*, die die vielgestaltigen geschlechtsbezogenen Selbst- und Objektrepräsentanzen sowie die gesellschaftlichen Konventionen und Normvorstellungen zusammenfasst« (vgl. Quindeau 2019, S. 27).

Aber die mitunter sehr prekäre Bedeutung dieser inneren Prozesse für einen Menschen mit geistiger Behinderung bleibt in der Regel einer sexualpädagogischen Reflexion verschlossen. Neben die Geringschätzung der Frau tritt jene der Menschen mit einer geistigen Behinderung. Mit seiner Theorie der »anthropologischen Grundsituation« hat *Laplanche* die zumeist unterschätzte und unerkannte Bedeutung der Erotisierung des abhängigen Kindes durch den Erwachsenen herausgearbeitet (vgl. Laplanche 2006, 2009; Hennen-Wolff 2016, S. 143). Zwar wendet er sich dezidiert gegen die apodiktische Behauptung *Lacan*s, wonach das Kind anfangs »Objekt des Begehrens der Mutter« sei (vgl. Laplanche 2009, S. 529). Wobei *Lacan* den Begriff des Begehrens unmissverständlich definiert: »Das Begehren ist weder der Wunsch nach Befriedigung noch der Anspruch auf Liebe, sondern die Differenz, die bleibt, wenn das erste vom zweiten subtrahiert wird« (Lacan 2001, S. 691; zit. n. Evans 2002, S. 55; Weissberg, Stähelin 2017, S. 197). Aber der Säugling ist mit zweierlei konfrontiert: mit der rätselhaften, unbewussten, »von sexuellem Begehren durchzogenen« Botschaft des Erwachsenen, »die diesem selbst auch nicht zugänglich ist« (vgl. Quindeau 2017b, S. 216). Und auch *Quindeau* rückt etwas gerade:

»Es handelt sich hierbei um das unbewusste Begehren des Erwachsenen, wie es in jeder Interaktion von Eltern mit ihrem Säugling unvermeidlich angesprochen wird, in jeder Pflegehandlung, beim Füttern, Wickeln, Baden, ebenso wie beim Schmusen. Es geht also keineswegs in konkretistischer Weise um sexuelle Handlungen, sondern um das unbewusste Begehren, das in uns allen vorhanden ist« (vgl. S. 216).

Ergo bleibt die Tatsache bestehen, dass es Erwachsene sind, die das Kind aufziehen: »(...) da stehen sich gegenüber ein Neugeborenes, das über keine angeborenen Sexualtriebe verfügt (nichts weist auf deren Existenz hin), und ein Erwachsener, der nicht nur mit seiner Erwachsenensexualität ausgestattet ist, sondern mit der aus seiner eigenen Kindheit stammenden infantilen Sexualität« (vgl. Laplanche 2009, S. 530).

Insofern gelangt *Thomas Aichhorn* zur Überzeugung, dass »*Bedürfnis* und *sexuelles Begehren* miteinander verlötet sind« (vgl. Aichhorn, Th. 2019, S. 49). In seiner Begründung bezieht er sich auf einen Text von *Ferenczi* und konstatiert:

»Die *Sprache*, in der Erwachsene mit Kindern sprechen, um ihnen ihr Überleben zu sichern, ist die *Sprache der Zärtlichkeit* (...) Diese aber ist durch die *Sprache der Leidenschaft*, durch die vom *Unbewussten gezeichnete Sexualität der Erwachsenen*« eingetrübt (vgl. Aichhorn, Th. 2019, S. 54; Ferenczi 1938).

Gerade in intimen Situationen der Pflege versucht sich ein »verdrängtes sexuelles infantiles Unbewusstes« des Erwachsenen in die Kommunikation mit dem Kind einzuschleichen. »Genau das nenne ich die an das Kind gerichteten ›rätselhaften Botschaften‹« (vgl. Laplanche 2009, S. 531). In seiner Allgemeinen Verführungstheorie postuliert *Laplanche*, dass sich ein Erwachsener, »der ein sexuelles (wesentlich prägenitales) Unbewusstes besitzt, und ein Infans, das noch kein Unbewusstes und auch nicht den Gegensatz unbewusst/vorbewusst ausgebildet hat, gegenüber« stehen, und in diesem Prozess ist ein »Bestand aus unübersetzten Botschaften« enthalten (vgl. Laplanche 2004, S. 901 ff.).

Die Rezeption und vor allem Verarbeitung dieser Thematik ist selbstverständlich höchst affektiv besetzt und wird womöglich zur Verleugnung Anlass geben. *Alvarez* bezieht sich diesbezüglich auf *André Green* und seine geharnischte Kritik an der Säuglingsforschung, die aus dem elterlichen Liebesobjekt des Säuglings einen Fürsorger (»caregiver«) macht. »Haben ›cargivers‹ sexuelles Verlangen, lieben sie, hassen sie, haben sie Phantasien, träumen sie – wen kümmert's« (vgl. Green 2000, S. 452; Alvarez 2011, S. 504).

Diese rätselhaften Botschaften können nun durchaus auch eine traumatisierende Rolle in der Erwachsenen-Kind-Beziehung spielen, »weil sie durch die im Kontakt mit dem Kind mobilisierte, von ihm nicht integrierbare *Sexualität des helfenden Erwachsenen kompromittiert* sind« (vgl. Aichhorn, Th. 2019, S. 52). *Zepf* und *Zepf* haben das gerade ausgiebig am Fall von *Freuds* kleinem Hans und seinen Eltern durchexerziert (vgl. Zepf, Zepf 2020, S. 249 ff.). Allerdings werden diese Botschaften im Unbewussten nicht einfach angesammelt, »sondern sie werden in einer Umschrift gespeichert, die wiedergibt, wie das Subjekt das ihm Unverständliche verstanden hat« (vgl. Aichhorn, Th. 2019, S. 53). Und es darf nicht vergessen werden, dass sich »die Liebesbewegungen als auch die Identifizierungen des Kindes« zunächst nicht um »die Geschlechtszugehörigkeit des primären Objekts« kümmern. Der Mensch wird mit einem biologischen Geschlecht geboren, »aber es ist die infantile Sexualität, implantiert vom Erwachsenen und vom Kind auf seine Weise übersetzt, die aus diesem biologischen Geschlecht etwas Spezifisches macht« (vgl. Heenen-Wolf 2015, S. 590 ff.).

Aber nur in der nachgezeichneten ›normalen‹ frühen Eltern-Kind-Interaktion werden diese Überlegungen – und auch das nicht ohne weiteres – lebendig. Wie aber verhält es sich im Falle der Geburt eines Kindes mit einer geistigen Behinderung? Ist die Allgemeine Verführungstheorie mit ihren erotisierenden und narzisstischen Anteilen tatsächlich so generalisierbar gültig (vgl. Laplanche 2017, S. 177; Laplanche 2004, S. 905) oder müssen wir beim Aufeinandertreffen mit geistiger Behinderung Umschreibungen vornehmen? Schon ein Kind mit einer geistigen Behinderung wird noch immer angestarrt und ausgelacht. Diese elementare traumatische Erfahrung gräbt sich tief im körperlichen und ergo sexuellen Selbst-Verständnis ein und erzeugt Gefühle von Scham und Selbsthass. Die narzisstische Verletzung ist massiv und anhaltend.

Nach *Kohut* führt ungenügendes Spiegeln von Seiten der Mutter beim Kind zur Ausbildung eines »primären Defekts« (vgl. Kohut 1981, S. 23 f.). Dieser Begriff rückt umso mehr in die Nähe einer Behinderung, wenn wir *Niedeckens* Bild vom »Grauen in den Augen der Mutter« hernehmen, welche das behinderte Kind registriert (vgl. Niedecken 1997, S. 107 ff.). Ausgelöst durch den Schock über die Geburt ihres Kindes beherrscht danach die Angststarre der Mutter die Szene. Auf dumpfe Weise spürt das Kind ihre Enttäuschungswut, die es in seiner Existenz bedroht, und reagiert mit physiologischer Erstarrung. Vor allem *Maud Mannoni* hat den Aspekt der enttäuschten Phantasien der Mutter über ihr behindertes Kind in ihrer Bedeutung für sein weiteres Werden differenziert herausgearbeitet, und sie schaut auf »das Fehlen des Dialogs und die totale Einsamkeit zu zweit« (vgl. Mannoni 1972, S. 23). Zudem unterstreicht *Pedrina*, dass auch und gerade der Vater in seiner haltenden sowie Rêverie-Funktion mitzudenken sei, mit der er die Mutter darin unterstützen kann, ihre schädlichen Projektionen zu verdauen und zu entgiften (vgl. Pedrina 1992, S. 58 ff.). Ich denke nicht, dass *Fernanda Pedrina* hier Motherblaming betreibt, sondern einen Vorgang beschreibt, der in menschlichen Beziehungen eher die Regel denn die Ausnahme darstellt, und dass *wir alle* gut Hilfe gebrauchen können, mit diesen feindseligen Projektionen umgehen zu lernen und uns nicht davon vergiften zu lassen.

Von Anfang an muss sich also ein geistig behindertes Kind weniger mit der organischen Beeinträchtigung als vielmehr mit den Phantasien und Projektionen seiner Eltern auseinandersetzen. Nach *Niedecken* verursacht der anfängliche Diagnose-Schock bei der Mutter – aber auch dem Vater – oft den bewussten Impuls, das Kind zu töten. Er entspringt allerdings keiner Verwerflichkeit, sondern es ist ein Reflex auf das Phantasma der Behinderung, »die Zuweisung, Abschiebung der ungeheuerlichen Kollektivschuld, des unsäglichen Versagens unseres aufgeklärten Bewusstseins, an einzelne« (vgl. Niedecken 2003, S. 19).

Auf Grund der im letzten nicht ausreichend überwindbaren Abhängigkeit wird oftmals weit über die frühe Lebenszeit hinaus eine heftige affektive Verstrickung mit den primären Objekten fortgeschrieben. Es führt dazu, dass die Wahrnehmung der eigenen Geschlechtsidentität zeitlebens schwierig bleibt, weil die eigene Individuation durch problematische und nie abgeschlossene Trennungsprozesse von ihnen überschrieben ist.

Wohin also verschwindet das beiderseitige, wenngleich womöglich rätselhafte Element freudiger Erregtheit im Verhältnis eines geistig behinderten Kindes zu seinen Eltern? Ihm wird die Bewunderung ebenso vorenthalten wie die daraus resultierende Verführung. Zum einen wirken elterliche Trauer und Wut über den Verlust des *idealen* Säuglings lange nach und trüben das Selbstbild des Kindes nachhaltig ein. Zum andern aber fehlt ihm die intime frühe Erfahrung, dass sein Körper von der Mutter uneingeschränkt zur Projektionsfläche erotischer Phantasien gemacht wird. Daher können wir auch nicht ohne weiteres von einer ausladend libidinösen Komponente bei der Körperpflege ausgehen. Auf Grund von Ablehnung und womöglich Ekel wird sie vielfach eher mechanisch verrichtet. In der ergreifenden Schilderung und ebenso beeindruckenden Reflexion *Petra Dreyer*s (1974) über das schwierige Verhältnis zu ihrem »ungeliebten Wunschkind« tauchen all diese emotionalen Dilemmata auf. Zudem legt ihr Bericht offen, wie mühsam und quälend der Weg der selbstreflexiven Annäherung an den ungeheuerlichen Zwiespalt war, das Dunkle an diesen Gefühlskrisen dem Bewusstsein zu öffnen, und ohne empathische Hilfe von außen wäre ihr das womöglich nicht gelungen. Vielleicht das Wichtigste an diesem Selbsterkennungsprozess war, dass es um viele verborgene und bedrückende Hintergründe aus ihrer eigenen Geschichte ging, die erst durch die Geburt ihres Kindes virulent wurden, aber *nicht* von diesem ausgingen.

Beginnend mit der frühen Kindheit ist Sexualität ein von massiven Affekten begleitetes Geschehen an der Grenze zwischen Körperlichkeit und Seele. Bei

Freud heißt es: »Wie Ödipus leben wir in Unwissenheit der die Moral beleidigenden Wünsche, welche die Natur uns aufgenötigt hat, und nach deren Enthüllung möchten wir wohl alle den Blick abwenden von den Szenen unserer Kindheit« (Freud, S. 1900a, S. 269). Während *Freud* sein Augenmerk vornehmlich auf die infantilen Phantasien der Kinder über ihre Eltern richtete, wurden später auch zunehmend die Phantasien der Eltern über ihre Kinder in den Blick genommen (vgl. Kutter 1979, S. 391). In der Art und Weise, wie Eltern ihren Kindern begegnen, induzieren sie selbst das ödipale Drama (vgl. Richter 1969, S. 57; Gerspach 2000b).

Die elterlichen inzestuösen Regungen aus der eigenen Kindheit erfahren in ihren jetzigen sexuellen Beziehungen eine Reaktualisierung. Das neugeborene eigene Kind, als sichtlicher Beweis sinnlich gelebter Sexualität von Mann und Frau, nimmt in deren Phantasien (auch) den Charakter eines verbotenen inzestuösen Wunsches, der an ein Elternteil gerichtet ist, an. Erst die allmählich wachsende Begegnung mit dem realen Kind führt zum Zurückdrängen der Urphantasien. Im Falle der Geburt eines behinderten Kindes ist das nicht so ohne weiteres möglich, wird es doch unbewusst als Produkt der verbotenen inzestuösen Verbindung mit dem eigenen Elternteil angesehen.

Bereits im Mythos von Ödipus tauchen die »inzestuösen und/oder mörderischen Triebe der Eltern« auf (vgl. Devereux 1992, S. 119; Thomä 1999, S. 833). Vom Orakel von Delphi wird Laios und Iokaste die Warnung übermittelt, einen Sohn zu zeugen. Denn dieser werde seinen Vater töten und seine Mutter zur Frau nehmen. Als kleiner Junge wurde Ödipus – also: *Schwellfuß* – zudem zum behinderten Kind, weil ihm der Vater aus Angst vor dem Orakelspruch die Füße mit einer Gewandspange durchstach und dann einem Hirten übergab, in der Hoffnung, so würde er sich weder aufrichten noch laufen lernen und folglich nicht überleben können.

Kreutz weist daraufhin, dass es verschiedene Versionen der Ödipussage gibt und »die Mythologie wie eine Zwiebel ist, sie hat viele Schichten«. Nach einer dieser Lesarten war Ödipus mit einer angeborenen »Makrodaktylie belastet, was postpartal mit erheblichen Entstellungen sowie motorischen Funktionseinschränkungen verbunden gewesen wäre und die Eltern »erschreckt, wenn nicht gar entsetzt haben« muss (vgl. Kreutz 1998, S. 212 ff.).

Danach wäre Ödipus nicht geschädigt und dann ausgesetzt worden, sondern umgekehrt ausgesetzt worden, *weil* er – als Strafe für den inzestuösen Verstoß gegen den Spruch des Orakels – behindert geboren war. Eine liebevolle Bindung der Mutter an ihr Kind ist nicht zu entdecken. Und dann kommt der Moment, da Ödipus seinen Vater im Jähzorn erschlägt, weil der – ihm scheinbar unbekannte Mann – mit seinem Wagen den Weg versperrt. Dieser eruptive Ausbruch von Gewalt verweist auf eine frühe narzisstische Wunde eines verstoßenen Säuglings, die just wieder aufbricht.

Zudem agiert er später im Sinne eines transgenerativen Erbes den infantilen Inzestwunsch der Mutter. Nach dessen Offenbarung erhängt sich Iokaste, während Ödipus sich selbst die Augen aussticht. Sexualität und Behinderung, Lustvolles und Leiden sind hier also verhängnisvolle Weise miteinander verknüpft. Dies alles ist höchst aufschlussreich. In Traum, Märchen und Sage können nämlich Ursache und Wirkung vertauscht sein. Das Unbewusste kennt keine formale Logik.

In einem Märchen der Gebrüder *Grimm* wurde einer Mutter ihr Neugeborenes von Wichtelmänner aus der Wiege geholt und »ein Wechselbalg mit dickem Kopf und starren Augen hineingelegt, der nichts als essen und trinken wollte«. Die Nachbarin riet ihr, sie solle den Wechselbalg in die Küche tragen, auf den Herd setzen, Feuer anmachen und in zwei Eierschalen Wasser kochen, das bringe ihn zum Lachen, »und wenn er lache, dann sei es aus mit ihm«. Die Mutter tat, wie ihr geheißen. Und als er anfing zu lachen, kamen die Wichtelmänner zurück, »brachten das rechte Kind, setzten es auf den Herd und nahmen den Wechselbalg wieder mit fort« (vgl. Brüder Grimm 1991, S. 239). Auch hier ist der Wunsch, das behinderte Kind sei nicht das leibliche Kind und durch ein nichtbehindertes zu ersetzen, naheliegend – aber nicht anders herum.

Oftmals fällt es anfangs sehr schwer, über die Tatsache trauern zu können, ein geistig behindertes Kind bekommen zu haben. Ein Grund für die Unmöglichkeit, die Trauer zuzulassen, ist die »unaufhörliche Existenz des imaginären Kindes. Die Kluft ist so groß, dass das reale Kind keinen Platz finden kann. (...) Im Hintergrund mögen Gedanken aufkommen, dass es besser sei, wenn das Kind tot wäre, weil die Trauer um das reale Kind weniger schwer wäre als die Trauer um das imaginäre Kind« (vgl. Korff-Sausse 1997, S. 60 f.). Wenn es aber so mühsam ist, vom Bild des unbeschädigten imaginären Kindes zu lassen und das reale behinderte Kind zu akzeptieren und zu lieben, erschwert dies zum einen, die ans imaginäre Kind geknüpften inzestuösen Phantasien zu entmachten. Zum andern muss die Behinderung als vernichtende Strafe für das verbotene Treiben erlebt werden. Nach *Mannoni* muss eine Mutter auf den »Fetisch Kind« verzichten, »der nichts anderes ist als das imaginäre Kind der Ödipusverbindung« (vgl. Mannoni 1972, S. 23). Die Geburt des behinderten Kindes wird unbewusst als Strafe für die Inzestphantasien erlebt. Die eigene Sexualität wie die des Kindes wird folglich massiv abgelehnt. Dazu sagt *Sinason*:

> »Ebenso wie die illegitimen Kinder die sozialen und kulturellen Fantasien über wilde, gesetzlose Sexualität zu tragen gehabt haben, so tragen die geistig Behinderten die Spuren dessen gestempelt, was als böse Sexualität befürchtet wird« (vgl. Sinason 2000, S. 186 f.).

In der Regel verläuft das alles unbewusst, wird aber vom Kind auf äußerst diffuse und beängstigende Weise erspürt. Gleichzeitig ist der geheime Weg zum inhärent Sexuellen an dieser Beziehung nicht nur ›dezent‹ verdrängt, sondern rigoros versperrt. Das Tabu wirkt doppelt, und vor dem Hintergrund einer solcherart erschwerten psychosexuellen Entwicklung wird es später – und zwar jenseits der ›primären‹ geistigen Behinderung – sehr schwer fallen, sich begehrenswert zu finden und eine reife Sexualität zu entfalten.

Die früh erlebte Zurückweisung, selbst wenn sie überwiegend implizit kommuniziert wurde, erfährt in der Adoleszenz eine Wiederbelebung und führt zu einer noch intensiveren Verunsicherung, als dies ohnedies für diese Lebensspanne typisch ist. Vielfach hat die Enttäuschung der Eltern bei ihrem behinderten Kind ein heftiges Schamgefühl ausgelöst, das in der Adoleszenz, und insbesonre bei der Begegnung mit potentiellen Liebesobjekten, wieder aktiviert wird. Die Scham geht mit dem Gefühl einher, hässlich zu sein. Diese Hässlichkeit, aus dem Erschrecken geboren, von anderen, insbesondere den Eltern, gehasst worden zu sein, wird zum Nährboden für den Selbsthass. Dass die Behinderung die lustvolle Besetzung des eigenen Körpers erschwert, reicht bis in die frühe Zeit der Entbehrung erotisierter Erfahrung zurück. Oftmals bleibt, wie in ähnlichen gelagerten Fällen, Masochismus – im Sinne der unterwürfigen Identifikation mit dem einverleibten Aggressor – als Schutz vor der Überwältigung von starken Emotionen zurück (vgl. Schier 2016, S. 108).

Gemeinhin erhalten die *rätselhaften Botschaften* im Sinne der »Nachträglichkeit« in der Adoleszenz eine neue Zuschreibung. In seiner frühen Schrift »Über Deckerinnerungen« bringt *Freud* zum Ausdruck, dass Erfahrungen, Eindrücke und Erinnerungen jetzt auf Grund weiter hinzutretender Erfahrungen und mit dem Erreichen neuer Entwicklungsstufen psychisch umgearbeitet werden (vgl. Freud, S. 1899a). Damit gewinnt die Sexualität eine neue, reife Dimension (vgl. Eickhoff 2005, S. 141 ff.; Kirchhoff 2009, S. 13 ff.; Erdheim 1996, S. 86 ff.).

Freud beschreibt, dass die vage Erinnerung aus Kindertagen an das gemeinsame Blumenpflücken mit einer Cousine auf einer Wiese mit einer späteren Begegnung in Zusammenhang gebracht werden kann, als sich im Alter von siebzehn Jahren eine schüchterne Verliebtheit in eine andere Cousine einstellte. Beide Szenen werden aufeinander projiziert. Nun erweckt die ältere Erinnerung einen Affekt, den sie als Erlebnis gar nicht erwecken konnte. Die Adoleszenz aber schafft ein anderes, sexuell eingefärbtes Verständnis des Erinnerten. Zwei zeitlich getrennte Ereignisse treten zueinander in eine Wechselwirkung, wobei die Bedeutung des ersten erst nachträglich wirksam wird (vgl. Freud 1899a, S. 539 ff.; Erdheim 1996, S. 86 ff.).

Im Falle einer/s geistig behinderten Jugendlichen ist es komplizierter. Hier wirken die frühen rätselhaften Botschaften der Eltern auf zweierlei Weise nach: als geheime Verführung und deren Abspaltung gleichermaßen. Das Geheimnis ist doppeldeutig: Wunsch und Ekel amalgieren. Mit dem Aufwallen der triebhaften Kräfte in der Adoleszenz wird diese Verwirrung erneut virulent, und vielleicht wird jetzt tendenziell der Schleier dieser frühen diffusen Ahnung ein wenig gelüftet und das erschreckende Drama in greifbarere Nähe gerückt. Je heftiger die elterliche Verdrängung ausfiel, umso nachhaltiger bleibt ihre Wirkung für den Adoleszenten/die Adoleszente erhalten. Wie also soll man von dem Liebesobjekt loskommen, das einen nicht begehren wollte und durfte, und das einen zudem sogar – aus Sorge um das weitere Wohlergehen, aber auch aus Kontrollzwang gegenüber der erwachenden Sexualität – nicht loslassen kann? Hier erkennen wir einige der Gründe, warum die Akzeptanz der Sexualität bei Menschen mit geistiger Behinderung nur so schwer gelingen mag.

In einer persönlichen Mitteilung bestätigte mir die Frühförderin *Ute Rüster*, dass sie es meist vermied, bei den Müttern das Thema Sexualität ihrer Kinder anzusprechen. Dabei hat sie häufig diese Frauen auch noch bis in die Pubertät ihrer Kinder begleitet, wie das Buch von *Claudia Carda-Döring* u. a. (2005) auf beredte Weise veranschaulicht. Sechs Mütter, die sich über eine Reihe von Jahren regelmäßig in einer Gesprächsrunde mit ihr trafen, haben darin Geschichten über ihre geistig behinderten Kinder gesammelt – traurige, anrührende, wütende. Eigentlich sind es *ihre* Geschichten, sie handeln von Hilflosigkeit, Verzweiflung, Trauer und Diskriminierung, aber auch von Stolz, Fürsorge und Liebe. Es sind Miniaturen gelebten Lebens, gleichermaßen von Authentizität und Offenheit getragen, die anderen Eltern behinderter Kinder Mut machen und jene nichtbehinderter Kinder sensibilisieren für das allgemeine Recht auf Teilhabe.

Es ist ein sehr offenes Buch. In der Regel aber bleiben Ereignisse wie erster Samenerguss, Menarche oder Onanie, über die schon Eltern nichtbehinderter Kinder lieber schweigen, im Verborgenen. So fragte die Mutter einer geistig behinderten Jugendlichen in einem Elternworkshop: »Wie kläre ich meine Tochter auf, ohne dass sie zu neugierig wird?« (vgl. Heck 2017, S. 157 f.). Aber auch Verhütung (und in diesem Zusammenhang noch immer vorfindliche Zwangssterilisationen bei jungen geistig behinderten Frauen), sexuelle Gewalt, Homosexualität oder Elternschaft gehören zu den *von uns* nicht symbolisierten Wünschen, Ängsten und Nöten der Betroffenen (vgl. Gerspach 2018a, S. 180 ff.). Das Unsymbolisierte lässt aber keinen Raum für (Ambiguitäts-)Toleranz.

Im Sinne des »*Embodiment*« schreibt sich das verkörperte Selbst in die Psyche ein, was die Grundlage abgibt für eine libidinisierte Beziehung des Individuums zu seinem Körper: »Die frühen körperlichen Erfahrungen mit Primärobjekten, die für die Etablierung eines angemessenen libidinös besetzten Körpers zentral sind, werden als prozedurale Erinnerungen gespeichert« (vgl. Lemma 2018, S. 29 ff.). Was aber geschieht mit dem Erleben eines geistig behinderten Babys, wenn das eigene Körpererleben, das ihm in der Beziehung zur Mutter vermittelt wird, der libidinösen Besetzung weitgehend entbehren muss? Selbst die Fähigkeit, das Erleben zu mentalisieren, die durch das »verkörperte Mentalisieren der Eltern« entsteht, leidet unter diesem Mangel: »Das sinnliche Körpererleben muss contained werden, damit es psychisch repräsentiert wird« (vgl. S. 39 ff.). Patient/innen, wie etwa jene mit einer Autismus-Spektrum-Störung, die keine stabile Differenzierung zum Objekt herzustellen vermögen, weisen meist ausgeprägte Symbolisierungsschwierigkeiten auf »und projizieren womöglich heftig in den Körper der Analytikerin« (vgl. S. 46).

Dass Eltern geistig behinderter Kinder eine empathische Unterstützung benötigen, um sich mit ihren bedrohlichen Phantasien und Projektionen zu konfrontieren und eine befreiende Entlastung davon zu erfahren, ist ja nichts Neues. Indessen ist selbst für ›einfache‹ Verläufe die Entschlüsselung der rätselhaften Botschaften ein heikles und vor allem lange vergessenes Unterfangen. Hier nun haben wir es aber sogar mit einer doppelten Aufgabenstellung zu tun: Die Existenz der Sexualität des eigenen, geistig behinderten Kindes zu erkennen und zu akzeptieren sowie die affektive Eigenbeteiligung – bis hin zur massiven Störung liebevoller und auch erotisierender Momente – ins Bewusstsein vordringen zu lassen. Wer, wenn nicht wir Pädagog/innen, kann ihnen dabei helfen? Auf – wie üblich – nicht behinderte Jugendliche bezogen weist *Benzel* in ihrer Arbeit über Selbstverletzungen in der Adoleszenz darauf hin, dass die Ausdifferenzierung des Körperselbst eines signifikanten Anderen bedarf, »aus dessen Blick, Spiegelung und Berührung sich die Körperwahrnehmung sowie der einzigartige Zugang zum eigenen Körper konstituieren«. Über diese intersubjektiven Körpererfahrungen formt sich das Körperbild als »mentale Repräsentation des Körpers« (vgl. Benzel 2019, S. 477). Die Parallelen zur geistigen Behinderung liegen auf der Hand. Sind Mutter und Kind miteinander unentwirrbar verklebt, gibt es diesen signifikant wahrnehmbaren Anderen nicht, und missglückt die elterliche Mentalisierung, so bleiben weitreichende Probleme nach: »Die Art und Weise, wie der Körper verwendet wird, gibt Aufschlüsse über die verarbeiteten Erfahrungen mit den Primärobjekten.« Wenn zudem bei einem geistig behinderten Jugendlichen oder jungen Erwachsenen eine übermächtige Angst regiert, das Objekt, auf das man praktisch lebenslang angewiesen bleibt, mit seinen Aggressionen zu zerstören, richten diese sich nicht gegen Vater oder Mutter, sondern gegen den eigenen Körper: »Denkbare Schuldgefühle können durch die selbstschädigende Handlung reguliert werden« (vgl. ebd., S. 489).

All dies bleibt, weil *wir* uns davor schützen wollen, meist im Verborgenen. Selbst an dieser Stelle des qua affektiv belasteter Beziehungen massiv eingeschränkten Denkens sehen wir übrigens, wie unser Bildungsauftrag ganz neu zu schreiben wäre. Nicht zuletzt deshalb, weil der individuelle Körper immer ein sozialer, ein »*vergeschlechtlichter* Körper« ist (vgl. Lemma 2018, S. 60), was für das Thema Behinderung allemal zutrifft. Bleibt das alles ungefühlt, ungedacht und ungesagt, weil uns die eigenen rätselhaften, vor allem auch destruktiven Botschaften schrecken, so enteignen wir den geistig behinderten Menschen seiner Geschichte. Stattdessen gerinnt bei ihm das Ahnen unserer heimlichen Impulse zum blinden Fleck. Mentalisierung ist hier nicht, sondern sie *wird* behindert. Und wenn es nun der Mutter schwerfällt, das Körperselbst ihres Kindes zu besetzen, wird das schnell als Verweigerung erlebt (vgl. ebd., S. 67) und kann, wie eben schon angedeutet, dazu führen, dass es zu Selbstverstümmelungen kommt (vgl. ebd., S. 15). Wie immer aber gibt es zum Glück keine Zwangsläufigkeit. In den Texten von *Lemma* und *Benzel* geht es dezidiert nicht um Menschen mit geistigen Behinderungen, aber ich habe beim Lesen viel besser verstanden, warum ein solches Phänomen bei diesem Personenkreis so häufig vorkommt.

Allerdings bin ich optimistisch: Was in schwierigen Beziehungsfeldern traumatisch gewirkt hat, kann in empathischen Beziehungsfeldern in ein weniger quälendes Format umgeschrieben werden. Die Praxis zeigt, dass ein reflektiertes Arbeiten an unseren *behindernden* Phantasien Entwicklungsräume eröffnet, so wie ich es im Fazit meines Projektes zur Erforschung der erlebten Bedeutung von Behinderung bei Kindern im Vorschulalter beschrieben habe:

> »Eltern und behinderte Kinder benötigen eine kompetente und verstehende Unterstützung, damit sie sich mit ihren bedrohlichen Phantasien und Projektionen zu konfrontieren wagen. Solange diese im Verborgenen blühen, verhindern sie, dass eine gutartige Idee vom Kind entstehen kann. Das ausbleibende Mentalisieren bringt im Sinne einer sich selbst erfüllenden Prophezeiung genau jene Entwicklungsblockade beim Kind hervor, die man unbewusst erwartet hat. Wenn dagegen das Mentalisieren aufkommen darf – was durchaus mit heftigen inneren Auseinandersetzungen, aber auch bislang unbekannten Ablösekämpfen mit dem Kind verbunden sein mag –, wird eine Entwicklung in Gang gesetzt, die bislang nicht möglich schien« (vgl. Gerspach 2004b, S. 91).

Wir haben noch viel Arbeit vor uns.

4.4 Fade out ...

Ich bin noch immer überzeugt, dass der verstehende Zugang aus Psychoanalyse und Psychoanalytischer Pädagogik zu unseren Adressat/innen eine unübertroffene theoretische wie methodische Möglichkeit abgibt, um sich mit der variantenreichen Heterogenität ihrer Situation zu befassen und im Sinne eines affekt- und entwicklungsfreundlichen Unterstützungsangebots tätig zu werden. Dass dies leider bis heute ein Desiderat geblieben ist, belegt das folgende Beispiel.

Das Frankfurter Sigmund-Freud-Institut hatte zu Beginn dieses Jahrtausends aus politischen Gründen in großem Umfang staatliche Unterstützung eingebüßt und musste sich fortan, um als Forschungsinstitut überleben zu können, enorme Kraft aufbieten, um dafür die nötigen Drittmittel einzuwerben. Damit stellte sich die Aufgabe, die bislang auf das klassische psychoanalytisch-psychotherapeutische Feld fokussierten Forschungsinteressen auf Bereiche außerhalb klinischer Settings auszuweiten, was der Direktorin *Marianne Leuzinger-Bohleber* auf hervorragende Weise gelang, ihr im Kreise ihrer Kolleg/innen aber auch eine gewisse Verstimmung einbrachte. Jedenfalls wurde auf diesem Wege u. a. die Nähe zur Pädagogik gesucht und gefunden. Das sehr aktuell gewordene Thema Aufmerksamkeits-Defizit-Hyperaktivitäts-Störung (ADHS) bot sich geradezu zwingen an, um mit einem psychodynamischen Konfliktkonzept die wirkmächtigen Einflussfaktoren jenseits bzw. *diesseits* rein biologisch-neurologischer Prozesse unter die Lupe zu nehmen. Diese »repräsentative, kontrollierte und prospektive« Untersuchung wurde von 2003–2006 in städtischen Kindertagesstätten der Stadt Frankfurt unter dem Titel »Frankfurter Präventionsstudie« angesiedelt. Die Stichprobe bezog insgesamt 1000 Kindern (500 Kinder wurden für eine Interventionsgruppe ausgewählt, 500 weitere für eine Vergleichsstichprobe) aus je 14 Einrichtungen ein (vgl. Leuzinger-Bohleber u. a. 2007, S. 367; Leuzinger-Bohleber u. a. 2006; Analytische Kinder- und Jugendlichen-Psychotherapie 2014). So kam ich selbst ins Spiel, als pädagogischer »ADHS-Spezialist«.

Die Bausteine des Präventions- und Interventionsprogramms beinhalten vierzehntägliche Supervisionen, psychoanalytisch-pädagogische Angebote, intensive Elternarbeit, den Einsatz eines Gewaltpräventionsprojekts und psychoanalytische Einzeltherapien für besonders bedürftige Kinder.

Um über den Tellerrand der psychoanalytischen Gemeinde hinaus anerkannt zu werden, wurde das Forschungsdesign nach an den gängigen empirisch ausgerichteten, operationalisierbaren Standards entworfen. Es gab also eine differenzierte Aufbereitung und Auswertung der erhobenen quantitativen Daten, was alle statistischen Regeln wie Faktoren- oder Trennschärfenanalyse einschloss, ergänzt um qualitative Beobachtungen, die zur Formulierung diagnostischer Subgruppen führten. Die Ergebnisse lauteten zusammengefasst: Aggressivität und Ängstlichkeit nahmen in den Interventionsgruppen signifikant ab, während sich ein solch deutlicher Effekt für die Hyperaktivität nicht nachweisen ließ (vgl. Leuzinger-Bohleber u. a. 2007, S. 368 ff.). Im Resümee wird betont: »Es führen viele Wege zu einem ADHS nach DSM-IV: *es existiert keine monokausale Erklärung* (...) Oft trifft eine genetisch bedingte, auffallende Reagibilität auf äußere und innere

Reize im Sinne einer Hypersensibilität auf ein Primärobjekt, das damit nicht in einer ›genügend guten Weise‹ regulierend und empathisch umzugehen weiß«. Es kommt zum »Zusammenbruch narrativer [hier wieder als lobenswerter Begriff verwendet; M.G.] Funktionen in der Mutter-Kind-Dyade und damit auch zu einer mangelnden Entwicklung sekundärprozesshaften Denkens« (vgl. ebd., S. 380).

Und jetzt folgt, worum es mir zu tun ist. Bis heute findet die Studie in den Fachkreisen der akademischen Psychologie und biologischen Medizin keine Aufnahme. In keinem mir bekannten Text aus dem mainstream der ADHS-Forschung ist er erwähnt. Hinzu gesellt sich ein weiteres: In der gesundheitsökonomisch ausgerichteten Nachuntersuchung einer kontrollierten Studie zur Wirksamkeit psychoanalytischer Langzeitbehandlungen und verhaltenstherapeutisch/medikamentöser Behandlungen bei Kindern mit der Diagnose ADHS und Störung des Sozialverhaltens wurden die Kosten aller symptombezogenen Behandlungs- und Betreuungsinterventionen verglichen. Als Ergebnis ergab sich, dass die psychoanalytische Behandlung isoliert betrachtet zunächst als mehr als doppelt so teuer wie die verhaltenstherapeutisch/medikamentöse Behandlung erscheint. In einem zweiten Schritt wurden die darüber hinaus notwendig gewordenen Interventionen – wie hinzukommende teilstationäre und stationäre Aufenthalte, ambulante Psychotherapie oder sozialpädagogische Maßnahmen und Einzelfallhilfen – untersucht. Jetzt zeigen sich deutliche Unterschiede zugunsten der psychoanalytischen Behandlung. Die Kosten der zusätzlichen Maßnahmen der verhaltenstherapeutisch/medikamentösen Behandlungsgruppe überstiegen um das 23-fache die Kosten der zusätzlichen Maßnahmen in der psychoanalytischen Behandlungsgruppe. Mit anderen Worten: »Der häufig vorgebrachte Eindruck, dass psychoanalytische Langzeitbehandlungen höhere Behandlungskosten als verhaltenstherapeutisch/medikamentöse verursachten und nicht kosteneffektiv seien, erfährt eine deutliche Korrektur, sobald die zusätzlich zu den Therapien notwendig gewordenen symptombezogenen Interventionen bei den Behandlungskosten berücksichtigt werden« (vgl. Läzer u. a. 2015, S. 178 ff.). Auch von diesem Wissen wird kein Gebrauch gemacht. Und dies ist die letzte der von mir aufgelisteten Fehlleistungen.

Im vorliegenden Band habe ich

- den erkenntnistheoretischen Verlust für die Humanwissenschaften im Allgemeinen und die Erziehungswissenschaften durch die Verleugnung von Psychoanalyse und Psychoanalytischer Pädagogik im Besondren beklagt und gleichzeitig aufgezeigt, dass »wir« bei der Fallarbeit dort anfangen, wo andere aufhören und somit erst – auf beiden Seiten – nachhaltige emanzipative Entwicklungsprozesse anstoßen können;
- die Schimäre vom ›neutralen‹ Beobachters im Praxis- wie Forschungsfeld kritisiert und zu offenbaren gesucht, dass eben der Verzicht auf diese nicht haltbare Position unter Einschluss selbstreflexiver Zugänge zu den stattfindenden Verstrickungen viel mehr an Verstehen liefert als jede aseptische Enthaltsamkeit;

- eine erste, bislang nicht existierende systematische Abhandlung zu einem psychoanalytisch-pädagogischen Forschungsdesign vorgelegt, das uns befähigt, aus der Teilhabe an der Interaktion heraus zu den unbewussten Tiefendimensionen des Falles vorzudringen;
- angstmachende Tabuthemen aufgegriffen, nicht um die Angst davor zu erhöhen, sondern eine Versöhnung ins Auge zu fassen und gleichzeitig den Erkenntnisrahmen zu erweitern.

Wie wertvoll ist die Pädagogik? Auf der Seite der Praktiker/innen lässt sich durchaus ein gewisser Hiatus zwischen dem Gold der Therapie und dem Blech der Pädagogik ausmachen. Beim Frankfurter Präventionsprojekt wurde das Angebot zur psychotherapeutischen Hilfe für besonders bedürftige Kinder von deren Eltern mit Entrüstung zurückgewiesen, wenn sie aus kränkendem Unwissen darunter zu verstehen glaubten, dass diese ›verrückt‹ und »krank« seien. In unseren an der Hochschule Darmstadt durchgeführten Kooperationsprojekten mit Schule aus der Region setzte ich daher eher auf niederschwellige *pädagogische* Angebote, um eben dieser Falle zu entgehen. Auch diese *blecherne* Kränkung des Pädagogen/der Pädagogin will bewältigt sein.

Diese Kränkung geht sogar noch tiefer. In ihrem kleinen Disput über das »Verschwinden der Pädagogen aus der Psychoanalyse« befassen sich *Kießling* (2020) sowie *Fischer*, *Wittenberger* (2021) in der »Psyche« mit den Folgen der Novelle des Gesetzes über den Beruf der Psychotherapeutin und des Psychotherapeuten, der zufolge fortan keine Erziehungswissenschaftler/innen und Sozialarbeiter/innen mehr zur Ausbildung zu analytischen Kinder- und Jugendlichen-Psychotherapeut/innen zugelassen werden. Es verwundert, dass in beiden Beiträgen die genuine Existenz einer Psychoanalytischen Pädagogik und deren vielfältigen Diskurse bis auf eine kleine Randbemerkung (vgl. Fischer, Wittenberger 2021, S. 266) expressis verbis nicht behandelt werden. Im Gegenteil sieht sich die Pädagogik zu einer Hilfswissenschaft degradiert:

> »Entweder man erzieht Kinder oder man analysiert sie (…) Die professionelle Identität der Kinderanalytikerin findet sich nicht in ihrem Grundberuf, sondern in den Kriterien der Psychoanalyse (Offenheit für das Unbewusste, Arbeit in und an der Beziehung, Übertragung und Gegenübertragung, Umgang mit Widerstand, Deutung usw.)« (vgl. ebd. S. 266).

Das ist doch eine instrumentelle Verkürzung pädagogischen Handelns auf reines Machen, wo ein Kind wie ein natur- und umweltbestimmtes Objekt erscheint, dessen Verhalten durch äußere Reize beeinflusst wird. Das Konzept eines sinnhaft reflektierten Handelns auf der Basis von Verstehen kommt darin nicht vor. Die Psychoanalyse hat eben auch ihre blinden Flecken.

Sehe ich von derlei platten Vereinfachungen ab, bleibt doch zu fragen: Was also machen wir mit all den Warnungen und Ansprüchen, wie sie besonders *Devereux* vorformuliert hat (vgl. 1992)? Auf Grund einer aktuellen empirischen Studie lässt sich argumentieren, dass »selbstregulative Fähigkeiten eine zentrale Facette in kompetenzorientierten Konzeptualisierungen pädagogischer Professionalität« bilden (vgl. Schwarzer u. a. 2021, S. 108). Diese individuellen Verarbeitungsmöglichkeiten befähigen zu einem »verantwortungsvoller Umgang mit eigenen Ressourcen in Anforderungssituationen« und tragen »in der Folge zur langfristigen Gesunderhaltung und guter pädagogischer Praxis« bei (vgl. ebd. S. 108). Nicht nur in Lehrveranstaltungen während der universitären Ausbildung, sondern auch durch »Fallbesprechungen, Supervision und Fortbildungen« lassen sich diese professionellen Kompetenzen dauerhaft verändern und festigen (vgl. ebd. S. 116). Die selbstregulativen Potentiale minimieren die Stressbelastung und führen auf diese Weise zu einer Verfeinerung des Verstehens. Wer sich nicht länger persönlich angegriffen fühlen muss, sondern solches Agieren als Übertragungsphänomen zu lesen weiß, bleibt handlungsfähig. Eine gelingende Selbstregulation geht mit dem Vermögen zur Selbstreflexion Hand in Hand. Mithin wird Erkenntnis gewonnen, indem sie gegen die eigene Person gerichtet wird.

In gewissem Sinne finden wir im Poststrukturalismus eine Vollendung dieses gegen sich selbst gewendeten Anspruchs. Die durch ihn gesetzte Begrenzung der eigenen intellektuellen Größenphantasien ist wohltuend, und es gilt zu gegenwärtigen, dass wir keine Wahrheiten ›an sich‹ generieren, sondern Erkenntnisse auf der Grundlage einer bestimmten Konstruktion gewinnen und vielleicht fortan andere, weniger problematisch gewordene Kategorien benötigen. Dabei muss aber das poststrukturalistische Denken selbst in den Fokus der Selbstreflexion geraten. Denn genau genommen erhebt auch der poststrukturalistische Dogmatismus implizit den Anspruch auf absolute Wahrheit.

Wenn wir einem solchen Selbstbetrug entkommen, lässt sich der Verstehensprozess in folgende Formel gießen: Die Selbstreflexion führt zu besserer Selbstregulation und Selbstfürsorge. Damit wird ein tieferes Verstehen des Falles ermöglicht, was notabene in eine bessere pädagogische Praxis einmündet.

Fallverstehen setzt bei mir selbst an. Denn ich bin weit mehr in die Beziehung zu meinen Adressat/innen verstrickt, als mir zunächst aufgehen will. Wird es nicht eingehend überdacht, gerät das Gewebe aus Übertragung und Gegenübertragung zum Fallstrick der Fallarbeit. Zudem können meine Überlegungen über das innere Erleben meines Gegenübers nur vorläufige sein, die allein on diesem selbst zu verifizieren oder falsifizieren sind. Vor allem darf der Gesichtspunkt des Impliziten innerhalb der aktuellen professionellen Begegnung nicht zu geringgeschätzt werden. Es sind die spontanen, nicht geplanten und auch nicht planbaren Momente, die entwicklungsfördernd wirken. Ihrer können wir nur gewahr werden, wenn wir unseren eigenen Anteil daran ins Auge fassen, was nicht immer leicht fällt.

Ein letztes Beispiel soll dies erläutern. Im Rahmen meiner Tätigkeit in einem sozialen Brennpunkt ereignete sich anlässlich einer Ferienfreizeit Folgendes: Angrenzend an unsere Unterkünfte befand sich eine große, eingezäunte Wiese, auf der ein mächtig wirkender Stier graste. Einer unserer Jungen von etwa 12 Jahren der aus eher verwahrlosten Verhältnissen stammte, kletterte über das Gatter. Ich bemerkte, wie ihn das Tier wenig amüsiert zu mustern begann. In meinen Ahnungen bahnten sich schreckliche Dinge an. Meine Aufforderungsrufe, die immer hektischer wurden, konnten den Jungen nicht bewegen, die Wiese aus freien Stücken zu verlassen. Neben meiner Angst überkam mich ein immenser Zorn.

Ich übersprang den Zaun, lief eiligst auf den Jungen zu und zerrte ihn wutentbrannt an seinen Haaren nach draußen. Ich war tief erschrocken über meine wüste Reaktion und hatte ein schlechtes Gewissen. Ich hatte mich nicht viel anders gebährdet, als er es von zu Hause her kannte. Am Abend veranstalten wir ein Fußballspiel und ich war in der gleichen Mannschaft wie er, der mich den ganzen restlichen Tag nur mehr böse angestarrt hatte. Kurz vor Schluss, beim Stande von 0 : 0 bekam er den Ball. Ich stand zwischen ihm und dem nahen Tor. Und dann gab es diesen ›now moment‹. Ich erkannte, dass er schießen konnte, ich aber war ihm ja im Weg. Spontan sprang ich hoch – und in dieser Sekunde *wusste* er, dass ich das tun würde – und schoss das Siegtor unter mir hindurch. Selten habe ich mit einem anderen Menschen einen solchen intensiven Blick getauscht. In einem gemeinsamen Augenblick der Wiedergutmachung hatte sich unser Arbeitsbündnis für lange Zeit gefestigt. Hier handelte es sich nicht um eine sprach-symbolische Bearbeitung, sondern im gemeinsamen präsentativen Handeln lag die Lösung.

Daher nun die abschließende ›Gebrauchsanweisung‹: Ich muss mich aufs Glatteis begeben, meine Regression zulassen und ihr folgen. Also frei assoziieren, um meinen im eigenen Erleben, in meinen Ahnungen, Assoziationen und affektiven Eindrücken bewahrten Erkenntnismöglichkeiten zu trauen und in die Phantasien und Gedankenwelt meines Gegenübers einzutauchen. Darüber kann eine gesunde Progression in Gang gesetzt werden. So wichtig das Verstehen der Bedeutung der Intersubjektivität ist, sie lässt sich nicht ohne Rest auflösen. Zurück bleibt eine tiefsitzende und wohltuende Skepsis gegenüber dem unklar oder gar nicht Verstandenen und Unauflösbaren. Was wir benötigen ist das Aushalten-Können des Widerspruchs zwischen dem generierten »evidenzbasierten« Wissen und der Fragwürdigkeit der daraus abgeleiteten Zielvorgaben. Dieser Vorbehalt gilt für Praxis und Forschung gleichermaßen. Vor allem für die Praxis zählt: Wenn über die geteilte Erfahrung einer empathischen und haltenden Beziehung der innere Widerstand gegen meine Verstehensangebote so klein wird, dass er keine schädigende Wirkung mehr besitzt, ist die Bahn frei für reife Entwicklungsschritte.

Fade out bezeichnet in der Rockmusik das langsame Ausklingen eines Stückes ... Da selbst *Alfred Lorenzer* sich auf *B.B. King* und den Blues bezog, um daran die kraftvolle Bedeutung »präsentativer Symbolik« zu veranschaulichen (vgl. Lorenzer 1984, S. 37 f.; Cone 1973), sehe ich keinen Grund, diesen Terminus nicht auch zu verwenden. Mit der Ausweitung des tiefenhermeneutischen Topos auf das Nichtsprachlich-Implizite können wir die präsentative Symbolik um eine neue Form erweitern. Nur so lässt sich der Fall wirklich verstehen. Das ist der Schlussakkord.

5 Literatur

Abd-Al-Majeed, Raem, Abd, Berg, Philipp, Brehm, Alina, Jentsch, Sebastian, Kaufhold, Charlie, Monecke, Matthias, Schwertel, Tamara & Witzel, Hauke: Szene und Affekt. Die Bedeutung der Gruppe in der Tiefenhermeneutik. In: Behinderte Menschen 43 (4/5). 2020. S. 25–29

Abraham, Anke: Der Körper im biographischen Kontext. Ein wissenssoziologischer Beitrag. Wiesbaden (Westdeutscher Verlag) 2002

Ackeren, Isabell van, Bremer, Helmut, Kessl, Fabian, Koller, Hans-Christoph, Pfaff, Nicolle, Rotter, Carolin, Klein, Esther Dominique & Salascheck, Ulrich (Hrsg.): Bewegungen. Beiträge zum 26. Kongress der Deutschen Gesellschaft für Erziehungswissenschaft. Schriften der Deutschen Gesellschaft für Erziehungswissenschaft. Opladen, Berlin, Toronto (Budrich) 2020

Adler-Corman, Petra, Bossert, Renate, Hendrikoff, Katharina, Hüller, Thomas, Lüdemann, Gudrun & Röpke, Christine: Leitlinien. Depressionen im Kindes- und Jugendalter. In: Analytische Kinder- und Jugendlichen-Psychotherapie 44 (3). 2013. S. 441–492

Adorno, Theodor W.: Erziehung nach Auschwitz. In Adorno, Theodor W.: Erziehung zur Mündigkeit. Frankfurt (Suhrkamp) 1973 (1966). S. 88–104

Adorno, Theodor W.: Sexualtabus und Recht heute. In: Gesammelte Schriften Bd. 10 II: Kulturkritik und Gesellschaft. Frankfurt (Suhrkamp) 1980 (1963). S. 532–544

Adorno, Theodor W.: Zum Verhältnis von Soziologie und Psychologie. In: Gesammelte Schriften Bd. 8. Frankfurt (Suhrkamp) 1990a (1955). S. 42–85

Adorno, Theodor W.: Postscriptum. In: Gesammelte Schriften Bd. 8. Frankfurt (Suhrkamp) 1990b (1966). S. 86–92

Adorno, Theodor W.: Negative Dialektik. Frankfurt (Suhrkamp) 1990d (1966)

Adorno, Theodor W.: Philosophische Terminologie. Bd. 2. Frankfurt (Suhrkamp) 1992 (1973)

Adorno, Theodor W., Holzkamp, Klaus, Marcuse, Herbert, Reich, Wilhelm u. a.: Kritische Psychologie. Raubdruck. 1970

Aebi Schneider, Elisabeth: Von der Schwierigkeit, ein Forschungsobjekt zu sein. In: Zeitschrift für psychoanalytische Theorie und Praxis 33 (1). 2018. S. 106–110

Agamben, Giorgio: Was ist ein Dispositiv? Zürich, Berlin (Diaphanes) 2008

Ahrbeck, Bernd: Angewiesensein und innerer Konflikt – kritische Überlegungen zur empirischen Säuglingsforschung und einigen ihrer Folgen. In: Eggert-Schmid Noerr, Annelinde, Finger-Trescher, Urte & Pforr, Ursula (Hrsg.): Frühe Beziehungserfahrungen. Die Bedeutung primärer Bezugspersonen für die kindliche Entwicklung. Gießen (Psychosozial) 2007. S. 33–56

Ahrbeck, Bernd, Ellinger, Stephan, Hechler, Oliver, Koch, Katja & Schad, Gerhard: Evidenzbasierte Pädagogik. Sonderpädagogische Einwände. Stuttgart (Kohlhammer) 2016

Aichhorn, August: Verwahrloste Jugend. Bern, Stuttgart, Wien (Huber) 1977 (1925)

Aichhorn, Thomas: »Freud arbeiten lassen«. Die Dynamisierung der Sexualtheorie durch Jean Laplanche. Frankfurt (Brandes & Apsel) 2019

Alexander, Franz: Fundaments of Psychoanalysis. London (Allen & Unwin) 1949

Allefeld, Carsten: Erkenntnistheoretische Konsequenzen der Systemtheorie. Die Theorie selbstreferentieller Systeme und der Konstruktivismus. Magisterarbeit. Berlin1999. In: https://refubium.fu-berlin.de/bitstream/handle/fub188/15060/eks.pdf (letzter Zugriff am 02.07.2020)

Althans, Birgit & Zirfas, Jürgen: Das Unbewusste in der Erziehung – Zur Pädagogik Sigmund Freuds. In: Buchholz, Michael B. & Gödde, Günter (Hrsg.): Das Unbewusste in der Praxis. Erfahrungen verschiedener Professionen. Bd. III. Gießen (Psychosozial) 2006. S, 129–157

Altrichter, Herbert: Aktionsforschung als Strategie zur Förderung professionellen Lernens. In: Breidenstein, Georg, Combe, Arno, Helsper, Werner & Stelmaszyk, Bernhard (Hrsg.): Forum qualitative Schulforschung 2. Interpretative Unterrichts- und Schulbegleitforschung. Opladen (Leske & Budrich) 2002. S. 195–202

Alvarez, Anne: Frustration und Getrenntheit, Lust und Verbundenheit: Reflexionen über Bedingungen, unter denen böse oder gute Überraschungen zum Lernen anspornen. In: Kinderanalyse 9 (2). 2001. S. 210–228

Alvarez, Anne: Verschiedene Formen der sexuellen Übertragung und Gegenübertragung in der psychotherapeutischen Arbeit mit Kindern und Jugendlichen. In: Analytische Kinder- und Jugendlichen-Psychotherapie 42 (4). 2011. S. 499–521

Amann, Klaus & Hirschauer, Stefan: Die Befremdung der eigenen Kultur. Ein Programm. In: Hirschauer, Stefan & Amann, Klaus (Hrsg.): Die Befremdung der eigenen Kultur. Frankfurt (Suhrkamp) 1997. S. 7–52

American Psychiatric Association: Diagnostisches und statistisches Manual psychischer Störungen DSM 5. Göttingen (Hogrefe) 2015

Analytische Kinder- und Jugendlichen-Psychotherapie. Themenheft Frankfurter Wirksamkeitsstudie zur Psychotherapie bei ADHS. 45 (4). 2014

Arfelli Galli, Anna: Die Entwicklungspsychologie von Daniel N. Stern und ihre Beziehung zur Gestaltpsychologie. In: Gestalt Theory 39 (1). 2017. S. 54–63

Argelander, Hermann: Eine vergleichende Textstudie von Verbatim- und Gedächtnisprotokollen. In: Psyche – Z Psychoanal 38 (5). 1984. S. 385–419

Argelander, Hermann: Sinn und Verstehen – Ansätze einer psychoanalytischen Methodologie. In: Zeitschrift für psychoanalytische Theorie und Praxis 10 (2). 1995. S. 11–27

Asbrand, Barbara: Dokumentarische Methode. In: Online Fallarchiv Schulpädagogik. www.fallarchiv.uni-kassel.de/ 2011. S. 1–15 (letzter Zugriff am 24.07.2020)

Baier, Horst: Acht Thesen zur theoretischen und praktischen Kritik der Sozialwissenschaften. In: Adorno, Theodor W., Holzkamp, Klaus, Marcuse, Herbert, Reich, Wilhelm u. a. 1970. S. 26–28

Balint, Michael: Der Arzt, sein Patient und die Krankheit. Frankfurt (Fischer) 1970 (1964)

Banki, Farsin: Der Weg ins Denken. Platon, Martin Heidegger, Theodor Ballauff. Bern, Stuttgart (Haupt) 1986

Barkhausen, Cord: Rezension von: Edith Sheffer (2018): Aspergers Kinder. Die Geburt des Autismus im »Dritten Reich«, Frankfurt am Main: Campus. In: Zeitschrift für psychoanalytische Theorie und Praxis 34 (3). 2019. S. 348–351

Beck, Aaron T: Prisoners of Hate: The Cognitive Basis of Anger, Hostility and Violence. New York (HarperCollins) 1999

Becker, Hansjörg: Psychoanalyse und Organisation. Zur Bedeutung unbewusster Sozialisation in Organisationen. In: Freie Assoziation 1 (1/2) 1998. S. 81–100

Becker, Jonas: Spuren des Psychischen im Sozialen. Zur Relationierung von Individuellem und Sozialem im tiefenhermeneutischen Textbegriff. In: Menschen 43 (4/5). 2020. S. 31–35

Becker, Jonas & Kratz, Marian: Zurück zu den Widersprüchen. Tiefenhermeneutische Fallkasuistik in der Hochschullehre. In: Zimmermann, David, Fickler-Stang, Ulrike, Dietrich, Lars & Weiland, Katharina (Hrsg.): Professionalisierung für Unterricht und Beziehungsarbeit mit psychosozial beeinträchtigten Kindern und Jugendlichen. Bad Heilbrunn (Klinkhardt) 2019. S. 3–50

Belgrad, Jürgen, Görlich, Bernard, König, Hans-Dieter & Schmid Noerr, Günzelin: Alfred Lorenzer und die Idee einer psychoanalytischen Sozialforschung. In: Belgrad, Jürgen, Görlich, Bernard, König, Hans-Dieter, Schmid Noerr, Günzelin (Hrsg.): Zur Idee einer psychoanalytischen Sozialforschung. Dimensionen szenischen Verstehens. Frankfurt (Fischer) 1987. S. 9–24

Benecke, Cord, Gast, Lilli, Leuzinger-Bohleber, Marianne & Mertens, Wolfgang: Geleitwort zur Reihe. In: Haubl, Schülein 2016. S. 5–6

Benzel, Susanne: Körperszenen – Selbstverletzungen in der Adoleszenz. In: Kinder- und Jugendlichen-Psychotherapie 50 (4). 2019. S. 475–493

Bernasconi, Tobias & Böing, Ursula: Pädagogik bei schwerer und mehrfacher Behinderung. Stuttgart (Kohlhammer) 2015

Bernfeld, Siegfried: Der soziale Ort und seine Bedeutung für Neurose, Verwahrlosung und Pädagogik. In: Bernfeld, Siegfried: Antiautoritäre Erziehung und Psychoanalyse Bd. 1. Frankfurt (März) 1970 (1929). S. 198–211

Bettelheim, Bruno: Der Weg aus dem Labyrinth. Leben lernen als Therapie. Stuttgart (Deutsche Verlags-Anstalt) 1975

Bettelheim, Bruno: Die Geburt des Selbst. The Empty Fortress. Erfolgreiche Therapie autistischer Kinder. Frankfurt (Fischer) 1989 (1977)

Bick, Esther: Bemerkungen zur Säuglingsbeobachtung in der psychoanalytischen Ausbildung. In: Diem-Wille & Gertraud, Turner, Agnes (Hrsg.): Ein Blick in die Tiefe. Die Methode der psychoanalytischen Säuglingsbeobachtung und ihre Anwendungen. Stuttgart (Klett-Cotta) 2009. S. 19–36

Bimschas, Bärbel & Schröder, Achim: Beziehungen in der Jugendarbeit. Untersuchung zum reflektierten Handeln in Profession und Ehrenamt. Opladen (Leske & Budrich) 2003

Bion, Wilfred R.: Erfahrungen in Gruppen. Frankfurt (Suhrkamp) 1991

Bion, Wilfred R.: Lernen durch Erfahrung. Frankfurt (Suhrkamp) 1992 (1965)

Bion, Wilfred R.: Eine Theorie des Denkens. In: Bott-Spillius, Elizabeth (Hrsg.): Melanie Klein heute. Entwicklungen in Theorie und Praxis. Bd. 1: Beiträge zur Theorie. Stuttgart (Verlag Internationale Psychoanalyse) 1995 (1962). S. 225–235

Bittner, Günther: Der psychoanalytische Begründungszusammenhang in der Erziehungswissenschaft. In: Bittner, Günther & Ertle, Christoph (Hrsg.) 1985. S. 31–46

Bittner, Günther: Metaphern des Unbewussten. Eine kritische Einführung in die Psychoanalyse. Stuttgart, Berlin, Köln (Kohlhammer) 1998

Bittner, Günther: Was kann man »aus Geschichten lernen«? In: Datler, Wilfried, Müller, Burkhard & Finger-Trescher, Urte (Hrsg.): Sie sind wie Novellen zu lesen .... Zur Bedeutung von Falldarstellungen in der Psychoanalytischen Pädagogik. Jahrbuch für Psychoanalytische Pädagogik 14. Gießen (Psychosozial) 2004. S. 42–53

Bittner, Günther: Was ist das Psychoanalytische an der Psychoanalytischen Pädagogik? In: Fürstaller, Maria u. a. (Hrsg.) 2015. S. 33–40

Bittner, Günther: Verstehen und Nichtverstehen im Umgang mit Demenzkranken. In: Rauh, Bernhard & Kreuzer, T. (Hrsg.) 2016. S. 207–223

Bittner, Günther, Dörr, Margret, Fröhlich, Volker & Göppel, Rolf (Hrsg.): Allgemeine Pädagogik und Psychoanalytische Pädagogik. Opladen, Farming Hills (Budrich) 2010

Bittner, Günther & Ertle, Christoph (Hrsg.): Pädagogik und Psychoanalyse. Beiträge zur Geschichte, Theorie und Praxis einer interdisziplinären Kooperation. Würzburg (Königshausen und Neumann) 1985

Blankertz, Stephan & Doubrawa, Erhard: Lexikon der Gestalttherapie. Kassel (gikPRESS) 2017 (2005)

Böhme, Jeanette, Cramer, Colin & Bressler, Christoph (Hrsg.): Erziehungswissenschaft und Lehrerbildung im Widerstreit!? Verhältnisbestimmungen, Herausforderungen und Perspektiven. Bad Heilbrunn (Klinkhardt) 2018

Bohnsack, Ralf: Rekonstruktive Sozialforschung. Einführung in qualitative Methoden. Opladen (Budrich) 2003

Boothe, Brigitte: Das Narrativ. Biografisches Erzählen im psychotherapeutischen Prozess. Stuttgart (Schattauer) 2011

Bosse, Hans: Zugänge zur verborgenen Kultur der Jugendlichen. In: Combe, Arno & Helsper, Werner (Hrsg.): Hermeneutische Jugendforschung. Theoretische Konzepte und methodologische Ansätze. Opladen (Westdeutscher Verlag) 1991. S. 200–229

Bourdieu, Pierre: Sozialer Raum und symbolische Macht. In: Bourdieu, Pierre (Hrsg.): Rede und Antwort. Frankfurt (Suhrkamp) 1992. S. 135–154

Bowlby, John: Bindung. München (Kindler) 1975
Braches-Chyrek, Rita: Soziale Arbeit – die Methoden und Konzept. Toronto (Budrich) 2019
Brandes, Holger: Selbstbildungsprozesse von und in Kindergruppen. In: Gruppenpsychotherapie und Gruppendynamik 46 (1). 2008. S. 33–51
Braun, Andrea, Graßhoff, Gunther & Schweppe, Cornelia: Sozialpädagogische Fallarbeit. München, Basel (Reinhardt) 2011
Brede, Karola: Die psychoanalytische Zeitdiagnose und das Geschichtsbewusstsein der Deutschen. In: Psyche – Z Psychoanal 66 (8). 1997. S. 875–904
Breuer, Franz: Die Relativität der Realität. Zur erkenntnis- und praxisbezogenen Produktivität differenzieller Sehweisen der »Wirklichkeit«. In: Beerlage, Irmtraud & Fehre, Eva-Maria (Hrsg.): Praxisforschung zwischen Intuition und Institution. Tübingen (DGTV) 1989. S. 57–69
Breuer, Franz (Hrsg.): Qualitative Psychologie. Grundlagen, Methoden und Anwendungen eines Forschungsstils. Opladen (Westdeutscher Verlag) 1996
Bruder, Klaus-Jürgen: Das postmoderne Subjekt. 1995. In: http://web.fu-berlin.de/postmoderne-psych/berichte1/bruder_pomo_subjekt.htm (letzter Zugriff am 04.08.2020)
Bruder, Klaus-Jürgen: Dekonstruktion psychologischer Subjektvorstellungen in der Krise der Moderne: Herausforderung der Postmoderne. In: Journal für Psychologie 4. 1995 / 1. 1996. S. 27–38
Brückner, Burkart, Iwer, Lukas & Thoma, Samuel: Die Existenz, Abwesenheit und Macht des Wahnsinns. Eine kritische Übersicht zu Michel Foucaults Arbeiten zur Geschichte und Philosophie der Psychiatrie. In: N.T.M. Zeitschrift für Geschichte der Wissenschaften, Technik und Medizin 25 (1) 2017. S. 69–98. https://link.springer.com/content/pdf/10.1007/s00048-017-0164-9.pdf (letzter Zugriff am 03.08.2020)
Brückner, Franziska: Kritische Praxis nach Foucault. In: http://edoc.hu-berlin.de/18452/3761. 2012. S. 311–336 (letzter Zugriff am 04.08.2020)
Brüder Grimm: Kinder- und Hausmärchen. München (Winkler) 1991 (1819)
Buber, Martin: Reden über Erziehung. Heidelberg (Lambert-Schneider) 1960 (1925)
Buber, Martin: Begegnung. Autobiographische Fragmente. Heidelberg (Lambert-Schneider) 1986 (1960)
Buchholz, Michael B.: Dreieckgeschichten. Eine klinische Theorie psychoanalytischer Familientherapie. Göttingen, Zürich (Vandenhoeck & Ruprecht) 1993
Buchholz, Michael B.: Profession und empirische Forschung in der Psychoanalyse – ihre Souveränität und Integration. In: Psyche – Z Psychoanal 60 (5). 2006. S. 426–454
Buchholz, Michael B.: Stephen Mitchell und die Perspektive der Intersubjektivität. In: Buchholz, Michael B., Gödde, Günther (Hrsg.): Macht und Dynamik des Unbewussten. Auseinandersetzungen in Philosophie, Medizin und Psychoanalyse. Bd. 1. Gießen (Psychosozial) 2005. S. 627–649
Buchholz, Michael B., Streeck, Ulrich (Hrsg.): Heilen, Forschen, Interaktion. Psychotherapie und qualitative Sozialforschung. Opladen (Westdeutscher Verlag) 1994
Bude, Heinz: Rekonstruktion von Lebenskonstruktionen – eine Antwort auf die Frage, was die Biographieforschung bringt. In: Kohli, Martin & Robert, Günther (Hrsg.): Biographie und soziale Wirklichkeit. Neuere Beiträge und Forschungsperspektiven. Stuttgart (Metzler) 1984. S. 7–28
Bühler, Patrick: Böse Mütter im Summer of Love. Antipädagogik und Psychotherapie in den Siebziger Jahren. In: Ackeren, Isabell van u. a. (Hrsg.) 2020. S. 599–611
Bührmann, Andrea D. & Schneider, Werner: Vom Diskurs zum Dispositiv. Eine Einführung in die Dispositivanalyse. Bielefeld (transcript) 2012 (2008)
Büttner, Christian, Finger-Trescher, Urte & Scherpner, Martin (Hrsg.): Psychoanalyse und Soziale Arbeit. Mainz (Grünewald) 1990
Butler, Judith: Die Macht der Geschlechternormen und die Grenzen des Menschlichen (Frankfurt (Suhrkamp) 2011 (Undoing Gender. Abbington New York <Routledge> 2004)
Cabré, Luis J. Martin: Ferenczis Beitrag zum Konzept der Gegenübertragung. In: Psyche – Z Psychoanal 53 (5). 1999. S. 457–493

Caper, Robert: Seelische Wirklichkeit. Von Freud zu Melanie Klein. Stuttgart (Klett-Cotta) 2000

Carda-Döring, Claudia, Manso Arias, Rosa M., Misof, Tanja, Repp, Monika, Schießle, Ulrike & Schultz, Heike: Berührt. Alltagsgeschichten von Familien mit behinderten Kindern. Frankfurt (Brandes & Apsel) 2006

Casale, Rita, Röhner, Charlotte, Schaarschuch, Andreas & Sünker, Heinz: Entkopplung von Lehrerbildung und Erziehungswissenschaft: Von der Erziehungswissenschaft zur Bildungswissenschaft. In: Erziehungswissenschaft 21 (41). 2010. S. 43–66

Clos, Regina: Offener Unterricht an der Schule für Lernbehinderte – Didaktik oder Therapie? In: Büttner, Christian & Finger-Trescher, Urte (Hrsg.): Psychoanalyse und schulische Konflikte. Mainz (Grünewald) 1991. S. 51–78

Coates, Susan W.: Können Babys Traumata im Gedächtnis behalten? Symbolische Formen der Repräsentation bei frühkindlicher Traumatisierung. In: Psyche – Z Psychoanal 72 (12). 2018. S. 993–1021

Cone, James H.: Ich bin der Blues und mein Leben ist ein Spiritual. Eine Interpretation schwarzer Lieder. München (Kaiser) 1973

Crain, Fitzgerald: Fürsorglichkeit und Konfrontation. Psychoanalytisches Lehrbuch zur Arbeit mit sozial auffälligen Kindern und Jugendlichen. Gießen (Psychosozial) 2005

Crain, Fitzgerald: Fürsorglichkeit und Konfrontation. Psychoanalytisches Lehrbuch zur Arbeit mit sozial auffälligen Kindern und Jugendlichen. Gießen (Psychosozial) 2005

Cramer, Colin: Zum Verhältnis von Erziehungswissenschaft und Lehrerbildung. Implikationen für die Professionalität im Lehrerinnen- und Lehrerberuf. In: Böhme, Jeanette u. a. (Hrsg.) 2018. S. 103–118

Damasio, Antonio R.: Ich fühle, also bin ich. Die Entschlüsselung des Bewusstseins. München (List) 2004

Datler, Margit: Die Macht der Emotion im Unterricht. Eine psychoanalytisch-pädagogische Studie. Gießen (Psychosozial) 2012

Datler, Wilfried: Was leistet die Psychoanalyse für die Pädagogik? Ein systematischer Aufriss. Wien, München (Jugend und Volk) 1983

Datler, Wilfried: Wie Novellen zu lesen …: Historisches und Methodologisches zur Bedeutung von Falldarstellungen in der Psychoanalytischen Pädagogik. In: Datler, Wilfried, Müller, Burkard & Finger-Trescher, Urte (Hrsg.): Sie sind wie Novellen zu lesen …. Zur Bedeutung von Falldarstellungen in der Psychoanalytischen Pädagogik. Jahrbuch für Psychoanalytische Pädagogik 14. Gießen (Psychosozial) 2004. S. 9–41

Datler, Wilfried: Zweisamkeit vor Dreisamkeit? Infant Observation als Methode zur Untersuchung früher Triangulierungsprozesse. In: Dammasch, Frank, Katzenbach, Dieter & Ruth, Jessica (Hrsg.): Triangulierung. Lernen, Denken und Handeln aus psychoanalytischer und pädagogischer Sicht. Frankfurt (Brandes & Apsel) 2008. S. 85–109

Datler, Wilfried: Von der akademischen Entwicklungspsychologie zur psychoanalytischen Säuglingsbeobachtung: Über Esther Bick, die Methode der Infant Observation und die Entwicklung von psychosozialen Kompetenzen. In: Diem-Wille, Gertraud & Turner, Agnes (Hrsg.) 2009. S. 41–66

Datler, Wilfried: Wider die Dichotomie zwischen Verstehen und Nichtverstehen in der psychoanalytischen Forschung. Eine Replik auf Günther Bittners Anmerkungen zum Einsatz von Observation nach dem Tavistock-Konzept. In: Rauh, Bernhard & Kreuzer, Tillmann (Hrsg.) 2016. S. 225–241

Datler, Wilfried: Zur Konzeption psychoanalytischer Aus- und Weiterbildung in den Schriften Siegfried Bernfelds. In: Zimmermann, David, Rauh, Bernhard, Trunkenpolz, Kathrin & Wininger, Michael (Hrsg.): Sozialer Ort und Professionalisierung. Geschichte und Aktualität psychoanalytisch-pädagogischer Konzeptualisierungen. Schriftenreihe der DGfE-Kommission Psychoanalytische Pädagogik. Opladen, Berlin, Toronto (Budrich) 2019. S. 55–76

Datler, Wilfried, Steinhardt, Kornelia, Gstach, Johannes & Ahrbeck, Bernd (Hrsg.): Der pädagogische Fall und das Unbewusste. Psychoanalytische Pädagogik in kasuistischen Berichten. Jahrbuch für Psychoanalytische Pädagogik 17. Gießen (Psychosozial) 2009

Datler, Wilfried & Trunkenpolz, Kathrin: Trauerarbeit als Bildungsaufgabe im hohen Alter? Anmerkungen über Alter und Abwehr, Bildung und Forschung. In: Dörr, Margit, Göppel, Rolf, Funder, Antonia (Hrsg.): Reifungsprozesse und Entwicklungsaufgaben im Lebenszyklus. Jahrbuch für Psychoanalytische Pädagogik 19. Gießen (Psychosozial) 2011. S. 175–190

Datler, Wilfried & Trunkenpolz, Kathrin: Zwischen Teilhabe und Teilnahme. Methodologisches und Kasuistisches zum Wechselspiel von Abgrenzung und Verstrickung in einem geragogischen Forschungsprojekt. In: Kleinau, Elke & Rendtorff, Barbara (Hrsg.): Eigen und anders – Beiträge aus der Geschlechterforschung und der Psychoanalytischen Pädagogik. Schriftenreihe der DGfE-Sektion Frauen- und Geschlechterforschung Bd. 2. Opladen, Berlin, Toronto (Budrich) 2012. S. 163–181

Datler, Wilfried, Trunkenpoluz, Kathrin & Ereky-Stevens, Katharina: Vater, Mutter, Kind. Infant Observation als eine ethnographische Methode zur Erforschung von dyadischen und triadischen Beziehungserfahrungen im ersten Lebensjahr. In: Schäfer, Gerd. E. & Staege, Roswitha (Hrsg.): Frühkindliche Lernprozesse verstehen. Ethnographische und phänomenologische Beiträge zur Bildungsforschung. Weinheim, München (Juventa) 2010. S. 157–180

Davids, M. Fakhry: Innerer Rassismus. Eine psychoanalytische Annäherung an *race* und Differenz. Gießen (Psychosozial) 2019

Dederich, Markus: Körper, Kultur und Behinderung: Eine Einführung in die Disability Studies. Bielefeld (transcript) 2007

Dederich, Markus, Ellinger, Stephan & Lauenstein, Désirée (Hrsg.): Sonderpädagogik als Erfahrungs- und Praxiswissenschaft. Geistes-, sozial- und kulturwissenschaftliche Perspektiven. Opladen, Berlin, Toronto (Budrich) 2019

Degener, Theresa & Miquel, Marc von (Hrsg.): Aufbrüche und Barrieren. Behindertenpolitik und Behindertenrecht in Deutschland und Europa seit den 1970er Jahren. Bielefeld (transcript) 2019

de Klerk, Adrian: Die Bedeutung der Kastrationsangst und der Beschneidung in Freuds Werk und Leben. In: Franz, Matthias (Hrsg.): Die Beschneidung von Jungen. Ein trauriges Vermächtnis. Göttingen (Vandenhoeck & Ruprecht) 2014. S. 190–210

Demmer, Christine: Überlegungen zum Verhältnis von Biografieforschung und Intersektionalität aus erziehungswissenschaftlicher Perspektive. In: Dierckx, Heike, Wagner, Dominik & Jakob, Silke (Hrsg.): Intersektionalität und Biografie. Interdisziplinäre Zugänge zu Theorie, Methode und Forschung. Opladen, Berlin, Toronto (Budrich) 2018. S. 45–64

Derrida, Jaques: Die Schrift und die Differenz. Frankfurt (Suhrkamp) 2000 (1972)

Devereux, Georges: Angst und Methode in den Verhaltenswissenschaften. Frankfurt (Suhrkamp) 1992 (1973)

Diem-Wille, Gertrud: Selbstreflexion als konstitutives Merkmal einer psychoanalytisch orientierten empirischen Forschung. In: Fröhlich, Volker & Göppel, Rolf (Hrsg.): Sehen, Einfühlen, Verstehen. Würzburg (Königshausen & Neumann) 1992. S. 47–63

Diem-Wille, Gertraud: Primitive Gefühle verstehen lernen – Bions Konzept des Container-Contained. Psychoanalytische Beobachtung von Säuglingen und Kindergartenkindern. In: Diem-Wille, Gertraud, Turner, Agnes (Hrsg.) 2012a. S. 28–49

Diem-Wille, Gertraud & Turner, Agnes (Hrsg.): Ein Blick in die Tiefe. Die Methode der psychoanalytischen Säuglingsbeobachtung und ihre Anwendung. Stuttgart (Klett-Cotta) 2009

Diem-Wille, Gertraud: Denken und Fühlen. Die Bedeutung der inneren Welt für das pädagogische Handeln. Reflexion der pädagogischen Praxis im Work-Discussion-Seminar. In: Diem-Wille, Gertraud, Turner, Agnes (Hrsg.) 2012b. S. 117–139

Diem-Wille, Gertraud & Turner, Agnes (Hrsg.): Die Methode der psychoanalytischen Beobachtung. Über die Bedeutung von Containment, Identifikation, Abwehr und anderen Phänomenen in der psychoanalytischen Beobachtung. Stuttgart (Klett-Cotta) 2012

Diepold, Barbara: Psychoanalytische Aspekte von Geschwisterbeziehungen. In: Praxis der Kinderpsychologie und Kinderpsychiatrie. Bd. 37 (8). 1988. S. 275–280

Dilthey, Wilhelm: Der Aufbau der geschichtlichen Welt in den Geisteswissenschaften. Gesammelte Schriften Bd. 7. Göttingen (Teuber/Vandenhoeck & Ruprecht) 1979 (1910)

Dornes, Martin: Können Säuglinge phantasieren? In: Psyche – Z Psychoanal 48 (12). 1994. S. 1154–1175
Dornes, Martin: Die frühe Kindheit. Frankfurt 1997
Dornes, Martin: Die emotionale Welt des Kindes. Entwicklungspsychologie der ersten Lebensjahre. Frankfurt (Fischer) 2000
Dornes, Martin: Die frühe Kindheit. Entwicklungspsychologie der ersten Jahre. Frankfurt (Fischer) 2001 (1997)
Dornes, Martin: Die Seele des Kindes. Entstehung und Entwicklung. Frankfurt (Fischer) 2006
Dreyer, Petra: Ungeliebtes Wunschkind. Eine Mutter lernt, ihr behindertes Kind anzunehmen. Frankfurt (Fischer) 1993
Durban, Joshua: Die Reise in das Land der Farben: Die Psychoanalyse und Behandlungstechnik autistisch-psychotischer Zustände und Ängste. In: Kinder- und Jugendlichen-Psychotherapie 50 (2). 2019. S. 157–177
Eggert, Dietrich: Von der Testdiagnostik zur qualitativen Diagnose in der Sonderpädagogik. In: Eberwein, Hans & Knauer, Sabine (Hrsg.): Handbuch Lernprozesse verstehen. Wege einer neuen (sonder-) pädagogischen Diagnostik. Weinheim, Basel (Beltz) 1998. S. 16–38
Eggert-Schmid Noerr, Annelinde: Zwangvermütterlichung. Vom Nutzen des psychoanalytischen Blicks auf den Fall einer gescheiterten Familienhilfe. In: Ahrbeck, Bernd, Eggert-Schmid Noerr, Annelinde, Finger-Trescher, Urte & Gstach, Johannes (Hrsg.): Psychoanalyse und Systemtheorie in Jugendhilfe und Pädagogik. Jahrbuch für Psychoanalytische Pädagogik 18. Gießen (Psychosozial) 2010. S. 27–50
Eggert-Schmid Noerr, Annelinde, Heilmann, Joachim & Weißert, Ilse (Hrsg.): Unheimlich und verlockend. Zum pädagogischen Umgang mit Sexualität von Kindern und Jugendlichen. Gießen (Psychosozial) 2017
Eickhoff, Friedrich-Wilhelm: Über Nachträglichkeit. Die Modernität eines alten Konzepts. In Jahrbuch für Psychoanalyse Band 51. Stuttgart, Bad Cannstatt (Frommann-Holzboog). 2005. S. 139–161
Ellesat, Peter: ADHS – alles nur genetisch? In: Analytische Kinder- und Jugendlichen-Psychotherapie 1 (43). 2012. S. 75–96
Ellinger, Stephan, Fertch-Röver, Jörg & Hechler, Oliver: Rekonstruktive Forschung in der Sonderpädagogik. Methodologische und methodische Herausforderungen. In: Dederich, Markus u. a. (Hrsg.) 2019. S. 245–277
Erdheim, Mario: Psychoanalyse, Adoleszenz und Nachträglichkeit. In: Bohleber, Werner (Hrsg.) Adoleszenz und Identität. Stuttgart (Verlag Internationale Psychoanalyse). 1996. S. 83–102
Erikson, Erik H.: Kindheit und Gesellschaft. Stuttgart (Klett) 1971 (1950)
Erne, Jakob: Psychoanalytische Sozialarbeit. Eine rekonstruktive Aktenanalyse. Opladen, Berlin, Toronto (Budrich) 2016
Esposito, Elena: Die Möglichkeit der Beobachtung dritter Ordnung. In: Theorietheorie. 2011. S. 135 – 147. https://doi.org/10.30965/9783846751527_009 (letzter Zugriff am 23.07.2020)
Ettl, Thomas: Wer nicht hören will, muss fühlen – zum Problem des Agierens in Kindertagesstätten. In: Leber, Aloys u. a.: Reproduktion der frühen Erfahrung. Frankfurt (Fachbuchhandlung für Psychologie – Verlagsabteilung) 1983. S. 35–55
Evans, Dylan: Wörterbuch der Lacan'schen Psychoanalyse. Wien (Turia und Kant) 2002
Federn, Ernst: Geschichtliche Betrachtung zum Thema Psychoanalyse und Sozialarbeit. In: Büttner, Christian u. a. (Hrsg.) 1990. S. 11–19
Ferenczi, Sándor: »Sprachverwirrung zwischen den Erwachsenen und dem Kind«. In: Ferenczi, Sándor: Bausteine zur Psychoanalyse Bd. 3. Leipzig (Internationaler Psychoanalytischer Verlag) 1938 (1932). S. S. 511–525 (Nachdruck Bern <Huber> 1964)
Ferenczi, Sándor: Zur psychoanalytischen Technik. In: Ferenczi, Sándor: Schriften zur Psychoanalyse. Bd. 1. Frankfurt (Fischer) 1970 (1919). S. 272–283
Fesenfeld, Anke: Biographieforschung – ein interessanter Weg für die Pflegeforschung. In: Pflege und Gesellschaft 11 (3). 2006. S. 240–267

Fickler-Stang, Ulrike: Dissoziale Kinder und Jugendliche – unverstanden und unverstehbar? Frühe Beiträge der Psychoanalytischen Pädagogik und ihre aktuelle Bedeutung. Gießen (Psychosozial) 2019

Figdor, Helmuth: Kinder aus geschiedenen Ehen: Zwischen Trauma und Hoffnung. Mainz (Grünewald) 1991

Figdor, Helmuth: Psychoanalytische Pädagogik und Kindergarten: Die Arbeit mit der ganzen Gruppe. In: Steinhardt, Kornelia, Büttner, Christian & Müller, Burkhard (Hrsg.): Kinder zwischen drei und sechs. Bildungsprozesse und Psychoanalytische Pädagogik im Vorschulalter. Gießen (Psychosozial) 2006. S. 9– 126

Figdor, Helmuth: Praxis der psychoanalytischen Pädagogik II. Vorträge und Aufsätze. Gießen (Psychosozial) 2007

Finger-Trescher, Urte: Kinder – Gruppe – Leitung. Die horizontale und vertikale Ebene des Gruppenprozesses. In: Theorie und Praxis der Sozialpädagogik 2. 2012. S. 22–26

Fischer, Beate, Gumbinger, Hans-Walter, Haiber, Ulrich M. & Kuchinke, Thomas (Hrsg.): Hilfreiche Beziehungen. Aus der Praxis psychoanalytischer Sozialarbeit. Frankfurt (Brandes & Apsel) 2019

Fischer, Doris & Wittenberger, Annegret: Zu Ulrich Kießlings »Abgesang« auf das »Verschwinden der Pädagogen aus der Psychoanalyse«. Eine Entgegnung. In: Psyche – Z Psychoanal 75 (3). 2021. S. 264–267

Flick, Uwe: Qualitative Forschung. Theorie, Methoden, Anwendung in Psychologie und Sozialwissenschaften. Reinbek (Rowohlt) 1995

Flick, Uwe: Qualitative research – state of the art. 2002. In: www.lib.csu.ru/ER/ER_Philosophy/fulltexts/FlickU.pdf (letzter Zugriff am 29.07.2020)

Flick, Uwe, Kardorff, Ernst von, Keupp, Heiner, Rosenstiel, Lutz von & Wolff, Stephan (Hrsg.): Handbuch Qualitative Sozialforschung. Grundlagen, Konzepte, Methoden und Anwendungen. Weinheim, Basel (Beltz) 1995 (1991)

Foucault, Michel: Maladie mentale et personnalité. Paris (Presses universitaires de France) 1954

Foucault, Michel: Psychologie und Geisteskrankheit. Frankfurt (Suhrkamp) 1969 (1954)

Foucault, Michel: Dispositive der Macht. Über Sexualität, Wissen und Wahrheit. Berlin (Merve) 1978

Foucault, Michel: Die Ordnung der Dinge. Eine Archäologie der Humanwissenschaften. Frankfurt (Suhrkamp) 1990 (1974)

Foucault, Michel: Die Ordnung des Diskurses. Frankfurt (Fischer) 1993 (1971)

Foucault, Michel: »Was ist ein Autor?«. In: Jannidis, Fotis, Lauer, Gerhard, Martinez, Matias & Winko, Simone (Hrsg.): Texte zur Theorie der Autorschaft. Stuttgart (Reclam) 2000 (1974). S. 198–229

Foucault, Michel: Traum und Existenz (Einleitung) In: Binswanger, Ludwig: Schriften in vier Bänden. Bd. 1. Frankfurt (Suhrkamp) 2001 (1954). S. 107–174

Foulkes, S. H.: Gruppenanalytische Psychotherapie. Eschborn (Edition Klotz) 2007 (1974)

Franke, Elk: Repräsentation und Erfahrung – oder die Verwurzelung der Symbolwelten im Handeln. 2001. In: www2.hu-berlin.de/sportphilosophie/SP/wp-content/uploads/2014/09/plauen_symbolwelten.pdf (letzter Zugriff am 05.08.2020)

Freitag, Christine & Petermann, Franz: Autismus-Spektrum-Störungen. In: Kindheit und Entwicklung 23 (1). 2014. S. 1–4

Freitag, Christine & Retz, Wolfgang (Hrsg.): ADHS und komorbide Erkrankungen. Neurobiologische Grundlagen und diagnostisch-therapeutische Praxis bei Kindern und Erwachsenen. Stuttgart (Kohlhammer) 2007

Freud, Anna: Das Ich und die Abwehrmechanismen. In: Die Schriften der Anna Freud Bd. 1. München (Kindler) 1980 (1936). S. 193–355

Freud, Sigmund: Über Deckerinnerungen. In: Gesammelte Werke Bd. 1 (1899a). S. 529–554

Freud, Sigmund: Die Traumdeutung. In: Gesammelte Werke Bde. 2/3 (1900a)

Freud, Sigmund: Drei Abhandlungen zur Sexualtheorie. In: Gesammelte Werke Bd. 5 (1905d). S. 27–145

Freud, Sigmund: Die zukünftigen Chancen der psychoanalytischen Therapie. In: Gesammelte Werke Bd. 8 (1910d). S. 103–115

Freud, Sigmund: Ratschläge für den Arzt bei der psychoanalytischen Behandlung. In: Gesammelte Werke Bd. 8 (1912e). S. 375–387
Freud, Sigmund: Die Disposition zur Zwangsneurose. In: Gesammelte Werke Bd. 8 (1913i). S. 441–452
Freud, Sigmund: Zur Psychologie des Gymnasiasten. In: Gesammelte Werke Bd. 10 (1914f). S. 203–207
Freud, Sigmund: Das Unbewusste. In: Gesammelte Werke Bd. 10 (1915e). S. 264–303
Freud, Sigmund: Das Unheimliche. In: Gesammelte Werke Bd. 12 (1919h). S. 227–268
Freud, Sigmund: Jenseits des Lustprinzips. In: Gesammelte Werke Bd. 13 (1920g). S. 1–69
Freud, Sigmund: Das Ich und das Es. In: Gesammelte Werke Bd. 13 (1923b). S. 235–289
Freud, Sigmund: Das Unbehagen in der Kultur. In: Gesammelte Werke Bd. 14 (1930a). S. 419–506
Freud, Sigmund: Neue Folge der Vorlesungen zur Einführung in die Psychoanalyse. In: Gesammelte Werke Bd. 15 (1933a). S. 1 – 197
Freud, Sigmund: Konstruktionen in der Psychoanalyse. In: Gesammelte Werke Bd. 16 (1937d). S. 43–56
Freud, Sigmund: Die endliche und die unendliche Analyse. In: Gesammelte Werke Bd. 16 (1937c). S. 57–99
Freud, Sigmund: Abriss der Psychoanalyse. In: Gesammelte Werke Bd. 17 (1940a). S. 63–138
Freud, Sigmund, Pfister, Oskar: Sigmund Freud Oskar Pfister Briefe 1909–1939. Herausgegeben von Ernst L. Freud und Heinrich Meng. Frankfurt (Fischer) 1963
Freyberg, Thomas von & Wolff, Angelika: Viel zu viel – und nie genug! Der Fall Alberto. In: Freyberg, Thomas von, Wolff & Angelika (Hrsg.): Störer und Gestörte. Bd. 1. Konfliktgeschichten nicht beschulbarer Jugendlicher. Frankfurt (Brandes & Apsel) 2005. S. 23–98
Freyberg, Thomas von & Wolff, Angelika: Der fehlende und der notwendige Dritte in den Konfliktgeschichten nicht beschulbarer Jugendlicher. In: Freyberg, Thomas von, Wolff, Angelika (Hrsg.): Störer und Gestörte. Bd. 2. Konfliktgeschichten als Lernprozess. Frankfurt (Brandes & Apsel) 2006. S. 151–198
Friebertshäuser, Barbara: Feldforschung und teilnehmende Beobachtung. In: Friebertshäuser, Barnbara, Prengel, Annedore (Hrsg.) 1997. S. 503–534
Friebertshäuser, Barbara, Prengel, Annedore (Hrsg.): Handbuch Qualitative Forschungsmethoden in der Erziehungswissenschaft. Weinheim, München (Juventa) 1997
Froggett, Lynn, Hollway, Wendy: Researching In-between Subjective Experience and Reality. In: Historical Social Research 38 (2) 2013. S. 140–175
Frohne, Ursula, Haberer, Lilian & Urban, Annette: Displays und Dispositive. In: Frohne, Ursula, Haberer, Lilian, Urban, Annette (Hrsg.): Display/Dispositiv. Ästhetische Ordnungen. Leiden, Boston (Fink) 2019. S. 7–60
Frommer, Jörg: Geleitwort. In: Boothe, Brigitte 2011. S. V–VI
Frost, Eva: Gedanken zur Autismusforschung. In: Zeitschrift für psychoanalytische Theorie und Praxis 14 (4). 1999. S. 416–437
Fürstaller, Maria, Datler, Wilfried & Wininger, Michael (Hrsg.): Psychoanalytische Pädagogik: Selbstverständnis und Geschichte. Schriftenreihe der DGFE-Kommission Psychoanalytische Pädagogik. Opladen, Berlin, Toronto (Budrich) 2015
Gadamer, Hans-Georg: Wahrheit und Methode. Grundzüge einer philosophischen Hermeneutik. Tübingen (Mohr) 1965 (2., erweiterte Auflage; 1960)
Galuske, Michael: Methoden der Sozialen Arbeit. Eine Einführung. Weinheim, München (Juventa) 1999
Gardt, Andreas: Diskursanalyse. Aktueller theoretischer Ort und methodische Möglichkeiten. In: Warnke, Ingo H. (Hrsg.): Diskurslinguistik nach Foucault. Theorie und Gegenstände. Berlin, New York (De Gruyter) 2007. S. 28–52
Garfinkel, Harold: Studies in Ethnomethodology. Cambridge (Polity Press) 1967
Garz, Detlef: Die Methode der Objektiven Hermeneutik – Eine anwendungsbezogene Einführung. In: Friebertshäuser, Barbara, Prengel, Annedore (Hrsg.) 1997. S. 535–543

Gergen, Kenneth J. & Davis, K. Ellison, (Hrsg.): The Social Construction of the Person. New York (Springer) 1985

Gerspach, Manfred: Kritische Heilpädagogik. Überlegungen zu einer Neuorientierung aus psychoanalytischer Sicht. Frankfurt (Fachbuchhandlung für Psychologie – Verlagsabteilung) 1981

Gerspach, Manfred: Einführung in pädagogisches Denken und Handeln. Stuttgart, Berlin, Köln (Kohlhammer) 2000a

Gerspach, Manfred: König Schwellfuß. Der ödipale Konflikt ums behinderte Kind. In: Werkstattgruppe familienorientierte Frühförderung (Hrsg.): Das behinderte Kind und seine Eltern. Psychoanalytische Perspektiven der Frühförderung. Heidelberg (Asanger). 2000b. S. 3–19

Gerspach, Manfred: Qualitative Erhebung. In: Kobelt Neuhaus, Daniela (Hrsg.) 2001. S. 64–94

Gerspach, Manfred: Betreuungsarbeit in der Institution. In: Gerspach, Manfred & Mattner, Dieter: Institutionelle Förderprozesse bei Menschen mit geistiger Behinderung. Stuttgart (Kohlhammer) 2004a. S. 53–199

Gerspach, Manfred: Die Idee vom Kind und seine Behinderung. In: Mainkrokodile gGmbH (Hrsg.): Die gespiegelte Behinderung. Gelungene Integration in Krabbelstube und Kindergarten. Lüneburg (Dagmar Dreves Verlag) 2004b. S. 9–101

Gerspach, Manfred: Psychoanalytische Heilpädagogik. Ein systematischer Überblick. Stuttgart (Kohlhammer) 2009

Gerspach, Manfred: Schuld, Schuldgefühle und Ritalin. In: Körner, Jürgen, Müller, Burkhard (Hrsg.): Schuldbewusstsein und reale Schuld. Gießen (Psychosozial-Verlag). 2010. S. 179–205

Gerspach, Manfred: »… an der Szene teilhaben und doch innere Distanz dazu gewinnen« (Aloys Leber). Szenisches Verstehen und fördernder Dialog heute. In: Heilmann, Joachim u. a. (Hrsg.) 2012. S. 47–79

Gerspach, Manfred: Das Projekt als curricularer Ansatz zu Fallverstehen und Selbstreflexion. In: Gerspach, Manfred u. a. (Hrsg.) 2014. S. 79–199

Gerspach, Manfred: Aloys Leber als akademischer Lehrer und Neubegründer der Psychoanalytischen Pädagogik – zu Leben und Werk. In: Ahrbeck, Bernd, Dörr, Margret, Göppel, Rolf., Krebs, Heinz & Wininger, Michael (Hrsg.): Innere und äußere Grenzen. Psychische Strukturbildung als pädagogische Aufgabe. Jahrbuch für Psychoanalytische Pädagogik 24. Gießen (Psychosozial) 2016a. S. 162–183

Gerspach, Manfred: Rezension von Ahrbeck, Bernd, Ellinger, Stephan, Hechler, Oliver, Koch, Katja, Schad, Gerhard: Evidenzbasierte Pädagogik. Sonderpädagogische Einwände. Stuttgart (Kohlhammer) 2016. In: www.socialnet.de/rezensionen/21424.php. 2016b (letzter Zugriff am 18.10.2019)

Gerspach, Manfred: Rezension von Erne, Jakob: Psychoanalytische Sozialarbeit. Eine rekonstruktive Aktenanalyse. Opladen, Berlin, Toronto (Budrich) 2016. In: www.socialnet.de/rezensionen/22221.php. 2017a (letzter Zugriff am 14.10.2020)

Gerspach, Manfred: Rezension von Günther, Marga, Kerschgens, Anke (Hrsg.): Forschungssituationen (re-)konstruieren. Reflexivität in Forschungen zu intergenerativen Prozessen. Opladen, Berlin, Toronto (Budrich) 2016. In: Sozialer Sinn. Zeitschrift für hermeneutische Sozialplanung. Band 18. Heft 1. 2017b. S. 159–166

Gerspach, Manfred: Psychodynamisches Verstehen in der Sonderpädagogik. Wie innere Prozesse Verhalten und Lernen steuern. Stuttgart (Kohlhammer) 2018a

Gerspach, Manfred: Zum Verhältnis von Psychoanalytischer Pädagogik und Antiautoritärer Erziehung. In: Brehm, Alina, Kuhlmann, Jakob (Hrsg.): Reflexivität und Erkenntnis. Facetten kritisch-reflexiver Wissensproduktion. Gießen (Psychosozial) 2018b. S. 239–259

Gerspach, Manfred: Zum Verständnis von Gruppe und institutioneller Abwehr in der Psychoanalytischen Pädagogik. In: Gruppenanalyse. Zeitschrift für gruppenanalytische Psychotherapie, Beratung und Supervision 30 (1). 2020a. S. 12–36

Gerspach, Manfred: Tiefenhermeneutisches Verstehen in der Sonderpädagogik. In: Menschen. Zeitschrift für gemeinsames Leben, Lernen und Arbeiten. 43 (4/5) 2020b. S. 17–23

Gerspach, Manfred: »Der Neid stört oft den Genuss der Parke und Landsitze« (Sigmund Freud). Über den vergeblichen Versuch, diesen leidigen Affekt im Keim zu ersticken. In: Frankfurter Arbeitskreis für Psychoanalytische Pädagogik (Hrsg.): Neid, Entwertung, Rivalität: Zum Wert psychoanalytischen Verstehens abgelehnter Gefühle. Gießen (Psychosozial) (in Vorbereitung) 2021

Gerspach, Manfred, Eggert-Schmid Noerr, Annelinde, Naumann, Thilo Maria & Niederreiter, Lisa (Hrsg.): Psychoanalyse lehren und lernen. Theorie, Selbstreflexion, Praxis. Stuttgart (Kohlhammer) 2014a

Gerspach, Manfred, Eggert-Schmid Noerr, Annelinde, Naumann, Thilo Maria & Niederreiter, Lisa: Vorwort der Herausgeberinnen und Herausgeber. In: Gerspach, Manfred u. a. (Hrsg.) <2014a> 2014b. S. 9–19

Giese, Thorsten, Hofmann, Christiane, Overbeck, Annegret: Subjektive Theorien von Menschen mit geistiger Behinderung. In: Zeitschrift für Heilpädagogik 53 (5). 2002. S. 183–193

Gingelmaier, Stephan, Taubner, Svenja & Ramberg, Axel (Hrsg.): Handbuch mentalisierungsbasierte Pädagogik. Göttingen (Vandenhoeck & Ruprecht) 2018

Girtler, Roland: Methoden der qualitativen Sozialforschung. Wien, Köln, Weimar (Böhlau) 1992

Glaser, Barney G. & Strauss, Anselm L.: Grounded Theory. Strategien qualitativer Forschung. Bern (Huber) 1998

Glasersfeld, Ernst von: Konstruktion der Wirklichkeit und des Begriffs der Objektivität. In: Gumin, Heinz & Meier, Heinrich (Hrsg.): Einführung in den Konstruktivismus. Beiträge von Heinz von Foerster, Ernst von Glasersfeld, Peter M. Hejl, Siegfried J. Schmidt und Paul Watzlawik. München (Piper) 1992. S. 9–40

Glocer Fiorini, Leticia: Das Weibliche dekonstruieren: Diskurse, Logik und Macht. Folgerungen für die Theorie und klinische Praxis. In: Psyche – Z Psychoanal 73 (6). 2019. S. 397–413

Goblirsch, Martina: Fallrekonstruktive Verfahren in sozialwissenschaftlicher Forschung. In: Giebeler, Cornelia, Fischer, Wolfram, Goblirsch, Martina, Miethe, Ingrid & Riemann, Gerhard (Hrsg.): Fallverstehen und Fallstudien. Interdisziplinäre Beiträge zur rekonstruktiven Sozialarbeitsforschung. Opladen, Farmington Hills (Budrich) 2008 (2., durchgesehene Auflage). S. 53–66

Göhlsdorf, Novina: Autismus. Diagnose der Gegenwart. In: Kinder- und Jugendlichen-Psychotherapie 50 (2). 2019. S. 277–303

Göppel, Rolf: Bin ich ein »Psychoanalytischer Pädagoge« – und falls ja, in welchem Sinne? In: Fürstaller, Maria u. a. (Hrsg.) 2015. S. 53–70

Görlich, Bernhard: Grenzüberschreitungen. Alfred Lorenzers Wissenschaft vom Unbewussten. In: Busch, Hans-Joachim, Leuzinger-Bohleber, Marianne & Prokop, Ulrike (Hrsg.): Sprache, Sinn und Unbewusstes. Zum 80. Geburtstag von Alfred Lorenzer. Tübingen (Edition Diskord) 2003. S. 23–38

Gondek, Hans-Peter: Schriften zu Psychologie und Geisteskrankheit. In: Kammler, Clemens, Parr, Rolf, Schneider & Ulrich Johannes (Hrsg.): Foucault-Handbuch. Leben – Werk – Wirkung. Stuttgart (Metzler) 2014. S. 12–18

Graßhoff, Gunther: Rekonstruktive Sozialpädagogik? Sozialpädagogisches Fallverstehen im Spannungsfeld von Theorie und Praxis. In: Hummrich, Merle u. a. (Hrsg.) <2016a> 2016. S. 271–289

Green, André: Science und Science-fiction in der Säuglingsforschung. In: Zeitschrift für psychoanalytische Theorie und Praxis 15 (4). 2000. S. 438–466

Grondin, Jean: Hermeneutische Wahrheit? Zum Wahrheitsbegriff Hans-Georg Gadamers. Weinheim, Basel (Beltz) 1982

Grosskurth, Phyllis: Melanie Klein. Ihre Welt und ihr Werk. Stuttgart (Verlag Internationale Psychoanalyse) 1993 (1986)

Grünbaum, Adolf A.: Die Erkenntnistheorie und die Idee der Psychoanalyse. In: Prinzhorn, Hans & Mittenzwey, Kuno (Hrsg.): Krisis der Psychoanalyse – Auswirkungen der Psychoanalyse in Wissenschaft und Leben. Leipzig (Der Neue Geist) 1928. S. 196–212

Gruppenanalyse. Zeitschrift für gruppenanalytische Psychotherapie, Beratung und Supervision 30 (1). 2020

Günther, Marga & Kerschgens, Anke (Hrsg.): Forschungssituationen (re-)konstruieren. Reflexivität in Forschungen zu intergenerativen Prozessen. Opladen, Berlin, Toronto (Budrich) 2016a

Günther, Marga & Kerschgens, Anke: Einleitung des Bandes: Forschungssituationen (re-)konstruieren. Reflexivität in Forschungen zu intergenerativen Prozessen. In: Günther, Marga & Kerschgens, Anke (Hrsg.) <2016a> 2016b. S. 7–21

Günther, Marga & Kerschgens, Anke: Forschungssituationen in Theorie und Praxis. In: Günther, Marga, Kerschgens, Anke (Hrsg.) <2016a> 2016c. S. 192–262

Günter, Michael & Bruns, Georg: Psychoanalytische Sozialarbeit. Stuttgart (Kohlhammer) 2010

Gumbinger, Hans-Walter: Sich in den Gedanken von Mutter und Vater finden. Über die triangulierende Funktion der Elternarbeit. In: Fischer, Beate, Gumbinger, Hans-Walter, Haiber, Ulrich M. & Kuchinke, Thomas (Hrsg.): Hilfreiche Beziehungen. Aus der Praxis psychoanalytischer Sozialarbeit. Frankfurt (Brandes & Apsel) 2019. S. 13 – 158

Habermas, Jürgen: Zur Logik der Sozialwissenschaften. Frankfurt (Suhrkamp) 1971

Habermas, Jürgen: Technik und Wissenschaft als ›Ideologie‹. Frankfurt (Suhrkamp) 1973a (1968)

Habermas, Jürgen: Erkenntnis und Interesse. Frankfurt (Suhrkamp) 1973b (1968)

Habermas, Jürgen: Gegen einen positivistisch halbierten Rationalismus. In: Adorno, Theodor W., Albert, Hans, Dahrendorf, Ralf, Habermas, Jürgen, Pilot, Harald & Popper, Karl R.: Der Positivismusstreit in der deutschen Soziologie. München (Deutscher Taschenbuch Verlag) 1993 (1969). S. 235–266

Häußler, Michael: Skepsis als heilpädagogische Haltung. Reflexionen zur Berufsethik der Heilpädagogik. Bad Heilbrunn (Klinkhardt) 2000

Haubl, Rolf: Mikropolitik für gruppenanalytische Supervisoren und Organisationsberater. In: Haubl, Rolf u. a. (Hrsg.) 2005. S. 53–78

Haubl, Rolf: Neidisch sind nur die anderen. Über die Unfähigkeit, zufrieden zu sein. München (Beck'sche Reihe) 2009

Haubl, Rolf: Latenzschutz und Veränderungswiderstand. In: Schnoor, Heike (Hrsg.): Psychodynamische Beratung. Göttingen (Vandenhoeck & Ruprecht) 2011. S. 197–209

Haubl, Rolf, Heltzel, Rudolf & Barthel-Rösing, Marita (Hrsg.): Gruppenanalytische Supervision und Organisationsberatung. Eine Einführung. Gießen (Psychosozial) 2005

Haubl, Rolf & Lohl, Jan: Tiefenhermeneutik als qualitative Methode. Wiesbaden (Springer VS) 2017

Haubl, Rolf & Schülein, Johann August: Psychoanalyse und Gesellschaftswissenschaften. Wegweiser und Meilensteine eines Dialogs. Stuttgart (Kohlhammer) 2016

Häußler, Anne: Der TEACCH Ansatz zur Förderung von Menschen mit Autismus. Einführung in Theorie und Praxis. Dortmund (Borgmann) 2015 (2005)

Hechler, Oliver: Evidenzbasierte Pädagogik – Von der verlorenen Kunst des Erziehens. In: Ahrbeck, Bernd u. a. 2016. S. 42–83

Hechler, Oliver: »(…) aber nicht als Therapie wollte ich sie Ihrem Interesse empfehlen, sondern wegen ihres Wahrheitsgehalts (…)« – Vom Nutzen der Psychoanalyse für die sonderpädagogische Forschung. In: Dederich, Markus u. a. (Hrsg.) 2019. S. 245–277

Heck, Svenja: »Wie kann ich mein Kind aufklären, ohne dass es zu neugierig wird«? Perspektiven auf die Sexualität von Kindern und Jugendlichen mit geistiger Behinderung. In: Eggert-Schmid Noerr, Annelinde u. a. (Hrsg.) 2017. S. 151–164

Heeg, Paul: Informative Forschungsinteraktionen. In: Breuer, Franz (Hrsg.) 1996. S. 41–60

Heenen-Wolff, Susann: Normativität in der Psychoanalyse – eine Kritik. In: Psyche – Z Psychoanal 69 (7). 2015. S. 585–602

Heenen-Wolff, Susann: Die »genitale« Sexualität – Versuch der Dekonstruktion eines normativen psychoanalytischen Konzepts. In: Journal für Psychoanalyse 36 (57). 2016. S. 133–149.

Heimann, Paula: On countertransference. In: International Journal of Psychoanalysis 31. 1950. S. 81–84

Heimann, Paula: Gegenübertragung und andere Schriften zur Psychoanalyse. Vorträge und Aufsätze aus den Jahren 1942 – 1980. Stuttgart (Klett-Cotta) 2016

Heilmann, Joachim: Beziehungsarbeit mit dem Kind genügt nicht – über die Bedeutsamkeit einer kontinuierlichen Zusammenarbeit mit den Eltern autistischer Kinder. In: Autismus-Therapieinstitut Langen (Hrsg.): Die Bedeutung von Beziehungsaspekten in der pädagogischen und therapeutischen Arbeit mit autistischen Menschen. Dokumentation Ambulanzen-Fortbildung. Langen (Eigenverlag) 2001. S. 27–46

Heilmann, Joachim: Autistische Kinder in der Schule. In: Heilmann, Joachim, Eggert-Schmid Noerr, Annelinde, Krebs, Heinz (Hrsg.) 2012. S. 291 – 306

Heilmann, Joachim: Autismus ist nicht gleich Autismus. Vom frühkindlichen Autismus zur Autismus-Spektrums-Störung (ASS). In: Heilmann, Joachim, Eggert-Schmid Noerr, Annelinde & Pforr, Ursula (Hrsg.): Neue Störungsbilder – Mythos oder Realität? Psychoanalytisch-pädagogische Diskussionen zu ADHS, Asperger-Autismus und anderen Diagnosen. Gießen (Psychosozial) 2015. S. 127–145

Heilmann, Joachim, Krebs, Heinz & Eggert-Schmid Noerr, Annelinde (Hrsg.): Außenseiter integrieren. Perspektiven auf gesellschaftliche, institutionelle und individuelle Ausgrenzung. Gießen (Psychosozial) 2012

Heinemann, Evelyn: Szenisches Verstehen und fördernder Dialog im Unterricht der Sonderschule für Erziehungshilfe. In: Trescher, Hans-Georg & Büttner, Christian (Hrsg.): Jahrbuch für Psychoanalytische Pädagogik 3. 1991. S. 127–138

Heinemann, Evelyn & de Groef, Johan (Hrsg.): Psychoanalyse und geistige Behinderung. Mainz (Grünewald) 1997

Heiner, Maja, Meinhold, Marianne, Spiegel, Hiltrud von & Staub-Bernasconi, Silvia (Hrsg.): Methodisches Handeln in der Sozialen Arbeit. Freiburg (Lambertus) 1995

Helfferich, Cornelia: Die Qualität qualitativer Daten. Manual für die Durchführung qualitativer Interviews. Wiesbaden (VS Verlag für Sozialwissenschaften) 2011 (4. Auflage)

Heller, Agnes: Der Tod des Subjekts. Ein philosophischer Essay. In: Deutsche Zeitschrift für Philosophie 41 (4). 1993. S. 623–638

Herder, Johann Gottfried: Kritische Wälder oder Betrachtungen, die Wissenschaft und Kunst des Schönen betreffend, nach Maßgabe neuerer Schriften. In: Herders Werke in fünf Bänden. Leipzig (Bibliographisches Institut) 1982 (1769)

Hermanns, Harry: Narrative Interviews. In: Flick, Uwe u. a. (Hrsg.) 1995. S. 182–185

Herthneck, Kai-Uwe: Die F-Dimension – Einführung eines psychoemotionalen Elementes in die Bion'sche Psychoanalyse und darüber hinaus. Inauguraldissertation an der Universität zu Bologna. 2003

Hessisches Kulturministerium (Hrsg.): Einstiegshilfen für den Unterricht von Kindern und Jugendlichen im Autismus-Spektrum. Wiesbaden 2016. In: www.kultusministetrium.de (letzter Zugriff am 01.07.2020)

Hierdeis, Helmwart: Psychoanalytische Pädagogik – Psychoanalyse in der Pädagogik. Stuttgart (Kohlhammer) 2016

Hilleke, Jürgen: Institution, Selbstreflexion und Sprache – Innenan(ein-)sichten eines Supervisors. In: Forum Supervision 6 (12). 1998. S. 21–35

Hinshelwood, Robert Douglas: Wörterbuch der Kleinianischen Psychoanalyse. Stuttgart (Klett-Cotta) 2004

Hirblinger, Heiner: Über Symbolbildung in der Adoleszenz. In: Trescher, Hans-Georg & Büttner, Christian (Hrsg.): Jahrbuch für Psychoanalytische Pädagogik 3. 1991. S. 90–117

Hirblinger, Heiner: Unterrichtskultur. Bd II. Didaktik als Dramaturgie im symbolischen Raum. Gießen (Psychosozial) 2011

Hirblinger, Heiner: Lehrerbildung aus psychoanalytisch-pädagogischer Perspektive. Grundlagen für Theorie und Praxis. Gießen (Psychosozial) 2017

Hinshelwood, Robert Douglas: Wörterbuch der Kleinianischen Psychoanalyse. Stuttgart (Klett-Cotta) 2004

Hirsch, Stefan: »Ein ständiges Prinzip der Unruhe« – Foucault und die Psychoanalyse. In: www.agpolpsy.de/wp-content/uploads/2011/07/foucault-und-die-psychoanalyse (letzter Zugriff am 01.07.2020)

Hirschmüller, Barbara: Von der Säuglingsbeobachtung zur analytischen Psychotherapie von Müttern mit Säuglingen und sehr kleinen Kindern. In: Analytische Kinder- und Jugendlichen-Psychotherapie 31 (4). 2000. S. 419–449

Hitzler, Ronald & Honer, Anne (Hrsg.): Sozialwissenschaftliche Hermeneutik. Eine Einführung. Wiesbaden (Springer VS) 1997

Hörster, Reinhard & Müller, Burkhard (Hrsg.): Jugend, Erziehung und Psychoanalyse. Zur Sozialpädagogik Siegfried Bernfelds. Neuwied, Berlin, Kriftel (Luchterhand) 1992

Hoffman, Marie: From Enemy Combatant to strange Bedfellow: The Role of Religious Narratives in the Work of W.R. Fairbairn and D.W. Winnicott. In: Psychoanalytic Dialogues 14 (6). 2004. S. 769–804

Hoffmann, Michael: Eine semiotische Modellierung von Lernprozessen. Peirce und das Wechselverhältnis von Abduktion und Vergegenständlichung. Occasional Paper 160 November 1996. In: www.uni-bielefeld.de/idm/alte-webseite/serv/dokubib/occ160.pdf (letzter Zugriff am 29.8.2020)

Hofmann, Christiane: Gruppenanalytisch orientierte Arbeit mit geistig behinderten Männern und Frauen. In: Trescher, Hans-Georg, Büttner, Christian & Datler, Wilfried (Hrsg.): Jahrbuch für Psychoanalytische Pädagogik 5. 1993. S. 146–174

Hofmann, Christiane: Förderdiagnostik und Versagen – situationsdiagnostische Anmerkungen. In: Zeitschrift für Heilpädagogik 49 (1). 1998. S. 4–13

Hofstadter, Douglas: Ich bin eine seltsame Schleife. Stuttgart (Klett-Cotta) 2007

Holzkamp, Klaus: Das Konzept einer kritischen Wissenschaft. In: Adorno, Theodor W., Holzkamp, Klaus, Marcuse, Herbert, Reich, Wilhelm u. a. 1970. S. 29–55

Hopf, Christel: Die Pseudo-Exploration. Überlegungen zur Technik qualitativer Interviews in der Sozialforschung. In: Zeitschrift für Soziologie 7 (2). 1978. S. 97–115. (https://doi.org/10.1515/zfsoz-1978-0201) 2016

Horkheimer, Max & Adorno, Theodor W.: Dialektik der Aufklärung. Philosophische Fragmente. Frankfurt (Fischer) 1969 (1944)

Horn, Klaus: Prometheus als Menschenmaterial? Zur gesellschaftlichen Funktion Politischer Psychologie. In: Schülein, Johann August, Rammstedt, Otthein, Horn, Klaus, Leithäuser, Thomas, Wacker, Ali, Bosse, Hans, Narr, Wolf-Dieter & Schwitajewski, Eduard: Entwürfe zu einer historisch-materialistischen Theorie des Subjekts. Frankfurt (Syndicat) 1981. S. 77–105

Horn, Klaus: Subjektivität, Demokratie und Gesellschaft. Schriften zur kritischen Theorie des Subjekts II. Mit einem Vorwort von August Schülein. Frankfurt (Nexus) 1990

Horn, Klaus, Beier, Christel, Wolf, Michael: Krankheit, Konflikt und soziale Kontrolle. Eine empirische Untersuchung subjektiver Sinnstrukturen. Opladen (Westdeutscher Verlag) 1983

Hüther, Gerald & Krens, Inge: Das Geheimnis der ersten neun Monate – Unsere frühesten Prägungen. Weinheim, Basel (Beltz) 2010

Hummrich, Merle: Was ist der Fall? Zur Kasuistik in der Erziehungswissenschaft. In: Hummrich, Merle u. a. (Hrsg.) <2016a> 2016. S. 14–37

Hummrich, Merle, Hebenstreit, Astrid, Hinrichsen, Merle & Meier, Michael (Hrsg.): Was ist der Fall? Kasuistik und das Verstehen pädagogischen Handelns. Wiesbaden (Springer VS) 2016a

Hummrich, Merle, Hebenstreit, Astrid, Hinrichsen, Merle & Meier, Michael: Einleitung – eine Reflexion zur Fallarbeit in der Erziehungswissenschaft. In: Hummrich, Merle u. a. (Hrsg.) <2016a> 2016b. S. 1–9

Jäger, Siegfried: Dispositiv. In: Kleiner, Marcus S. (Hrsg.): Micheal Foucault. Eine Einführung in sein Denken. Frankfurt, New York (Campus) 2001. S. 72–89

Jakobs, Hajo: Mikrologische Heilpädagogik – Heilpädagogische Mikrologie? Oder: »Nur wenn, was ist, sich ändern lässt, ist das, was ist, nicht alles«. In: Greving, Heinrich, Mürner, Christian & Rödler, Peter (Hrsg.): Zeichen und Gesten – Heilpädagogik als Kulturthema. Gießen (Psychosozial) 2004. S. 29 47

Jantzen, Wolfgang: Rehistorisierende Diagnostik: Verstehende Diagnostik braucht Erklärungswissen. In: Ricken, Gabriele, Fritz, Annemarie & Hofmann, Christiane (Hrsg.):

Diagnose: Sonderpädagogischer Förderbedarf. Lengerich, Berlin, Bremen (Pabst) 2003. S. 83–105

Jonas, Monika: Behinderte Kinder – behinderte Mütter? Frankfurt (Fischer) 1990

Jung, Thomas & Müller-Doohm, Stefan (Hrsg.): »Wirklichkeit« im Deutungsprozess. Frankfurt (Suhrkamp) 1993

Kaiser, Erwin: Von der Angst zur Methode – und zurück. Drei Arten von psychoanalytischem Wissen. In: Zeitschrift für psychoanalytische Theorie und Praxis 33 (1). 2018. S. 47–64

Kandel, Eric R.: Psychiatrie, Psychoanalyse und die neue Biologie des Geistes. Frankfurt (Suhrkamp) 2006

Kanner, Leo: Autistic disturbances of affecctive contact. In: Nervous child 2. 1943. S. 217–250

Kaspar, Thomas: Mein Abschied von Peter Handke. In: Frankfurter Rundschau 76 (245) vom 22.10.2019. S. 32

Katzenbach, Dieter: Inklusion, psychoanalytische Pädagogik und der Differenzdiskurs. In: Göppel, Rolf & Rauh, Bernhard (Hrsg.): Inklusion. Idealistische Forderung, individuelle Förderung, institutionelle Herausforderung. Stuttgart (Kohlhammer) 2016a. S. 17–29

Katzenbach, Dieter (Hrsg.): Qualitative Forschungsmethoden in der Sonderpädagogik. Stuttgart (Kohlhammer) 2016b

Katzenbach, Dieter: Qualitative Forschungsmethoden in sonderpädagogischen Forschungsfeldern – zur Einführung. In: Katzenbach, Dieter (Hrsg.) <2016b> 2016c. S. 9–14

Katzenbach, Dieter & Uphoff, Gerlinde: Wer hat hier was zu sagen? Über das Paradox verordneter Autonomie. In: Mesdag, Thomas & Pforr, Ursula (Hrsg.) 2008. S. 69–85

Kaufhold, Roland: Überlegungen zu einer psychoanalytisch fundierten Arbeit mit autistischen und psychotischen Kindern und Jugendlichen – nach Bruno Betelheim, Maud Mannoni und Stephan Becker. In: Dzikowski, Stefan & Arens, Christian (Hrsg.): Autismus heute. Bd. 2. Dortmund (Verlag modernes lernen). 1990. S. 231–244

Keller, Reiner: Diskursforschung. Eine Einführung für SozialwissenschaftlerInnen. Wiesbaden (VS Verlag für Sozialwissenschaften) 2007 (2004)

Kerz-Rühling, Ingrid: Die Methode der Überprüfung psychoanalytischer Hypothesen. In: Zeitschrift für psychoanalytische Theorie und Praxis 13 (2). 1998. S. 174–195

Keupp. Heiner, Ahbe, Thomas, Gmür, Wolfgang, Höfer, Renate, Mitzscherlich, Beate, Kraus, Wolfgang & Straus, Florian: Identitätskonstruktionen. Das Patchwork der Identitäten in der Spätmoderne. Reinbek (Rowohlt) 2008 (2002)

Kießling, Ulrich: Vom Verschwinden der Pädagogen aus der Psychoanalyse. Ein Abgesang. In: Psyche – Z Psychoanal 74 (7). 2020. S. 536–540

Kirschbaum, Marc & Schuster, Kai: Architektur und Lebensstil. Individuum, Gesellschaft und Raumpraxis. Dissertation an der Universität Kassel. 2008

Kirchhoff, Christine: Das psychoanalytische Konzept der »Nachträglichkeit«. Gießen (Psychosozial) 2009

Kirchhoff, Christine: Das Unbehagen deuten. Denken in Gesellschaft mit der Psychoanalyse. In: Kirchhoff, Christine u. a. 2019. S. 17–33

Kirchhoff, Christine, Kühn, Thomas, Langer, Phil C., Lanwerd, Susanne & Schumann, Frank: Psychoanalytisch denken. Sozial- und kulturwissenschaftliche Perspektiven. Gießen (Psychosozial) 2019

Klaus, Georg & Buhr, Manfred (Hrsg.): Philosophisches Wörterbuch. Bde. I und II. Berlin (das europäische Buch) 1972

Klein, Melanie: Das Seelenleben des Kleinkinds und andere Beiträge zur Psychoanalyse. Reinbek bei Hamburg (Rowohlt) 1972 (1962)

Klein, Regina (2004): Tiefenhermeneutische Zugänge. In: Glaser, Edith, Klunka, Dorle & Prengel, Annedore (Hrsg.): Handbuch Gender und Erziehungswissenschaft. Bad Heilbrunn (Klinkhardt) 2004. S. 622–635

Kleinspehn, Thomas: Der Ort der psychoanalytischen Theorie in der historischen Forschung. Versuch einer Zwischenbilanz der Psychohistorie. In: Müller-Doohm, Stefan (Hrsg.) 1991. S. 396–422

Kleinwort, Malte: Stil und Ethik bei Adorno. 2016 In: http://staff.germanistik.rub.de/klein wort/wp-content/uploads/sites/79/2016/11/Kleinwort_Stil-und-Ethik-bei.Adorno.pdf (letzter Zugriff am 12.04.2020)

Klitzing, Kai von: Sind psychoanalytische Theorien zur Geschlechtsidentität obsolet? Einige psychoanalytische Arbeiten zum Thema wieder aufgegriffen. In: Kinderanalyse 26 (3). 2018. S. 202–216

Kobelt Neuhaus, Daniela (Hrsg.): Qualität aus Elternsicht. Gemeinsame Erziehung von Kindern mit Behinderung und Kindern ohne Behinderung. Seelze/Velber (Kallmeyer'sche Verlagsbuchhandlung) 2001

Koch, Katja: Ankunft im Alltag – Evidenzbasierte Pädagogik in der Sonderpädagogik. In: Ahrbeck, Bernd u. a. 2016. S. 9–41

Kögler, Michael: Mütterkunde bei Winnicott. Das individuelle Leben entsteht aus dem Überindividuellen. In: Müller, Ulrich A. (Hrsg.): »There is no such a thing as baby«. Zur gegenwärtigen Bedeutung der frühkindlichen Entwicklung im Anschluss an D.W. Winnicott. Gießen (Psychosozial) 2019. S. 81–91

König, Hans-Dieter: Die Methode der tiefenhermeneutischen Kultursoziologie. In: Jung, Thomas & Müller-Doohm, Stefan (Hrsg.) 1993. S. 190–222

König, Hans-Dieter: Tiefenhermeneutik als Methode kultursoziologischer Forschung. In: Hitzler, Ronald & Honer, Anne (Hrsg.) 1997. S. 213–241

König, Hans-Dieter: Tiefenhermeneutik. In: Flick, Uwe u. a. (Hrsg.) 1995. S. 556–569

König, Hans-Dieter: Dichte Interpretation. Zur Methodologie der Tiefenhermeneutik. In: König, Julia & Burgermeister u. a. (Hrsg.) 2019. S. 13–86

König, Julia: Von kichernden Mädchen und starrenden Schildkröten. Tiefenhermeneutische Erkundungen kindlicher Sexualität auf der Basis von Protokollen teilnehmender Beobachtung. In: König, Julia, Burgermeister, Nicole, Brunner, Markus, Berg, Philipp & König, Hans-Dieter (Hrsg.) 2019. S. 89–116

König, Julia, Burgermeister, Nicole, Brunner, Markus, Berg, Philipp & König, Hans-Dieter (Hrsg.): Dichte Interpretation. Tiefenhermeneutik als Methode qualitativer Forschung. Wiesbaden (Springer VS) 2019

König, Karl: Heilpädagogische Diagnostik. Arlesheim (Natura) 1977

Körner, Jürgen: Auf dem Weg zu einer Psychoanalytischen Pädagogik. In: Trescher, Hans-Georg, Büttner, Christian & Datler, Wilfried (Hrsg.): Jahrbuch für Psychoanalytische Pädagogik 4. 1992. S. 66–84

Kohut, Heinz: Die Zukunft der Psychoanalyse. Frankfurt (Suhrkamp) 1975

Kohut, Heinz: Die Heilung des Selbst. Frankfurt (Suhrkamp) 1981

Korff-Sausse, Simone: Ein psychoanalytischer Ansatz bei geistiger Behinderung. In: Heinemann, Evelyn & de Groef, Johan (Hrsg.) 1997. S. 58–73

Kracauer, Siegfried: The challenge of qualitative content analysis. In: Public Opinion Quarterly 16 (4). 1952. S. 631–642

Kratz, Marian: Psychoanalytisch orientierte Beobachtungen in der empirischen Sozialforschung. In: Katzenbach, Dieter (Hrsg.) <2016b> 2016. S. 124–147

Kratz, Marian: Zur Aktualität des Subjekts in der psychoanalytischen Familien- und Geschlechterforschung. Reflexionen einer interdisziplinären Familienbeobachtungsstudie. In: Weber, Jean-Marie u. a. (Hrsg.) 2019. S. 122–137

Kratz, Marin: Erträumte Erkenntnis. Eine Tiefenhermeneutische Filmanalyse am Beispiel des Dramas »Systemsprenger« von Nora Fingscheidt In: Behinderte Menschen 43 (4/5). 2020. S. 5–61

Kratz, Marian & Ruth, Jessica: Tiefenhermeneutik als Interpretationsmethode psychoanalytischer Sozial- und Kulturforschung. In: Katzenbach, Dieter (Hrsg.) <2016b> 2016. S. 124–147

Kreitz, Robert: Welche Methode braucht die qualitative Bildungsforschung? In: Erziehungswissenschaft 30 (57). 2019. S. 35–42

Kreutz, Annette: Die Füße des Ödipus – Psychoanalyse und Behinderung. In: Eckes-Lapp, Rosemarie, Körner, Jürgen (Hrsg.): Psychoanalyse im sozialen Feld. Gießen (Psychosozial-Verlag) 1998. S. 211–231

Kreuznacht, Katrin: Eine Lektüre von Hassreden gegen Greta Thunberg als illustratives Beispiel intersektionaler Dis/ability Studies. In: Vierteljahresschrift für Heilpädagogik und ihre Nachbargebiete 8 (3). 2020. S. 145–149

Kron, Maria, Schmidt, Lisa D. & Fischle, Antje: Bildungsteilhabe durch schulische Assistenz. Netzwerkbasierte Unterstützung für Schüler und Schülerinnen im autistischen Spektrum. Siegen (Universitätsverlag Siegen) 2018

Kuckartz, Udo: Qualitative Inhaltsanalyse. Methoden, Praxis, Computerunterstützung. Weinheim, Basel (Betz) 2018 (2012)

Kunze, Katharina: Wenn der Fall zum Vorfall wird. Das Fallnarrativ als Strukturproblem kasuistischer Lehrerinnen- und Lehrerbildung. In: Beiträge zur Lehrerinnen- und Lehrerbildung 32 (4). 2014. S. 47–59

Kunze, Katharina: Ausbildungspraxis am Fall. Empirische Erkundungen und theoretisierende Überlegungen zum Typus meiner praxisreflexiven Kasuistik. In: Hummrich, Merle u. a. (Hrsg.) <2016a> 2016. S. 97–121

Kunze, Katharina: Über Erziehungswissenschaft, Fallarbeit und Lehrkräftebildung und die Fraglichkeit von Brücken und Verzahnungsmetapher. In: Erziehungswissenschaft 31 (60). 2020. S. 27–36

Kuster, Martin: Effet. In: Journal für Psychoanalyse 31 (52). 2011. S. 46–53

Kutter, Peter: Psychoanalyse im Wandel. In: Psyche – Z Psychoanal 33 (5).1979. S. 385–394

Kutter, Peter: Psychoanalyse als Reflexionsinstrument der Sozialarbeit. In: Büttner, Christian u. a. (Hrsg.) 1990. S. 43–60

Lacan, Jacques: Ecrits (Übersetzung durch Alain Sheridan). London (Routledge) 2001

Läzer, Katrin Luise, Tischer, Inka, Gaertner, Birgit & Leuzinger-Bohleber, Marianne: Aufwendige Langzeit-Psychotherapie und kostengünstige medikamentengestützte Verhaltenstherapie im Vergleich. Ergebnisse einer gesundheitsökonomischen Analyse der Behandlungskosten von Kindern mit der Diagnose ADHS und Störung des Sozialverhaltens. In: Gesundheitsökonomie und Qualitätsmanagement 20 (4). 2015. S. 178–185

Lamnek, Siegfried: Gruppendiskussion. Theorie und Praxis. Weinheim (Psychologie Verlags Union) 1998

Langer, Phil C.: Sozial- und Friedenspsychologie denken. Perspektiven einer notwendigen Aktualisierung eines Forschungsprogramms. In: Kirchhoff, Christine u. a. 2019. S. 69–119

Langnickel, Robert & Link, Pierre-Carl: Freuds Rasiermesser und die Mentalisierungstheorie. Psychoanalytische Pädagogik und Mentalisierung – ein kritischer psychoanalytischer Blick. In: Gingelmaier, Stephan u. a. (Hrsg.) 2018. S. 120–132

Lanwerd, Susanne: Kultur und Religion. Eine Frage der Evidenz. In: Kirchhoff, Christine u. a. 2019. S. 121–142

Laplanche, Jean: Problématiques 2. Castration, symbolisations. Paris (Presses Universitaires de France) 1980

Laplanche, Jean: Die rätselhaften Botschaften des Anderen und ihre Konsequenzen für den Begriff des »Unbewussten« im Rahmen der Allgemeinen Verführungstheorie. In: Psyche – Z Psychoanal 58 (9/10) 2004. S. 898–913

Laplanche, Jean: Sexual. La sexualité élargie au sens freudien. Paris (PUE) 2006

Laplanche, Jean: Inzest und infantile Sexualität. In: Psyche – Z Psychoanal 63 (6) 2009. S. 525–539

Laplanche, Jean: Von der eingeschränkten zur allgemeinen Verführungstheorie. In: Kinder- und Jugendlichen-Psychotherapie 48 (2). 2017. S. 169–190

Leber, Aloys: Psychoanalytische Reflexion – ein Weg zur Selbstbestimmung in Pädagogik und Sozialarbeit. In: Leber, Aloys & Reiser, Helmut (Hrsg.): Sozialpädagogik, Psychoanalyse und Sozialkritik. Perspektiven sozialer Berufe. Neuwied, Berlin (Luchterhand) 1972. S. 13–51

Leber, Aloys: Psychoanalytische Aspekte einer heilpädagogischen Theorie. In: Bürli, Alois (Hrsg.): Sonderpädagogische Theoriebildung. Vergleichende Sonderpädagogik. Luzern (Schweizerische Zentralstelle für Heilpädagogik) 1977. S. 81–91

Leber, Aloys: Heilpädagogik – was soll sie heilen? In: Schneeberger, Franz (Hrsg.): Erziehungserschwernisse. Antworten aus dem Werk Paul Moors. Luzern (Schweizerische Zentralstelle für Heilpädagogik) 1979. S. 59–77

Leber, Aloys: Frühe Erfahrung und späteres Leben. In: Leber, Aloys u. a. 1983. S. 1– 28

Leber, Aloys: Wie wird man psychoanalytischer Pädagoge? In: Bittner, Günther & Ertle, Christoph (Hrsg.): Pädagogik und Psychoanalyse. Würzburg (Königshausen & Neumann) 1985. S. 151–165

Leber, Aloys: Ein Prototyp der Traumabewältigung? Zu Freuds Dilemma in »Jenseits des Lustprinzips«. In: Psychosozial 12 (37). 1989. S. 22–27

Leber, Aloys: Ein Schlüssel zum Verständnis menschlichen Verhaltens. In: Piaget, Jean: Intelligenz und Affektivität in der Entwicklung des Kindes. Frankfurt (Suhrkamp) 1995. S. 151–181

Leber, Aloys, Trescher, Hans-Georg, Ettl, Thomas, Finger, Urte, Hirmke, Volker, Scheuermann, Peter, Büttner, Christian, Bieniussa, Peter & Steuck, Charlotte: Reproduktion der frühen Erfahrung. Frankfurt (Fachbuchhandlung für Psychologie – Verlagsabteilung) 1983

Leber, Aloys, Trescher, Hans-Georg & Weiss-Zimmer, Elise: Krisen im Kindergarten. Psychoanalytische Beratung in pädagogischen Institutionen. Frankfurt (Fischer) 1983

Leber, Martina & Oevermann, Ulrich: Möglichkeiten der Therapierverlaufs-Analyse in der Objektiven Hermeneutik. Eine exemplarische Analyse der ersten Minuten einer Fokaltherapie aus der Ulmer Textbank (»Der Student«). In: Garz, Delef & Kraimer, Klaus (Hrsg.): Die Welt als Text. Theorie, Kritik und Praxis der objektiven Hermeneutik. Frankfurt (Suhrkamp) 1994. S. 383–427

Lehner, Barbara & Sengschmied Irmtraud: »Oliver wendet sich von seiner Mutter ab«. Lernerfahrungen einer Babybeobachtung. Vom Wegschauen bis zur Reflexion von bedrohlichen Erlebnisinhalten. In: Diem-Wille, Gertraud & Turner, Agnes (Hrsg.) 2009. S. 119–135

Lemma, Alessandra: Der Körper spricht immer. Körperlichkeit in psychoanalytischen Therapien und jenseits der Couch. Frankfurt (Brandes & Apsel) 2018

Leuzinger-Bohleber, Marianne: Forschende Grundhaltung als abgewehrter »common ground« von psychoanalytischen Praktikern und Forschern? In: Sonderheft Psyche – Z Psychoanal 61. 2007. S. 966–994

Leuzinger-Bohleber, Marianne: Frühe Kindheit als Schicksal? Trauma, Embodiment, Soziale Desintegration. Psychoanalytische Perspektiven. Stuttgart (Kohlhammer) 2009

Leuzinger-Bohleber, Marianne: Den Körper in der Seele entdecken. Embodiment und die Annäherung an das Nicht-Repräsentierte. In: Psyche – Z Psychoanal 68 (9/10). 2014. S. 922–950

Leuzinger-Bohleber, Marianne, Brandl, Yvonne, Hau, Stephan, Aulbach, Lars, Caruso, Betty, Einert, Katrin-Marleen, Glindemann, Oliver, Göppel, Gerlinde, Hermann, Paula, Hesse, Pawel, Heumann, Jantje, Karaca, Gamze, König, Julia, Lendle, Jochen, Rüger, Bernhard, Schwenk, Alex, Staufenberg, Adelheid, Steuber, Sibylle, Uhl, Christiane, Vogel, Judith, Waldung, Christina, Wolff, Lisa & Hüther, Gerald: Die Frankfurter Präventionsstudie. Zur psychischen und psychosozialen Integration von verhaltensauffälligen Kindern (insbesondere von ADHS) im Kindergarten – ein Arbeitsbericht. In: Leuzinger-Bohleber, Marianne, Brandl, Yvonne & Hüther, Gerald (Hrsg.): ADHS – Frühprävention statt Medikalisierung. Theorie, Forschung, Kontroversen. Göttingen (Vandenhoeck & Ruprecht) 2006. S. 238–269

Leuzinger-Bohleber, Marianne & Garlichs, Ariane: Früherziehung Ost-West. Zukunftserwartungen, Autonomieentwicklung und Beziehungsfähigkeit von Kindern und Jugendlichen. Weinheim. München (Juventa) 1993

Leuzinger-Bohleber, Marianne, Garlichs, Ariane: Theoriegeleitete Fallstudien im Dialog zwischen Psychoanalyse und Erziehungswissenschaft. In: Friebertshäuser, Barbara, Prengel, Annedore (Hrsg.) 1997. S. 157 – 176

Leuzinger-Bohleber, Marianne, Staufenberg, Adelheid & Fischmann, Tamara: ADHS – Indikation für psychoanalytische Behandlungen? Einige klinische, konzeptuelle und empirische Überlegungen ausgehend von der Frankfurter Präventionsstudie. In: Praxis der Kinderpsychologie und Kinderpsychiatrie 4 (56). 2007. S. 356–385

Lewin, Kurt: Grundzüge der topologischen Psychologie. Bern (Huber) 1969

Lindmeier, Christian: Kinder und Jugendliche aus dem Autismus-Spektrum in der Schule – Forschungsfelder und Forschungsdesiderate. In: Zeitschrift für Heilpädagogik 69 (9). 2018. S. 396–410

Loch, Wolfgang: Die Krankheitslehre der Psychoanalyse. Allgemeine und spezielle psychoanalytische Theorie der Neurosen, Psychosen und psychosomatischen Erkrankungen bei Erwachsenen, Kindern und Jugendlichen. Stuttgart, Leipzig (Hirzel) 1999 (1998)

Lorenzer, Alfred: Sprachzerstörung und Rekonstruktion. Frankfurt (Suhrkamp) 1973 (1970)

Lorenzer, Alfred: Die Wahrheit der psychoanalytischen Erkenntnis. Frankfurt (Suhrkamp) 1974

Lorenzer, Alfred: Sprachspiel und Interaktionsformen. Frankfurt (Suhrkamp) 1977

Lorenzer, Alfred: Zum Beispiel ›Der Malteser Falke‹. Analyse der psychoanalytischen Untersuchung literarischer Texte. In: Urban, Bernd & Kudszus Winfried (Hrsg.): Psychoanalytische und psychopathologische Literaturinterpretation. Darmstadt (Wissenschaftliche Buchgesellschaft) 1981. S. 23–46

Lorenzer, Alfred: Sprache. Lebenspraxis und szenisches Verstehen in der psychoanalytischen Therapie. In: Psyche – Z Psychoanal 37 (2). 1983. S. 97–115

Lorenzer, Alfred: Das Konzil der Buchhalter. Die Zerstörung der Sinnlichkeit. Eine Religionskritik. Frankfurt (Europäische Verlagsanstalt) 1984a (1981)

Lorenzer, Alfred: Die Funktion von Literatur und Literaturkritik aus der Perspektive einer psychoanalytisch-tiefenhermeneutischen Interpretation. In: Institutsgruppe Psychologie der Universität Salzburg (Hrsg.): Jenseits der Couch. Psychoanalyse und Sozialkritik. Frankfurt (Fischer) 1984b. S. 211–

Lorenzer, Alfred: Tiefenhermeneutische Kulturanalyse. In: König, Hans-Dieter, Lorenzer, Alfred, Lüdde, Heinz, Nagböl, Sören, Prokop, Schmid-Noerr, Gunzelin & Eggert, Annelinde: Kultur-Analysen. Frankfurt (Fischer) 1988a (1986). S. 11–98

Lorenzer, Alfred: Hermeneutik des Leibes. Über die Naturwissenschaftlichkeit des Leibes. In: Merkur 42 (475) 1988b. S. 838 – 852 (aufgenommen in Lorenzer, Alfred: Die Sprache, der Sinn, das Unbewusste. Psychoanalytisches Grundverständnis und Neurowissenschaften. Herausgegeben von Ulrike Prokop. Stuttgart <Klett-Cotta> 2002. S. 201–226)

Lorenzer, Alfred: Die Geschichtlichkeit menschlicher Lebensentwürfe. In: Prokop, Ulrike & Görlich, Bernard (Hrsg.): Alfred Lorenzer. Szenisches Verstehen. Zur Erkenntnis des Unbewussten. Bd. 1. Marburg (Tectum) 2006. S. 131–148

Ludin, Josef: Zum Verhältnis von Institutions- und Ideologiebildung in der Psychoanalyse. In: Braun, Christoph & Brüggen Wilhelm (Hrsg.): Psychoanalyse der Institutionen – Institutionen der Psychoanalyse. Frankfurt (Brandes & Apsel) 2013. S. 122–136

Ludwig-Körner, Christiane: Psychoanalytische Entwicklungstheorien. In: Cierpka, Manfred (Hrsg.): Frühe Kindheit 0 – 3 Jahre. Beratung und Psychotherapie für Eltern mit Säuglingen und Kleinkindern. Heidelberg (Springer) 2014. S. 81–101

Lüpke, Hans von: Die vielfältigen Dimensionen des Dialogs. In: Paritätisches Bildungswerk Bundesverband e. V. (Hrsg.): Von der Behandlung der Krankheit zur Sorge um Gesundheit. Entwicklungsförderung im Dialog. Frankfurt (Eigenverlag) 1996 (1986). S. 65–71

Lüpke, Hans von: Vorgeburtliche Bindungserfahrungen – Konsequenzen für die Interpretation und Begleitung von Kindern mit Verhaltensauffälligkeiten. In: Finger-Trescher, Urte & Krebs, Heinz (Hrsg.): Bindungsstörungen und Entwicklungschancen. Gießen (Psychosozial) 2003. S. 133–144

Lüpke, Hans von: Jenseits des Mythos vom Reptiliengehirn. In: Goll, Harald, Jaquier, Monika & Römelt, Josef (Hrsg.): Kinder mit Anenzephalie und ihre Familien. Bad Heilbrunn, (Klinkhardt) 2009. S. 101–107 (aufgenommen in: http://bidok.uibk.ac.at/library/luepke-myhtos.html <letzter Zugriff am 31.08.2020>)

Lüpke, Hans von: Implizite Kommunikation und Sprache. In: Cotiga, Alin, Schacht, Johann & Tcyganok, Galina (Hrsg.): Wissenschaft und Erfahrungsweisheit in der ISPPM

(International Society for Pre- and Perinatal Psychology and Medicine). Heidelberg (Mattes) 2018. S. 34–39

Lüpke, Hans von: Das Nichts. Am Anfang war die Angst. In: Finger-Trescher, Urte, Heilmann, Joachim & Kupper-Heilmann, Susanne (Hrsg.): Angst im pädagogischen Alltag. Herausforderungen und Bewältigungsmöglichkeiten. Gießen (Psychosozial) 2019. S. 81–80

Luhmann, Niklas: Erkenntnis als Konstruktion. Bern (Benteli) 1988

Luhmann, Niklas: Soziologische Aufklärung 5. Konstruktivistische Perspektiven. Opladen (Westdeutscher Verlag) 1990 (1988)

Luhmann, Niklas: Soziale Systeme. Grundriss einer allgemeinen Theorie. Frankfurt (Suhrkamp) 1993 (1984)

Luhmann, Niklas: Die Wissenschaft der Gesellschaft, Suhrkamp: Frankfurt 1994 (1990)

Luria, Alexander R.: Cognitive Development. Its Cultural and Social Foundations. Cambridge/Mass (Harvard University Press) 1976

Lyotard, Jean-François: Le Différend. Paris (Minuit) 1983 (Der Widerstreit. München <Fink>1987)

Lyotard, Jean-François: Das postmoderne Wissen. Ein Bericht. Herausgegeben von Peter Engelmann. Wien (Passagen Verlag) 2012 (1979)

Mahler, Margaret, Pine, Fred & Bergman, Anni: Die psychische Geburt des Menschen. Symbiose und Individuation. Frankfurt (Fischer) 1980

Maiello, Suzanne: Säuglingsbeobachtung als Lernerfahrung in der psychoanalytischen Ausbildung. Der Beobachter in der Person des Dritten und die Begegnung mit dem inneren Kind. In: Analytische Kinder- und Jugendlichen-Psychotherapie 38 (3). 2007. S. 335–349

Maiello, Suzanne: Über die frühesten Spuren psycho-physischen Erlebens. Reminiszenzen pränataler traumatischer Erfahrungen in der psychoanalytischen Praxis. In: Jahrbuch der Kinder- und Jugendlichen-Psychoanalyse (herausgegeben von Fernanda Pedrina und Susanne Hauser): Babys und Kleinkinder. Praxis und Forschung im Dialog. Frankfurt (Brandes & Apsel) 2013. S. 47–76

Mannoni, Maud: Das zurückgebliebene Kind und seine Mutter – Eine psychoanalytische Studie. Olten, Freiburg (Walter) 1972 (1964)

Marschall, Carolin: »Man muss ja immer noch professionell sein«. Zur Bedeutsamkeit von Reflexionsfähigkeit und Introspektion in pädagogischen Handlungsfeldern. In: Menschen 43 (4/5). 2020. S. 37–41

Marseille, Walter W.: Protokolle der Engeren und Weiteren Gruppe der psychoanalytisch-pädagogischen Arbeitsgemeinschaft. In: Herrmann, Ulrich, Datler, Wilfried & Göppel, Rolf (Hrsg.): Siegfried Bernfeld: Werke Bd. 5: Theorie und Praxis der Erziehung. Pädagogik und Psychoanalyse. Gießen (Psychosozial) 2013 (1931/1932). S. 289–319

Marx, Karl: Grundrisse der Kritik der politischen Ökonomie. Berlin (Dietz) 1953 (1857/58)

Marx, Karl: Das Kapital. Kritik der politischen Ökonomie. Erster Band. Berlin (Dietz) 1973 (1867)

Mattner, Dieter: Zur Dialektik des gelebten Leibes. Eine ganzheitliche Analyse des menschlichen Körpers. Dortmund (Verlag modernes leben) 1987

Maturana, Humberto R.: Biologie der Kognition Braunschweig, Wiesbaden (Vieweg) 1985

Maturana, Humberto R. & Varela, Francisco J.: Autopoietische Systeme: eine Bestimmung der lebendigen Organisation. In: Maturana, Humberto R.: Erkennen: Die Organisation und Verkörperung von Wirklichkeit. Ausgewählte Arbeiten zur biologischen Epistemologie. Braunschweig, Wiesbaden (Vieweg) 1985 (1982). S. 170–235

Maturana, Humberto R. & Varela, Francisco J.: Der Baum der Erkenntnis. Wie wir die Welt durch unsere Wahrnehmung erschaffen – die biologischen Wurzeln des menschlichen Erkennens. Bern, München, Wien (Scherz) 1987 (1984)

Mayring, Philipp: Einführung in die qualitative Sozialforschung. Eine Anleitung zu qualitativem Denken. Weinheim, Basel (Beltz) 2002

Mayring, Philipp: Qualitative Inhaltsanalyse. Grundlagen und Techniken. Weinheim, Basel (Beltz) 2015 (1983)

Mesdag, Thomas & Hitzel Elke: Sage mir, wie su leben möchtest (aber bedenke, was ich hören will!). In: Mesdag, Thomas, Pforr, Ursula (Hrsg.) 2008. S. 169–188

Mesdag, Thomas & Pforr, Ursula (Hrsg.): Phänomen geistige Behinderung. Ein psychodynamischer Verstehensansatz. Gießen (Psychosozial) 2008

Meseth, Wolfgang & Proske, Matthias: Das Wissen der Lehrerbildung zwischen Wissenschafts- und Praxisorientierung. In: Böhme, Jeanette u. a. (Hrsg.) 2018. S. 19–43

Michalek, Ruth: Analyseschritte der Dokumentarischen Methode. In: QUASUS. Qualitatives Methodenportal zur Qualitativen Sozial-, Unterrichts- und Schulforschung. 2008 (https://quasus.ph-freiburg.de/analyseschritte-der-dokumentarischen-methode/)

Milani Comparetti, Adriano: Von der »Medizin der Krankheit« zu einer »Medizin der Gesundheit«. In: Paritätisches Bildungswerk – Bundesverband e. V. (Hrsg.) 1996 (1986). S. 16–27

Milani Comparetti, Adriano & Roser, Ludwig-Otto: Förderung der Normalität und der Gesundheit in der Rehabilitation – Voraussetzung für die reale Anpassung behinderter Menschen. In: Wunder, Michael & Sierck, Udo (Hrsg.): Sie nennen es Fürsorge – Behinderte zwischen Vernichtung und Widerstand. Frankfurt (Dr. med Mabuse) 1987 (1981). S. 1–11

Mitchell, Stephen A.: Psychoanalyse als Dialog. Einfluss und Autonomie in der analytischen Beziehung. Gießen (Psychosozial) 2005

Mitscherlich, Alexander: Aggression und Anpassung. In: Marcuse, Herbert, Rapaport, Anatol, Horn, Klaus, Mitscherlich, Alexander, Senghaas Dieter & Marković, Mihailo: Aggression und Anpassung in der Industriegesellschaft. Frankfurt (Suhrkamp) 1969. S. 80–127

Möller, Peter: Poststrukturalismus. http://www.philolex.de/poststru.htm (letzter Zugriff am 04.08.2020)

Muckel, Petra: Selbstreflexivität und Subjektivität im Forschungsprozess. In: Breuer, Franz (Hrsg.) 1996. S. 61–78

Müller, Burkhard: Psychoanalytische Pädagogik und Sozialpädagogik. In: Trescher, Hans-Georg & Büttner, Christian (Hrsg.): Jahrbuch für Psychoanalytische Pädagogik 1. Mainz (Grünewald) 1989. S. 120–135

Müller, Burkard: Vom Nutzen und Nachteil der Psychoanalyse für das Sozialpädagog / innen-Leben. In: Büttner, Christian u. a. (Hrsg.) 1990. S. 29–42.

Müller, Burkhard: Sozialpädagogisches Können. Ein Lehrbuch zur multiperspektivischen Fallarbeit. Freiburg (Lambertus) 1994 (1993)

Müller, Burkard: Außensicht – Innensicht. Beiträge zu einer analytisch orientierten Sozialpädagogik. Freiburg (Lambertus) 1995

Müller, Burkhard, Hellbrunn, Richard, Moll, Jeanne & Storrie, Tom: Gefühle denken. Macht und Emotionen in der pädagogischen Praxis. Frankfurt, New York (Campus) 2005

Müller, Nadia: Adaption und Dekonstruktion der psychoanalytischen Theorie von Jelineks »Die Klavierspielerin«. 2012 In: https://www.grin.com/document/298520 (letzter Zugriff am 20.04.2020)

Müller-Doohm, Stefan (Hrsg.): Jenseits der Utopie. Theoriekritik der Gegenwart. Frankfurt am Main (Suhrkamp) 1991

Nassehi, Armin: Das Identische »ist« das Nicht-Identische. Bemerkungen zu einer theoretischen Diskussion um Identität und Differenz. In: Zeitschrift für Soziologie. 22 (6). 1993. S. 477–481

Nassehi, Armin: Die Form der Biographie. Theoretische Überlegungen zur Biographieforschung in methodologischer Absicht. In: Bios 7 (1). 1994. S. 46–63

Nassehi, Armin: Der soziologische Diskurs der Moderne. Frankfurt (Suhrkamp) 2006

Nassehi, Armin & Saake, Irmhild: Kontingenz: Methodisch verhindert oder beobachtet? Ein Beitrag zur Methodologie der qualitativen Sozialforschung. In: Zeitschrift für Soziologie 31 (1). 2002. S. 66–86

Naumann, Thilo Maria: Beziehung und Bildung in der kindlichen Entwicklung. Psychoanalytische Pädagogik als kritische Elementarpädagogik. Gießen (Psychosozial) 2010

Naumann, Thilo Maria: Gruppenanalytische Pädagogik. Eine Einführung in Theorie und Praxis. Gießen (Psychosozial) 2014a

Naumann, Thilo Maria: Notizen zur Anwendung der Gruppenanalyse in der Hochschulbildung. Seminararbeit, Praxisreflexion und Selbsterfahrung in Studiengängen der Sozialen Arbeit. In: Gerspach, Manfred u. a. (Hrsg.) <2014a> 2014b. S. 53–71

Naumann-Lenzen, Michael: Jenseits der Deutung. Zur Kontroverse um das Verhältnis von Deutungs-, Beziehungs- und Spielaspekten bei Psychopathologien. In: Analytische Kinder- und Jugendlichen-Psychotherapie 25 (3). 1994. S. 235–272

Neumann, Peter: Jetzt mal realistisch bleiben. In: Die Zeit Nr. 32 vom 30.07.2020. S. 48

Nick, Peter: Zur Erkenntnisfigur des Beobachters. Entwurf einer anthropologischen Konzeption des erkennenden Subjekts. Tübingen (Edition Diskord) 2001

Ní Dhuíll, Caitríona: Biographie von ›er‹ bis ›sie‹. Möglichkeiten und Grenzen relationaler Biographik. In: Fetz, Bernhard (Hrsg.): Die Biographie. Zur Grundlegung ihrer Theorie. Berlin, New York (de Gruyter) 2009. S. 199–226

Niedecken, Diemut: Die »Organisierung« von geistiger Behinderung. In: Heinemann, Evelyn & de Groef, Johan (Hrsg.) 1997. S. 101–116

Niedecken, Dietmut: Namenlos. Geistig Behinderte verstehen. Neuwied, Kriftel, Berlin (Luchterhand) 2003 (1989)

Niedergesäß, Bernd: Die Regulationsstörungen der Zwillinge Jelena und Stephan. Der Umgang mit Regulationsstörungen in einem psychoanalytisch-pädagogischen Setting einer Babygruppe. In: Datler, Wilfried u. a. (Hrsg.) 2009. S. 19–36

Niephaus, Yasemin: Ökonomisierung. Diagnose und Analyse auf der Grundlage feldtheoretischer Überlegungen. Wiesbaden (Springer VS) 2018

Nissen, Bernd: Zur Bestimmung der Möglichkeiten klinisch-psychoanalytischer Forschung. Ein Beitrag zur Forschungsdiskussion. In Psyche – Z Psychoanal 63 (4) 2009. S. 367–383

Nissen, Bernd: Zur psychoanalytischen Konzeptualisierung und Behandlung von Störungen aus dem autistischen und autistoiden Spektrum. In: Psychotherapeutenjournal 2. 2105. S. 110–119

Nitzschke, Bernd: Die besondere Wissensform der Psychoanalyse: Wissenschaftshistorische Anmerkungen zum Junktim zwischen Heilen und Forschen in der Freudschen Psychoanalyse. In: Buchholz, Michael B. & Streeck, Ulrich (Hrsg.) 1994. S. 13–37

Nöth, Winfried: Selbstreferenz in systemtheoretischer und in semiotischer Sicht. In: http://sjschmidt.net/konzepte/texte/noeth1.html (letzter Zugriff am 28.10.2019)

Oevermann, Ulrich: Fallrekonstruktion und Strukturgeneralisierung. Frankfurt (Suhrkamp) 1981

Oevermann, Ulrich: Zur Sache. In: Friedeburg, Ludwig von & Habermas, Jürgen (Hrsg.): Adorno-Konferenz 1983. Frankfurt (Suhrkamp) 1983. S. 234–289

Oevermann, Ulrich: Genetischer Strukturalismus und das sozialwissenschaftliche Problem der Erklärung der Entstehung des Neuen. In: Müller-Doohm, Stefan (Hrsg.) 1991. S. 267–336

Oevermann, Ulrich: Die objektive Hermeneutik als unverzichtbare methodologische Grundlage für die Analyse von Subjektivität. Zugleich eine Kritik der Tiefenhermeneutik. In: Jung, Thomas & Müller-Doohm, Stefan (Hrsg.) 1993. S. 106–189

Oevermann, Ulrich, Allert, Tilmann, Konau, Elisabeth & Krambeck, Jürgen: Die Methodologie einer »objektiven Hermeneutik« und ihre allgemeine forschungslogische Bedeutung in den Sozialwissenchaften. In: Soeffner, Hans-Georg (Hrsg.): Interpretative Verfahren in den Sozial- und Textwissenschaften. Stuttgart (Metzler) 1979. S. 352–434

Orange, Donna M.: Emotionales Verständnis und Intersubjektivität. Beiträge zu einer psychoanalytischen Epistemologie. Frankfurt (Brandes & Apsel) 2004

Orange, Donna M., Atwood, George E. & Stolorow, Robert D.: Intersubjektivität in der Psychoanalyse. Kontextualismus in der psychoanalytischen Praxis. Frankfurt (Brandes & Apsel) 2001

Ornstein, Anna & Ornstein, Paul H.: Empathie und therapeutischer Dialog. Beiträge zur klinischen Praxis der psychoanalytischen Selbstpsychologie. Gießen (Psychosozial) 2001

Panke-Kochinke, Birgit: Die rekonstruktive hermeneutische Textanalyse. In: Pflege und Gesellschaft 19 (2). 2004. S. 59 – 6. https://dg-pflegewissenschaft.de/wp-content/uploads/2017/06/PG-2-2004-Panke-Kochinke.pdf (letzter Zugriff am 06.08.2020)

Paritätisches Bildungswerk – Bundesverband e. V. (Hrsg.): Von der Behandlung der Krankheit zur Sorge um Gesundheit (zusammenfassende Darstellung von E. Jäger). Frankfurt (Eigenverlag) 1996 (1986)

Paulsen, Sibylle: Affekt und Beziehung – theoretische und therapeutische Überlegungen. In: Analytische Kinder- und Jugendlichen-Psychotherapie 29 (2). 1998. S. 155–167

Pedrina, Fernanda: Psychotherapien mit Säuglingen und Eltern. Gedanken zu den frühen Symbolisierungsprozessen. In: Kinderanalyse 1 (0). 1992. S. 46–67

Peirce, Charles S.: Lectures on Pragmatism (gehalten vom 26.03. – 14.05. 1903 an der Harvard University). CP 5 (aufgenommen in: Peirce, Charles S.: Schriften II. Vom Pragmatismus zum Pragamatizismus. Frankfurt (Suhrkamp) 1970 (1903)

Perner, Achim: Bemerkungen über den Unterschied von psychoanalytischer Sozialarbeit und Psychoanalyse. In: Journal für Psychoanalyse 30 (51). 2010. S. 62–70

Peto, Andrew: Über die vorübergehend desintegrative Wirkung von Deutungen. In: Psyche – Z Psychoanal 14 (11). 1961. S. 701–710

Phillips, Adam: Winnicott. London (Fontana Press) 1988

Picht, Johannes: Zu Winnicotts »Psychologie der Verrücktheit«. In: Psyche – Z Psychoanal 72 (4). 2018. S. 267–277

Pieper, Marianne: Assemblagen von Rassismus und Ableism. Selektive Inklusion und die Fluchtlinien affektiver Politiken in emergenten Assoziationen. In: Movements. Journal für kritische Migrations- und Grenzregimeforschung. 2 (1). 2016. S. 91–116

Piontelli, Allesandra: Vom Fetus zum Kind. Die Ursprünge des psychischen Lebens. Eine psychoanalytische Beobachtungsstudie. Stuttgart (Klett-Cotta) 1996 (1992)

Plänkers, Tomas: Kann die Systemtheorie eine Metatheorie für psychoanalytische Theorie und Praxis sein? In: Zeitschrift für psychoanalytische Theorie und Praxis 10 (1). 1995. S. 119–142

Pollak, Thomas: Was heißt »Beziehung« in der sozialen Arbeit. Psychoanalytische und professionstheoretische Aspekte. In: Deutsche Jugend 50 (2). 2002. S. 78–85

Pollak, Thomas: Psychoanalyse im Richtlinien-Korsett. Zur Regulierung psychoanalytischer Behandlungen im Rahmen der Krankenversicherung. In: Psyche – Z Psychoanal 74 (6). 2020. S. 395–420

Popper, Karl: Logik der Forschung. Tübingen (Mohr-Siebeck) 2005 (1934)

Potthoff, Peter: Die Relationale Psychoanalyse und das Intersubjektivitätsparadigma. In: Psychosozial 42 (19). 2019. S. 11–27

Press, Jacques: Der Gebrauch von Winnicott. In: Psyche – Z Psychoanal 72 (4). 2018. S. 278–307

Psyche. Zeitschrift für Psychoanalyse und ihre Anwendungen 72 (4). 2018

Query, James L. & Kreps, Gary L.: Using the Critical Incident Method to Evaluate and Enhance Organizational Effectiveness. In Herndon, S L & .Kreps, Gary L. (Hrsg.): Qualitative Research: Applications in Organizational Communication. Cresskill N.J. (Hampton Press) 1993. S. 63–78

Quindeau, Ilka: Psychoanalyse. Paderborn (Fink) 2008

Quindeau, Ilka: Geschlechtervielfalt und polymorphes Begehren: Queere Perspektiven in der Psychoanalyse. In: Hutflees, Esther & Zach, Barbara (Hrsg.): Queering Psychoanalysis und Queer Theory – Transdisziplinäre Verschränkungen. Wien (Zaglossus). 2017a. S. 181–210

Quindeau, Ilka: Ist der Ödipuskomplex noch zeitgemäß? Psychoanalytische Konzepte zum Geschlecht. In: Kinder- und Jugendlichen-Psychotherapie 48 (2). 2017b. S. 207–222

Quindeau, Ilka: Rätselhafte Botschaften. Das Sexuelle in der Beziehung von Erwachsenen und Kindern. In: Eggert-Schmid Noerr, Annelinde u. a. (Hrsg.): 2017c. S. 51 – 68

Quindeau, Ilka: Freuds Bisexualität im Lichte der fluiden Geschlechtsidentität. In: Kinderanalyse 27 (19). 2019. S. 21–38

Ramberg, Axel: Mentalisierungsbasierte Interventionen und professionelle Haltung in der Pädagogik am Beispiel von Schule. In: Gingelmaier, Stephan u. a. (Hrsg.) 2018. S. 107–119

Rank, Otto: Das Trauma der Geburt und seine Bedeutung für die Psychoanalyse. Gießen (Psychosozial) 1998 (1924)

Rathsmann-Sponsel Irmgard & Sponsel, Rudolf (Hrsg.): Internet Publikation für Allgemeine und Integrative Psychotherapie: John Bowlby (1907-1990). 28.01.2020. In: www.sgipt.org/biogr/bowlby.htm (letzter Zugriff am 05.09.2020)

Rauh, Bernhard, Brandl, Yvonne, Wininger, Michael & Zimmermann, David: Inklusionspädagogik – eine halbierte Bewegung? Psychoanalytische Perspektiven auf ein erziehungswissenschaftliches Paradigma. In: Ackeren, Isabell van u. a. (Hrsg.) 2020. S. 541–553

Rauh, Bernhard & Kreuzer, Tillmann F. (Hrsg.): Grenzen und Grenzverletzungen in Bildung und Erziehung. Schriftenreihe der DGFE-Kommission Psychoanalytische Pädagogik. Opladen, Berlin, Toronto (Budrich) 2016

Reiche, Reimut: Sackgassen im Diskurs über Psychoanalyse und Gesellschaft. In: Psyche – Z Psychoanal 49 (3). 1995. S. 227–258

Reiche, Reimut: Mutterseelenallein. Frankfurt, Basel (Klostermann) 2001

Reichertz, Jo: Abduktives Schlussfolgern und Typen(re)konstruktion. In: Jung, Thomas, Müller-Doohm, Stefan (Hrsg.): 1993. S. 258 – 282

Reijen, Willem van & Vermann, Dick: Die Aufklärung, das Erhabene, Philosophie, Ästhetik. Interview mit J.-F. Lyotard. In: Reese-Schäfer, Walter: Lyotard zur Einführung. Hamburg (Junius) 1988. S. 103–147

Reik, Theodor: Hören mit dem dritten Ohr. Die innere Erfahrung eines Psychoanalytikers. Frankfurt (Fischer) 1990 (1948)

Reiser, Helmut: Beziehung und Technik in der psychoanalytisch orientierten themenzentrierten Gruppenarbeit. In: Reiser, Helmut & Trescher, Hans-Georg (Hrsg.): Wer braucht Erziehung? Impulse der Psychoanalytischen Pädagogik. Mainz (Grünewald) 1987. S. 181–196

Reiser, Helmut: Entwicklung und Störung – Vom Sinn kindlichen Verhaltens. In: Behindertenpädagogik 32 (3). 1993. S. 254–263

Reiser, Helmut: Psychoanalytisch-systemische Pädagogik. Erziehung auf der Grundlage der Themenzentrierten Interaktion. Stuttgart (Kohlhammer) 2006

Rendtorff, Barbara: Psychoanalyse, Geschlecht und die Pädagogik. In: Ahrbeck, Bernd, Dörr, Margret & Gstach, Johannes (Hrsg.): Der Genderdiskurs in der Psychoanalytischen Pädagogik. Eine notwendige Kontroverse. Jahrbuch für Psychoanalytische Pädagogik 26. Gießen (Psychosozial) 2018. S. 42–55

Rendtorff, Barbara & Breitenbach, Eva: Frauenbewegungen, Bildung und Erziehung – Erträge und Problematiken. In: Ackeren, Isabell van u. a. (Hrsg.) 2020. S. 45–49

Rhode, Maria: Was kann uns die psychoanalytische Arbeit mit autistischen Kindern über das Körperbild lehren? In: Traxl, Bernd (Hrsg.) 2016. S. 211–231

Richter, Horst Eberhard: Eltern, Kind und Neurose. Reinbek (Rowohlt) 1963

Rodman, F. Robert. (2003): Winnicott. Life and Work. Cambridge (Ad capo Press/ Peruses Books) 2003. In: www.ctp.net/PDFs/winnicott.pdf (letzter Zugriff am 05.09.2020)

Rödler, Peter: Bindung und Autismus – eine Kontradiktion? In: Zeitschrift für Heilpädagogik 70 (8). 2019. S. 360–374

Rohde, Katja: Ich Igelkind. Botschaften aus einer autistischen Welt. München (Nymphenburger) 1999

Rohde-Dachser, Christa: Konzepte des Unbewussten. In: http://www.psa-werkstattberichte.de/Originalarbeiten/RO-DA-TXT2.rtf. (letzter Zugriff am 01.10.2019)

Rose, Lotte: Das Drama des begabten Märchens. Lebensgeschichten junger Kunstturnerinnen. Weinheim, München (Juventa) 1991

Rosenthal, Gabriele: Die erzählte Lebensgeschichte als historisch-soziale Realität: methodologische Implikationen für die Analyse biographischer Texte. In: Berliner Geschichtswerkstatt (Hrsg.): Alltagskultur, Subjektivität und Geschichte: zur Theorie und Praxis von Alltagsgeschichte. Münster (Westfälisches Dampfboot) 1994. S. 125–138

Rosenthal, Gabriele: Erlebte und erzählte Lebensgeschichte. Gestalt und Struktur biographischer Selbstbeschreibungen, Frankfurt, New York (Campus) 1995

Rosenthal, Gabriele: Interpretative Sozialforschung. Eine Einführung. Weinheim, Basel (Beltz) 2014 (5., aktualisierte Auflage)

Rosenthal, Gabriele: Die Erforschung kollektiver und individueller Dynamik – Zu einer historisch und prozess-soziologisch orientierten interpretativen Sozialforschung. In: Forum qualitative Sozialforschung 17 (29). 2016. https://pdfs.semanticscholar.org/2baf/a26a 84c5fee5c9ea820ffba795b820267872.pdf. S. 1 – 7 (letzter Zugriff am 06.08.2020)

Rosenthal, Gabriele & Loch, Ulrike: Das Narrative Interview. In: Schaeffer, D. & Müller-Mundt, G (Hrsg.): Qualitative Gesundheits- und Pflegeforschung. Bern, Göttingen, Toronto, Seattle (Huber) 2002. S. 221–232

Roussillon, René: Die Psychoanalyse des Narzissmus und die unvermeidlich »postmoderne« Psychoanalyse. In: Zeitschrift für psychoanalytische Theorie und Praxis 33 (1). 2018. S. 65–83

Rüth, Ulrich: Bion für Beginner. Eine Einführung in Wilfred Ruprecht Bion (1897 – 1979): Leben und Werk. In: Forum der Kinder- und Jugendpsychiatrie und Psychotherapie 4. 2005. S. 66–81

Rustin, Margaret: In Berührung mit primitiven Ängsten. In: Diem-Wille, Gertraud & Turner, Agnes (Hrsg.) 2012. S. 13–27

Ruth, Jesica: Projektive Verfahren als Zugang zu inneren Erlebniswelten – Entwicklung eines Erhebungsinstruments am Beispiel triangulärer Beziehungsmuster von Kindern. In: Katzenbach, Dieter (Hrsg.) <2016b> 2016a. S. 91–16

Ruth, Jessica: Tiefenhermeneutische Analyse kindlicher Erzählungen. In: Katzenbach, Dieter (Hrsg.) >2016b> 2016b. S. 241–253

Sahner, Heinz: II. Empirische Forschung. Quantitative Verfahren. In: Stimmer, Franz (Hrsg.): Lexikon der Sozialpädagogik und der Sozialarbeit. München, Wien (Oldenbourg) 2000 (4., völlig überarbeitete und erweiterte Auflage). S. 169–174

Sandler, Joseph & Sandler, Anne-Marie: Vergangenheitsunbewusstes, Gegenwartsunbewusstes und die Deutung der Übertragung. In: Psyche – Z Psychoanal 39 (9). 1985. S. 800–29

Sautter, Hartmut: Pädagogisch-psychologische Diagnostik und Intuition. In: Buchka, Maximilian (Hrsg.): Intuition als individuelle Erkenntnis- und Handlungsfähigkeit in der Heilpädagogik. Luzern (Schweizerische Zentralstelle für Heilpädagogik) 2000. S. 83–95

Sautter, Hartmut: Außensicht – Innensicht. Menschen mit Autismus begleiten. In: Sautter, Hartmut, Schwarz, Katja & Trost, Rainer (Hrsg.) 2012. S. 17–30

Sautter, Hartmut, Schwarz, Katja & Trost, Rainer (Hrsg.): Kinder und Jugendliche mit Autismus-Spektrum-Störung. Neue Wege durch die Schule. Stuttgart (Kohlhammer) 2012

Schaich, Ute: Fehlende Übergänge: Eingewöhnung in die Kinderkrippe am Beispiel eines Mädchens mit Migrationshintergrund. In: Psyche – Z Psychoanal 66 (6). 2012. S. 522–544

Schallehn-Melchert, Elke: Rollengebundene Abwehr. Das psychoanalytische Abwehrkonzept in der Supervision. In: Forum Supervision 6 (12). 1998. S. 53–67

Schallenkammer, Nadine: Offene Leitfadeninterviews im Kontext sogenannter geistiger Behinderung. In: Katzenbach, Dieter (Hrsg.) <2016b> 2016. S. 45–55

Scheifele, Sigrid: Aufhebung der Leidenschaft? Zu Elia Canettis »Die gerettete Zunge«. In: Belgrad, Jürgen u. a. (Hrsg.) 1987. S. 317– 330

Schier, Katarzyna: Rollenumkehr in der Familie und die Störung des Körper-Ichs des Kindes. In: Traxl, Bernd (Hrsg.) 2016. S. 105–129

Schildmann, Ulrike & Schramme, Sabrina: Intersektionalität: Behinderung – Geschlecht – Alter. In: Vierteljahreszeitschrift für Heilpädagogik und ihre Nachbargebiete 86 (3). 2017. S. 191–202

Schlücker, Karin: Vom Text zum Wissen. Positionen und Probleme qualitativer Forschung. Konstanz (UVK) 2008

Schmerfeld, Jochen: Hochmoderne Subjektivität aus psychoanalytischer Perspektive – programmatische Überlegungen. In: Weber, Jean-Marie u. a. (Hrsg.) 2019. S. 20–31

Schmid, Volker: Fallstudien in der psychoanalytischen Pädagogik. In: Friebertshäuser, Barbara & Prengel, Annedore (Hrsg.) 1997. S. 177–191

Schmid Noerr, Gunzelin: Zur Sozialisation der Gefühle. In: Busch, Hans-Joachim, Leuzinger-Bohleber, Marianne & Prokop, Ulrike (Hrsg.): Sprache, Sinn und Unbewusstes. Zum 80. Geburtstag von Alfred Lorenzer. Tübingen (Edition Diskord) 2003. S. 113–132

Schmidt, Bernhard J.: Autismus und der Kühlschrankmutter Mythos. Eine Rehabilitation Bruno Bettelheims. Norderstedt (BoD – Books on Demand) 2017

Schreiter, Jörg: Hermeneutik. In: Buhr, Manfred (Hrsg.): Enzyklopädie zur bürgerlichen Philosophie im 19. und 20. Jahrhundert. Köln (Pahl-Rugenstein) 1988. S. 411–438

Schrenker, Katrin: Spiel- und Erzählverfahren zur Erschließung kindlicher Erfahrungswelten. In: Katzenbach, Dieter (Hrsg.) <2016b> 2016a. S. 117–133

Schrenker, Katrin: Zur Auswertung von Spiel- und Erzählverfahren. In: Katzenbach, Dieter (Hrsg.) <2016b> 2016b. S. 275–295

Schröder, Achim: »Beziehungsarbeit« mit Jugendlichen – emanzipatorische Vorstellungen zur Gestaltung der Intersubjektivität (I und II). In: Deutsche Jugend 47 (7/8, S. 340–348 und 9, S. 385–390). 1999

Schröder, Achim, Balzter, Nadine & Schroedter, Thomas: Politische Jugendbildung auf dem Prüfstand. Ergebnisse einer bundesweiten Evaluation. Weinheim, München (Juventa) 2004

Schröder, Achim & Leonhardt, Ulrike: Jugendkulturen und Adoleszenz. Verstehende Zugänge zu Jugendlichen in Szenen. Neuwied, Kriftel (Luchterhand) 1998

Schröder, Achim & Leonhardt, Ulrike: Wegweiser zwischen Jugendarbeit und Schule. Wie Jugendarbeit schulisches Lernen erweitert. Schwalbach (Wochenschau) 2011

Schröer, Norbert: Wissenssoziologische Hermeneutik In: Hitzler, Ronald & Honer, Anne (Hrsg.) 1997. S. 109–129

Schülein, Johann August: Psychoanalyse und Soziologie: Keine einfache Beziehung. In: Psyche – Z Psychoanal 72 (6). 2018. S. 433–458

Schütz, Alfred: Untersuchungen über Grundbegriffe und Methoden der Sozialwissenschaften und Nationalökonomie. Unveröffentlichte Manuskripte eines angefangenen Artikels über methodologische Probleme der Politischen Ökonomie. Sozialwissenschaftliches Archiv der Universität Konstanz. 1936. S. 7212–7341

Schütz, Alfred: Der sinnhafte Aufbau der sozialen Welt. Eine Einleitung in die verstehende Soziologie. Wien (Springer VS) 1981 (1932)

Schütze, Fritz: Biographieforschung und narrative Interviews. In: Neue Praxis 13 (3). 1983. S. 283–293

Schumann, Michael: Methoden als Mittel professioneller Stil- und Identitätsbildung. In: Groddeck, Norbert & Schumann, Michael (Hrsg.): Modernisierung Sozialer Arbeit durch Methodenentwicklung und -reflexion. Freiburg (Lambertus) 1994. S. 41–67

Schuster, Nicole: Ein guter Tag ist ein Tag mit Wirsing. (M)ein Leben in Extremen: Das Asperger-Syndrom aus der Sicht einer Betroffenen. Berlin (Weidler) 2007

Schwager, Michael: Die Überwindung der »Zwei-Gruppen-Theorie« als Indikator für Inklusion. Erfahrungen der Gesamtschule Köln-Holweide. Vortrag auf dem 7. Integrationstag Sachsen-Anhalt 2004. In: www.inklusionspaedagogik.de/content/blogcategory/49/90/lang,de/ (letzter Zugriff am 13.10.2014)

Schwanebeck, Wieland: Dekonstruktion. In *Gender Glossar/Gender Glossary*. In: http://gender-glossar.de. 2013 (letzter Zugriff am 04.08.2020)

Schwarz, Christoph H.: We're Palestinians – we never back down. Nationale Narrative und die Inszenierung männlicher Lebensentwürfe in der Forschungssituation. In: Günther, Marga & Kerschgens, Anke (Hrsg.) <2016a> 2016. S. 146–168

Schwarzer, Nicola-Hans, Bleher, Werner & Gingelmaier, Stephan: Selbstregulative Fähigkeiten bei angehenden Sonderschullehrkräften. In: Vierteljahresschrift für Heilpädagogik und ihre Nachbargebiete 90 (2). 2021. S. 106–120

Schwörer, Mona Céline, Nitkowski, Dennis, Petermann, Franz & Petermann, Ulrike: Belastungserleben von Müttern mit Kindern mit ADHS. Einfluss der ADHS-Erscheinungsformen und der elterlichen Symptomatik. In: Kindheit und Entwicklung 29 (1). 2020. S 40–51

Seewald, Jürgen: Motologie im Fernstudium? Über Erfahrungen in der motologischen Lehre. In: Motorik 19 (2). 1996. S. 87–89

Seewald, Jürgen: Am Leitfaden von Körper und Bewegung – Motologische Sichten auf die Sonderpädagogik. In: Vierteljahresschrift für Heilpädagogik und ihre Nachbargebiete 67 (1). 1998. S. 25–48

Seewald, Jürgen: Der verstehende Ansatz in Psychomotorik und Motologie. München, Basel (Reinhardt) 2007
Seidler, Eduard: Von der Unart zur Krankheit. In: Deutsches Ärzteblatt 101 (5). 2004. S. 239–242
Seiffge-Krenke, Inge: Psychotherapie und Entwicklungspsychologie. Heidelberg (Springer) 2009
Sheffer, Edith: Aspergers Kinder. Die Geburt des Autismus im »Dritten Reich«, Frankfurt (Campus) 2018
Shotter, John & Gergen, Kenneth J. (Hrsg.): Texts of Identity. London (Sage) 1989
Seitter, Walter: Verschiebung der Philosophie. In: Foucault, Michel & Seitter, Walter: Das Spektrum der Genealogie. Bodenheim (Philo) 1996 S. 48 – 60
Sinason, Valerie: Geistige Behinderung und die Grundlagen menschlichen Seins. Neuwied, Kriftel, Berlin (Luchterhand) 2000
Sinzig, Judith: Frühkindlicher Autismus. Berlin, Heidelberg, New York (Springer) 2011
Stark, Thomas: Die Widerspenstigkeit des Subjekts. Zur »quasi-natürlichen Kraft des Negativen« (A. Honneth). In: Psyche – Z Psychoanal 63 (7). 2009. S. 683–703
Starobinski, J: Le texte et l'interprète. In: Starobinski, J: Les Approches du sens. Essay sur la critique. Bern, Genf (La Dogana) 1974. S. 172–189
Steinert, Heinz: Kulturindustrie. Münster (Westfälisches Dampfboot) 1998
Stelter, Annette & Miethe, Ingrid: Forschungsmethoden im Lehramtsstudium – aktueller Stand und Konsequenzen. In: Erziehungswissenschaft 30 (57). 2019. S. 25–33
Stemmer-Lück, Magdalena: Beziehungsräume in der Sozialen Arbeit. Psychoanalytische Theorien und ihre Anwendung in der Praxis. Stuttgart (Kohlhammer) 2004
Stemmer-Lück, Magdalena: Verstehen und Behandeln von psychischen Störungen. Stuttgart (Kohlhammer) 2009
Stapansky, Paul E. (Hrsg.): Margaret S. Mahler. Mein Leben, mein Werk. München (Kösel) 1988
Stern, Daniel: Die Lebenserfahrung des Säuglings. Stuttgart (Klett-Cotta) 1992 (1986)
Stern, Daniel: Der Gegenwartsmoment. Veränderungsprozesse in Psychoanalyse, Psychotherapie und Alltag. Frankfurt (Brandes & Apsel) 2005
Stern, Daniel u. a. (The Boston Change Process Study Group): Veränderungsprozesse. Ein integratives Paradigma. Gießen (Psychosozial) 2012
Stern, Daniel, Hofer, Lynne, Haft, Wendy & Dore, John: Affect attunement: The sharing of feeling states between mother and infant by means of intermodal fluency. In: Field, Tiffany M. & Fox, Nathan (Hrsg.): Social perception in infants. Norwood, New Jersey (Ablex) 1984. S. 249– 268
Stern, Max: Trauma, Todesangst und Furcht vor dem Tod. In: Psyche 26 (12). 1972. S. 901–928
Stern, Max: Das Problem der Aggression. Bemerkungen über Trieb, Trauma, und Tod. In: Psyche 28 (6). 1974. S. 494–507
Terhart, Ewald: Entwicklung und Situation des qualitativen Forschungsansatzes in der Erziehungswissenschaft. In: Friebertshäuser, Barbara & Prengel, Annedore (Hrsg.) 1997. S. 27–42
The Boston Change Process Study Group (CPSG): Das Implizite erklären: die lokale Ebene und der Mikroprozess der Veränderung der analytischen Situation. In: Psyche – Z Psychoanal 58 (9/10). 2004. S. 935–952
Theunissen, Georg: Autismus – Tradition und Wandel. In: Behinderte Menschen 36 (4/5). 2013. S. 17–28
Thoen-McGeehan, Yandé: Abwehr und Widerstand im Forschungsprozess. In: Menschen 43 (4/5). 2020. S. 43–47
Thomä, Helmut: Zur Theorie und Praxis von Übertragung und Gegenübertragung im psychoanalytischen Pluralismus. In: Psyche – Z Psychoanal 53 (9/19). 1999. S. 822–872
Thomä, Helmut & Kächele, Horst: Lehrbuch der Psychoanalytischen Therapien Bd. 1. Berlin (Springer) 1985
Traxl, Bernd: Psychoanalytisch-pädagogische Anmerkungen zur Bedeutung affektiv-interaktioneller Prozesse in der heilpädagogischen Praxis. Aus der Arbeit mit dem zwölfjährigen Martin. In: Datler, Wilfried u. a. (Hrsg.) 2009. S. 85–102

Traxl, Bernd (Hrsg.): Körpersprache, Körperbild und Körper-Ich. Zur psychoanalytischen Therapie körpernaher Störungsbilder im Säuglings-, Kindes- und Jugendalter. Frankfurt (Brandes & Apsel) 2016

Treurniet, Nikolaas: Über eine Ethik der psychoanalytischen Technik. In: Psyche – Z Psychoanal 50 (1). 1996. S. 1–31

Trescher, Hans-Georg: Einige Überlegungen zur Frage: Was ist Psychoanalytische Pädagogik? In: Bittner, Günther & Ertle, Christoph (Hrsg.) 1985a. S. 61–66

Trescher, Hans-Georg: Theorie und Praxis der Psychoanalytischen Pädagogik. Frankfurt, New York (Campus) 1985b

Trescher, Hendrik: Behinderung als demokratische Konstruktion. Zum objektiven Sinn und ›cultural impact‹ der UN-Konvention über die Rechte von Menschen mit Behinderungen. In: Zeitschrift für Inklusion 04. 2013. http://bidok.uibk.ac.at/library/q?publication=1&publication_name=Zeitschrift_für_Inklusion&publication_volume=04/2013 (letzter Zugriff am 20.04.2020)

Trescher, Hendrik: Von der Re- zur Dekonstruktion von Demenz. Objekt-hermeneutische Analysen und darüber hinaus: In: In: Fürstaller, Maria u. a. (Hrsg.) 2015. S. 217–233

Trescher, Hendrik: Grundlagen der Objektiven Hermeneutik. In: Katzenbach, Dieter (Hrsg.) 2016b. S. 183–193

Trescher, Hendrik: Ambivalenzen pädagogischen Handelns. Reflexionen der Betreuung von Menschen mit ›geistiger Behinderung‹. Bielefeld (transcript) 2018

Trost, Rainer: Ein Konzept zur schulischen Förderung von Kindern und Jugendlichen aus dem autistischen Spektrum. Ergebnisse des Forschungsprojekts »Hilfen für Menschen mit autistischem Verhalten«. In: Sautter, Hartmut, Schwarz, Katja & Trost, Rainer (Hrsg.) 2012. S. 119–154

Tschamler, Herbert: Wissenschaftstheorie. Eine Einführung für Pädagogen. Bad Heilbrunn (Klinkhardt) 1996

Turner, Agnes & Ingrisch, Doris: Erfahrungslernen durch die psychoanalytische Beobachtungsmethode. In: Diem-Wille, Gertraud & Turner, Agnes (Hrsg.): Ein-Blicke in die Tiefe. Die Methode der psychoanalytischen Säuglingsbeobachtung und ihrer Anwendungen. Stuttgart (Klett-Cotta) 2009. S. 15– 181

Turnheim, Michael: Das Scheitern der Oberfläche. Autismus, Psychose, Biopolitik. Zürich, Berlin (Diaphanes) 2005

Tustin, Frances: Autistische Zustände bei Kindern. Stuttgart (Klett-Cotta) 1989

Tustin, Frances: Anmerkungen zum psychogenen Autismus. In: Psyche – Z Psychoanal 47 (12). 1993. S. 1172–1183

Tustin, Frances: Autistische Barrieren bei Neurotikern. Tübingen (edition diskord) 2005 (1986)

Uphoff, Gelinde: Gewinn und Grenzen der Methode der Objektiven Hermeneutik für Interaktionsanalysen im Forschungsfeld »geistige Behinderung«. In: Katzenbach, Dieter (Hrsg.) 2016b. S. 206–227

Vassalli , Giovanni: Epistemologische Grundzüge der Psychoanalyse im Vergleich mit der neuzeitlichen Wissenschaft. In: Zeitschrift für psychoanalytische Theorie und Praxis 33 (1). 2018. S. 31–46

Vielhaber, Carsten: Die Präfixe der Postmoderne oder: Wie man mit dem Mikroskop philosophiert. Münster (Lit) 2001

Vonholdt, Christl R.: Beziehungsraum Mutterleib. In: Deutsches Institut für Jugend und Gesellschaft. https://www.dijg.de/ehe-familie/bindung/mutterleib-vorgeburtliche-entwicklung/ 2017 (letzter Zugriff am 09.07.2020)

Wæver, Ole: The rise and fall of the inter-paradigm debate. In Smith, Steve, Booth, Ken & Zalewski, Marysia. International Theory: Positivism and Beyond. Cambridge (Cambridge University Press) 1996. S. 149– 185

Waldschmidt, Anne: Disability Studies. In: Dederich, Markus & Jantzen, Wolfgang (Hrsg.): Behinderung und Anerkennung. Stuttgart (Kohlhammer) 2009. S. 125–133

Waldschmidt, Anne, Klein, Anne, Korte, Miguel T. & Dalman, Sibel: Ist »Bioethik« ein »Diskurs«? Methodologische Reflexionen am Beispiel des Internetforums 1000 Fragen zur Bioethik. In: Kerchner, Brigitte & Schneider, Silke (Hrsg.): Foucault: Diskursanalyse der Politik. Eine Einführung. Wiesbaden (VS Verlag für Sozialwissenschaften) 2006. S. 191–209

Warsitz, Rolf-Peter: Die widerständige Erfahrung der Psychoanalyse zwischen den Methodologien der Wissenschaften. In: Psyche – Z Psychoanal 51 (2). 1997. S. 101– 142

Weber, Jean-Marie, Rauh, Bernhard & Strohmer, Julia (Hrsg.): Das Unbehagen im und mit dem Subjekt. Schriftenreihe der DGfE-Kommission Psychoanalytische Pädagogik. Opladen, Berlin, Toronto (Budrich) 2019

Weber, Johannes Christoph: Die Sprache des Abwesenden. Beiträge der Psychoanalyse Freuds und der genetischen Psychologie Piagets zum Verständnis der behinderten Lesefähigkeit. Heidelberg (Asanger) 1988

Weissberg, Rony & Stähelin, Martha: Der Traum bei Lacan und Morgenthaler. Skizzen einer Praxis, die ganz so verschieden nicht ist. In: Journal für Psychoanalyse 37 (58). 2017. S. 185–198

Wenzel, Joachim: Selbstreferentielle Systeme. In: www.systemische-beratung.de/selbstreferentiell.html. 2012 (1997) (letzter Zugriff am 28.10.2019)

Wernet, Andreas: Einführung in die Interpretationstechnik der Objektiven Hermeneutik. Wiesbaden (VS Verlag für Sozialwissenschaften) 2006

Wernet, Andreas: Die Objektive Hermeneutik als Methode der Erforschung von Bildungsprozessen. In: Schittenhelm, Karin (Hrsg.): Qualitative Bildungs- und Arbeitsmarktforschung. Grundlagen, Perspektiven, Methoden. Wiesbaden (Springer VS) 2012. S. 183 – 201

Wetzel, Michael: *Derrida*. Stuttgart (Reclam) 2010

Wiebel, Burkard & Pilenko, Alisha: Mechanismen psychosozialer Dekonstruktion im globalen Kapitalismus. In: Zimmermann, Ingo, Rüter, Jens, Wiebel, Burkhard, Pilenko, Alisha & Bettinger, Frank: Anatomie des Ausschlusses. Theorie und Praxis einer kritischen Sozialen Arbeit. Wiesbaden (Springer VS) 2013. S. 255–338

Wilke, Gerhard: Angewandte Großgruppen im Schatten des Modernisierungsprozesses. In: In: Haubl, Rolf u. a. (Hrsg.) 2005. S. 141–159

Wininger, Michael: Steinbruch Psychoanalyse? Zur Rezeption der Psychoanalyse in der akademischen Pädagogik des deutschen Sprachraums zwischen 1900–1945. Schriftenreihe der DGfE-Kommission Psychoanalytische Pädagogik Bd. 3. Opladen, Berlin, Toronto (Budrich) 2019

Winnicott, Donald W.: Von der Kinderheilkunde zur Psychoanalyse. München (Kindler) 1976

Winnicott, Donald W.: Reifungsprozesse und fördernde Umwelt. Frankfurt (Fischer) 1990 (1965)

Winnicott, Donald W.: Vom Spiel zur Kreativität. Stuttgart (Klett-Cotta) 1993 (1971)

Winnicott, Donald W.: Die menschliche Natur. Stuttgart (Klett-Cotta) 1994 (1988)

Winnicott, Donald W.: Der Anfang ist unsere Heimat. Essays zur gesellschaftlichen Entwicklung des Individuums. Stuttgart (Klett-Cotta) 2009 (1986)

Winnicott, Donald W.: Die Psychologie der Verrücktheit. Ein Beitrag der Psychoanalyse. In: Psyche – Z Psychoanal 72 (4). 2018 (1965). S. 254–266

Wittgenstein, Ludwig: Philosophische Untersuchungen. Kritisch-genetische Edition. Herausgegeben von Joachim Schulte. Frankfurt (Wissenschaftliche Buchgesellschaft) 2001 (1953)

Witsch, Monika: Zeichen und Gegenzeichen. Fundamentalistische Agitation im Internet und Möglichkeiten für eine Pädagogik semiotischer Präventionen im Informationszeitalter. Dissertation an der Universität Bielefeld. 2001

Wocken, Hans: Rettet die Sonderschulen? Rettet die Menschenrechte! Ein Appell zu einem differenzierten Diskurs über Dekategorisierung. In: Gemeinsam leben 20 (2). 2012. S. 95–100

Wolff, Stephan: Innovative Strategien qualitativer Sozialforschung im Bereich der Psychotherapie. In: Buchholz, Michael B., Streeck, Ulrich (Hrsg.) 1994. S. 39–65

Würker, Achim: Irritation und Szene. Anmerkungen zur tiefenhermeneutischen Literaturinterpretation. In: Belgrad, Jürgen u. a. (Hrsg.) 1987. S. 303–316

Würker, Achim: Das Verhängnis der Wünsche. Unbewusste Lebensentwürfe in Erzählungen E. T.A. Hoffmanns. Frankfurt (Fischer) 1993
Würker, Achim: Unauffällige Übergriffigkeit in der Schule. In: Rauh, Bernhard & Kreuzer, Tillmann (Hrsg.) 2016. S. 175–188
www.dissoziation-und-trauma.de: Frühkindlicher Autismus als Folge von Psychotraumatisierung aufgrund von Frühstörungen unterschiedlicher Genese und heilpädagogisch-therapeutische Förderung: Ein Fallbericht (2009). S. 1 – 22 (letzter Zugriff am 30.05.2017)
Wygotzki, Lev S.: Consciousness as a Problem in the Psychology of Behavior. In: Soviet Psychology 17 (4). 1979. S. 3–924)
Yeniyayla, Mutlu: Das Subjekt im Denken Michel Foucaults. Analyse und Kritik. Bedeutung des Widerstandes für die Konstitution des Subjekts. Heidelberg (Ruprecht-Karls-Universität) 2016
Zach, Ulrike: Bindungsdiagnostik für Vorschulkinder. In: Stokowy, Martin & Sahhar, Nicola (Hrsg.): Bindung und Gefahr. Das Dynamische Reifungsmodell der Bindung und Anpassung. Gießen (Psychosozial) 2012 S. 57–85
Zapf, Harald: Dekonstruktion. In Nünning, Ansgar (Hrsg.): Metzler Lexikon Literatur- und Kulturtheorie. Ansätze – Personen – Grundbegriffe. Weimar (Metzler) 2008. S. 115–117
Zepf, Siegfried: Allgemeine psychoanalytische Neurosenlehre, Psychosomatik und Sozialpsychologie. Ein kritisches Lehrbuch. Gießen (Psychosozial) 2000
Zepf, Siegfried & Zepf, Judith: Der kleine Hans und die »rätselhaften Botschaften« von Olga und Max Graf. In: Kinderanalyse 28 (4). 2020. S. 249–278
Zimbardo, Philip G. & Gerrig, Richard J.: Psychologie. München (Pearson Studium) 2004
Zimmermann, David, Rauh, Bernhard, Trunkenpolz, Kathrin & Wininger, Michael: Sozialer Ort und Professionalisierung. Psychoanalytisch-pädagogische Perspektiven. In: Zimmermann, David u. a. (Hrsg.) 2019. S. 9–20
Zinnecker, Jürgen: Pädagogische Ethnographie. In: Zeitschrift für Erziehungswissenschaft 3 (3). 2000. S. 381–400